U0361864

高等学校应用型特色规划教材·汽车工程系列

汽车电器与电子控制技术

杨保成　主　编
焦洪宇　副主编

清华大学出版社
北　京

内 容 简 介

本书分为“汽车电器”和“汽车电子控制系统”两篇，系统介绍了现代汽车电器与电子控制系统的结构、控制原理及主要控制装置的故障检修。

本书兼顾了理论性和实践性，既可满足本科生在理论学习深度上的要求，又可满足本科生学习与掌握实践技能的需要，同时也可满足高职和专科学生加强理论学习的要求。

本书可作为高等院校汽车服务工程、汽车运用工程、交通运输、车辆工程、汽车电子技术等专业的教材或参考书，也可供从事汽车检测维修、汽车运输管理等行业的工程技术人员阅读参考。

图书在版编目(CIP)数据

汽车电器与电子控制技术/杨保成主编. —北京：清华大学出版社，2016 (2025.1重印)
(高等学校应用型特色规划教材・汽车工程系列)
ISBN 978-7-302-43315-6

Ⅰ. ①汽… Ⅱ. ①杨… Ⅲ. ①汽车—电气设备—高等学校—教材 ②汽车—电子控制—高等学校—教材 Ⅳ. ①U463.6

中国版本图书馆 CIP 数据核字(2016)第 051582 号

责任编辑：桑任松 郑期彤
封面设计：杨玉兰
责任校对：周剑云
责任印制：杨 艳
出版发行：清华大学出版社
网 址：https://www.tup.com.cn，https://www.wqxuetang.com
地 址：北京清华大学学研大厦 A 座 **邮 编：**100084
社 总 机：010-83470000 **邮 购：**010-62786544
投稿与读者服务：010-62776969, c-service@tup.tsinghua.edu.cn
质量反馈：010-62772015, zhiliang@tup.tsinghua.edu.cn
课件下载：https://www.tup.com.cn，010-62791865
印 装 者：北京鑫海金澳胶印有限公司
经 销：全国新华书店
开 本：185mm×260mm **印 张：**19.75 **字 数：**474 千字
版 次：2016 年 6 月第 1 版 **印 次：**2025 年 1 月第 8 次印刷
定 价：59.00 元

产品编号：066966-03

前　言

本书是为高等院校汽车服务工程、车辆工程等汽车类专业编写的教材。本书知识体系完整，注重汽车电器及电子控制系统的理论系统性，内容由浅入深、循序渐进，符合认知规律，便于读者学习，同时在每章后编有思考题，便于读者进行自我测试。

本书分为“汽车电器”和“汽车电子控制系统”两篇。第一篇“汽车电器”部分主要介绍蓄电池、交流发电机、起动系统、点火系统、照明与信号系统、仪表及指示灯系统、辅助电器等汽车传统的电气与电子设备。第二篇“汽车电子控制系统”部分介绍现代汽车的电子控制技术，主要内容有发动机电子控制系统、自动变速器、汽车防滑控制系统、汽车电控悬架系统、汽车其他电子控制系统及汽车电器与电子系统总线路。

本书由常熟理工学院杨保成副教授担任主编，焦洪宇担任副主编。具体分工为：焦洪宇(第 2、4、5 章)、李学智(第 3 章)、许广举(第 8 章)、王国峰(第 10 章)，杨保成编写了其余章节，并对全书进行统稿。

本书在编写过程中，参阅了大量的文献资料，这些资料让我们获益不少，在此向参考资料的原作者表示感谢。由于编者水平所限，书中难免会有不妥和错误之处，敬请读者批评指正。

编　者

前言

目　　录

第一篇　汽 车 电 器

第二篇 汽车电子控制系统

第 10 章 汽车防滑控制系统......237

第 11 章 汽车电控悬架系统......263

第 12 章 汽车其他电子控制系统......273

第 13 章 汽车电器与电子系统总线路......293

第一篇

汽车电器

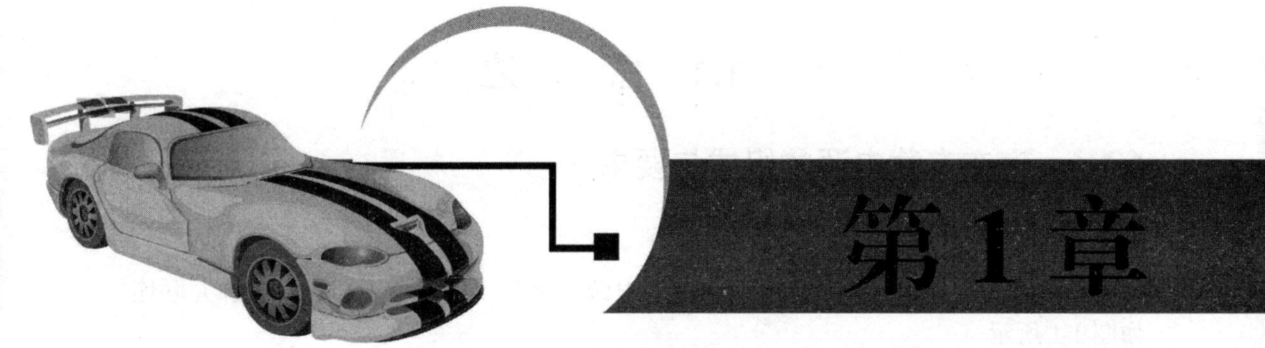

第1章 汽车车载电源与充电系统

【知识目标】

了解汽车车载电源的组成及要求，掌握蓄电池、交流发电机的构造和工作原理；理解蓄电池、交流发电机的工作特性及蓄电池容量的概念；理解交流发电机电压调节器的工作原理；熟悉汽车充电系统的典型电路。

【技能目标】

会对蓄电池的技术状况进行检查，能够对蓄电池进行正确充电；会对交流发电机的整机性能进行检测。

1.1 概　述

1.1.1 汽车车载电源的组成与要求

1. 汽车车载电源的组成

汽车上装有蓄电池与发电机两个直流电源，全车用电设备均与直流电源并联连接，如图 1-1 所示。

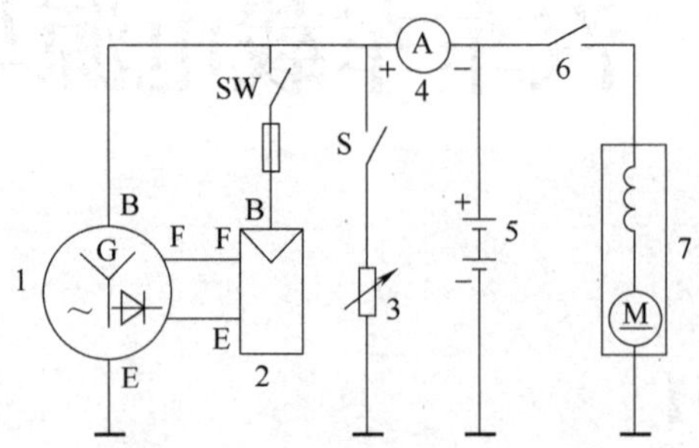

图 1-1　汽车电源的组成

1—发电机；2—调节器；3—用电设备；4—电流表；5—蓄电池；6—起动开关；7—起动机

在发动机工作时，发动机带动发电机发电，向汽车用电设备提供电能，并向蓄电池充电。在起动发动机时，则由蓄电池提供电能。蓄电池的具体作用如下。

(1) 发动机起动时，向起动机和点火系统供电。

(2) 发动机低速运转时，向用电设备和发电机磁场绕组供电。

(3) 发动机中、高速运转时，将发电机剩余电能转化为化学能储存起来。

(4) 发电机过载时，协助发电机向用电设备供电。

(5) 蓄电池相当于一个大电容器，能吸收电路中出现的瞬态过电压，保护电子元件，保持汽车电器系统电压稳定。

(6) 对汽车电子控制系统来说，蓄电池是电子控制器的不间断电源。

2. 对汽车车载电源的要求

蓄电池用作发动机的起动电源，需要在 5～10s 内向起动机连续提供大电流(汽油发动机为 100～300A，柴油发动机为 300～600A，大型柴油发动机可达 1000A)，因此，要求蓄电池内阻要小，大电流输出时电压要稳定，以确保有良好的起动性能；蓄电池容量要大，以保证有足够的起动能力。除了要能满足发动机的起动需要外，还要求蓄电池的充电性能良好、使用寿命长、维护方便或少维护，以满足良好的汽车使用性能要求。

发动机工作时的转速变化很大，要求发电机在发动机转速变化范围内都能正常发电且电压稳定，以满足用电设备的用电需求；此外，要求发电机的体积小、质量轻、发电效率高、故障率低、使用寿命长等，以确保汽车良好的使用性能。

1.1.2 汽车车载电源的现状与发展

1. 蓄电池

可充电的蓄电池也被称为二次电池。充电时利用外部的电能使内部活性物质再生，把电能储存为化学能，需要放电时则把化学能转换为电能输出。常用的车用蓄电池可分为普通铅酸蓄电池、干荷蓄电池和免维护蓄电池三类。

普通铅酸蓄电池：普通铅酸蓄电池的极板由铅和铅的氧化物构成，电解液是硫酸的水溶液。它的主要优点是电压稳定、价格便宜，缺点是比能量(即每千克蓄电池存储的电能)低、使用寿命短和日常维护频繁。老式普通铅酸蓄电池一般寿命在 2 年左右，而且需定期检查电解液的高度并添加蒸馏水。不过随着科技的发展，目前普通蓄电池的寿命变得更长而且维护也更简单了。为了延长铅酸蓄电池的使用寿命，汽车每行驶 1 万 km 左右检查一次电解液液面高度，使其始终保持在中间位置。如果保养得当，铅酸蓄电池的寿命可以从 2～3 年延长至 4 年甚至 5 年。

干荷蓄电池：干荷蓄电池的全称是干荷电铅酸蓄电池，它的主要特点是负极板有较高的储电能力，在完全干燥状态下，能在 2 年内保存所得到的电量，使用时，只需加入电解液，等待 20～30 分钟就可使用。

免维护蓄电池：免维护蓄电池由于自身结构上的优势，电解液的消耗量非常小，在使用寿命内基本不需要补充蒸馏水。它还具有耐震、耐高温、体积小、自放电小的特点，使用寿命一般为普通蓄电池的 2 倍。市场上的免维护蓄电池有两种：第一种在购买时一次性加电解液，以后使用中不需要维护(添加补充液)；另一种是电池本身出厂时就已经加好电解液并封死，用户根本就不能添加补充液。

国内外都致力于研究与开发碱性蓄电池，如铁镍蓄电池、镉镍蓄电池、镍氢蓄电池、锌银蓄电池等。碱性蓄电池具有质量轻、自放电少的优点，不会因过充电或过放电而造成活性物质的钝化。但是碱性蓄电池活性物质的内阻较大，导电性差，不适合用作起动电源。目前，碱性蓄电池主要在电动汽车上使用。

2. 发电机与调节器

车载发电机最早使用的是直流同步发电机。这种发电机一般为铸铁外壳，其磁极较大，并且采用机械换向器整流，所以其体积较大、功率质量比小、低速充电性差、高速换向器换向火花大，因不能适应现代汽车对车载发电机的要求而被淘汰。现在汽车上普遍使用硅整流交流发电机。其按照总体结构不同可分为普通交流发电机(又称为硅整流发电机，使用时需要配装电压调节器)、整体式交流发电机(发电机和调节器制成一个整体的发电机)、带泵交流发电机、无刷交流发电机、永磁交流发电机等几种；按整流器结构可分为六管交流发电机(JF1522，东风汽车用)、八管交流发电机(JFZ1542，夏利汽车用)、九管交流发电机(日产、三菱、马自达汽车用)、十一管交流发电机(JFZ1913Z，奥迪、桑塔纳汽车用)；按磁场绕组搭铁形式可分为内搭铁型交流发电机(磁场绕组的一端直接搭铁)、外搭铁型交流发电机(磁场绕组的一端接入调节器，通过调节器后再搭铁)两类，其中内搭铁型使用最为普遍。

发电机调节器的作用是在发动机转速变化时使发电机的电压仍保持稳定。交流发电机最初所配用的是触点式调节器，现在已被电子式调节器所替代。电子调节器有分立元件和集成电路两种类型，现在基本上都采用集成电路式电子调节器，分立元件式电子调节器已很少见。

3. 汽车车载电源电压

现代汽车电器系统普遍采用 12V 系统，只有部分大型柴油车的起动系统采用 24V 系统。随着汽车电子控制设备的应用越来越多，如仍采用 12V 低压电源供电系统，会使电源承受巨大的压力。为保证车载电器正常工作，必然要增加线束的截面面积，这会使汽车成本增加，不利于设备优化。为此，世界各国正在研究 42V 或 48V 电源系统。从理论上讲，电压提高 3 倍，电流会减小 65%，同时线束截面面积也大为减少。但电压升级又带来新的问题，就是要研制新型蓄电池和发电机，并且汽车上相应的电气设备和电子装置也应升级，这显然会对目前的车载电源系统和电气设备产生极大冲击。

1.2 蓄电池的构造、工作原理和工作特性

1.2.1 蓄电池的构造

普通铅酸蓄电池主要由极板、隔板、电解液、壳体、联条、极桩等部件组成，如图 1-2 所示。

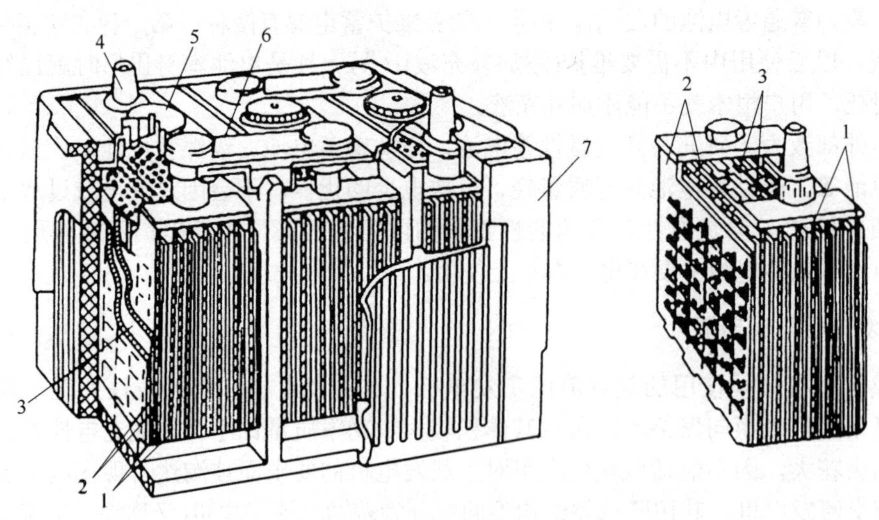

图 1-2 蓄电池的构造

1—正极板；2—负极板；3—隔板；4—极桩；5—加液孔盖；6—联条；7—外壳

1. 极板与极板组

极板是蓄电池的核心部分，蓄电池的充、放电过程就是依靠极板上的活性物质和电解液中硫酸的化学反应来实现的。极板分为正极板和负极板两种，均由栅架和填充在其上的活性物质构成，如图 1-3 所示。栅架的结构如图 1-4 所示。正极板上的活性物质是二氧化

铅(PbO_2)，呈深棕色；负极板上的活性物质是海绵状纯铅(Pb)，呈青灰色。一般负极板厚度为 1.8mm，现在有一种薄型极板，厚度为 1.1～1.5mm，薄型极板对提高蓄电池的比容量和改善起动性能都是很有利的。

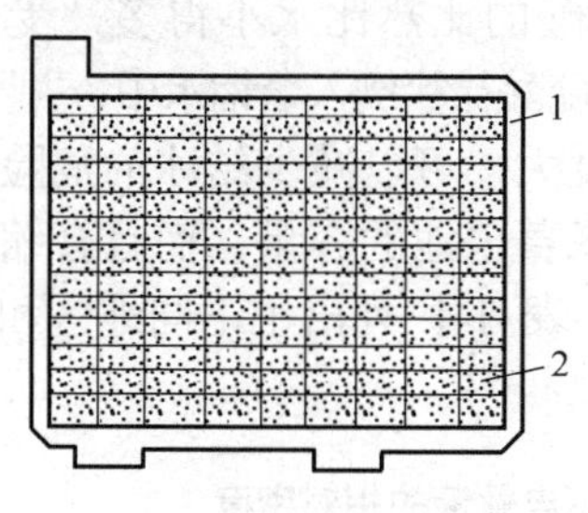

图 1-3　极板

1—栅架；2—活性物质

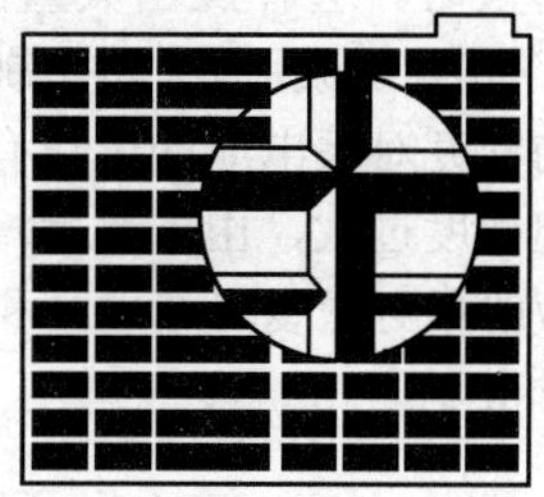

图 1-4　栅架的结构

把正负极板各一片浸入电解液中，就可获得电动势，但是为了增大蓄电池的容量，常做成正负极板组，装在单格电池内，如图 1-5 所示。每个单格电池的标称电压为 2V，因此，12V 的蓄电池由 6 个单格电池串联而成。负极板组比正极板组多一片，使正极板处于负极板之间，两侧放电均匀，否则，正极板单面工作会使两侧活性物质体积变化不一致而造成极板拱曲，活性物质易脱落。

图 1-5　蓄电池极板组的结构

1—极板组总成；2—极板联条；3—负极板；4—隔板；5—正极板

2. 隔板

为了减小蓄电池的内阻和体积，正负极板应尽量靠近但彼此又不能接触而短路，故在相邻的正负极板之间加有绝缘隔板。隔板具有多孔性，以便电解液渗透，且化学性能要稳定。常用的隔板材料有木质的、微孔橡胶的、微孔塑料和塑料纤维的以及浸树脂纸质隔板等。微孔橡胶隔板耐酸、耐高温性能好，寿命长，但成本高；微孔塑料隔板和浸树脂纸质隔板的孔率高、孔径小、薄而柔韧，成本又低，因而使用渐多。近年来，还有的将微孔塑料隔板做成袋状，紧包在正极板的外部，防止活性物质脱落。

3. 电解液

电解液可使极板上的活性物质溶解和电离，产生电化学反应。电解液是用纯硫酸和蒸馏水按一定比例配制而成的，密度一般为 1.24～1.30g/cm^3。电解液的纯度是影响蓄电池性能和使用寿命的重要因素，因此，一般工业用硫酸和水不能用作电解液，否则会增加自放电和损坏极板。

配制电解液时，会释放出大量的热能，由于硫酸的比热比水小得多，受热时温升很快，易于产生气泡，造成飞溅，故配制电解液时只能将硫酸徐徐倒入蒸馏水中，并不断搅拌。

电解液的密度对蓄电池的工作有重要影响，密度大，可以减少结冰的危险并提高蓄电池的容量，但密度过大，由于黏度增加，反而会降低蓄电池的容量，而且会缩短极板使用寿命。电解液的相对密度应随地区和气候条件而定，表 1-1 列出了不同地区和气温条件下电解液的相对密度。

表 1-1　不同地区和气温条件下电解液的相对密度　　　　单位：g/cm^3

气候条件	全充电蓄电池 15℃时的密度	
	冬　季	夏　季
冬季温度低于-40℃的地区	1.310	1.260
冬季温度高于-40℃、低于-30℃的地区	1.290	1.250
冬季温度高于-30℃、低于-20℃的地区	1.280	1.250
冬季温度高于-20℃、低于 0℃的地区	1.270	1.240
冬季温度高于 0℃的地区	1.240	1.230

4．壳体

蓄电池的壳体是用来盛放电解液和极板组的。壳体应耐酸、耐热及耐震，以前多采用硬橡胶制成。近年来，由于工程塑料的发展，壳体多用塑料(聚丙烯)制成。塑料壳体不仅耐酸、耐热、耐震，且强度高、韧性好，壳体壁可以做得较薄(一般为 3.5mm，而硬橡胶壳体壁厚为 10mm)，外形美观、透明，质量轻。塑料壳体易于热封合，生产效率高，已成为一种发展趋势。

壳体底部的凸筋是用来支撑极板组的，当有活性物质脱落掉入凹槽中时，可防止正负极板短路；若采用袋式隔板，因其可防止活性物质脱落造成短路的情况，故壳底无须凸筋，可以降低壳体高度。

5．联条

蓄电池总成通常都是由 3 个或 6 个单格电池组成的，各单格电池之间靠铅质联条串联起来，联条装在盖子上面。这种传统的连接方式，不仅浪费铅材料，而且会使内阻增大，现已逐步被图 1-6 所示的穿壁式连接方式所代替。穿壁式连接方式是在相邻单格电池之间的间壁上打孔供联条穿过，将两个单格电池的极板组极柱连焊在一起，这种连接方式连接距离短、节约材料、电阻小、起动性能好，因而得到广泛的应用。

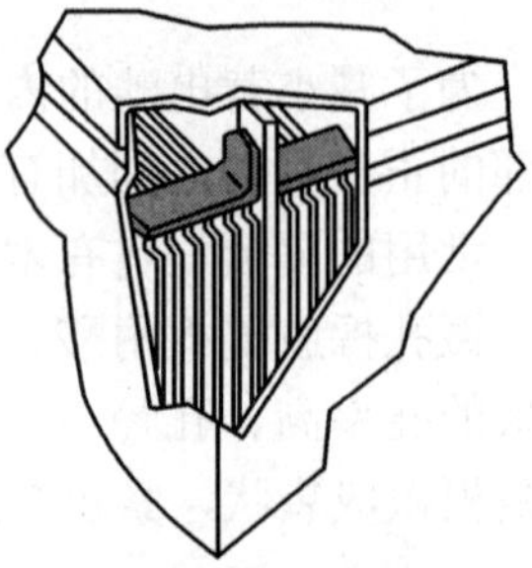

图 1-6　单格电池的穿壁式连接

6．加液孔盖

加液孔盖可以防止电解液溅出及便于加注电解液。孔盖上有通气孔，可以使电池内部的 H_2 和 O_2 排出，以免发生事故。如果在孔盖上安装一个氧化铅过滤器，还可以避免水蒸气逸出，减少水的消耗。

7. 蓄电池的型号

按 JB/T 2599—1933《铅酸蓄电池产品型号编制方法》规定，国产蓄电池型号的含义如下：

I	II		III
串联的单格电池数	蓄电池的类型	蓄电池的特征	蓄电池的额定容量

第Ⅰ部分表示串联的单格电池数，用阿拉伯数字表示。如 6 表示包含 6 个单格电池、总电压为 12V 的蓄电池。

第Ⅱ部分表示蓄电池的类型和特征，用两个汉语拼音字母表示。第一个字母为“Q”表示起动型铅酸蓄电池。第二个字母表示蓄电池的结构特征，如“A”表示干荷蓄电池，“B”表示薄型极板，“W”表示免(无)维护蓄电池，无字母表示普通铅酸蓄电池。

第Ⅲ部分表示额定容量，用阿拉伯数字表示，单位为 A·h，单位略去不写。在其后用一个字母表示特殊性能，如高起动率用“G”表示，塑料槽用“S”表示，低温起动性好用“D”表示。

例如，6-QA-100 代表额定电压 12V、额定容量 100A·h 的起动型干荷蓄电池。

1.2.2　蓄电池的工作原理

铅酸蓄电池的核心部分是极板和电解液，蓄电池通过极板上的活性物质与电解液的电化学反应建立电动势，进行放电和充电过程。

根据双硫化理论(双极硫酸盐化理论)，铅酸蓄电池中参与电化学反应的物质是正极板上的活性物质二氧化铅、负极板上海绵状的铅、电解液中的硫酸和水。当蓄电池外载荷接通放电时，正极板上的 PbO_2 和负极板上的 Pb 转变为 $PbSO_4$，电解液中的 H_2SO_4 减少，密度下降。充电时，按相反的方向进行，正极板、负极板上的 $PbSO_4$ 分别恢复成 PbO_2 和 Pb，电解液中的硫酸增加，相对密度变大。如略去中间的化学反应过程，放电和充电过程可用下式表示：

$$\underset{\text{正极板}}{PbO_2} + \underset{\text{负极板}}{Pb} + \underset{\text{电解液}}{2H_2SO_4} \underset{\text{充电}}{\overset{\text{放电}}{\rightleftharpoons}} \underset{\text{正极板}}{PbSO_4} + \underset{\text{负极板}}{PbSO_4} + \underset{\text{电解液}}{2H_2O}$$

1. 蓄电池电动势的建立

当极板浸入电解液时，在负极板处，金属铅受到两个方面的作用。一方面，它有溶解于电解液的倾向，因而有少量的铅进入溶液，生成 Pb^{2+}，在极板上留下两个电子 2e，使极板带负电。另一方面，由于正负电荷的吸引，Pb^{2+}有沉附于极板表面的倾向，当两者达到平衡时，负极板具有约为 0.1V 的负电位。有

$$Pb \rightarrow Pb^{2+} + 2e$$

正极板处少量 PbO_2 溶入电解液，与水生成 $Pb(OH)_4$，再分离成四价铅离子和氢氧根离子，即

$$PbO_2 + 2H_2O \rightarrow Pb(OH)_4$$
$$Pb(OH)_4 \rightarrow Pb^{4+} + 4OH^-$$

Pb^{4+}沉附于极板的倾向大于溶解的倾向，使极板呈正电位，当达到平衡时，正极板的电位约为+2.0V。因此，当外电路未接通，反应达到相对平衡状态时，正负极板之间的电

动势 E_0 约为

$$E_0=2.0-(-0.1)=2.1(\mathrm{V}) \tag{1-1}$$

2．蓄电池的放电过程

蓄电池接上负载，在电动势作用下，电流 I_f 从正极经过负载流往负极(即电子从负极到正极)，使正极电位降低、负极电位升高，破坏了原来的平衡。放电时的化学反应如图 1-7 所示。

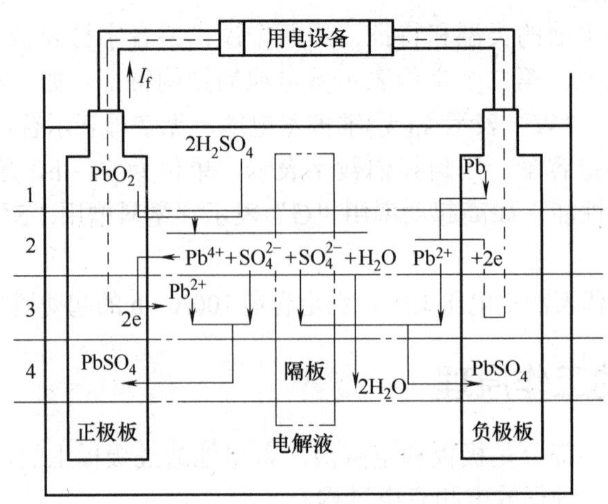

图 1-7　蓄电池的放电过程

1—充电状态；2—溶解电离；3—接入负载；4—放电状态

在正极板处，Pb^{4+}和电子结合变成 Pb^{2+}，再与电解液中的SO_4^{2-}结合生成 $PbSO_4$，沉附于极板上。在负极板处，Pb^{2+}与电解液中的SO_4^{2-}结合生成 $PbSO_4$，沉附在负极板上，而极板上的金属铅继续溶解生成 Pb^{2+}和电子。如果电路不中断，上述化学反应继续进行，使正极板上的 PbO_2 和负极板上的 Pb 都逐渐转变为 $PbSO_4$，电解液中的 H_2SO_4 逐渐减少而水增多，电解液密度下降。

理论上，放电过程进行到极板上的活性物质全部变为硫酸铅为止，而实际上是不可能的，因为电解液不能渗透到活性物质的最内层。使用中，所谓放完电的蓄电池，实际上只有 20%～30%的活性物质参加反应变成了硫酸铅，因此采用薄型极板、增加多孔性，可以提高极板活性物质的利用率。

3．蓄电池的充电过程

充电时，应将蓄电池接直流电源，当电源电压高于蓄电池电动势时，在电源的作用下，电流从蓄电池正极流入、负极流出(即驱使电子从正极经外电路流入负极)，这时正负极板发生的反应正好与放电过程相反，其化学反应如图 1-8 所示。

在负极板处有少量的 $PbSO_4$ 进入电解液中，电离为 Pb^{2+}和SO_4^{2-}，Pb^{2+}在电源作用下获得两个电子变为金属 Pb，沉附于极板上，而SO_4^{2-}和电解液中的 H^+结合生成硫酸。

在正极板处也有少量 $PbSO_4$ 进入电解液中，电离生成 Pb^{2+}和SO_4^{2-}，Pb^{2+}在电源作用下

失去两个电子变为 Pb^{4+}，它又和电解液中的 OH^-结合生成 $Pb(OH)_4$，$Pb(OH)_4$ 分解为 PbO_2 和 H_2O，PbO_2 沉附在正极板上，而SO_4^{2-} 又与电解液中的 H^+结合生成硫酸。充电电流使电解液中的 Pb^{2+}和SO_4^{2-} 减少，$PbSO_4$ 就继续溶解电离。

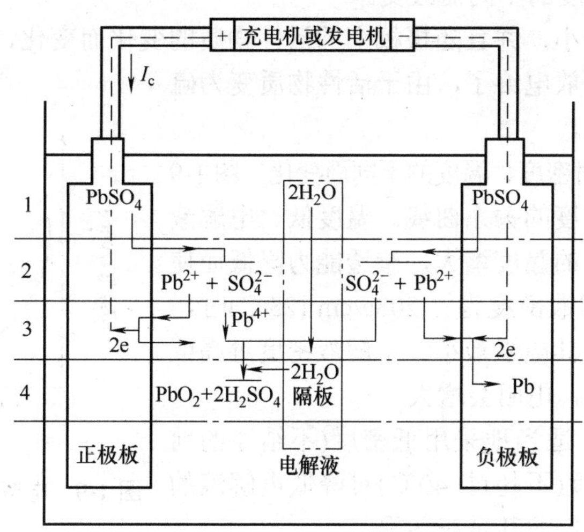

图 1-8　蓄电池的充电过程

1—放电状态；2—溶解电离；3—通入电流；4—充电状态

可见，在充电过程中，正负极板上的硫酸铅将逐渐恢复为活性物质，电解液中的硫酸成分逐渐增多，水逐渐减少。充电终了，电解液密度将升到最大值，且引起水的分解，生成 O_2、H_2，并从电解液中逸出。水的分解化学反应式如下：

$$2H_2O \xrightarrow{\text{分解}} 2H_2\uparrow + O_2\uparrow$$

1.2.3　蓄电池的工作特性

1. 蓄电池的静止电动势

静止电动势 E_j 是指蓄电池在静止状态下(不充电、不放电)正负极板的电位差即开路电压，其大小与电解液的相对密度和温度有关。

在电解液的相对密度为 1.050～1.300g/cm³ 时，静止电动势与电解液密度及温度的关系可由如下经验公式表示：

$$E_j=0.84+\rho_{25℃} \tag{1-2}$$

$$\rho_{25℃}=\rho_t+0.0075(T-25) \tag{1-3}$$

式中：$\rho_{25℃}$——温度为 25℃时的电解液密度(g/cm³)；

ρ_t——实际测得的电解液密度(g/cm³)；

T——实际测得的电解液温度(℃)。

2. 蓄电池的内阻

铅酸蓄电池的内阻一般很小，这样可以获得较大的放电电流。蓄电池的内阻包括极板、隔板、电解液、联条的电阻。隔板的电阻因材料而异，木质隔板比微孔橡胶隔板、微孔塑料隔板电阻大。联条的电阻与联条的长度有关，穿壁式联条的电阻较小。蓄电池在使用过程中，隔板和联条的电阻不会改变，极板电阻和电解液电阻则会随蓄电池的放电程度、电解液的温度和密度的不同而改变。

极板的电阻一般很小，并且随极板上的活性物质的变化而变化，充电后电阻很小，放电后电阻很大，特别是放电终了，由于活性物质变为硫酸铅，则电阻大大增加。

电解液的电阻随相对密度、温度的不同而变化。图 1-9 所示为电解液电阻与密度的关系曲线。温度低、电解液密度高时，会因电解液的黏度增大、渗透能力降低而使其电阻增大。硫酸电解液密度为 1.208g/cm^3(25℃)时，电离最好，黏度较小，其电阻最小。电解液密度过高或过低时，其离解度降低，电阻会增大。

从以上分析可知，适当地采用低密度(不结冰的前提下)和提高电解液温度(不超过 40℃)对降低电解液的内阻来说是很有意义的，尤其是在冬季。

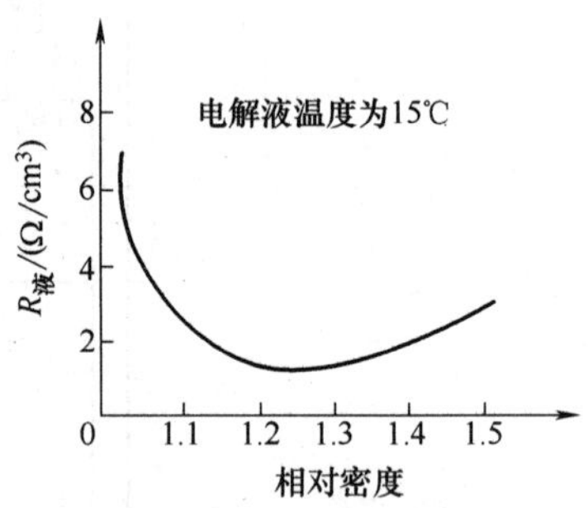

图 1-9　电解液电阻与密度的关系曲线

3．蓄电池的放电特性

蓄电池的放电特性是指在恒定电流 I_f 放电过程中，蓄电池的端电压 U_f、电动势 E 和电解液密度随放电时间的变化规律。

将一只完全充足电的蓄电池以 20h 放电率(I_f =0.05C_{20}，C_{20} 指蓄电池的额定容量)的电流进行放电，在放电过程中，每隔一定时间测量其单格电池的端电压和电解液密度，便可得到放电特性曲线，如图 1-10 所示。

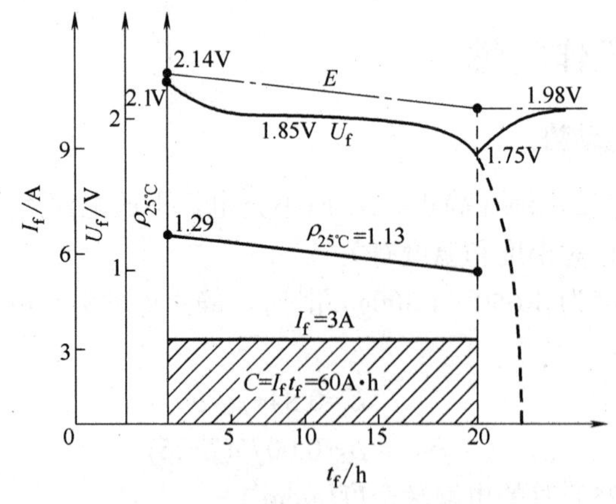

图 1-10　蓄电池恒流放电特性曲线

1) 电解液密度

放电过程中，由于电流 I_f 是恒定的，单位时间内所消耗的硫酸量是相同的，所以电解液的密度沿直线下降，相对密度每下降 0.03～0.04g/cm^3，则蓄电池放电大约为额定容量的 25%。

2) 端电压与电动势

由于蓄电池内阻 R_0 有电压降，所以放电时，蓄电池的端电压 U_f 总是低于其电动势 E。即 $U_f= E-I_f R_0$。

蓄电池放电时的电化学反应是在极板的孔隙内进行的。在开始放电阶段，极板孔隙内电解液的硫酸迅速消耗，电解液密度迅速下降，其单格电池的端电压从 2.1V 迅速下降；这时，蓄电池电解液中的硫酸会向极板孔隙内渗透，当孔隙内电解液密度的下降与整个容器内电解液密度的下降趋于一致时，端电压 U_f 将随整个蓄电池内电解液密度的降低而缓慢下降到 1.8V；接着电压又迅速下降至停止放电。电压急剧下降是由于放电终了时，化学反应深入到极板的内层，而放电时生成的硫酸铅较原来的活性物质的体积大(是海绵状铅的 2.68 倍，是二氧化铅的 1.68 倍)，硫酸铅聚积在极板孔隙内，缩小了孔隙的截面面积，使电解液的深入困难，极板孔隙内消耗掉的硫酸难以得到补充，孔隙内的电解液密度迅速下降，端电压也随之急剧下降。

当端电压降至一定值时(20h 放电率降至 1.75V)再继续放电即过度放电。过度放电对蓄电池是有害的，因为孔隙中生成的粗结晶硫酸铅在充电时不易还原，会使极板破坏，容量下降。

停止放电后，由于极板孔隙中的电解液和电池中的电解液相互渗透，趋于平衡，蓄电池的端电压将稍有回升(又称蓄电池的“休息”)。

蓄电池放电终了的特征如下。

(1) 电解液密度降低到最小许可值(约 1.11 g/cm^3)。

(2) 单格电池的端电压降至放电终了电压(约 1.75V)。

允许的放电终了电压与放电电流强度有关，放电电流越大，则放完电的时间越短，允许的放电终止电流越低。放电电流与终止电压的关系如表 1-2 所示。

表 1-2　放电电流与终止电压的关系

放电电流/A	$0.05C_{20}$	$0.1C_{20}$	$0.25C_{20}$	C_{20}	$3C_{20}$
放电时间	20h	10h	3h	25min	5min
单格电池终止电压/V	1.75	1.70	1.65	1.55	1.50

注：C_{20}——蓄电池的额定容量。

4．蓄电池的充电特性

蓄电池的充电特性是指在恒流充电过程中，蓄电池的端电压 U_c 和电解液相对密度ρ随时间变化的规律。

以一定的电流 I_c 向一只完全放电的蓄电池进行充电，在充电过程中，每隔一定时间测量其单格电池的端电压 U_c 和电解液密度ρ，便可得到蓄电池的充电特性曲线，如图 1-11 所示。

充电时，电源电压必须克服蓄电池的电动势和电池内部的电压降 I_cR_0，因此充电过程中蓄电池的端电压总是大于电动势 E，即 $U_c= E+I_cR_0$。

由于恒流充电，单位时间内所生成的硫酸量相等，所以电解液相对密度随时间逐渐上升。蓄电池的端电压在充电开始后迅速上升，这是因为充电时活性物质和硫酸的化学作用首先是在极板的孔隙中进行的，生成的硫酸使电解液的相对密度增大，故端电压迅速上升。新生成的硫酸不断地向周围扩散，当继续充电至极板孔隙内析出的硫酸量与扩散的硫酸量达到平衡时，蓄电池的电压就不再迅速上升，而是随着电解液相对密度的上升而缓慢上升，呈线性关系。充电接近终了时，蓄电池端电压达到 2.3～2.4V，极板上的活性物质几乎全部恢复为二氧化铅和铅，继续通电，电解液中的水开始分解，产生氢气和氧气，以气泡形式剧烈放出，出现“沸腾”状态。这时出现严重的极化现象，使电解液和极板之间产生附加电位差约 0.33V，端电压升高到 2.7V 左右。此时应切断电路停止充电，否则将造成“过充电”。过充电时，由于剧烈地放出气泡会造成压力，加速活性物质的脱落，使极板过早损坏，所以应尽量避免长时间的过充电。但在实际使用中，为了保证电池充足电，往往要保证 2～3h 的过充电才行。

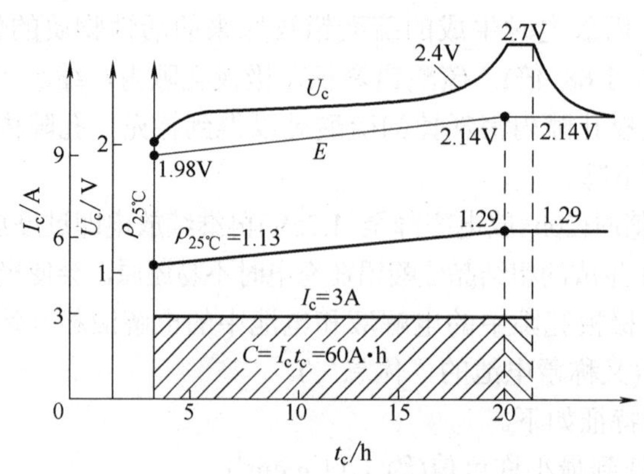

图 1-11　蓄电池恒流充电特性曲线

全部充电过程中，极板孔隙内的电解液密度比电池电解液稍大一些，因此蓄电池的电动势 E 总是高于静止电动势。充电停止后 I_c=0，端电压立即下降，极板孔隙内的电解液密度和电池电解液密度趋向平衡，因而蓄电池的端电压又降至 2.1V 左右。

蓄电池充电终了的特征如下。

(1) 蓄电池内产生大量气泡，即所谓的“沸腾”。

(2) 蓄电池端电压和电解液相对密度均上升至最大值，且 2～3h 内不再增加。

1.3　蓄电池的容量及其影响因素

1. 蓄电池的容量

蓄电池的容量标志着蓄电池的对外供电能力，一只完全充足电的蓄电池，在允许放电条件下所能够输出的电量称为蓄电池的容量，可由下式表示：

$$C = I_f t_f \tag{1-4}$$

式中：C——蓄电池的容量(A·h)；

I_f——放电电流(A)；

t_f——放电时间(h)。

蓄电池容量的表示方法有两种，即额定容量和储备容量。

1) 额定容量 C_{20}

根据国标 GB/T 5008.1—2005《起动用铅酸蓄电池 技术条件》规定，C_{20} 指完全充足电的蓄电池，在电解液温度为 25℃±2℃的情况下，以 20h 放电率的放电电流(即 I_f =0.05C)连续放电至单格电池电压降到 1.75V(即：12V 蓄电池端电压下降至 10.50V±0.05V，6V 蓄电池端电压下降至 5.25V±0.02V)时所输出的电量。

例如：6-Q-105 型蓄电池在电解液温度为 25℃时，以 5.25A 的电流连续放电 20h 后，端电压降至 1.75V，它的 20h 放电率额定容量则为 C_{20}=5.25×20=105(A・h)。

蓄电池的额定容量是检验新蓄电池的质量和衡量旧蓄电池是否能继续使用的重要指标。

2) 储备容量 C_m

根据国标 GB/T 5008.1—2005《起动用铅酸蓄电池 技术条件》规定，C_m是指完全充足电的蓄电池，在电解液温度为 25℃±2℃时，以 25A 电流放电至 12V 蓄电池端电压达 10.50V±0.05V、6V 蓄电池端电压下降至 5.25V±0.02V 时，放电所持续的时间，其单位为 min。它说明当汽车充电系统失效时，蓄电池尚能持续提供 25A 电流的能力。

C_m与 C_{20}之间的换算关系为

$$C_{20}=\sqrt{17\,778+208.3C_m}-133.3 \tag{1-5}$$

当 C_m≥480min 或 C_{20}≥200A・h 时，式(1-5)不适用。

2. 影响蓄电池容量的因素

蓄电池的容量越大，可提供的电能就越多，蓄电池的容量与下列几个因素有关。

1) 极板的构造等制造因素

蓄电池极板的表面积越大，极板片数越多，参加反应的活性物质就越多，容量就越大。另外，极板越薄，活性物质的多孔性越好，则电解液向极板内部渗透越容易，活性物质利用率就越高，输出容量也就越大。

2) 放电电流

铅蓄电池放电过程中，正负极板上的活性物质不断变为硫酸铅，而硫酸铅的体积比活性物质的体积大，所以随着硫酸铅的不断产生，极板孔隙会逐渐减小，使硫酸的深入困难。放电电流越大，单位时间内产生的硫酸铅越多，堵塞作用越明显，加之放电电流越大，对硫酸的需要量越大，这就会导致孔隙内的电解液急剧减少，使端电压迅速降低，从而缩短放电时间。

图 1-12 所示为 6-Q-135 型蓄电池在不同放电电流情况下的放电特性。从图中可以看出，放电电流越大，端电压下降越快，至终止电压的时间越短，因而容量越小。同时放电电流越大，越容易出现“终了”电压之后的过放电，影响铅蓄电池的使用寿命。

所以必须严格控制起动时间，每次起动的时间不得超过 5s，而且相邻两次起动之间应有 15s 的“休息”时间。

图 1-13 所示为放电电流与蓄电池容量之间的关系。放电电流越大，极板上用于参加电化学反应的活性物质越少，蓄电池容量越小。

3) 电解液的温度

电解液的温度降低，电解液的黏度增大，电解液的渗透能力下降，同时，电解液的电离程度也降低，致使蓄电池的容量降低。电解液的温度与蓄电池容量的关系如图 1-14 所示。

一般来说，温度每下降 1℃，蓄电池的容量下降约为 1%(小电流缓慢放电)或 2%(大电流快速放电)。所以适当提高蓄电池的温度，有利于提高蓄电池的容量，可提高车辆的低温起动性能。

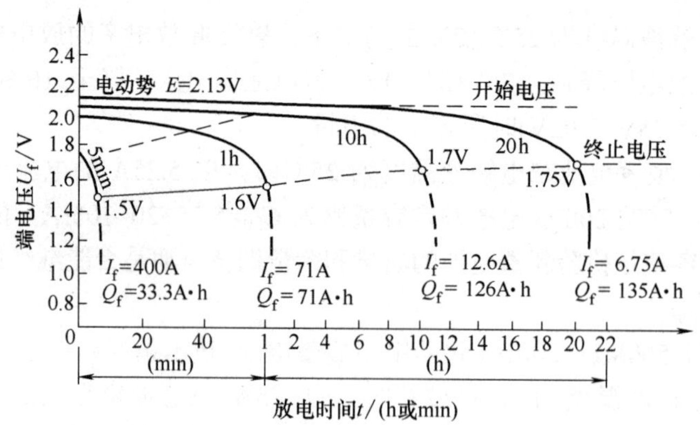

图 1-12　6-Q-135 型蓄电池不同放电电流情况下的放电特性

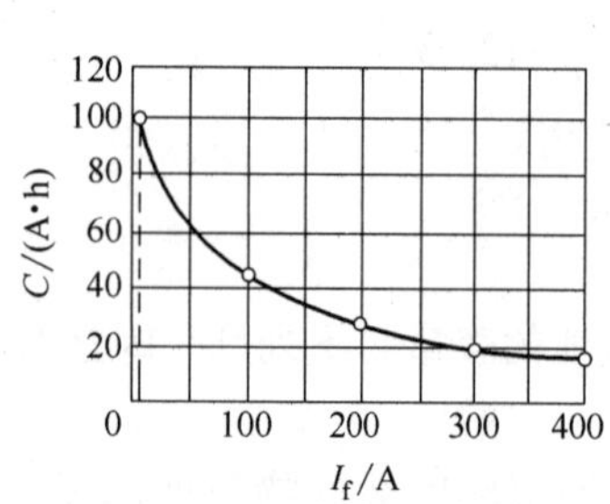

图 1-13　放电电流与蓄电池容量的关系

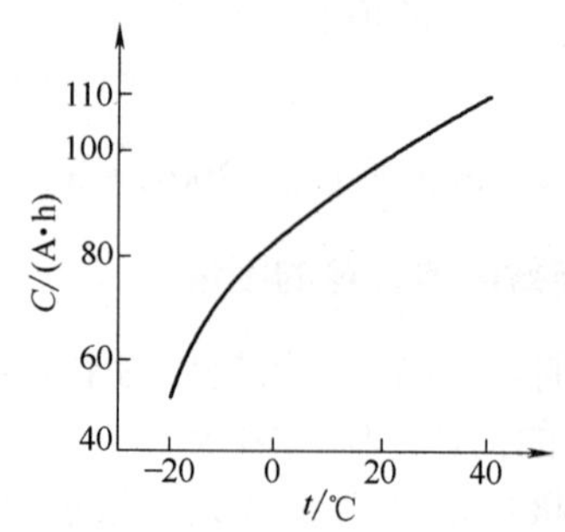

图 1-14　电解液的温度与蓄电池容量的关系

4) 电解液的密度

电解液的密度较大时，增大密度，电解液的黏度增加，内阻增加，电解液的渗透能力下降，容量减小；电解液的密度较小时，减小密度，电解液的硫酸数量减少，内阻增加，蓄电池的容量下降；电解液的密度适中时，蓄电池的容量最大。图 1-15 所示为电解液的相对密度和蓄电池容量的关系。

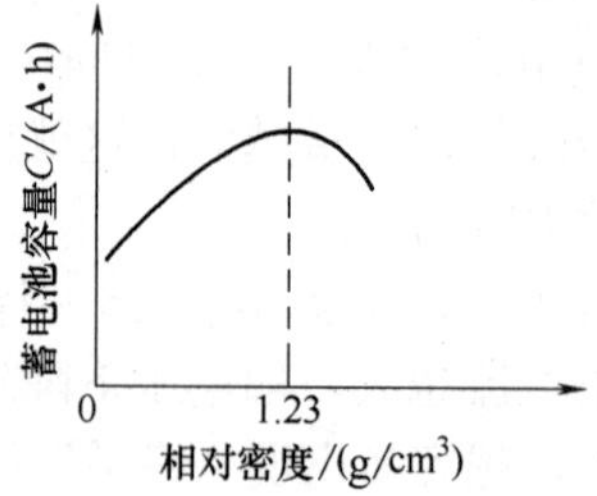

图 1-15　电解液的相对密度和蓄电池容量的关系

实际使用中，电解液的密度一般为 1.26～1.285g/cm^3(充电状态)。实践证明，电解液的密度偏低时，有利于提高放电电流和蓄电池容量。因此，冬季在不使电解液结冰的前提下，应尽可能采用稍低密度的电解液，这有利于提高起动性能，并可减小极板硫化，延长蓄电池的使用寿命。

1.4　蓄电池的充电

1.4.1　蓄电池的充电种类

蓄电池的充电有初充电、补充充电和去硫化充电等种类。

1．初充电

新蓄电池或修复后的蓄电池在使用之前的首次充电称为初充电。

首先按照厂家要求，并结合当地气候条件选择一定相对密度的电解液。电解液温度不超过 30℃，加注后静置 4～6h，这期间因电解液渗入极板，液面有所下降，应补充电解液使之高出极板 15mm。电解液温度低于 35℃时方可充电。蓄电池初充电规范如表 1-3 所示。

表 1-3　蓄电池的充电电流规范

蓄电池型号	额定容量 C_{20}/(A·h)	额定电压/V	初充电				补充充电			
			第一阶段		第二阶段		第一阶段		第二阶段	
			电流/A	时间/h	电流/A	时间/h	电流/A	时间/h	电流/A	时间/h
3-Q-75	75	6	5	30～40	2.5	25～30	7.5	10～12	3.75	3～5
3-Q-90	90	6	6	30～40	3	25～30	9	10～12	4.5	3～5
3-Q-105	105	6	7	30～40	3.5	25～30	10.5	10～12	5.25	3～5
6-Q-60	60	12	4	30～40	2	25～30	6	10～12	3	3～5
6-Q-75	75	12	5	30～40	2.5	25～30	7.5	10～12	3.75	3～5
6-Q-90	90	12	6	30～40	3	25～30	9	10～12	4.5	3～5

初充电的程序一般分为两个阶段：第一阶段的充电电流约为额定容量的 1/15，充电至电解液中逸出气泡，单格电池端电压至 2.4V 时为止；第二阶段将充电电流减半，继续充电到电解液沸腾，相对密度和端电压连续 3h 不变时为止。全部充电时间需要 60h 左右。

充电过程中应经常测量电解液温度，如果温度上升到 40℃，应将充电电流减半。如果温度继续上升到 45℃，应立即停止充电，待冷却至 35℃以下后再进行充电。初充电接近完毕时，应测量电解液的相对密度。如果电解液相对密度不符合表 1-1 中的规定数值，应用蒸馏水或相对密度为 1.4g/cm^3 的电解液进行调整。调整后，再充电 2h 直至符合规定。

2．补充充电

蓄电池在汽车上使用时，经常有充电不足的现象发生，应根据需要进行补充充电。如果发现下列现象之一，必须随时进行补充充电：电解液相对密度下降到 1.20g/cm^3 以下；单格电池电压下降到 1.7V 以下；冬季放电超过 25%，夏季放电超过 50%；起动无力。

补充充电也要按表 1-3 所示的规范电流值充电，分两个阶段进行：第一阶段充到单格电池电压为 2.4V；第二阶段充到单格电池电压为 2.5～2.7V，电解液相对密度恢复到规定值，并且 3h 保持不变，则说明已经充足。补充充电一般共需要 13～16h。

3．去硫化充电

蓄电池长期充电不足，或者放电后长时间未充电，极板上会逐渐生成一层白色的粗晶粒硫化铅，在正常充电时不能转化为活性物质，这种现象称为硫化铅硬化，简称硫化。极板硫化会使蓄电池内阻增加，起动困难。

去硫化充电的方法是，先倒出容器内的电解液，用蒸馏水反复冲洗数次，然后加注蒸馏水，使液面高出极板 15mm。用初充电电流进行充电时，要随时测量电解液的相对密度。如果相对密度上升到 1.150g/cm^3，要加蒸馏水，继续充至密度不再上升，然后进行放电。反复进行到在 6h 之内密度值不再变化为止。最后按初充电的方法进行充电，调整电解液密度至规定值。

1.4.2 蓄电池的充电方法

蓄电池的充电有定流充电、定压充电和快速脉冲充电等方法。

1. 定流充电

在充电过程中，保持充电电流恒定的充电方法称为定流充电。

采用定流充电法可以同时对多个蓄电池进行充电，各蓄电池之间采用串联连接，如图 1-16 所示。充电电流要按照蓄电池的容量确定，如果被充电蓄电池的容量不同，应先按照小容量蓄电池选择充电电流，待小容量蓄电池充足电后，将其摘除，再按余下蓄电池的容量重新选择充电电流，继续充电。

图 1-17 所示为定流充电的特性曲线。一般分为两个阶段：第一阶段以规定的充电电流进行充电，当单格电池电压升至 2.4V 时，将充电电流减一半转入第二阶段进行充电，直到电解液的相对密度达到规定值且 2～3h 不变，并有气泡冒出为止。

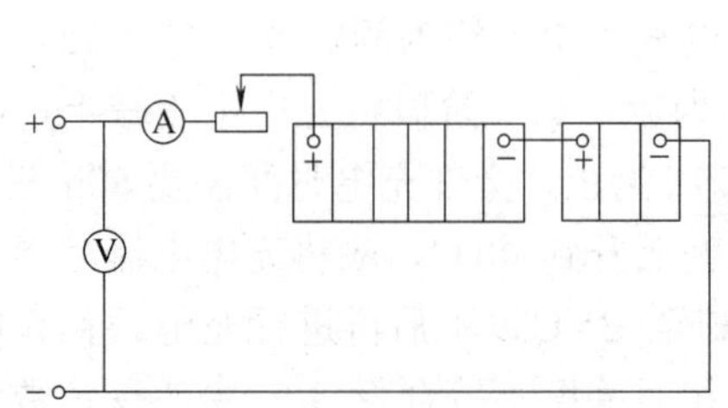

图 1-16　定流充电的连接方法

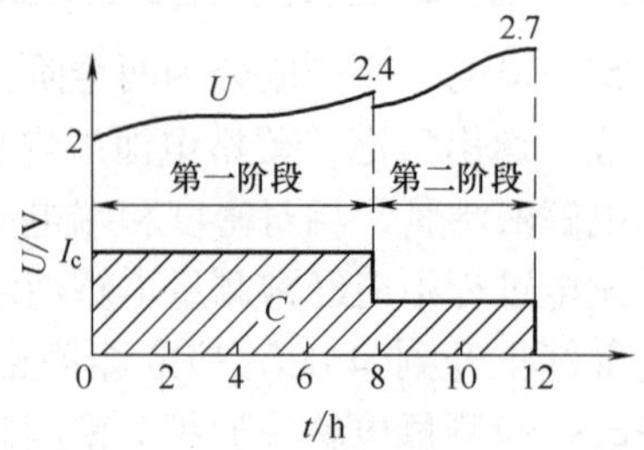

图 1-17　定流充电的特性曲线

定流充电的适应性强，可任意选择和调整充电电流的大小，有利于保持蓄电池的技术性能和延长蓄电池的使用寿命，其缺点是充电时间长，要经常调节充电电流。

2. 定压充电

在充电过程中，保持充电电压恒定的充电方法称为定压充电。

采用定压充电法也可以同时对多个蓄电池进行充电，但要求每组蓄电池端电压相同，各蓄电池组之间采用并联连接，如图 1-18 所示。随着蓄电池的电动势 E 的增加，充电电流会减小。恒压充电的特性曲线如图 1-19 所示。

采用定压充电法，充电电压一般按每格 2.5V 选择，如电池组的额定端电压为 12V，充电电压应选为 15V，过大的充电电压会使蓄电池温度过高，造成活性物质脱落。定压充电法的特点是充电效率高，在充电开始的 4～5h 内，就可以获得 90%～95%的容量，可大大缩短充电时间。蓄电池充足电后，充电电流会自动趋于零，但采用这种方法不能确保蓄电池完全充足电。

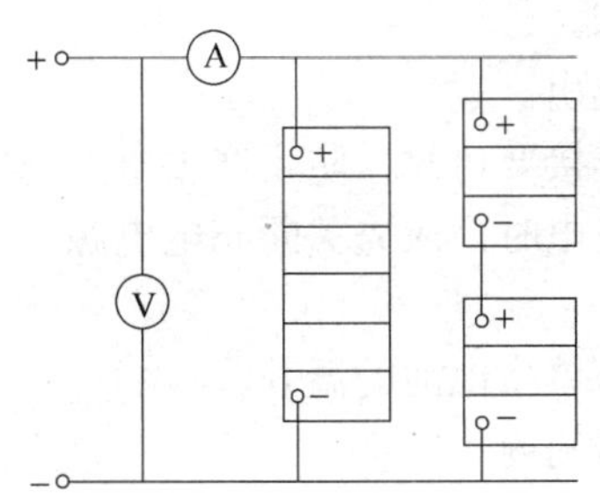

图 1-18　定压充电的连接方法

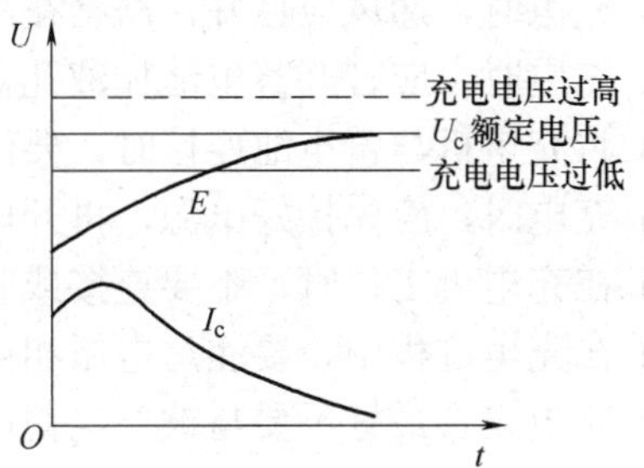

图 1-19　恒压充电的特性曲线

3．快速脉冲充电

采用常规的定流充电法充电时，由于充电时间太长，会给使用带来很多不便。若加大充电电流或提高充电电压，虽然会缩短充电时间，但会产生大量气泡，造成极板活性物质脱落，缩短蓄电池的寿命。

采用自动控制电路，对蓄电池进行正反向脉冲充电，可以大大提高充电效率，造成的不良影响又不大。对蓄电池进行补充充电仅需 0.5～1h。快速脉冲充电过程分为充电初期和脉冲期两个阶段，如图 1-20 所示。

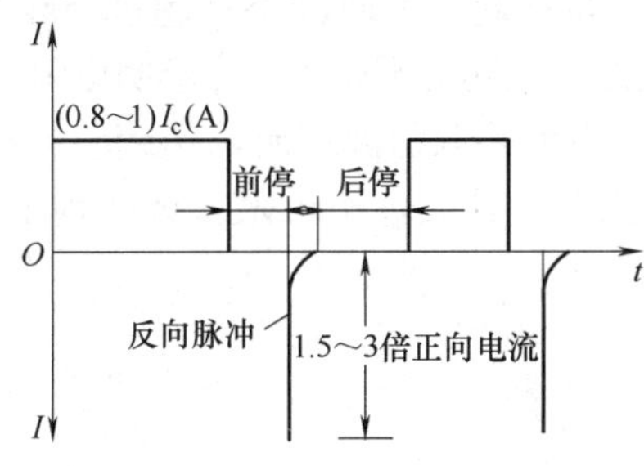

图 1-20　快速脉冲充电

1) 充电初期

采用大电流(0.8～1)I_c 进行定流充电，自充电开始至单格电池电压上升到 2.4V 左右且冒出气泡为止，使蓄电池在较短的时间内获得额定容量的 60%左右，然后进入脉冲期。

2) 脉冲期

先停止充电 25ms(前停)，接着反向放电(反充电)150～1000μs，脉冲深度(即反向放电电流的大小)为 1.5～3I_c，再停止充电 40ms(后停)，然后正向充电一段时间。这一过程由充电机自动控制，往复不断地进行，直至蓄电池充足电。

快速脉冲充电的优点是充电时间可大大缩短(新蓄电池充电仅需 5h，补充充电需 1h)，缺点是对蓄电池的寿命有一定的影响，并且脉冲快速充电机结构复杂，价格昂贵，其适用于电池集中、充电频繁、要求应急的场合。

1.4.3　蓄电池充电注意事项

为防止充电时出现意外，在蓄电池充电时，应注意以下事项。

(1) 充电时，通风应良好，严禁在附近用明火和吸烟。

(2) 充电时，应打开蓄电池加液孔盖，使气体顺利逸出。

(3) 将充电机与蓄电池连接时，要注意极性，导线连接要可靠，防止产生电火花。

(4) 充电时，应先接好电源，再开电源开关；停止充电时，应先关断充电电源。

(5) 在充电机工作时，不要连接或脱开充电机引线。

(6) 在充电过程中，要注意电压和电解液密度及各个单格电池的温升。

(7) 充电设备最好不要与被充电蓄电池放在同一个房间内。

1.5 蓄电池的使用、维护与检查

1.5.1 蓄电池的正确使用与维护

正确使用与维护蓄电池可提高蓄电池的容量，使蓄电池经常处于完好状态，延长其使用寿命。

1. 蓄电池的正确使用

蓄电池正确使用的要求如下。

(1) 不要连续使用起动机，每次起动的时间不得超过 5s，如果一次未能起动，应停顿 15s 以上再做第二次起动，若连续三次起动不成功，应查明原因，排除故障后再起动发动机。

(2) 严寒地区在冬季应对蓄电池采取保温措施，使起动容易。

(3) 安装搬运蓄电池时，应轻搬轻放，不可敲打或在地上拖曳。蓄电池在车上应固定牢靠，以防行车时振动和移位。

2. 蓄电池的维护

蓄电池维护的要求如下。

(1) 应经常清除蓄电池表面的灰尘污物，电解液溅到蓄电池表面时，应用抹布蘸 10%浓度的苏打水或碱水擦净，电极桩和电线夹头上出现氧化物时应及时清除。

(2) 应经常疏通加液孔盖上的通气孔。

(3) 放完电的蓄电池在 24h 内应及时充电。

(4) 常用车辆的蓄电池放电程度冬季达 25%、夏季达 50%时即应进行补充充电，必要时每三个月进行一次补充充电。

(5) 拆卸蓄电池电缆时，应先拆下蓄电池负极，再拆下蓄电池正极；安装蓄电池电缆时，应先安装蓄电池正极，再安装蓄电池负极，以免拆卸过程中造成蓄电池短路。

1.5.2 蓄电池的技术状况检查

为了及时发现蓄电池使用中的各种内在故障，汽车每行驶 1000km，或冬季行驶 10～15 天、夏季行驶 5～6 天时，需对蓄电池进行技术状况检查。

1. 电解液液面高度的检查

电解液液面高度可用玻璃管检查，液面应高出极板顶部 10～15mm，如图 1-21 所示。

电解液不足时应加注蒸馏水补充。

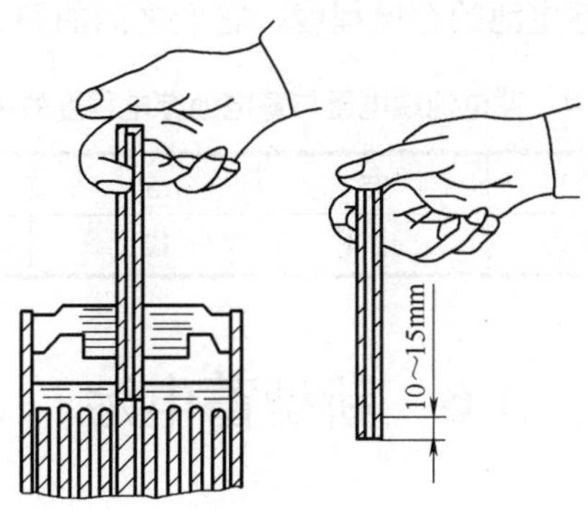

图 1-21　蓄电池电解液液面高度的测量

2. 蓄电池放电程度的检验

1) 通过测量电解液相对密度估算放电程度

可用吸式密度计测量电解液相对密度，如图 1-22 所示，并将实际测量的数值转换成 25℃的相对密度值。经验表明，相对密度每减小 $0.01g/cm^3$，相当于蓄电池放电 6%，所以根据测得的电解液相对密度可以估计出蓄电池的放电程度。

2) 用高率放电计测量放电电压

高率放电计是模拟起动机工作状态，检测蓄电池容量的仪表。高率放电计的组成如图 1-23 所示，由一个阻值很小的负载电阻和一块电压表组成。由于在检测时，蓄电池对负载电阻的放电电流可达 100A 以上，所以能比较准确地判定蓄电池的容量和基本性能，是目前普遍使用的检测仪表。

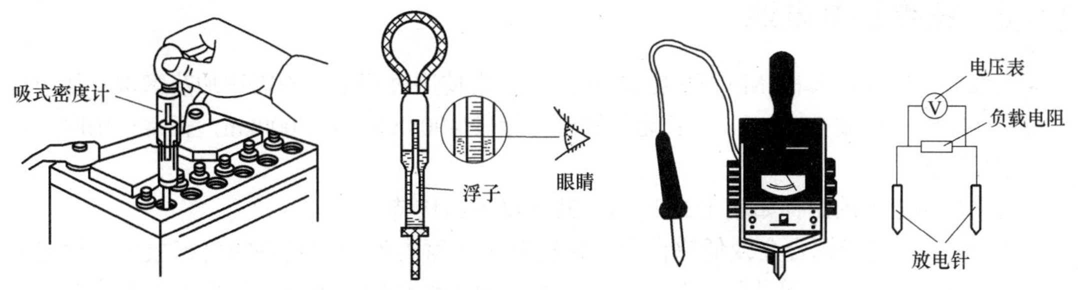

图 1-22　蓄电池电解液相对密度的测量

图 1-23　高率放电计

以 12V 蓄电池为例，使用方法如下：将高率放电计的正、负放电针分别压在蓄电池的正、负极柱上，保持 15s，若电压保持在 9.6V 以上，说明性能良好；若电压稳定在 10.6～11.6V，说明存电充足；若电压迅速下降，说明蓄电池已经损坏。

注意： 此项测量不能连续进行，必须间隔 1min 后才可以再次检测，以防止蓄电池损坏。

3) 蓄电池开路电压的测量

测量蓄电池开路电压时，蓄电池应处于稳定状态，蓄电池充、放电或加注蒸馏水后，应静置半小时后再测量。蓄电池开路电压可用万用表的电压挡测量，将万用表的正、负表笔分别与蓄电池的正、负极相接即可。

蓄电池端电压可以反映蓄电池的存电程度，它们之间的关系见表 1-4。

表 1-4 蓄电池端电压与蓄电池存电程度的关系

存电程度/%	100	75	50	25	0
蓄电池端电压/V	12.6 以上	12.4	12.2	12	11.9 以下

1.6 新型蓄电池

1.6.1 干荷电铅酸蓄电池

干荷电铅酸蓄电池与普通铅酸蓄电池的区别是：极板组在干燥状态下，能够较长时期保存在制造过程中所得到的电荷，在规定的保存期内(一般为 2 年)如需使用，只要灌入符合规定密度的电解液，放置半小时，调整液面高度至规定值，不需进行初充电即可使用。

干荷电铅酸蓄电池负极板的制造工艺与普通铅酸蓄电池不同，因负极板上的活性物质是海绵状铅，表面积大，化学活性高，容易氧化，所以要在负极板的铅膏中加入松香、油酸、硬脂酸等防氧化剂，并且在化成过程中有一次深放电循环，使活性物质达到深化。化成后的负极板，先用清水冲洗，再放入防氧化剂溶液(硼酸、水杨酸混合液)进行浸渍处理，让负极板表面生成一层保护膜，并采用特殊干燥工艺，干燥罐中充入惰性气体。正极板上的活性物质 PbO_2 的化学活性比较稳定，其电荷可以较长期地保持。

对储存期超过 2 年的干荷电铅酸蓄电池，因极板上有部分氧化，使用前应进行补充充电。

1.6.2 免维护蓄电池

免维护蓄电池，又称 MF 蓄电池，在汽车正常使用过程中，不需添加蒸馏水，如市区内短途行驶时可行驶 80 000km，长途行驶时可行驶 400 000～480 000km，正常使用时一般不需进行维护。

免维护蓄电池的结构如图 1-24 所示，其有以下结构特点。

(1) 栅架采用铅钙合金或低锑合金，这就避免了蓄电池经常发生的自行放电、过度充电、水分蒸发和热破坏等故障。热破坏是指蓄电池工作温度高或充电时电解液温度升高所造成的栅架腐蚀、活性物质脱落等现象。

(2) 隔板采用袋式聚氯乙烯隔板，此隔板可将极板整个包住，避免活性物质脱落，可防止极板间短路。

(3) 通气孔采用新型安全通气装置，可避免蓄电池内的气体与外部的火花直接接触，以防爆炸。通气塞中还装有催化剂钯，可将排出的氢离子、氧离子结合生成水再返回到电池中。

(4) 顶部装有充电状态指示器，其结构如图 1-25 所示。指示器用塑料制成，其下部的直管从蓄电池顶部插入电解液中，指示器内有一绿色小球，当电解液密度高于 1.265g/cm^3 或蓄电池充电到额定容量的 65%以上时小球浮起，指示器为绿色；当蓄电池容量低于额定容量的 65%时小球下沉，指示器变为黑色，表示蓄电池需要充电；若电解液面过低，指示器变为无色透明。

(5) 单格电池间的联条采用穿壁式贯通连接，可减少内阻，改善起动性能。

(6) 壳体为聚丙烯塑料热压而成，槽底没有凸棱，极板组直接坐落在蓄电池底部，增大了极板上部的空间，增加了蓄电池的容量。

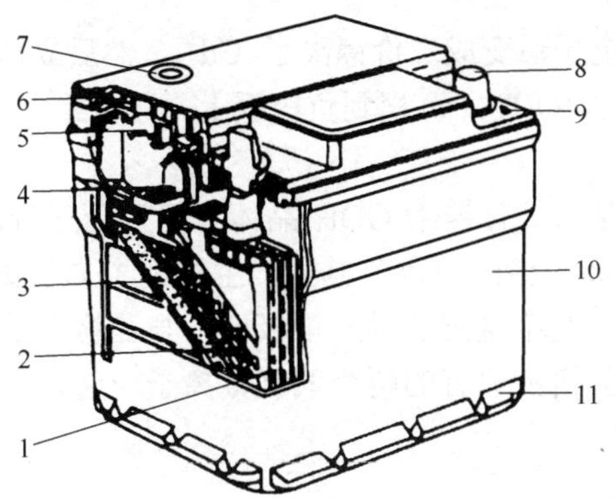

图 1-24　免维护蓄电池的结构

1—袋式隔板；2—铅钙栅架；3—活性物质；4—穿壁跨接式联条；
5—液气分离器；6—消焰排气阀；7—内装密度计；8—极桩；
9—压模代号；10—聚丙烯壳体；11—用于夹装的下滑面

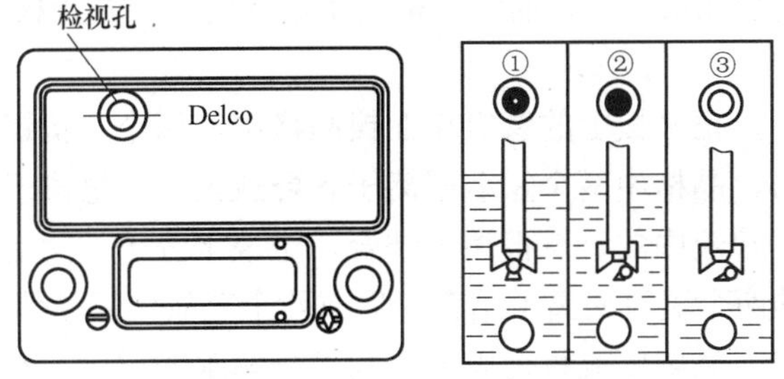

图 1-25　充电状态指示器

①绿色；②黑色；③无色

1.6.3　镍镉蓄电池

镍镉蓄电池(Nickel-cadmium battery)的正极材料为氢氧化亚镍和石墨粉的混合物，负极材料为海绵状镉粉和氧化镉粉，电解液通常为氢氧化钠或氢氧化钾溶液。当环境温度较高时，使用密度为 1.17～1.19g/cm^3(15℃时)的氢氧化钠溶液。当环境温度较低时，使用密度为 1.19～1.21g/cm^3(15℃时)的氢氧化钾溶液。在−15℃以下时，使用密度为 1.25～1.27g/cm^3(15℃时)的氢氧化钾溶液。为兼顾低温性能和荷电保持能力，密封镍镉蓄电池采用密度为 1.40g/cm^3(15℃时)的氢氧化钾溶液。为了增加蓄电池的容量和循环寿命，通常在电解液中加入少量的氢氧化锂(每升电解液加 15～20g)。

镍镉蓄电池充电后，正极板上的活性物质变为氢氧化镍(NiOOH)，负极板上的活性物质变为金属镉；镍镉电池放电后，正极板上的活性物质变为氢氧化亚镍，负极板上的活性物质变为氢氧化镉。

1．放电过程中的化学反应

1) 负极反应

负极上的镉失去两个电子后变成二价镉离子 Cd^{2+}，然后立即与溶液中的两个氢氧根离子 OH^-结合生成氢氧化镉 $Cd(OH)_2$，沉积到负极板上。

2) 正极反应

正极板上的活性物质是氢氧化镍(NiOOH)晶体。镍为正三价离子(Ni^{3+})，晶格中每两个镍离子可从外电路获得负极转移出的两个电子，生成两个二价离子 $2Ni^{2+}$。与此同时，溶液中每两个水分子电离出的两个氢离子进入正极板，与晶格上的两个氧负离子结合，生成两个氢氧根离子，然后与晶格上原有的两个氢氧根离子一起，与两个二价镍离子生成两个氢氧化亚镍晶体。

2．充电过程中的化学反应

充电时，将蓄电池的正、负极分别与充电机的正、负极相连，电池内部发生与放电时完全相反的电化学反应，即负极发生还原反应，正极发生氧化反应。

1) 负极反应

充电时，负极板上的氢氧化镉先电离成镉离子和氢氧根离子，然后镉离子从外电路获得电子，生成镉原子附着在极板上，而氢氧根离子进入溶液参与正极反应。

2) 正极反应

在外电源的作用下，正极板上的氢氧化亚镍晶格中，两个二价镍离子各失去一个电子生成三价镍离子，同时，晶格中两个氢氧根离子各释放出一个氢离子，将氧负离子留在晶格上，释出的氢离子与溶液中的氢氧根离子结合，生成水分子。然后，两个三价镍离子与两个氧负离子和剩下的两个氢氧根离子结合，生成两个氢氧化镍晶体。

蓄电池充电终了时，充电电流将使电池内发生分解水的反应，在正负极板上将分别有大量氧气和氢气析出。从上述电极反应可以看出，氢氧化钠或氢氧化钾并不直接参与反应，只起导电作用。从电池反应来看，充电过程中生成水分子，放电过程中消耗水分子，因此充、放电过程中电解液浓度变化很小，不能用密度计检测充放电程度。

优点：寿命长，单格电池电压 1.2V。

缺点：镉金属昂贵，现在多用镍氢电池代替，但成本仍然很高。

1.6.4　锂电池

锂电池(Lithium battery)是指电化学体系中含有锂(包括金属锂、锂合金和锂离子、锂聚合物)的电池。锂电池的负极材料为锂金属或锂合金，使用非水电解质溶液。锂电池大致可分为两类：锂金属电池和锂离子电池。锂离子电池不含有金属态的锂，并且是可以充电的。可充电电池的第五代产品锂金属电池在 1996 年诞生，其安全性、比容量、自放电率

和性能价格比均优于锂离子电池。由于其自身的高技术要求限制，现在只有少数几个国家的公司在生产这种锂金属电池。与普通蓄电池相比，锂电池具有以下优点。

(1) 能量比较高：具有高储存能量密度，目前已达到 460～600W·h/kg，是铅酸蓄电池的 6～7 倍。

(2) 使用寿命长：使用寿命可达到 6 年以上，用磷酸亚铁锂作为正极材料的电池 1*C*(100%DOD)充放电，有可以使用 10 000 次的纪录。

(3) 额定电压高：单格电池工作电压为 3.7V 或 3.2V，约等于 3 只镍镉或镍氢充电电池的串联电压，便于组成电池电源组。

(4) 具备高功率承受力：其中电动汽车用的磷酸亚铁锂电池可以达到 15～30*C* 充放电的能力，便于高强度的起动加速。

(5) 自放电率很低：这是该电池最突出的优越性之一，目前一般可做到 1%/月以下，不到镍氢电池的 1/20。

(6) 质量轻：相同体积下的质量为铅酸产品的 1/6～1/5。

(7) 高低温适应性强：可以在-20～60℃的环境下使用，经过工艺上的处理，可以在-45℃环境下使用。

(8) 绿色环保：不论生产、使用还是报废，都不含有也不产生任何铅、汞、镉等有毒害的重金属元素和物质。

(9) 生产基本不消耗水：对缺水的我国来说，这一点十分有利。

比能量指的是单位质量或单位体积的能量。比能量用 W·h/kg 或 W·h/L 来表示。W·h 是能量的单位，W 是瓦，h 是小时，kg 是千克(质量单位)，L 是升(体积单位)。

1.6.5　锌银蓄电池

锌银蓄电池在充电状态时，正极板上的活性物质为氧化银 AgO，负极板上的活性物质为金属锌 Zn，电解液是 KOH 水溶液。放电时，负极板上的活性物质给出两个电子，与电解液中的两个氢氧根离子相结合，生成氢氧化锌 $Zn(OH)_2$，再转化为氧化锌 ZnO 和水。正极板上的活性物质接收两个电子后，在水的参与下转化为银 Ag 和两个氢氧根离子。在电解液中，两个氢氧根离子带着两个负电荷由正极向负极迁移。

锌银蓄电池的额定电压为 1.5V，工作电压为 1.7～1.8V，充电终止电压为 2.00～2.05V，放电终止电压为 1.0V。

目前汽车遥控钥匙中用的就是锌银蓄电池。

1.7　交流发电机的构造、原理和工作特性

1.7.1　交流发电机的构造

汽车用交流发电机主要由转子、定子、整流器及前后端盖等组成。JF132 型交流发电机的组成部件如图 1-26 所示。

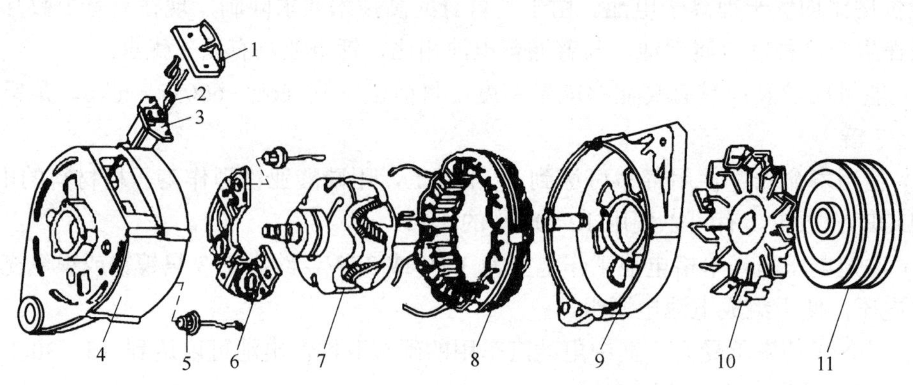

图 1-26　JF132 型交流发电机的解体图

1—后端盖；2—电刷架；3—电刷；4—电刷弹簧压盖；5—硅二极管；
6—元件板；7—转子；8—定子；9—前端盖；10—风扇；11—带轮

1．转子

交流发电机的转子是用来建立磁场的，主要由两块爪极、励磁绕组、轴和集电环等组成，如图 1-27 所示。

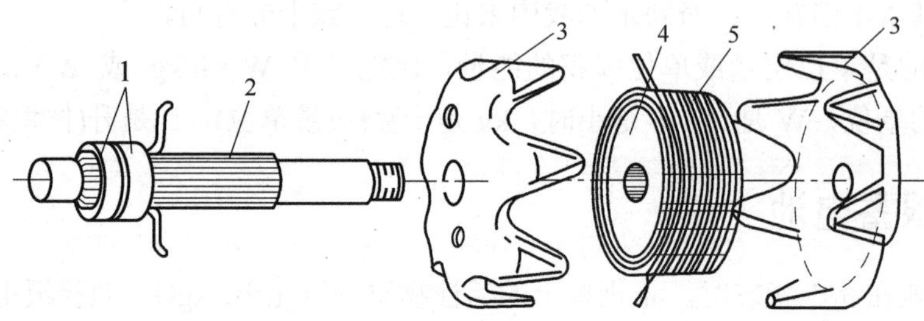

图 1-27　交流发电机的转子

1—集电环；2—轴；3—爪极；4—磁轭；5—励磁绕组

两块爪极压装在转子轴上，爪极间的空腔内装有磁轭，磁轭上绕有磁场绕组，绕组两端的引线分别焊在与转子轴绝缘的两个铜制集电环上。两个电刷装在与端盖绝缘的电刷架内，通过弹簧使电刷与集电环保持接触。当发电机工作时，两电刷与直流电源连通，为磁场绕组提供定向电流并产生轴向磁通，使两块爪极分别磁化为 N 极和 S 极，从而形成犬牙交错的磁极对并沿圆周方向均匀分布。转子磁场的磁力线分布与磁场电路原理如图 1-28 所示。

磁极对数可为 4 对、5 对和 6 对，我国设计的交流发电机的磁极对数多为 6 对。爪极凸缘的外形呈鸟嘴形，当发电机工作时，可在定子铁芯内部形成近似正弦变化的交变磁场。

2．定子

交流发电机的定子又称电枢，主要用来产生交流电动势，由定子铁芯和对称的三相电枢绕组组成。定子铁芯由一组相互绝缘的环状硅钢片叠制而成，环的内圆表面开有嵌线槽，三相电枢绕组按一定规则对称嵌放在槽内。一种 JF132 型交流发电机定子绕组的绕制如图 1-29 所示。

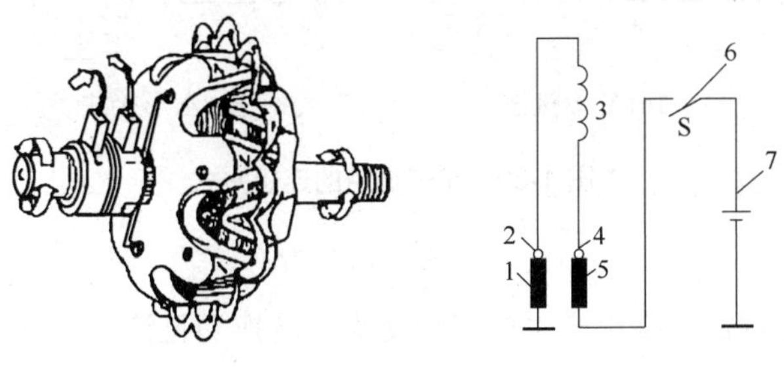

(a) 磁场的磁力线分布　　(b) 磁场电路原理

图 1-28　转子磁场的磁力线分布与磁场电路原理

1、5—电刷；2、4—集电环；3—励磁绕组；6—点火开关；7—蓄电池

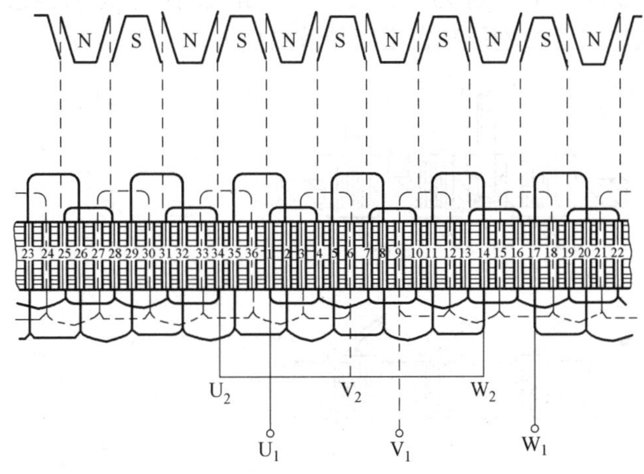

图 1-29　JF132 型交流发电机定子绕组的展开图

三相绕组的连接方法有星形接法(又称 Y 形接法)和三角形接法(又称△形接法)两种。Y 形接法是将三相绕组的三个末端 U_2、V_2、W_2 接在一起，将三相绕组的首端 U_1、V_1、W_1 作为交流发电机的交流输出端，如图 1-30(a)所示。而△形接法则是将每相绕组的首端和另一相绕组的末端依次相连接，因而有三个接点，这三个接点即为交流发电机的交流输出端，如图 1-30(b)所示。汽车用交流发电机大多采用 Y 形接法，美国通用汽车公司等交流发电机采用△形接法。

为了在三相绕组中产生大小相等、频率相同，且相位相差 120°的对称电动势，三相绕组的绕法应遵循以下原则。

(1) 每相绕组的线圈个数及每个线圈的匝数相等。

(2) 每个线圈的节距必须相同。

(3) 三相绕组的首端 A、B、C 在定子槽内的排列须间隔 120°电角度。

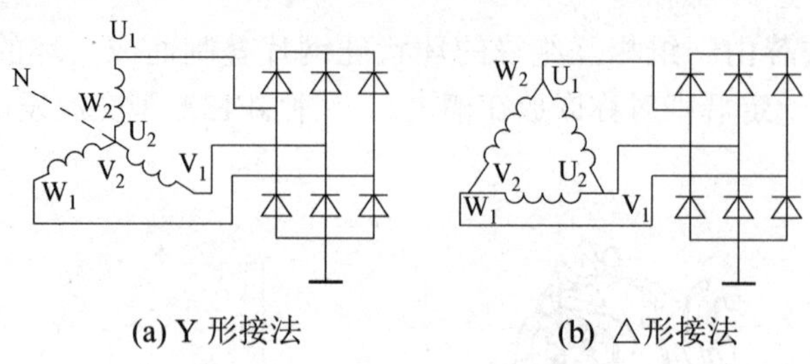

(a) Y 形接法　　(b) △形接法

图 1-30　定子绕组的连接方式

3. 整流器

整流器的作用是将定子绕组产生的三相交流电转换为直流电，并可阻止蓄电池电流向发电机倒流。

由 6 只硅整流二极管组成三相桥式全波整流器，如图 1-31 所示。硅整流二极管通常直接压装在散热板上或发电机后端盖上。其中，压装在散热板上的 3 只硅二极管，引线为正极，外壳为负极，称为“正极管”，引线端一般涂有红色标记；压装在后端盖上的二极管，引线为负极，外壳为正极，称为“负极管”，引线端一般涂有黑色标记。新型的交流发电机将 6 只硅整流二极管分别压装在不同的散热板上。

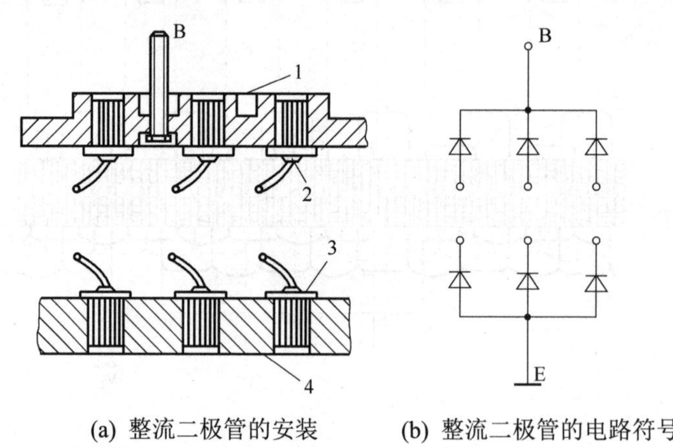

(a) 整流二极管的安装　　(b) 整流二极管的电路符号

图 1-31　6 只整流二极管的安装和电路符号

1—绝缘散热板；2—正极管(红色标记)；3—负极管(黑色标记)；4—后端盖板

为便于散热，散热板通常用铝合金制成，它与后端盖用绝缘材料垫片隔开，固定在散热板上的螺栓伸出发电机壳体外部，作为发电机的电源输出接柱，该接柱标记为“B”或“+”“电枢”等。

4. 端盖及电刷组件

前后端盖均由铝合金压铸或用砂模铸造而成。铝合金为非导磁材料，可减少漏磁并具有轻便、散热性能良好等优点。为了提高轴承孔的机械强度，增加其耐磨性，有的发电机端盖的轴承座内镶有钢套。

后端盖上装有电刷架，它用酚醛塑料或玻璃纤维增强尼龙制成。两个电刷分别装在电

刷架的孔内，借弹簧压力与集电环保持接触。国产交流发电机的电刷架有两种结构形式，一种是电刷架可直接从发电机外部进行拆装，如图 1-32(a)所示；另一种则不能直接在发电机外部进行拆装，如图 1-32(b)所示，若需更换电刷，必须将发电机拆开，故这种结构的电刷将逐渐被淘汰。

发电机的前端装有皮带轮，其后面装有叶片式风扇，前后端盖上分别有出风口和进风口，如图 1-33(a)所示。当发动机的曲轴驱动皮带轮旋转时，可使空气高速流经发电机内部进行冷却。对于有些轿车，其发电机的功率大，为了提高散热强度，一般装有两个风扇，且将风扇叶直接焊在转子上，可减小发电机的体积。图 1-33(b)所示为双风扇式发电机。

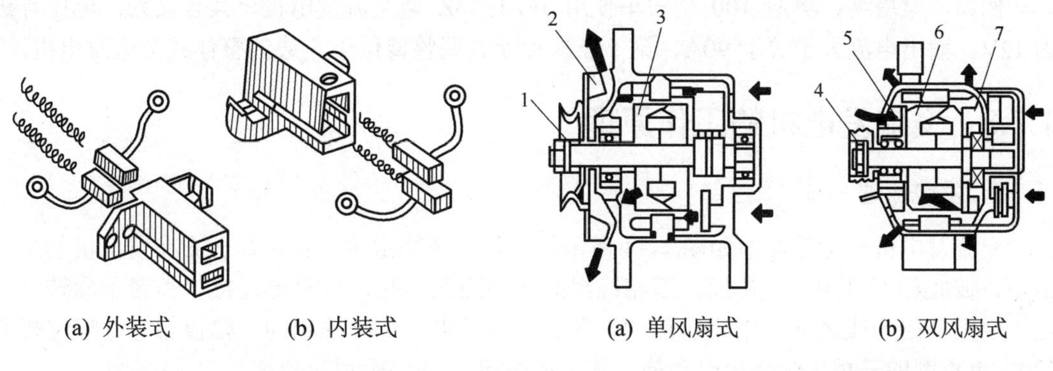

(a) 外装式　　(b) 内装式

图 1-32　电刷架的结构

(a) 单风扇式　　(b) 双风扇式

图 1-33　交流发电机的通风

1、4—带轮；2、5、7—风扇；3、6—转子

1.7.2　国产交流发电机的型号

根据中华人民共和国行业标准 QC/T 73—1993《汽车电气设备产品型号编制方法》的规定，汽车交流发电机的型号如下：

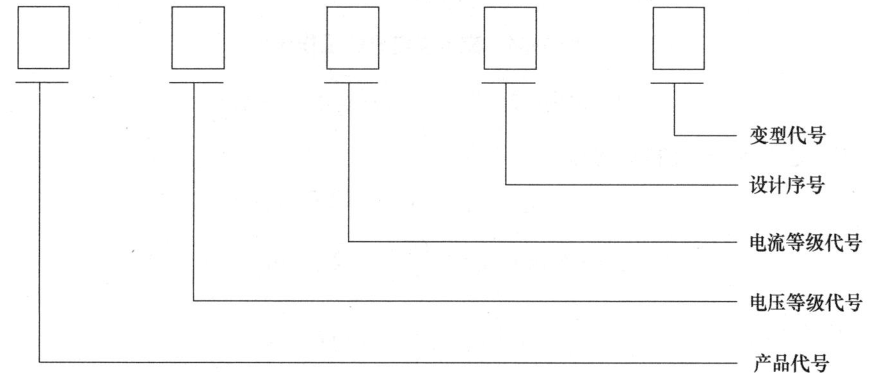

第一部分为产品代号。交流发电机的产品代号有 JF、JFZ、JFB、JFW 4 种，分别表示交流发电机、整体式交流发电机、带泵交流发电机和无刷交流发电机。

第二部分为电压等级代号，用 1 位阿拉伯数字表示，1 代表 12V，2 代表 24V，6 代表 6V。

第三部分为电流等级代号，用 1 位阿拉伯数字表示，其含义见表 1-5。

表 1-5　电流等级代号　　单位：A

电流等级代号	1	2	3	4	5	6	7	8	9
电流范围/A	≥19	20～29	30～39	40～49	50～59	60～69	70～79	80～89	≥90

第四部分为设计序号，按产品的先后顺序，用阿拉伯数字表示。

第五部分为变型代号。交流发电机是以调整臂的位置作为变型代号，从驱动端看，Y代表调整臂位于右边，Z 代表位于左边，无字母则代表位于中间位置。

例如，桑塔纳、奥迪 100 型轿车使用 JFZ1913Z 型交流发电机，其含义为：电压等级为 12V、输出电流大于等于 90A、第十三次设计、调整臂位于左边的整体式交流发电机。

1.7.3　交流发电机的工作原理

1．发电原理

交流发电机的工作原理如图 1-34 所示。三相定子绕组按一定规律分布在发电机的定子槽中，彼此相差 120° 电角度。三相绕组的末端连在一起，成星形连接。当转子旋转时，定子绕组与磁力线之间产生相对运动，在三相绕组中产生频率相同、幅值相等、相位相差120° 电角度的三相正弦交流电动势，其波形如图 1-35(b)所示。

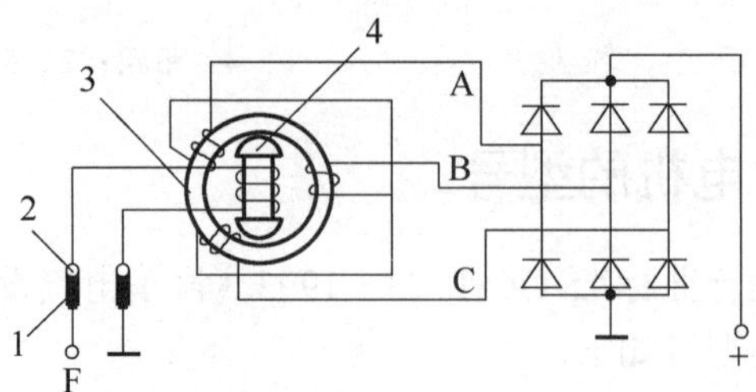

图 1-34　交流发电机的工作原理

1—电刷；2—集电环；3—定子；4—转子

A、B、C 三相绕组的感应电动势分别为

$$e_A = E_m \sin \omega t = \sqrt{2}E_\phi \sin \omega t$$

$$e_B = E_m \sin\left(\omega t - \frac{2\pi}{3}\right) = \sqrt{2}E_\phi \sin\left(\omega t - \frac{2\pi}{3}\right)$$

$$e_C = E_m \sin\left(\omega t + \frac{2\pi}{3}\right) = \sqrt{2}E_\phi \sin\left(\omega t + \frac{2\pi}{3}\right)$$

式中：E_m——每相电动势的最大值(V)；

E_ϕ——每相电动势的有效值(V)；

ω——电角速度；

t——时间。

2．整流原理

交流发电机定子绕组产生的交流电，通过硅整流二极管组成的整流电路转变为直流电。二极管具有单向导电性，当二极管加上正向电压时，二极管导通，呈现低阻状态；当二极管加上反向电压时，二极管截止，呈现高阻状态。利用二极管的单向导电性，即可把交流电转变成直流电。

六只硅整流二极管组成的三相全波桥式整流电路如图 1-35(a)所示，二极管的导通原则如下：二极管 VD_1、VD_3、VD_5 为正极管子，其正极分别接在发电机三相绕组的首端，负极连接在一起，某一瞬间正极电位最高者导通；二极管 VD_2、VD_4、VD_6 为负极管子，其负极分别接在发电机三相绕组的首端，正极连接在一起，某一瞬间负极电位最低者导通。

该整流电路的整流过程如下。

(1) t=0 时，u_A=0，u_B 为负值，u_C 为正值，二极管 VD_5、VD_4 获得正向电压而导通，电流由 C 相流出，经 VD_5→R_L→VD_4→B 相→C 相，形成电流回路。

(2) t_1～t_2 时间内，A 相电压最高，B 相电压最低，VD_1、VD_4 获得正向电压而导通，A、B 相之间的线电压加在负载 R_L 上，形成电流回路。

(3) t_2～t_3 时间内，A 相电压最高，C 相电压最低，VD_1、VD_6 获得正向电压而导通，A、C 相之间的线电压加在负载 R_L 上，形成电流回路。

(4) t_3～t_4 时间内，B 相电压最高，C 相电压最低，VD_3、VD_6 获得正向电压而导通，B、C 相之间的线电压加在负载 R_L 上，形成电流回路。

以此循环导通，每一时刻有两只二极管导通，在负载两端可得到一个平稳的直流脉动电压，如图 1-35(b)、(c)所示。

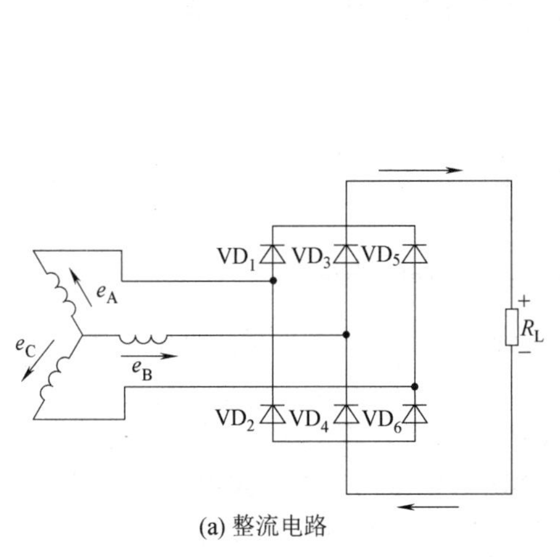

(a) 整流电路

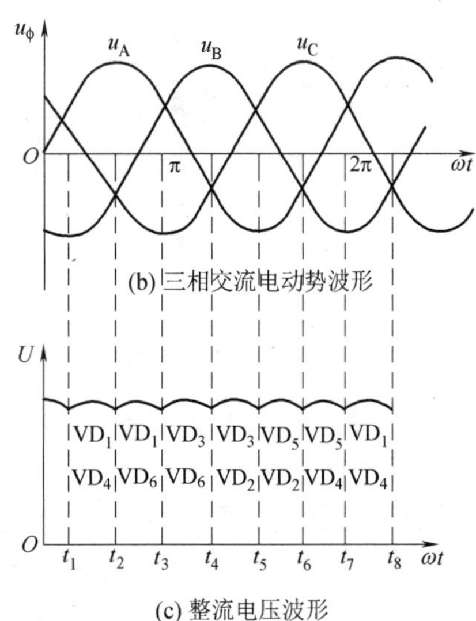

(c) 整流电压波形

图 1-35　三相全波桥式电路及整流原理

3．励磁方式

交流发电机的励磁方式是先他励、后自励。当发电机转速较低、其电压低于蓄电池电压时，由蓄电池向发电机磁场绕组供电输出，为他励方式；当发电机转速升高、其电压高于蓄电池电压时，发电机向自身的磁场绕组供电，为自励方式。

一般交流发电机的励磁电路如图 1-36 所示。当点火开关 S 接通时，励磁电路是：蓄电池“+”→点火开关 S→电压调节器→磁场绕组→蓄电池“-”。当发电机电压高于蓄电池电压时，励磁电路是：发电机定子绕组→正极二极管→点火开关 S→电压调节器→磁场绕组→发电机“E”端→负极二极管→定子绕组。

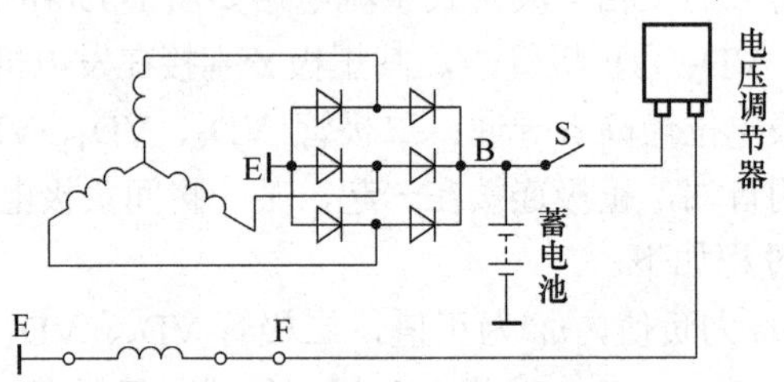

图 1-36 交流发电机的励磁电路

4．带中性点输出的交流发电机整流原理

1) 中性点抽头

在星形接法的交流发电机中，将三相绕组的中性点用导线引出，称为中性点抽头，如图 1-37 所示。其接线柱的标记为“N”，输出电压用 U_N 表示。由于 U_N 是通过三个搭铁的负极管整流后得到的直流电压，即三相半波整流电压，所以其大小为

$$U_N = \frac{1}{2}U$$

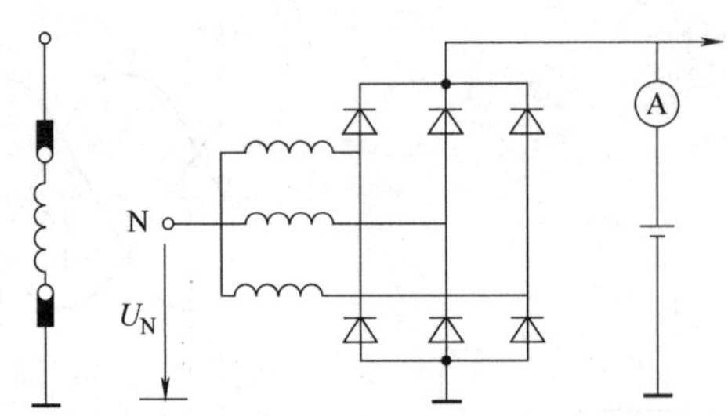

图 1-37 带中性点抽头的交流发电机电路

该电压一般用来控制各种用途的继电器，如磁场继电器、充电指示灯继电器等。

2) 中性点整流输出

在星形接法的交流发电机中，其中性点 N 不仅具有直流电压(等于发电机直流输出电压的一半)，而且还包含有交流电压成分。中性点瞬时电压为三相基波电压整流得到的直流分量和三次谐波交流分量的叠加，三次谐波交流分量与发电机转速有关，转速越高，三次谐波交流分量的瞬时最高值越大，如图 1-38 所示。

当发电机转速升高到一定程度时(超过 2000r/min)，交流分量的最高瞬时值有可能超过发电机的直流输出电压 U_B(14V)，最低瞬时值则可能低于搭铁电压(0V)。交流分量高于发电机直流输出电压 U_B 和低于 0V 时便有可能对外输出。因此，可在中性点和发电机的

“B+”端以及搭铁端“E”之间分别增加一只整流二极管，这两只二极管称为中性点整流二极管。中性点整流二极管 VD_7 和 VD_8 的连接如图 1-39 所示，其工作原理如下。

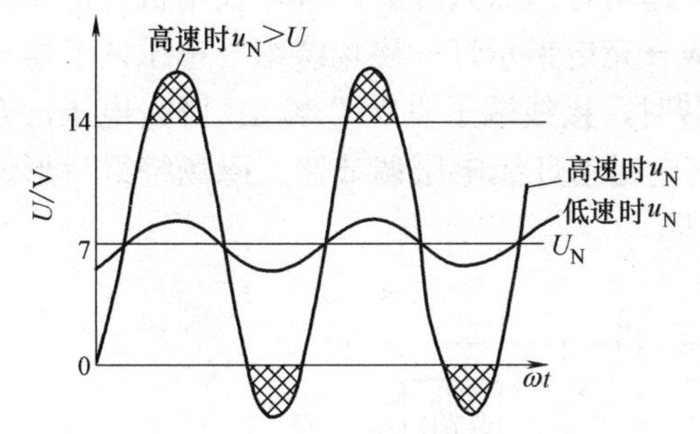

图 1-38 不同转速时的中性点电压波形

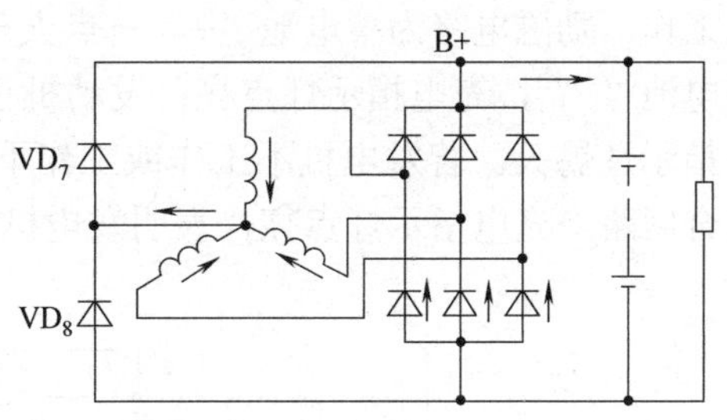

图 1-39 中性点整流输出的基本电路

(1) 当中性点的瞬时电压高于发电机的输出电压 U_B 时，二极管 VD_7 导通，电流经 VD_7→负载→三只负极管中的一只后经某一相绕组形成回路。

(2) 当中性点的瞬时电压低于 0V 时，二极管 VD_8 导通，电流则从某一相流出，经该相的正极管→负载→搭铁→VD_8，回到中性点而形成回路。增加中性点整流输出后，发电机在高速状态下的输出电流和功率可增加 10%～15%。

5. 带励磁二极管的交流发电机

为进一步提高发电机的电流输出，增加发电机的输出功率，在交流发电机中增加三只正整流管作为励磁二极管，带励磁二极管的交流发电机的基本电路如图 1-40 所示。

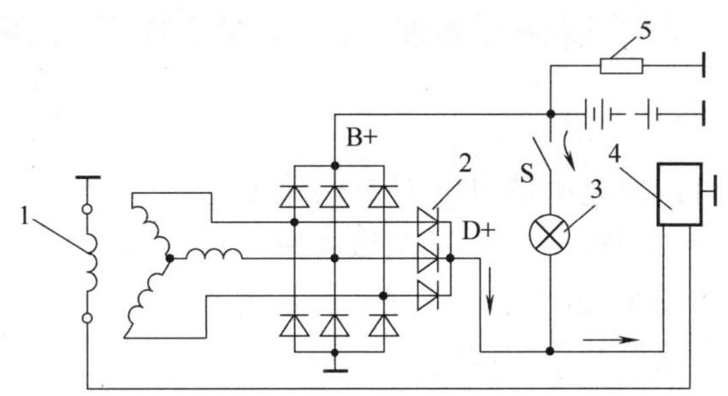

图 1-40 带励磁二极管的交流发电机的基本电路

1—磁场绕组；2—励磁二极管；3—充电指示灯；4—电压调节器；5—负载

当发电机处于自励状态时，三相绕组的电流分两路输出，一路作为输出电流通过六只二极管组成的三相全波桥式整流电路通过接线端子“B+”对外输出；另一路通过三只励磁二极管(正二极管)和三只整流负二极管组成的励磁整流电路，作为励磁电流通过接线端子“D+”→电压调节器→磁场绕组，向磁场绕组提供励磁电流。

6. 带磁场二极管和中性点整流输出的发电机

带励磁二极管和中性点整流输出的交流发电机的基本电路如图 1-41 所示。VD_1～VD_6 六只整流二极管组成全波桥式整流电路，VD_{10}、VD_{11} 组成中性点整流输出电路，VD_2、

VD_4、VD_6 三只负二极管和 VD_7、VD_8、VD_9 三只正二极管组成励磁整流电路。这种形式的发电机广泛应用在一汽大众、上海大众生产的各种轿车上。

接线端子“D+”同时接充电指示灯。发动机起动时，点火开关闭合，发电机为他励方式工作，励磁电路为蓄电池“+”→点火开关 SW→充电指示灯→磁场绕组→电压调节器→蓄电池“-”，充电指示灯点亮；发动机正常运转时，接线端子“D+”输出 14V 电压，充电指示灯熄灭。若发电机不工作或工作不良，充电指示灯经电压调节器、磁场绕组后形成闭合回路，充电指示灯点亮，表明发电机存在故障。

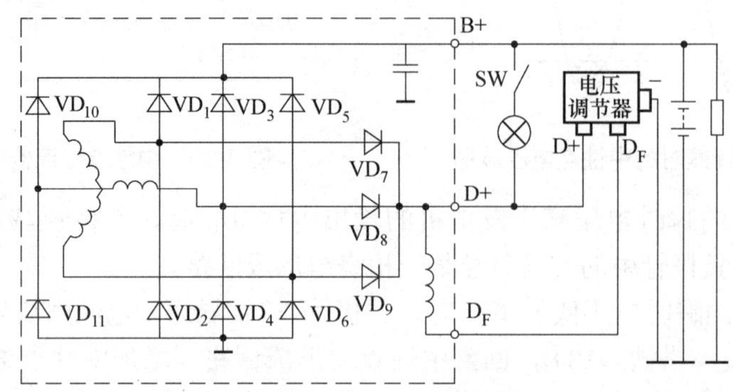

图 1-41　带磁场二极管和中性点整流输出的交流发电机的基本电路

1.7.4　交流发电机的工作特性

交流发电机的工作特性是指发电机经整流后输出的直流电压 U、电流 I 和转速 n 之间的关系，包括空载特性、外特性和输出特性，其中以输出特性最为重要。

1．空载特性

当发电机空载运行时，发电机端电压 U 和转速 n 之间的关系，即负载电流 I=0 时，U=f(n)的函数关系，称为发电机的空载特性，如图 1-42 所示。空载特性是判断发电机低速充电性能是否良好的重要依据。

从曲线的上升速率和达到蓄电池电压时的转速高低可判断发电机的性能是否良好。

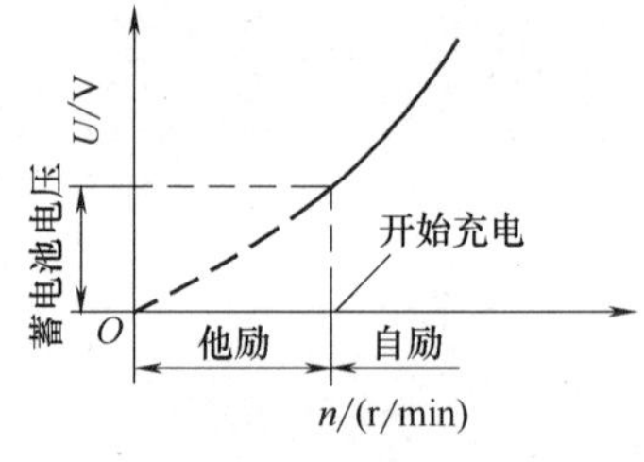

图 1-42　交流发电机的空载特性曲线

2．外特性

当发电机转速一定时，发电机端电压 U 与输出电流 I 之间的关系，即 n 为常数时，U=f(I)的函数关系，称为发电机的外特性，如图 1-43 所示。

外特性曲线表明，在一定的转速下，输出电流增加时，发电机端电压有较大幅度的下降，且转速越高，下降的斜率越大。因此，在发电机高速运转时，如果突然失去负载，端电压会急剧升高，并对汽车上电气设备中的电子元件造成损害。要使输出电压稳定，必须配备电压调节器。

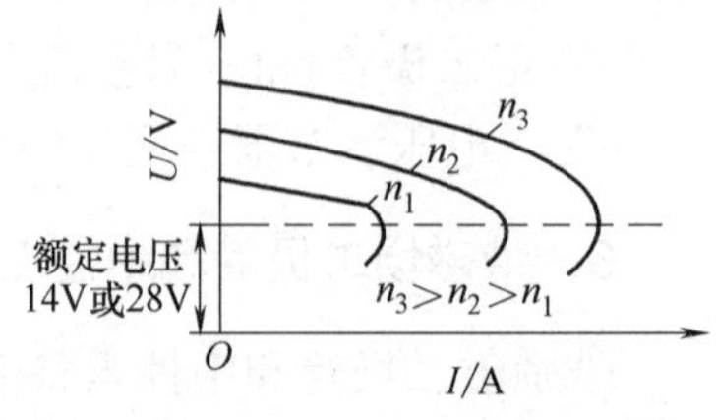

图 1-43　交流发电机的外特性曲线

另外，当输出电流增加到一定值时，如果继续增大负载，其输出电流不仅不会增加，反而会同输出电压一起下降，其发电机外特性曲线的表现如图 1-43 中的曲线尾部所示。一般交流发电机工作在转折点以前。

3. 输出特性

输出特性又叫负载特性或输出电流特性。它是指发电机向负载供电时，保持发电机输出电压恒定(标称电压 12V 电源系统，发电机保持额定电压 14V；标称电压 24V 电源系统，发电机保持额定电压 28V)的情况下，输出电流 I 与发电机转速 n 之间的关系，即 U 为常数时，$I=f(n)$的函数关系。交流发电机的输出特性曲线如图 1-44 所示。

由发电机的输出特性曲线可以看出以下几点。

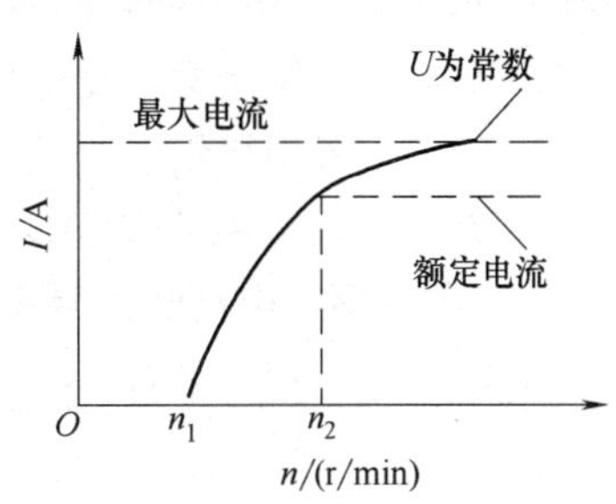

图 1-44　交流发电机的输出特性曲线

(1) 当发电机转速 $n<n_1$ 时，因发电机端电压低于额定值，不能向外输送电流，只能由蓄电池供电。

(2) 当发电机转速 $n=n_1$ 时，发电机端电压达到额定值。当发电机转速超过 n_1 时，发电机才有能力在额定电压下向负载供电，故称 n_1 为空载转速。空载转速 n_1 通常作为选择发电机与发动机传动比的依据。当发电机转速 $n>n_1$ 时，其输出电流随着转速增加而逐渐增大。

(3) 发电机达到额定功率时的转速称为额定转速 n_2，这时发电机的负载电流为额定电流 I_e。转速 n_2 是判断发电机性能的重要指标。

(4) 当发电机转速达到一定值后，发电机的输出电流几乎不再继续增加，这说明硅整流发电机具有限制最大输出电流的作用。这是由于随着定子绕组中感应电动势的增加，定子绕组的阻抗也随转速的升高而增加；同时定子电流增加时，电枢反应的增强也使感应电动势下降。由于上述原因，使发电机转速达到一定值后，其输出电流几乎不变，即具有限定输出电流的作用，故交流发电机不需要设置限流器。

1.8　交流发电机的电压调节器

1.8.1　电压调节器的作用和类型

1. 电压调节器的作用

交流发电机电压调节器的作用是通过调节发电机的励磁电流实现发电机输出电压的稳定。

2. 电压调节器的类型

按照结构特点和工作原理，交流发电机的电压调节器可分为电磁振动式和电子式两大类。

电磁振动式电压调节器通过触点的反复开闭以改变串联在磁场绕组的电阻值，从而调节磁场绕组的励磁电流，进而实现电压调节。电磁振动式电压调节器主要用于早期的发电机，电压调节器单独安装，通过线路和发电机连接。

电子式电压调节器利用晶体管的开关特性控制磁场绕组的接通和关断，以调节磁场绕组的励磁电流，从而实现电压调节。电子式电压调节器应用广泛，采用分离电子元件的电子式电压调节器通常单独安装，通过线路和发电机连接；采用集成电路的电子式电压调节器用于整体式发电机，安装在发电机内部。

1.8.2 电压调节器的基本原理

每相绕组电动势的有效值为

$$E_{\phi} = 44.4kfN\Phi \tag{1-6}$$

式中：E_{ϕ}——每相电动势的有效值(V)；

k——绕组系数，交流发电机采用整距集中绕组时，k=1；

N——每相绕组的匝数(匝)；

Φ——磁极磁通(Wb)；

f——感应电动势的频率(Hz)。

其中，$f=\dfrac{pn}{60}$(p 为磁极对数，一般交流发电机 p=6；n 为转速)，因此有

$$E_{\phi} = 44.4k\frac{pN}{60}n\Phi$$

令 $C = 44.4k\dfrac{pN}{60}$(常数)，则

$$E_{\phi} = Cn\Phi$$

交流发电机是由发动机按一定的传动比驱动的，转速变化范围很大。当发电机转速变化时，要保持发电机电压稳定在某一限定值不变，只能相应地改变发电机的磁通，而磁通的强弱又取决于励磁电流的大小。也就是说，当发电机转速变化时，只要使励磁电流有相应的变化，就可保持发电机输出电压不变。

1.8.3 双级电磁振动式电压调节器

双级电磁振动式电压调节器利用触点的开闭，使励磁电路中串入或短接附加电阻 R_1 来调节励磁电流，从而达到调节电压的目的。附加电阻的阻值越大，则电压调节起作用的转速范围就越宽，但在触点打开时，产生的火花就越强烈。为了减小火花，延长使用寿命，交流发电机多采用双级式电压调节器。双级电磁振动式电压调节器的工作原理如图 1-45 所示，其电压调节特性如图 1-46 所示。

双级电磁振动式电压调节器的工作过程如下。

调节器不工作时，低速触点 K_1 闭合，高速触点 K_2 处于开启状态。

发电机低速运转时，低速触点 K_1 闭合，励磁电流由蓄电池供给。随着发电机转速的增加，输出电压增加，当输出电压大于蓄电池电动势时，发电机进入自励阶段。

当发电机转速升到 n_1，发电机电压稍高于第一级调节电压 U_1 时，流经电磁线圈 W 的电流产生电磁吸力，克服弹簧拉力使 K_1 打开，电阻 R_1 串入励磁回路，励磁电流减小，发电机输出电压下降，铁芯吸力减小，K_1 复位，输出电压又上升。当电压升至略高于调节电压 U_1 时，K_1 又打开，如此往复，使发电机输出电压的平均值维持在 U_1 不变。这样 K_1 不

断开闭，转速越高，打开时间越长，励磁电流的平均值越小，将 R_1 短路，励磁电流增大，从而使发电机在 n_1 到 n_2 转速范围内输出电压的平均值维持在 U_1 不变。

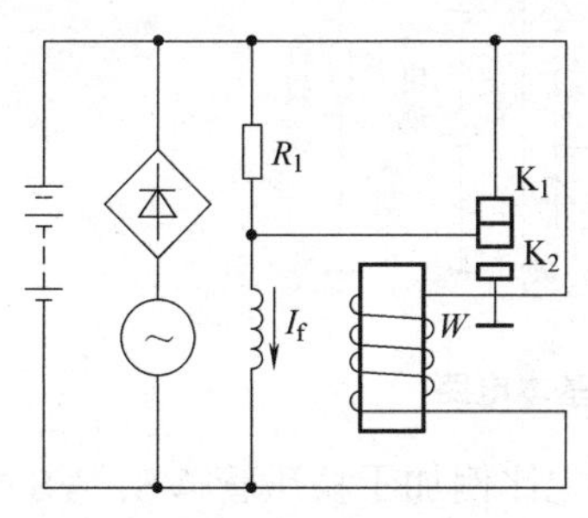

图 1-45　双级电磁振动式电压调节器的工作原理

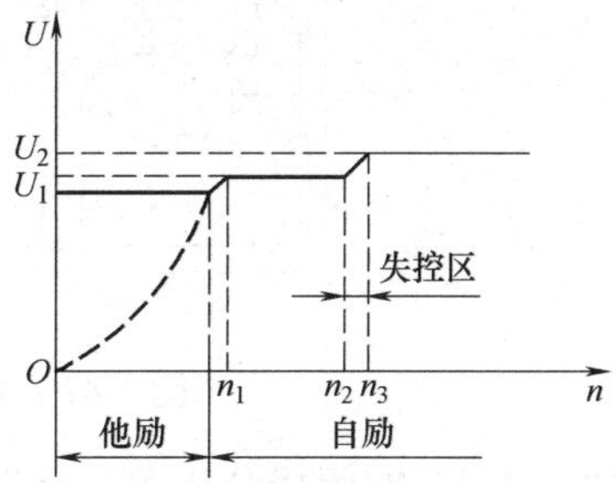

图 1-46　双级电磁振动式电压调节器的电压调节特性

当发电机转速超过 n_2 且小于 n_3 时，K_1 一直打开，R_1 一直串入励磁回路中，励磁电流和发电机端电压都随转速的升高而升高，低速触点失去调节作用，活动触点处于中间位置，称为失控区。

当发电机转速继续升高，高于 n_3 时，电磁线圈 W 的电磁吸力使高速触点 K_2 闭合，将励磁绕组短路，励磁电流减小到零，发电机电压随之迅速下降，电磁线圈的吸力减小，K_2 分开，活动触点处于中间位置，励磁回路又串入 R_1，发电机端电压又随之上升。在转速大于 n_3 范围内，发电机转速越高，K_2 闭合的时间就越长，励磁电流的平均值就越小，从而使发电机端电压平均值维持在 U_2 不变。

1.8.4　电子式电压调节器

电磁振动式电压调节器结构复杂，质量和体积大，而且火花易烧蚀触点，寿命低，对无线电干扰大，并且机械惯性和磁惯性大。而电子式电压调节器以开关管代替触点，不但开关频率提高，且不会产生火花，调节效果好，具有质量轻、体积小、寿命长、可靠性高等优点，所以电子式电压调节器正逐渐取代电磁振动式电压调节器。

电子式电压调节器可分为晶体管调节器和集成电路调节器，两者的工作原理基本相同。

1. 内搭铁与外搭铁

交流发电机有内搭铁与外搭铁之分，内搭铁发电机的两个电刷中，一个电刷的引线与磁场接线柱(标记为“F”或“磁场”)连接，另一个电刷的引线与发电机外壳相连；外搭铁发电机的两个电刷通过引线均与绝缘接线柱(标记为“F+”“F−”)相连，磁场绕组通过“F−”接线柱经调节器搭铁。即磁场绕组经过电子调节器搭铁称为外搭铁，如图 1-47 所示。磁场绕组直接搭铁称为内搭铁，如图 1-48 所示。

2. 电子式电压调节器的基本原理

电子式电压调节器有多种形式，其内部电路各不相同，但基本工作原理相同。电子式电压调节器都是利用三极管的开关特性，通过三极管导通和截止相对时间的变化来调节发电机的励磁电流的。外搭铁电压调节器的基本电路如图 1-47 所示。

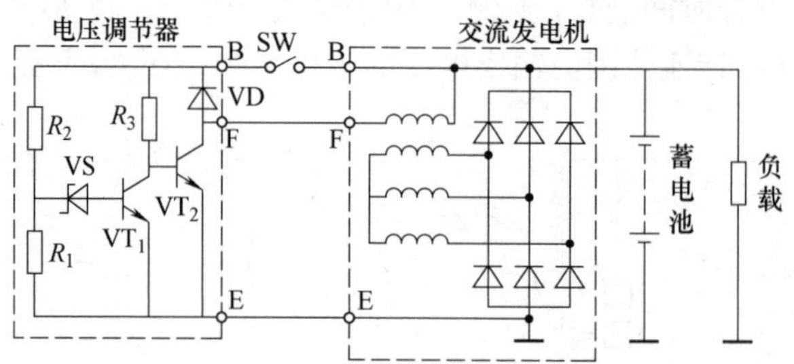

图 1-47　外搭铁电压调节器的基本电路

其中，R_1 和 R_2 组成分压器，将发电机的电压按一定比例加于稳压管 VS；VS 根据 R_1 分得电压的变化而导通或截止。VT_1 为小功率三极管，其导通或截止由 VS 控制，VT_1 控制大功率三极管 VT_2 的导通或截止。VT_2 用于控制励磁电流，VT_2 饱和导通时，发电机磁场绕组励磁回路通路，VT_2 截止时，励磁回路断路。电路参数的设置使 VT_1、VT_2 均工作在开关状态。

当发电机不转动或发电机低速运转时，接通点火开关，蓄电池的端电压便加在分压器电阻 R_1 和 R_2 上，R_1 的分压低于 VS 的导通电压，不能使稳压管 VS 反向击穿，VT_1 截止，VT_1 截止使得 VT_2 导通，发电机励磁回路通路，此时由蓄电池供给磁场电流。当发电机电压升高到大于蓄电池电压而低于设定的目标电压时，发电机自励发电并开始对蓄电池充电，VT_1 继续截止，VT_2 继续导通，但此时的磁场电流由发电机供给，发电机电压随转速升高迅速升高。当发电机电压上升至设定的目标电压时，R_1 的分压达到了 VS 的导通电压，使 VS 导通，VT_1 同时饱和导通；VT_1 导通后，使得 VT_2 失去正向偏压而截止，发电机励磁回路断路。发电机无励磁电流时，其电动势及端电压迅速下降，当降到 R_1 的分压不足以维持 VS 导通时，VS 又截止，VT_1 也截止，VT_2 重新导通，发电机励磁回路又通路。如此反复，发电机输出电压 U_B 被控制在设定的调节电压范围内。

当发电机转速较高、负载较小时，使调节器中 VT_2 的截止时间相对增加，发电机的平均励磁电流减小；当发电机转速较低、负载较大时，使调节器中 VT_2 的导通时间相对增加，发电机的平均励磁电流增大，从而使发电机在变负载、变转速的工况下保持输出电压稳定。

图 1-48 所示为适用于内搭铁发电机的电压调节器的基本电路。晶体管 VT_1、VT_2 采用 PNP 型，发电机的励磁绕组连接在 VT_2 的集电极和搭铁端之间，与外搭铁型电路显著不同，电路的工作原理和结构与外搭铁型电压调节器类似。

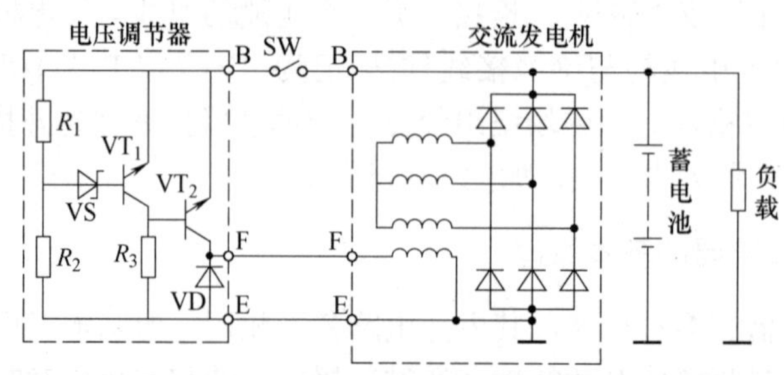

图 1-48　内搭铁电压调节器的基本电路

3．基本电路的不足与改善

图 1-47 和图 1-48 所示只是晶体管电压调节器的基本电路，不能满足实际工作的需要，实际的电压调节器还必须附加其他的电子元件和电路，以弥补基本电路的不足。图 1-49 所示为满足实际使用要求的电子式电压调节器，此电压调节器为 JFT106 型晶体管调节器，包括基本电路和辅助电路两部分。

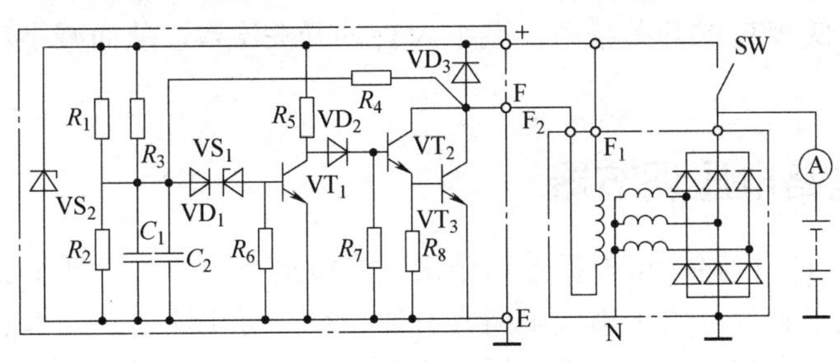

图 1-49　JFT106 型晶体管调节器

基本电路由电阻 R_1、R_2、R_5、R_6、R_7、R_8，稳压管 VS_1，续流二极管 VD_1 和三极管 VT_1、VT_2、VT_3 组成。其中 VT_2、VT_3 组成复合开关管，目的是提高放大倍数，增大输出电流，它的负载是发电机磁场绕组。

辅助电路由电阻 R_3、R_4，二极管 VD_2、VD_3，电容器 C_1、C_2 和稳压管 VS_2 等组成。

1) JFT106 型调节器的工作原理

(1) 接通点火开关 SW 且发电机运转，当其电压低于蓄电池电压时，蓄电池电压加在分压器 R_1、R_2 上，R_2 上的分压低于 VS_1 的击穿电压，VS_1 截止，VT_1 截止。蓄电池电压经 R_5 加在 VD_2、R_7 上，电阻 R_7 使 VT_2 获得正向偏压而导通；VT_2 导通后，偏流电阻 R_8 使 VT_3 获得正向偏压而导通，接通磁场电路。其电流回路为：蓄电池正极→电流表 A→点火开关 SW→发电机“F_1”接线柱→磁场绕组→发电机“F_2”接线柱→调节器“F”接线柱→VT_3→调节器“E”接线柱→蓄电池负极。发电机电压随转速的升高而升高。

(2) 当发电机电压达到限额电压时，电阻 R_2 的分压加在 VD_2、VS_1、R_6 上，使 VS_1 击穿导通，VT_1 随之导通，VT_1 集电极对地的电压几乎为零，使 VT_2 失去正向偏压而截止，并使 VT_3 截止，磁场电流为零，发电机电压下降。当发电机电压稍低于限额值时，VS_1 截止，VT_1 截止，VT_2、VT_3 获正向偏压而导通，磁场绕组中又有电流通过，发电机电压又上升。VT_1、VT_2、VT_3 管交替导通、截止，从而使发电机电压限定在调节电压范围内。

2) 辅助元件的作用

辅助元件用来保护调节器和改善调节器的性能，各辅助元件的作用如下。

(1) 电阻 R_3 为调整电阻。通过调整 R_3 的阻值大小可以调整调节器限额电压的高低。R_3 的阻值增大，限额电压升高，反之限额电压降低。

(2) VD_3 为续流二极管。在三极管 VT_3 截止瞬间，磁场绕组产生的自感电动势经二极管构成回路放电，保护 VT_3 管不被击穿。

VD_1 为温度补偿二极管。它与稳压管反向串联，其温度系数为负值，工作温度升高，管压降降低，反之管压降升高。稳压管的温度系数为正值，当温度变化时，起补偿作用，使调节器性能稳定。

VD_2 为分压二极管。当 VT_1 导通时，使 VT_2、VT_3 可靠截止，减小 VT_1 温度变化对 VT_2、VT_3 的影响。

VS_2 为稳压二极管。它并联在发电机两端，起过压保护作用。

(3) R_4 称为正反馈电阻。其作用是提高 VT_3 的开关速度，减小三极管的耗散功率，延长调节器的使用寿命。

(4) 电容器 C_1、C_2 称为降频电容。它们并联在分压电阻 R_2 两端，利用其两端电压不能突变的特性来降低 VT_1 的开关频率，减小 VT_1 的开关次数，从而减小耗散功率，延长调节器的使用寿命。

1.8.5 集成电路电压调节器

集成电路又称 IC 电路，可根据使用要求，将电路中的若干元件集成在同一基片上，制成一个独立的电子芯片。由于集成电路具有体积小、可靠性高、成本低、适应性强等优点，因而被广泛用于汽车电子工业中。用集成电路开发的电压调节器体积很小，可方便地安装在发电机内部，与发电机组成一个整体，故装有集成电路电压调节器(简称集成电路调节器)的交流发电机又称为整体式交流发电机。

集成电路调节器的基本工作原理与晶体管调节器相同，都是根据发电机的电压信号，利用三极管的开关特性来控制发电机的磁场电流，达到稳定发电机输出电压的目的。

根据输入电压信号检测点的不同，集成电路调节器的基本电路又可分为发电机电压检测法和蓄电池电压检测法。图 1-50(a)所示的电路采用发电机电压检测法，图 1-50(b)所示的电路采用蓄电池电压检测法。

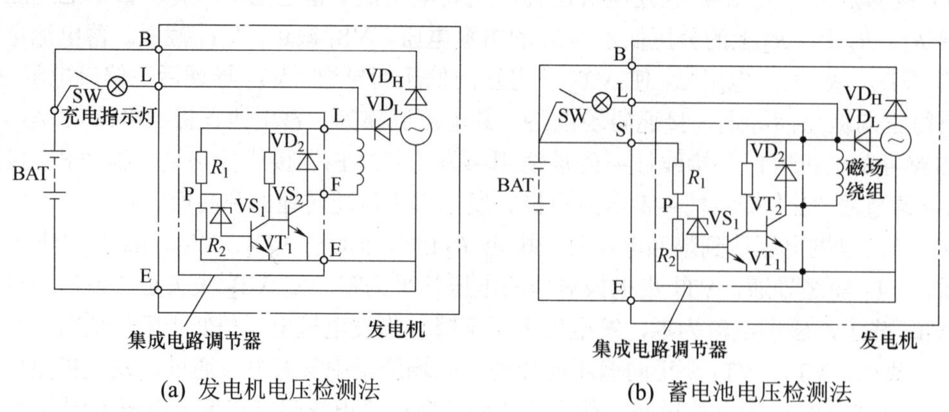

图 1-50 集成电路调节器的基本电路

发电机电压检测法与蓄电池电压检测法的区别在于：前者集成电路调节器电压的采样点直接来自于发电机的输出端，后者则来自于蓄电池端。

相比而言，采用发电机电压检测法，可省去信号输入线，缺点是当发电机至蓄电池电路上的压降损失较大时，会导致蓄电池的端电压偏低引起蓄电池充电不足。因此，一般大功率发电机多采用蓄电池电压检测法，使蓄电池的端电压得以保证。但采用蓄电池电压检测法后，若发电机的电压输出线或信号输入线断路，由于无法检测发电机的工作情况，会造成发电机失控。故在大多数实用电路的设计中，对具体电路作了相应改进。

1.9　充电系统电路实例分析

1.9.1　解放 CA1091 充电系统电路

解放 CA1091 充电系统电路如图 1-51 所示，交流发电机为非整体式结构，晶体管调节器单独安装，通过导线与发电机磁场绕组和点火开关线连接。发电机三相绕组为星形连接方式，带中性点抽头。中性点抽头“N”端子接组合继电器“N”接线柱，用于充电指示灯控制和起动保护。接通点火开关，发动机不工作时，中性点抽头“N”端子电压为 0，通过线圈 L_2 的电流为 0，常闭触点 K_2 闭合，充电指示灯点亮。发动机正常工作时，中性点抽头“N”端子电压为 7V，线圈 L_2 通电，常闭触点 K_2 断开，充电指示灯熄灭，表明充电系统工作正常。发动机运转时，充电指示灯点亮，表明充电系统出现故障。起动时，发动机运转后，中性点抽头“N”端子电压为 7V，常闭触点 K_2 断开，通过线圈 L_1 的电流为 0，常闭触点 K_1 断开，切断“S”端子供给起动机电磁开关的电流，起动机停止工作，起到起动保护的作用。

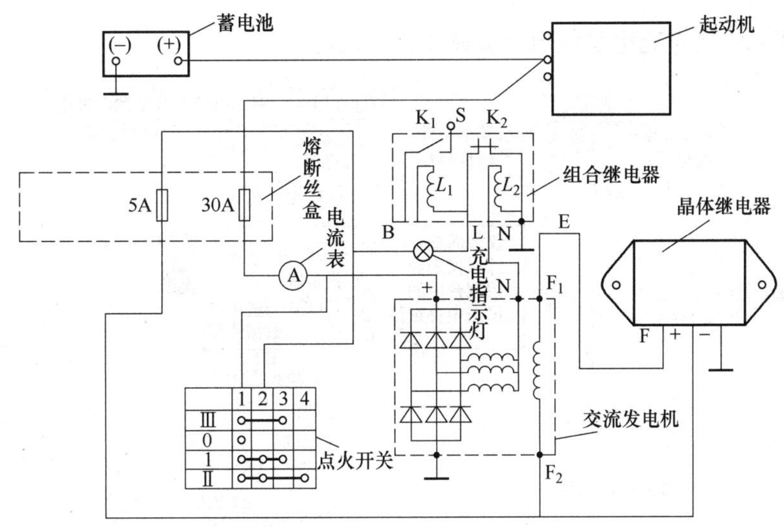

图 1-51　解放 CA1091 充电系统电路

1.9.2　上海大众 SANTANA2000 系列轿车充电系统电路

上海大众 SANTANA2000 系列轿车充电系统电路如图 1-52 所示，交流发电机为整体式结构，集成电路调节器与电刷组件组成一个整体安装在发电机内部。整流电路中带中性点整流输出和励磁整流管，共由 11 支整流管构成。位于仪表板的发光二极管式充电指示灯通过中央线路板与发电机“D+”端子连接，监视发电机的工作状况。接通点火开关，发动机不工作时，充电指示灯点亮，进行充电指示灯的自检；发动机运转时，充电指示灯熄灭，表明充电系统工作正常；发动机运转时，充电指示灯点亮，表明充电系统出现故障。

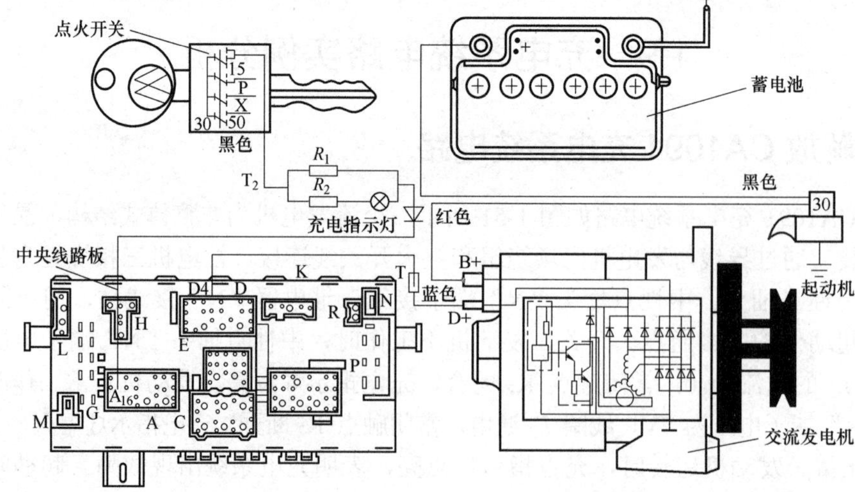

图 1-52　上海大众 SANTANA2000 系列轿车充电系统电路

1.9.3　上海通用别克轿车充电系统电路

上海通用别克轿车充电系统电路如图 1-53 所示。

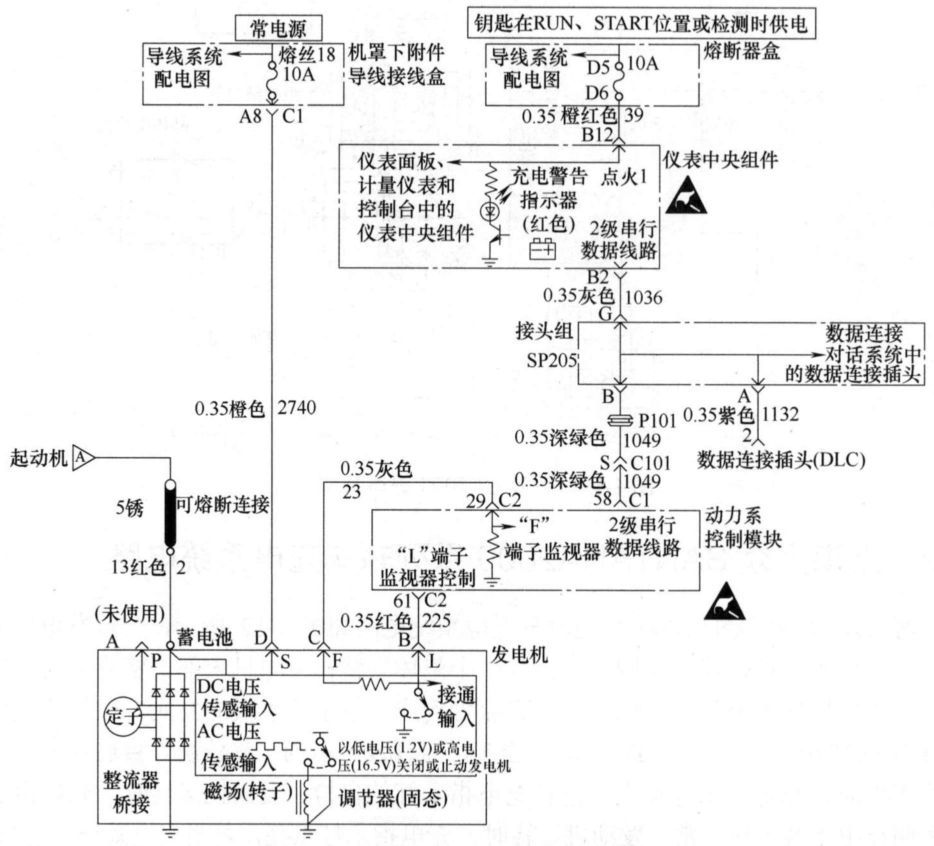

图 1-53　上海通用别克轿车充电系统电路

交流发电机为整体式结构，采用多功能固态调节器。发电机三相绕组为三角形连接方式，整流电路中带六只整流管构成三相全波桥式整流电路。发动机运行时，动力系控制模块(PCM)通过“L”端子、“225”号线路控制发电机“L”端子，控制发电机工作和充电指示灯工作。动力系控制模块通过“F”端子、“23”号线路监视发电机“F”端子电压，通过动力系控制模块的 2 级串行数据接口向仪表中央组件的 2 级串行数据接口传送数据，控制充电指示灯工作。接通点火开关，发动机不工作时，充电指示灯点亮，进行充电指示灯的自检；发动机运转时，充电指示灯熄灭，表明充电系统工作正常；发动机运转时，充电指示灯点亮，表明充电系统出现故障。

1.10　交流发电机的使用与检测

1.10.1　交流发电机使用和维修注意事项

交流发电机整流器、晶体管调节器和集成电路调节器内部均装有电子元件，当瞬时电压或电流过大时，易造成损坏。交流发电机使用和维修中应注意以下事项。

(1) 蓄电池的搭铁极性必须与发电机的搭铁极性一致，否则会烧坏整流器中的二极管和调节器中的电子元件。

(2) 不允许采用发电机输出端搭铁试火的方法检查发电机是否发电，否则将损坏发电机整流器。

(3) 发电机正常运行时，不可任意拆动各电器的连接线，以防引起电路中的瞬时过电压，损坏二极管及调节器中的电子元件或其他电子设备。

(4) 蓄电池可起到电容器的作用，可在一定程度上吸收电路中的瞬时过电压，有效保护电路中的电子元件。所以发电机与蓄电池之间的连线务必牢固可靠。

(5) 不允许用200V以上的交流电压或兆欧表检查发电机的绝缘性能，否则将损坏二极管及调节器中的电子元件。

(6) 发动机熄火后，应及时关闭点火开关，避免损坏发电机的磁场绕组及调节器中的电子元件。

(7) 调节器的调节电压不能过高或过低，以免损坏用电设备或造成蓄电池充电不足。

(8) 皮带的张紧度应符合规定，否则会损坏发电机轴承或引起蓄电池充电不足。

1.10.2　交流发电机的检测与试验

交流发电机每运行 750h(相当于 30 000km)后，应按照维护要求进行检修。主要检查电刷和轴承的情况，轴承若有明显松动时，应予更换。

1. 整机检测

用万用表 R×1 挡测量发电机各接线柱之间的电阻值，若所测电阻值不符合表 1-6 中的规定值，则表示发电机有故障。

表 1-6　交流发电机各接线柱之间的电阻值

发电机型号	“F”与“-”之间的电阻/Ω	“-”与“+”之间的电阻/Ω		“+”与“F”之间的电阻/Ω	
		正向	反向	正向	反向
JF11、JF13 JF15、JF21	5～6	40～50	＞10 000	50～60	＞10 000
JF12、JF22 JF23、JF25	19.5～21	40～50	＞10 000	50～70	＞10 000

2．整机性能试验

按磁场绕组搭铁形式不同，交流发电机可分为内搭铁式和外搭铁式。所谓内搭铁式交流发电机是指磁场绕组的一端与发电机壳相连接，如东风 EQ1090 型汽车用的 JF132 型发电机。所谓外搭铁式交流发电机是指磁场绕组的一端经调节器后搭铁，如解放 CA1091 型汽车用的 JF152D、JF1522A 型发电机。

按图 1-54 所示方法，在试验台上对发电机进行发电试验，并测出发电机空载转速和额定转速。试验结果应符合表 1-7 的规定。如果空载转速过高或达到额定转速时发电机的输出电流过小，则表示发电机有故障。

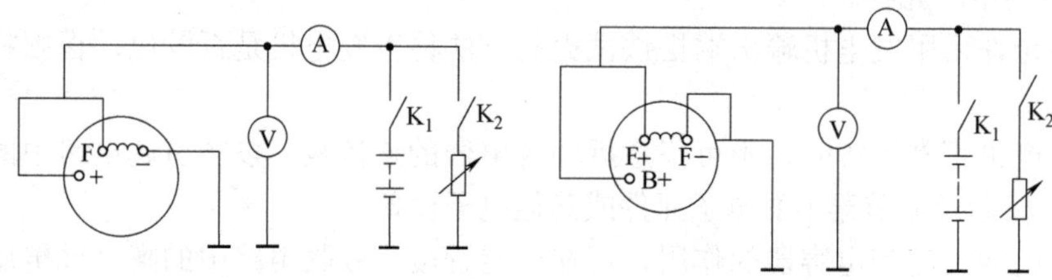

(a) 内搭铁式交流发电机试验　　(b) 外搭铁式交流发电机试验

图 1-54　交流发电机的试验

表 1-7　国产车用交流发电机的规格

发电机型号	适用车型	空载转速/(r/min)	额定电流/A	额定转速/(r/min)	发电机型号	适用车型	空载转速/(r/min)	额定电流/A	额定转速/(r/min)
JF1314ZD	CA1091	≤1000	≥25	3500	JFZ1714	依维柯	≤1000	≥45	6000
JF1314-1	CA1091	≤1000	≥25	3500	JFZ1813ZB	桑塔纳、奥迪	≤1050	≥90	6000
JF1314B	EQ1091-1	≤1000	≥25	3500	AT4030Q1	切诺基	≤1000	≥60	3500
JF1313Z	BJ1060 系列	≤1000	≥25	3500	JFZ2814	斯太尔 91	≤1150	≥27	5000
JF13A	NJ1060	≤1000	≥25	3500	JFWZ18	CQ30290	≤1150	≥35	5000
JF2311	NJ1140 系列	≤1000	≥18	3500					

3．用示波器观察输出电压波形

当发电机有故障时，其输出电压的波形将出现异常，因此根据输出电压波形可以判断发电机是否有故障，各种故障时输出电压的波形如图 1-55 所示。

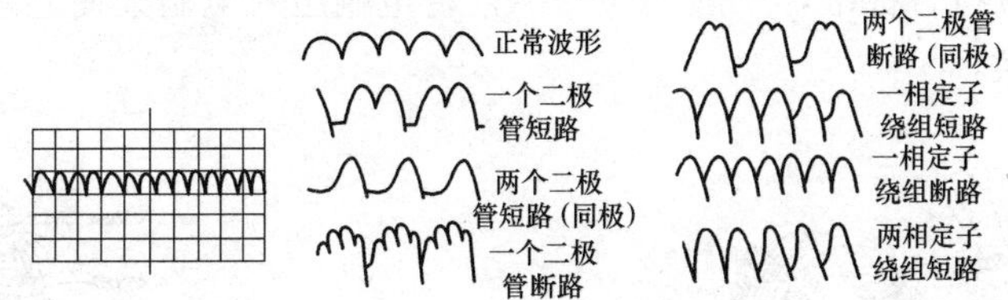

图 1-55　发电机各种故障时输出电压的波形

4．解体后的检查

解体后的检查方法如下。

1) 硅整流二极管的检查

拆开定子绕组与硅整流二极管的连接线后，用万用表逐个检查每个硅整流二极管的正向和反向电阻，即可判断二极管的好坏，检查方法如图 1-56 所示。正常的二极管正向电阻值应在 8～10Ω范围内，反向电阻应在 10kΩ以上。若正、反向电阻均为零，则表明整流二极管短路；若电阻值均为无限大，则二极管断路。短路和断路的二极管应予以更换。

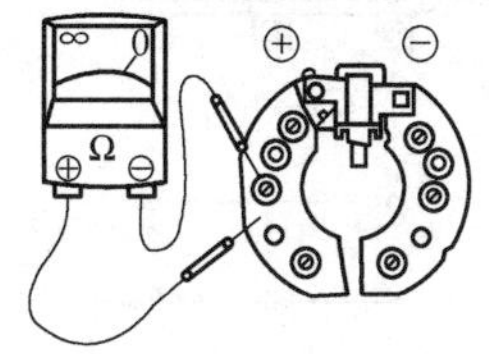

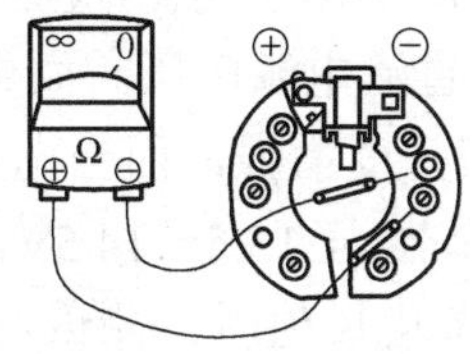

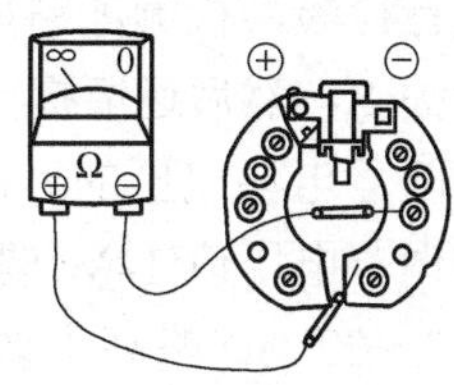

(a) 检测正二极管的正向电阻　(b) 检测正二极管的反向电阻　(c) 检测负二极管的正向电阻　(d) 检测负二极管的反向电阻

图 1-56　硅整流二极管的检查

2) 磁场绕组的检查

用万用表测磁场绕组两集电环间的电阻，如图1-57所示。若电阻符合规定值，则说明磁场绕组良好；若电阻小于规定值，则说明磁场绕组有短路；若电阻无限大，则说明磁场绕组已经断路。用万用表测集电环和转子轴间的电阻可以判断励磁绕组是否搭铁，如图1-58所示。

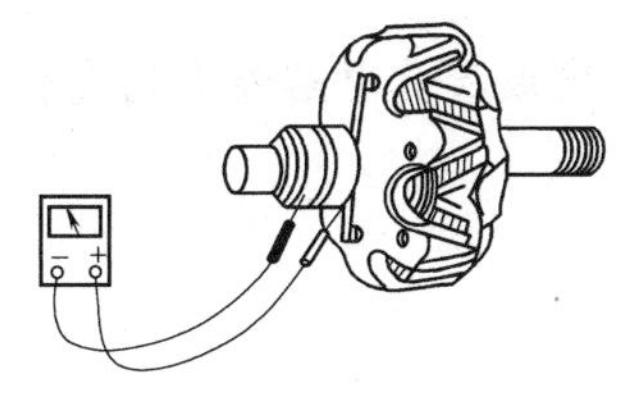

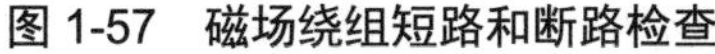

图 1-57　磁场绕组短路和断路检查

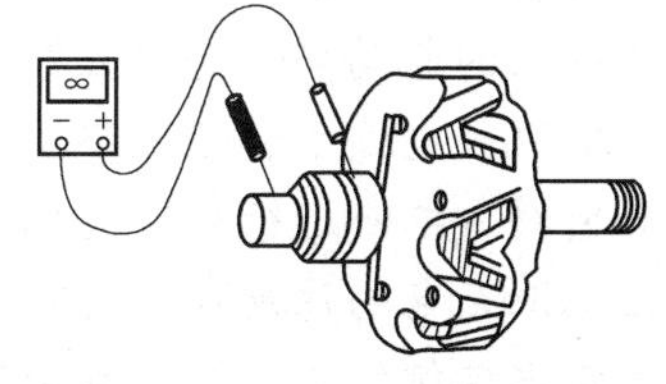

图 1-58　磁场绕组搭铁检查

3) 定子绕组的检查

用万用表检查定子绕组是否断路和搭铁，如图 1-59 和图 1-60 所示。

4) 电刷组件的检查

电刷和电刷架应无破损或裂纹，电刷在电刷架中应活动自如，不得出现卡滞现象。电刷露出电刷架部分的长度叫电刷长度，电刷长度不应超出磨损极限(原长的 1/2)，否则应更换。

电刷弹簧压力应符合标准，一般为 2～3N，将电刷压入电刷架使之露出部分约 2mm，弹簧压力过小应更换。

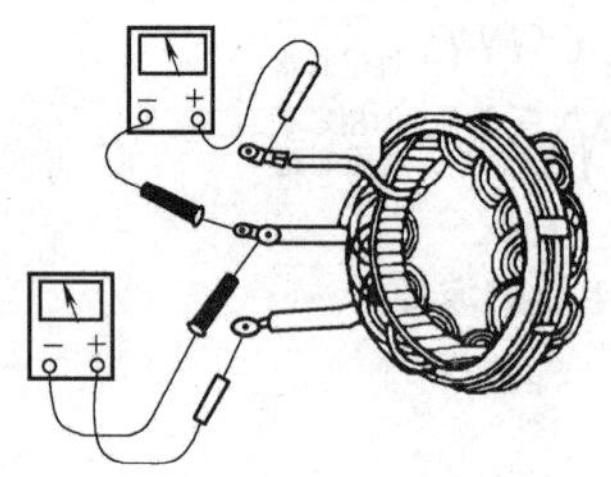

图 1-59　定子绕组断路检查

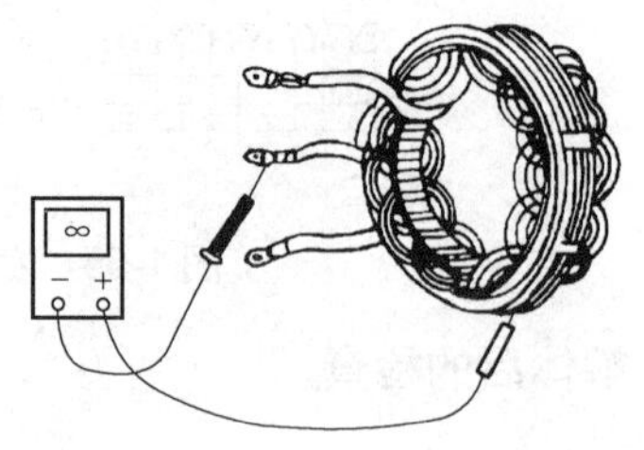

图 1-60　定子绕组搭铁检查

5．电子调节器的检查

电子调节器可通过一个可调的直流电源(输出电压 0～30V，输出电流 3A)和一个测试灯泡(12V 或 24V，20W)对其进行检验，检测电路如图 1-61 所示。检测方法如下：接通开关 S，然后逐渐提高直流电源电压。如果测试灯 L 亮起并随着电源电压的升高亮度增强，而当电压上升至调节器的调节电压值(14V 调节器为 13.5～14.5V，28V 调节器为 27～29V)或略高于调节电压值时，测试灯 L 熄灭，则说明调节器能正常起调节作用；如果测试灯 L 不熄灭，或一直不亮，均说明调节器有故障，应予以更换。

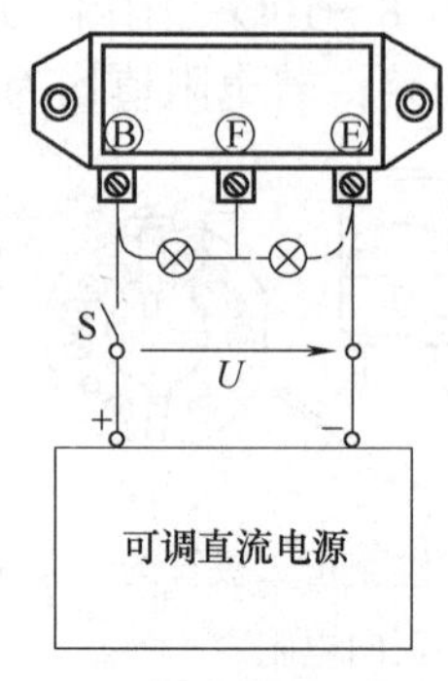

图 1-61　电子式电压调节器的检查

发电机安装好后，需进行空载和满载试验，如性能符合规定，即可交付使用。

思　考　题

1. 铅酸蓄电池主要有哪些作用？
2. 铅酸蓄电池的主要组成部件及其功用是什么？
3. 蓄电池的电动势如何建立？充电和放电时蓄电池极板及其电解液有何变化？
4. 蓄电池放电终了和充电终了的特征是什么？
5. 如何对蓄电池进行补充充电？
6. 蓄电池充电的注意事项有哪些？
7. 交流发电机的主要组成部分有哪些？
8. 何为交流发电机的输出特性、空载特性和外特性？
9. 试分析交流发电机三相桥式电路和整流电路的整流过程。
10. 试分析 JFT106 型晶体管调节器的工作原理。
11. 简述交流发电机检测与试验项目和方法。
12. 试分析解放 CA1091 充电系统电路。
13. 试分析上海大众 SANTANA2000 系列轿车充电系统电路。

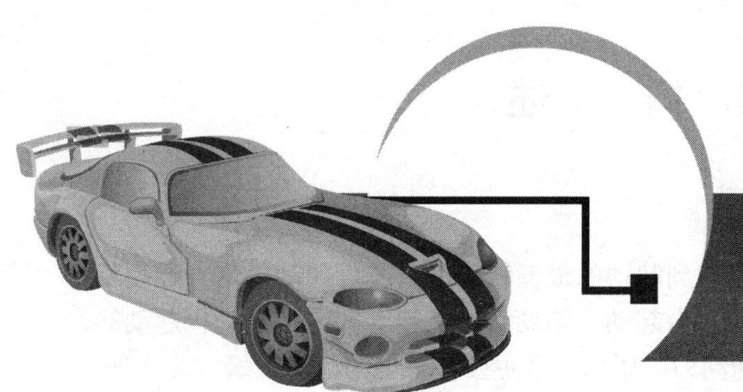

第2章 起动系统

【知识目标】

熟悉起动系统的基本组成和作用，掌握起动机的结构及工作原理；理解起动机的工作特性；了解起动机的种类、型号及起动机的试验与调整方法。

【技能目标】

能够正确使用和维护起动机，会分析起动机的控制电路。

2.1 概 述

2.1.1 起动系统的基本组成

汽车发动机必须在外力驱动下转速达到起动的最低转速后，方可起动，这一过程称作发动机的起动过程。常用的起动方式有人力起动、辅助汽油机起动和电力起动机起动等。现代汽车发动机大部分以电机作为起动动力，所以本章主要讲解电动起动系统。

汽车电动起动系统的作用是通过将蓄电池的电能转化成机械运动来起动发动机。电动起动系统一般由蓄电池、起动机、起动继电器、点火开关等组成，如图 2-1 所示。

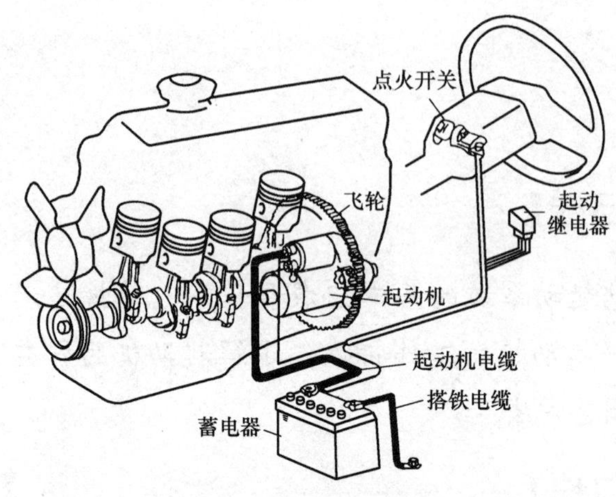

图 2-1 起动系统的基本组成

1. 起动机

起动机的作用是将蓄电池的电能转变成机械运动，驱动发动机，使发动机起动工作。

2. 起动开关

起动开关的作用是接通起动机电磁开关电路，使电磁开关通电工作。汽油发动机的起动开关与点火开关组合在一起。

3. 起动继电器

由于流经起动机电机开关的电流较大(一般为35～40A)，直接由起动开关控制会因电流过大而烧坏起动开关。因此，在起动控制电路中装有起动继电器，由起动继电器触点的开闭控制起动机电磁开关电路的通断，起动开关只控制起动继电器线圈电路的通断，因而减小了通过起动开关的电流。

2.1.2 起动机的分类

起动机有多种结构形式，现以不同的分类方式予以概括。

1. 按电动机磁场产生的方式分

(1) 励磁式起动机：电动机的磁场由磁场绕组通入电流产生。

(2) 永磁式起动机：电动机的磁极用永久磁铁制成，磁极无励磁绕组，也无须通入电流。

2. 按起动时起动机的操纵方式分

(1) 直接操纵式起动机：由驾驶员通过脚踏起动踏板或手拉起动拉杆直接操纵拨叉使起动机与飞轮啮合，现已被淘汰。

(2) 电磁操纵式起动机：由电磁开关通电后产生的电磁力控制驱动齿轮啮入飞轮齿圈和接通电机电路。电磁操纵式起动机克服了直接操纵式的不足，现已普遍采用。

3. 按驱动齿轮啮入方式分

(1) 强制啮合式起动机：靠人力(现已淘汰)或电磁力推动驱动小齿轮做轴向移动，强制小齿轮与飞轮齿圈啮合。强制啮合式起动机结构简单、工作可靠，使用较广泛。

(2) 惯性啮合式起动机：靠驱动齿轮自身旋转惯性产生轴向移动，啮入飞轮齿圈。惯性啮合式起动机结构简单，但工作可靠性较差，现已很少采用。

(3) 电枢移动式起动机：靠磁极产生的电磁力吸引电枢轴向移动，带动固定在电枢轴上的驱动齿轮啮入飞轮齿圈。电枢移动式起动机结构较复杂，主要用于欧洲国家生产的柴油车上。

(4) 磁极移动式起动机：靠磁极产生的磁力使其中的活动铁芯移动，带动驱动齿轮啮入飞轮齿圈。采用此种结构形式的起动机较为少见。

(5) 齿轮移动式起动机：靠电磁开关推动安装在电枢轴孔内的啮合杆，使小齿轮啮入飞轮齿圈。

(6) 减速式起动机：靠电磁吸力推动单向离合器，使小齿轮啮入飞轮齿圈。减速式起动机的结构特点是在电枢和驱动齿轮之间装有一级减速齿轮(一般减速比为 3～4)。它的优点是：可采用小型高速低转矩的电动机，使起动机的体积减小，质量约减少 35%，并便于安装；提高了起动机的起动转矩，有利于发动机的起动；电枢轴较短，不易弯曲；减速齿轮的结构简单、效率高，保证了良好的机械性能；拆装修理方便。

2.1.3　起动机的型号

根据中华人民共和国汽车行业推荐标准 QC/T 73—1993《汽车电气设备产品型号编制方法》规定，汽车用起动机型号的组成如下：

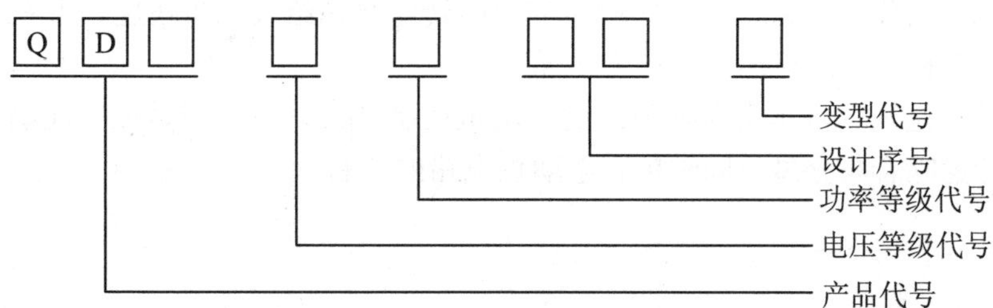

(1) 产品代号：由汉语拼音字母表示，有 QD、QDJ、QDY 三种，分别表示起动机、减速起动机、永磁起动机。

(2) 电压等级代号：用 1 位阿拉伯数字表示，1 代表 12V，2 代表 24V。

(3) 功率等级代号：用 1 位阿拉伯数字表示，其含义见表 2-1。

表 2-1 起动机功率等级

功率等级代号	1	2	3	4	5	6	7	8	9
功率/kW	<1	1～2	2～3	3～4	4～5	5～6	6～7	7～8	>8

(4) 设计序号：按产品设计先后顺序，用 1～2 位阿拉伯数字表示。

(5) 变型代号：在主要电气参数和基本结构不变的情况下，一般电气参数或结构有某些改变时称为变型，以汉语拼音大写字母 A、B、C、…顺序表示。

例如，QDJ1260 型起动机表示额定电压为 12V、功率为 1～2kW(1.2kW)、第 60 次设计的(永磁行星)减速起动机。

2.2 起动机的结构及工作原理

本节介绍目前使用最广的电磁操纵强制啮合式起动机，其结构如图 2-2 所示。起动机由直流电动机、传动机构和电磁开关三部分组成。

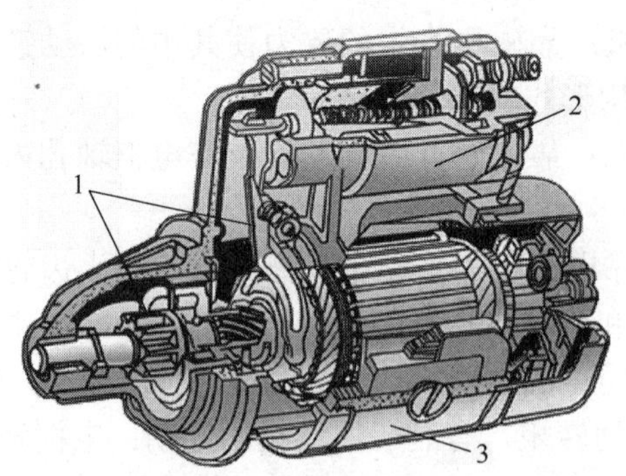

图 2-2 强制啮合式起动机的结构

1—传动机构；2—电磁开关；3—直流电动机

直流电动机：其作用是将蓄电池输入的电能转换为驱动发动机转动的机械运动(电磁转矩)。汽车起动机均采用直流串励式电动机。

传动机构：其作用是将电动机所产生的电磁转矩传递给发动机飞轮，并在发动机起动后自动断开发动机向起动机的逆向动力传递。

电磁开关：是现代汽车上普遍使用的起动机控制装置，其作用是控制起动机驱动齿轮与发动机飞轮的啮合与分离，同时控制电动机电路的通断。

2.2.1　直流电动机

1．直流电动机的工作原理

1) 电磁转矩的产生

直流电动机依靠带电导体在磁场中受磁场力的作用而产生电磁转矩，其工作原理如图2-3所示。

电源的直流电通过电刷和换向铜片引入可转动的电枢绕组，电枢绕组的两匝边便受磁场力 F 的作用而形成电磁转矩 M，如图2-3(a)所示。在 M 的作用下，电枢绕组转动，当cd匝边转到下半平面、ab 匝边转到上半平面时，a 端换向片与 d 端换向片交换所接触的电刷，使电枢绕组的电流换向，电枢绕组两匝边受磁场力 F 的作用所形成的电磁转矩 M 的方向保持不变，如图2-3(b)所示。在方向不变的电磁转矩 M 作用下，电枢便可持续转动。

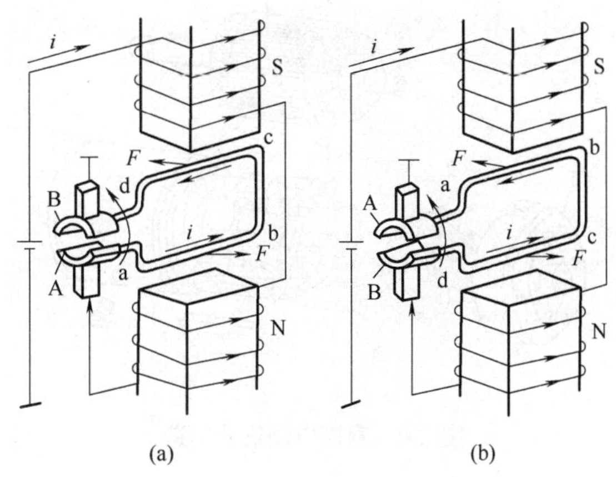

图2-3　直流电动机的工作原理

实际直流电动机为产生足够大且稳定的电磁转矩，其电枢用多匝绕组串联而成，并由多片换向铜片组成换向器。

根据安培定律，可以推导出直流电动机通过后所产生的电磁转矩 M 与磁极磁通量 Φ 及电枢电流 I_s 之间的关系：

$$M = C_m \Phi I_s$$

式中：C_m——电动机的结构参数，它与电动机磁极对数 P、电枢绕组导线总根数 Z 及电枢绕组电路的支路对数 α 等有关($C_m = PZ/2\pi\alpha$)。

2) 直流电动机的工作过程

通电的直流电动机的电枢在电磁转矩 M 的作用下转动起来，电枢绕组就因切割磁力线而产生电动势，此电动势与电枢电流 I_s 的方向相反，故称之为反电动势 E_f。E_f 与磁极的磁通量 Φ 和电枢的转速 n 成正比，有

$$E_f = C_e \Phi n$$

式中：C_e——电动机结构常数。

由此得到电枢电路的电压平衡方程为

$$U = E_f + I_s R_s$$

式中：R_s——电枢电路的电阻，包括电枢绕组的电阻和电刷与换向器的接触电阻。

在直流电动机刚接通电源的瞬间，电枢转速 n 为 0，电枢反电动势 E_f 也为 0，这时，电枢绕组通过最大电流($I_{sm}=U/R_s$)，并产生最大的电磁转矩 M_{max}，如果 M_{max} 大于电动机的阻力距 M_Z，电枢就开始加速转动起来。随着电枢转速的上升，电枢反电动势 E_f 增大，电枢电流 I_s 便开始下降，电磁转矩 M 也就随之下降，当 M 下降至与 M_Z 相平衡($M=M_Z$)时，电枢就在此转速下稳定运转。

可见，当负载变化时，直流电动机能通过转速、电流和转矩的自动变化来满足负载的需要，使之能在新的转速下稳定工作，因此直流电动机具有自动调节转矩的功能。

2. 直流电动机的构造

直流电动机由电枢、磁极、换向器、电刷、电刷架及其他附件组成，如图 2-4 所示。

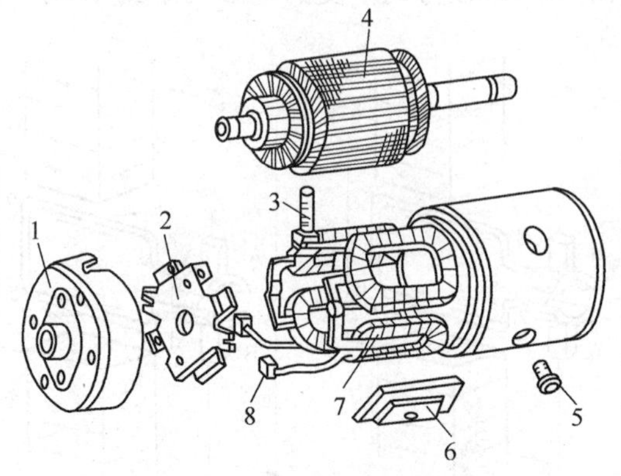

图 2-4 直流电动机的构造

1—端盖；2—电刷架；3—接线柱；4—电枢；5—磁极固定螺钉；6—磁极铁芯；7—励磁绕组；8—电刷

1) 电枢总成

电枢总成的作用是通入电流后，在磁极磁场的作用下产生一个方向不变的电磁转矩。电枢总成由电枢轴、铁芯、电枢绕组及换向器等组成，如图 2-5 所示。

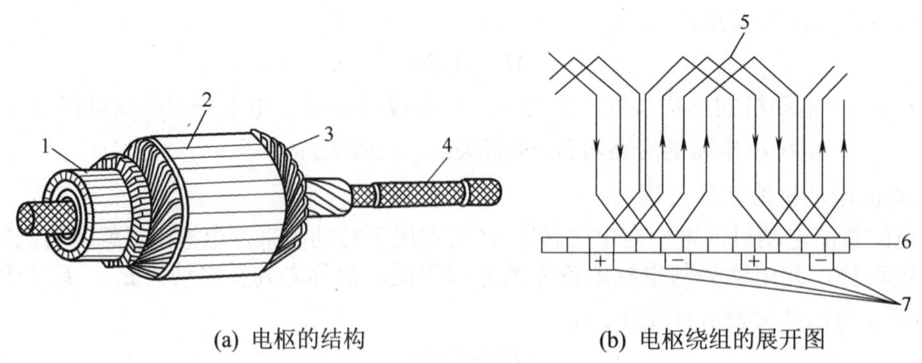

(a) 电枢的结构　　(b) 电枢绕组的展开图

图 2-5 电枢的结构与电枢绕组的展开图

1—换向器；2—铁芯；3—电枢绕组；4—电枢轴；5—电枢绕组；6—换向器；7—电刷

电枢铁芯用多片、内外圆均带槽、表面绝缘的硅钢片叠成，通过内圆花键槽固定在电枢轴上，外圆槽内绕有电枢绕组；电枢绕组一般使用较粗的扁铜线，采用波绕法绕制，如图 2-5(b)所示，各绕组的端子与换向器铜片焊接，使各电枢绕组形成串联。

换向器由铜片和云母片叠压而成，压装于电枢轴的一端，云母片使铜片之间、铜片与轴之间均绝缘。根据材质的不同，换向器铜片之间的云母片有低于铜片和与铜片平齐两种。云母片低于铜片主要是为了避免铜片磨损后云母片外凸而造成电枢与换向器接触不良，云母片与铜片平齐则主要是为了防止电刷粉末落入铜片之间的槽中而造成短路。国产起动机换向器中的云母片一般不低于铜片，但许多进口汽车起动机换向器中的云母片却低于铜片。

2) 磁极

磁极的作用是产生磁场。它有永磁式和励磁式两类，永磁式电动机的磁极直接由永磁材料组成；励磁式电动机的磁极由铁芯和励磁绕组构成，用螺钉固定在电动机壳体上，如图 2-6 所示。为了增大电磁转矩，一般采用四个磁极，有的大功率起动机采用六个磁极。励磁绕组也是用粗扁铜线绕制而成，与电枢绕组采用串联方式，如图 2-7 所示。

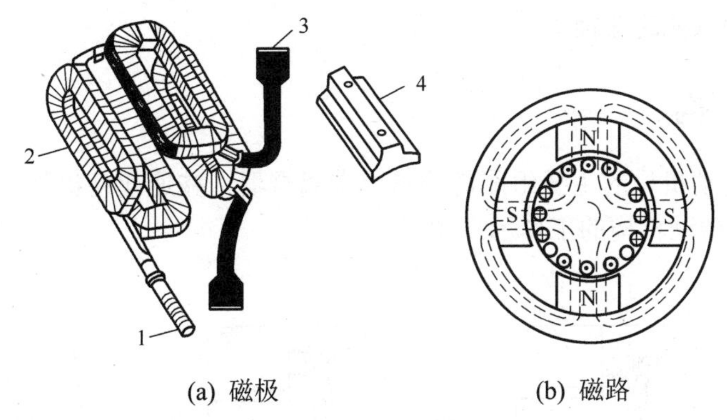

(a) 磁极　　(b) 磁路

图 2-6　励磁式电动机的磁极结构

1—接线柱；2—励磁绕组；3—电刷；4—铁芯

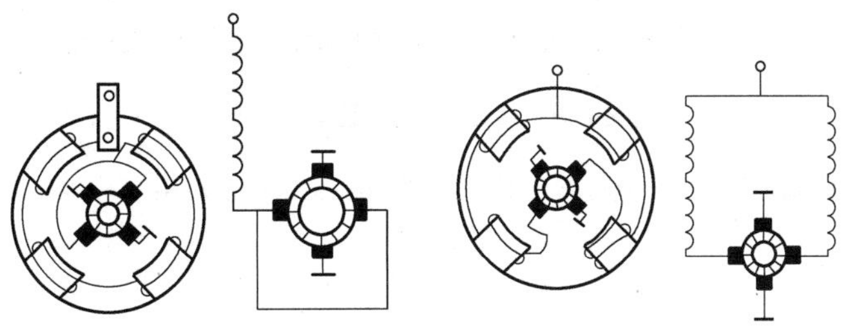

(a) 四个励磁绕组串联　　(b) 励磁绕组两两串联后再并联

图 2-7　励磁绕组与电枢绕组的接法

3) 电刷与电刷架

电刷用铜和石墨粉压制而成，石墨中加入铜粉是为了减小电阻和增加耐磨性。电刷架多为柜式，电刷架上的盘形弹簧用于将电刷紧紧地压在换向器铜片上。如图 2-8 所示，在四个电刷架中，其中一对电刷架与机壳直接相通而构成了电动机内部搭铁。也有的电动机是通过励磁绕组的一端与机壳连接实现内部电路搭铁，这种电动机的所有电刷都与机壳绝缘。

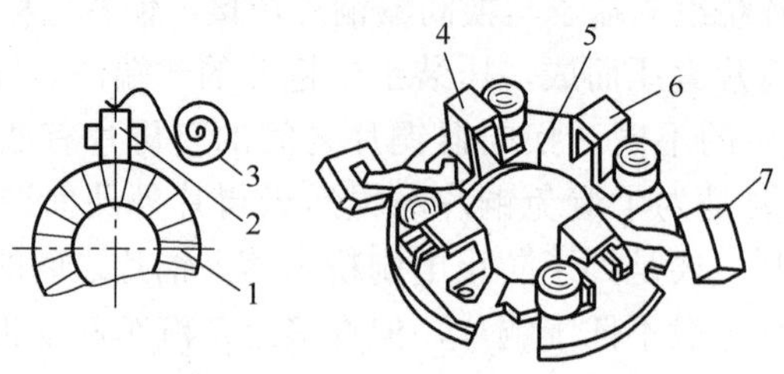

图 2-8　电刷与电刷架

1—换向器；2—电刷；3—盘形弹簧；4—搭铁电刷架；5—绝缘垫；6—绝缘电刷架；7—搭铁电刷

4) 轴承与端盖

电动机轴承安装于前后端盖上，端盖与机壳用螺栓固定。普通起动机的电动机一般采用青铜石墨滑动轴承或铁基含油滑动轴承。减速起动机由于其电枢的转速很高，电动机轴承一般采用滚柱轴承或滚珠轴承。

2.2.2　传动机构

普通起动机传动机构的主要组成部分是单向离合器，减速起动机则增加了一组减速齿轮。图 2-9 所示为传动机构的工作示意图。

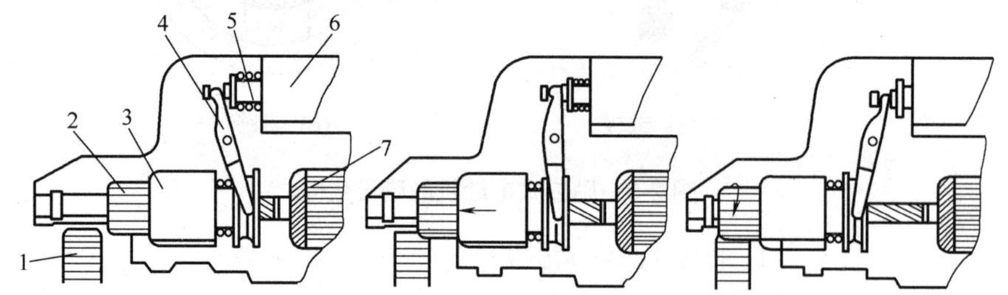

(a) 起动机静止状态 (b) 驱动齿轮与飞轮齿圈正在啮合　(c) 完全啮合

图 2-9　传动机构的工作示意图

1—飞轮；2—驱动齿轮；3—单向离合器；4—拨叉；5—活动铁芯；6—电磁开关；7—电枢

1．单向离合器

单向离合器的作用是起动时将电枢的电磁转矩传递给发动机飞轮，而在发动机起动后就立即打滑，以防止发动机飞轮带动起动电枢高速旋转而造成飞散事故。常见的单向离合器有滚柱式、摩擦片式、扭簧式、棘轮式等形式，下面具体介绍其中几种。

1) 滚柱式单向离合器

滚柱式单向离合器的结构如图 2-10 所示。

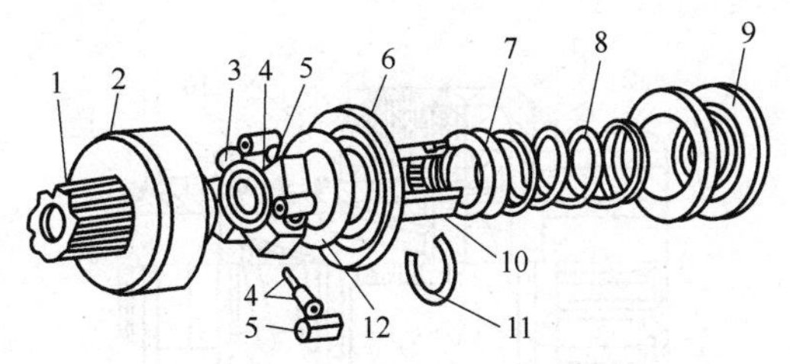

图 2-10　滚柱式单向离合器的结构

1—驱动齿轮；2—外壳；3—十字块；4—滚柱；5—弹簧及压帽；6—护盖；7—弹簧座；
8—弹簧；9—移动衬套；10—传动套筒；11—卡簧；12—垫圈

单向离合器外壳 2 与驱动齿轮 1 连为一体，离合器外壳和十字块 3 装配后形成四个楔形槽，槽中有四个滚柱 4，滚柱的直径大于槽窄端又小于槽宽端，弹簧及压帽 5 将滚柱推向槽窄端，使得滚柱与十字块及外壳表面有较小的摩擦力。十字块 3 与传动套筒 10 刚性连接，传动套筒安装在电枢轴花键部位，使单向离合器总成可做轴向移动和随轴转动。

起动时，拨叉通过移动衬套推动单向离合器总成做轴向移动，使驱动齿轮啮入飞轮齿圈的同时，电枢轴通过花键带动传动套筒而使十字块转动，十字块相对于外壳的转动使滚柱在小摩擦力的作用下滚向槽窄端而被卡紧，使得外壳随十字块一起转动，于是电枢的电磁转矩通过单向离合器传递给了驱动齿轮，如图 2-11(a)所示。发动机一旦发动，发动机飞轮带动驱动齿轮旋转，使离合器外壳的转速高于十字块，此时，滚柱滚向槽宽端而打滑，如图 2-11(b)所示，从而防止了发动机飞轮带动起动机电枢高速旋转而造成飞散事故。

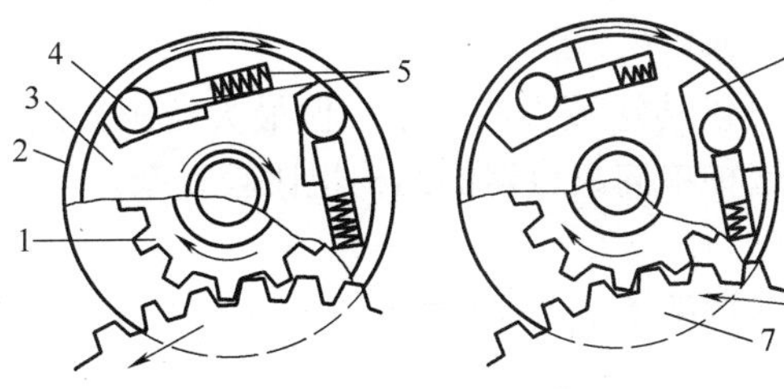

(a) 起动时传递电磁转矩　　(b) 起动后打滑

图 2-11　滚柱式单向离合器的工作原理

1—驱动齿轮；2—外壳；3—十字块；4—滚柱；5—弹簧与压帽；6—楔形槽；7—飞轮

滚柱式单向离合器的结构简单紧凑，在中小功率的起动机上被广泛采用，但在传递较大转矩时，滚柱容易变形而卡死。因此，滚柱式单向离合器不适用于较大功率的起动机。

2) 摩擦片式单向离合器

摩擦片式单向离合器的结构如图 2-12 所示。

传动套筒 10 的内圆与电枢轴以右螺旋花键连接，传动套筒的外圆与内接合鼓 9 以三线螺旋花键连接；内接合鼓外圆上有凹槽，与主动摩擦片 7 的内凸齿相配合；从动摩擦片 6 有外凸齿，插入外接合鼓的槽中，外接合鼓与驱动齿轮 1 为一体；传动套筒上自左向右还装有弹性垫圈 3、压环 4 和调整垫圈 5，端部用限位螺母 2 轴向固定。

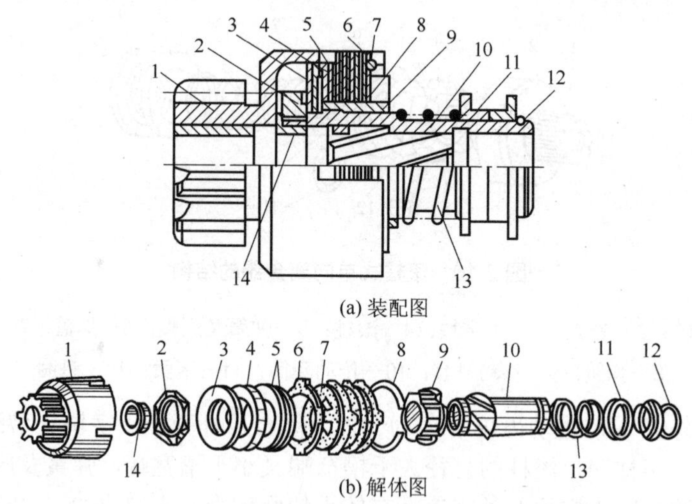

(a) 装配图

(b) 解体图

图 2-12　摩擦片式单向离合器的结构

1—驱动齿轮与外接合鼓；2—螺母；3—弹性垫圈；4—压环；5—调整垫圈；6—从动摩擦片；7—主动摩擦片；8、12—卡环；9—内接合鼓；10—传动套筒；11—移动衬套；13—缓冲弹簧；14—挡圈

起动时，起动机电枢带动传动套筒转动，由于惯性的作用，内接合鼓与传动套筒之间有相对的转动而使内接合鼓轴向左移，主从动摩擦片被压紧，通过其摩擦力将电枢的电磁转矩传递给驱动齿轮。发动机发动后，在飞轮的带动下，内接合鼓的转速将高于传动套筒的转速，其相对转动使内接合鼓轴向右移，主从动摩擦片压力消失而打滑，从而避免了发动机飞轮带动起动机电枢高速旋转。

摩擦片式单向离合器可以传递较大的转矩，但最大转矩会因摩擦片的磨损而降低，因此需要经常检修调整，故这种单向离合器的结构也比较复杂。

3) 扭簧式单向离合器

扭簧式单向离合器的结构如图 2-13 所示。

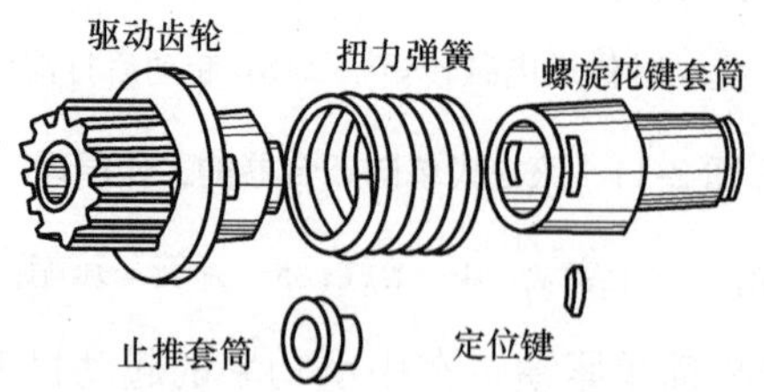

图 2-13　扭簧式单向离合器的结构

传动套筒与起动机电枢以螺旋花键连接，驱动齿轮柄套在传动套筒上，止推套筒限制了驱动齿轮和传动套筒之间的轴向相对移动，但不妨碍其相对转动。扭力弹簧包在驱动齿轮柄和传动套筒的外圆表面，弹簧的两端各有 1/4 圈内径较小，分别箍紧在驱动齿轮柄和传动套筒上。

起动时，扭力弹簧在其两端摩擦力的作用下被扭紧，整个弹簧紧箍在驱动齿轮柄和传动套筒上而传递转矩。发动机发动后，由于驱动齿轮转速高于电枢的转速，扭力弹簧放松，于是，驱动齿轮便在传动套筒上滑转。

扭簧式单向离合器的结构简单，使用寿命长，但由于扭力弹簧的轴向尺寸较大，故不宜在小功率起动机上使用。

2. 减速机构

减速起动机在电枢和驱动齿轮之间设有减速机构，减速比一般为 2～4。起动机增设了减速机构后，可采用小型高速低转矩的电动机，电动机电流也可减小，因而减速起动机体积小，质量轻，便于安装。此外，减速起动机的起动性能提高，可减小蓄电池的负担。

减速起动机的减速机构有外啮合式、内啮合式和行星齿轮啮合式，如图 2-14 所示。

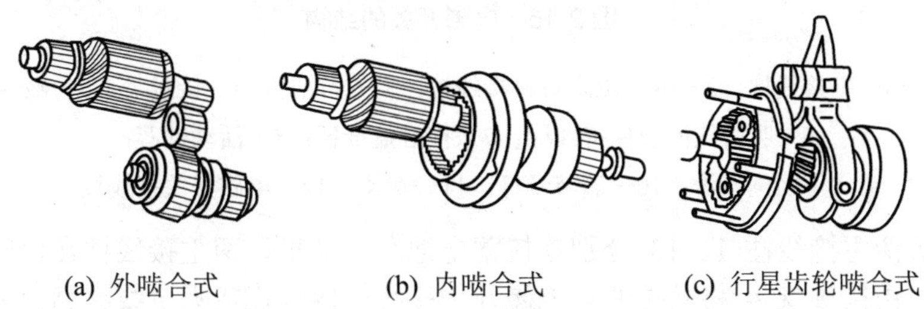

(a) 外啮合式　(b) 内啮合式　(c) 行星齿轮啮合式

图 2-14　减速起动机减速机构的类型

1) 外啮合式减速机构

外啮合式减速机构的传动中心距较大，受起动机结构的限制，其减速比不能太大，因此，一般只在小功率的起动机上应用。

2) 内啮合式减速机构

内啮合式减速机构的传动中心距小，可以有较大的减速比，故可适用于较大功率的起动机。内啮合式减速起动机的驱动齿轮轴向移动需用拨叉拨动，因此，内啮合式减速起动机的外形与普通起动机相似。

3) 行星齿轮啮合式减速机构

行星齿轮传动具有结构紧凑、传动比大、效率高等特点。行星齿轮啮合式起动机由于输出轴与电枢轴同心、同旋向，电枢轴无径向载荷，可使整机尺寸减小。

3. 拨叉

拨叉的作用是使离合器做轴向移动，使驱动齿轮啮入或脱离飞轮齿圈。

2.2.3　电磁开关

电磁开关的作用是控制拨叉使起动机驱动齿轮与飞轮啮合或分离，以及控制主电路的通断。

1. 电磁开关的结构

电磁开关主要由吸引线圈、保持线圈、活动铁芯、接触盘和触点等组成，如图 2-15 所示。

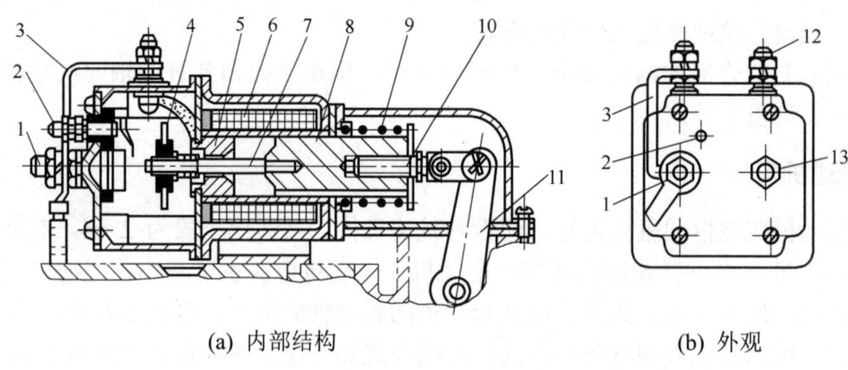

图 2-15　电磁开关的结构

1、13—主接线柱；2—附加电阻短路接线柱；3—导电片；4—接触盘；5—磁轭；
6—吸引线圈及保持线圈；7—接触盘推杆；8—活动铁芯；
9—回位弹簧；10—调节螺钉；11—拨叉；12—电磁开关接线柱

电磁开关两主接线柱 1、13 分别连接蓄电池和电动机，两主接线柱在电磁开关内部有相应的触点，由接触盘 4 将其接通；电磁开关接线柱内部连接吸引线圈和保持线圈，外部通过线路连接起动开关或起动继电器；附加电阻短路接线柱 2 与点火线圈初级绕组相连，在起动时，由接触盘将其内部的触点与主触点接通，将点火线圈附加电阻短路。电磁开关活动铁芯的右端通过螺钉连接拨叉，左端连接接触盘的推杆(或与推杆保持一定的间隙)。当活动铁芯被电磁开关线圈吸动左移时，就会带动拨叉和接触盘。

2．电磁开关的工作原理

电磁开关内的吸引线圈与电动机串联，保持线圈与电动机并联，其工作原理如图 2-16 所示。

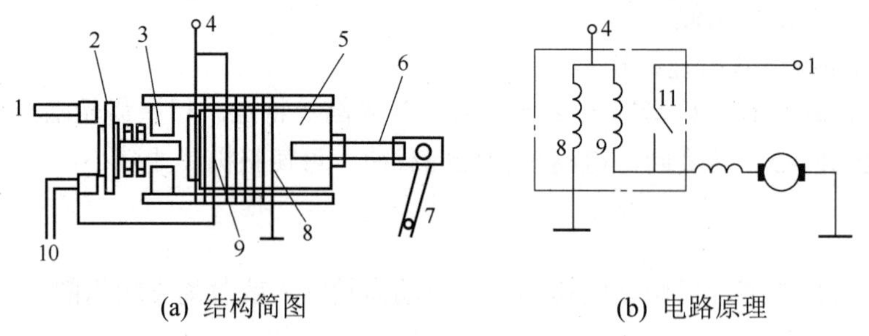

图 2-16　电磁开关的工作原理

1—电源接线柱；2—接触盘；3—磁轭；4—电磁开关接线柱；5—活动铁芯；6—拉杆；
7—拨叉；8—保持线圈；9—吸引线圈；10—接电动机；11—电磁开关触点

电磁开关接线柱接通电源时，吸引线圈和保持线圈同时通电，两线圈产生的磁力使活动铁芯克服回位弹簧力而左移，带动拨叉转动而将驱动齿轮拨向飞轮齿圈，与此同时，使接触盘左移而接通电动机电路。

电动机通电工作时，吸引线圈被接触盘短路，但保持线圈仍然通电，所产生的磁力使铁芯保持在移动的位置。

断开起动开关瞬间，接触盘还未回位，电源通过接触盘使电磁开关两线圈仍然通电，但此时吸引线圈所产生的磁力与保持线圈的磁力相互抵消，活动铁芯在回位弹簧力的作用下退回，使驱动齿轮和接触盘退回原处，电动机停止工作。

2.3　起动机的工作特性

1．转矩特性

起动机的转矩特性是指其电动机所产生的电磁转矩 M 与其电枢电流 I_s 的关系。从直流电动机的工作原理中，可知电动机产生的电磁力矩与电枢电流和磁通量成正比。对于串励式电动机，磁场绕组的励磁电流 $I_j = I_s$，而磁极磁通量 Φ 在磁极未饱和时与励磁电流成正比($\Phi = CI_j$)，于是就有

$$M = C_m I_s C I_j = C'' I_s^2$$

直流串励式电动机的转矩特性曲线如图 2-17 所示。在磁极未饱和的情况下，直流串励式电动机的电磁转矩 M 与电枢电流 I_s 的平方成正比；在磁极饱和的情况下，M 才与电枢电流 I_s 成正比。与直流并励式电动机相比，在相同 I_s 的情况下，直流串励式电动机可以产生较大的电磁转矩，这是起动机采用直流串励式电动机的原因之一。

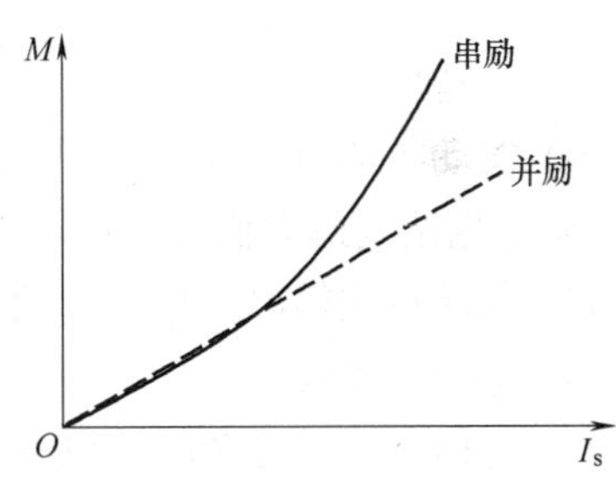

图 2-17　直流串励式电动机的转矩特性曲线

2．机械特性

起动机的机械特性是指其电动机的转速随电磁转矩变化的规律。根据电枢绕组反电动势的关系式 $E_f = C_e \Phi n$ 和电动机电路电压电流平衡关系式 $U = E_f + I_s\left(R_s + R_j\right)$，可得到直流串励式电动机的转速 n 与电枢电流 I_s 的关系为

$$n = \frac{U - I_s\left(R_s + R_j\right)}{C_m \Phi}$$

在磁极未饱和的情况下，I_s 增大时，Φ 也增大，其转速 n 将迅速下降。由于 $M \propto I_s^2$，所以直流串励式电动机的转速随转矩的增加而迅速下降，即具有软的机械特性，如图 2-18 所示。

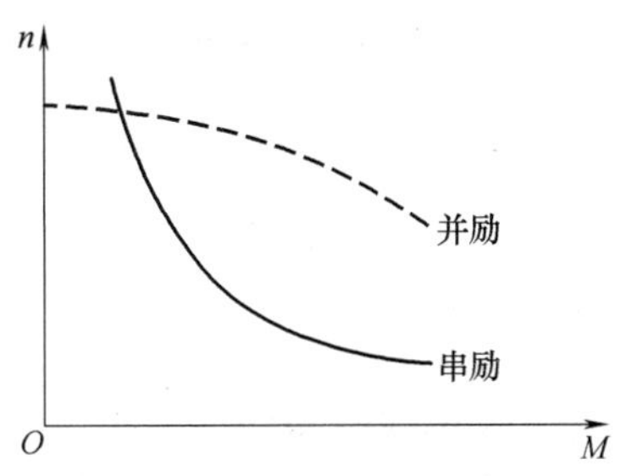

图 2-18　直流串励式电动机的机械特性曲线

3．功率特性

起动机某一时刻的输出功率 P 可由下式确定：

$$P = \frac{M_s n_s}{9550}$$

式中：M_s——起动机的输出转矩(N·m)；

　　n_s——起动机的转速(r/min)。

起动机的功率特性是指其电动机的功率与电枢电流的变化关系，即 $P=f(I_s)$，其曲线是一条基本对称的抛物线，如图 2-19 中的 P 曲线所示。将直流串励式电动机的转矩特性曲线、机械特性曲线、功率特性曲线叠加到同一坐标中，就可得到起动机的特性曲线，如图 2-19 所示。

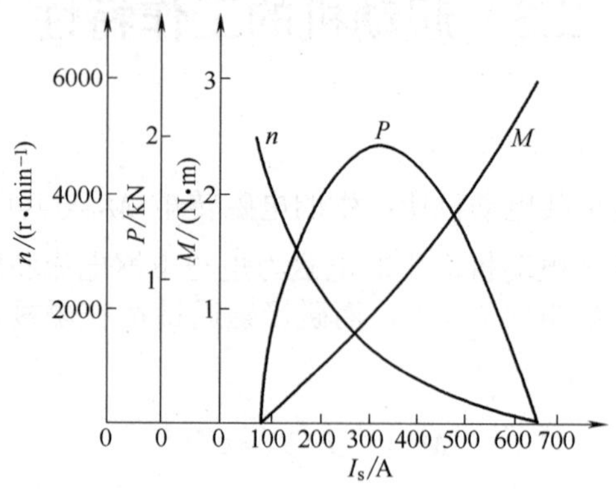

图 2-19　起动机的特性曲线

(1) 发动机即将起动时，即起动机刚接入瞬间，转速 n=0，电枢电流最大(称为制动电流)，转矩也达到最大值(称为制动转矩)，此时输出功率为 0。

(2) 起动机空转时，电枢电流最小(称为空载电流)，转速达到最大值(称为空载转速)，此时输出功率也为 0。

(3) 电枢电流接近全制动电流的 1/2 时，起动机的输出功率最大。

由于起动机的工作时间短，允许在最大功率状态下工作。通常将起动机的最大功率作为它的额定功率。

2.4　起动机控制电路

起动机的控制电路大致分为起动开关直接控制、起动继电器控制和具有驱动保护功能的继电器控制三种形式。

1. 起动开关直接控制的控制电路

由起动机开关直接通断电磁开关的控制电路原理图如图 2-20 所示。

起动时，将点火开关 S 打到 ST 挡，电磁开关通电，其电流流向为：蓄电池正极→主接线柱 3→点火开关 S→起动接线柱 5→吸引线圈 7→主接线柱 1→直流串励式电动机→搭铁。
└→保持线圈 8 ──→┘

此时吸引线圈和保持线圈产生的磁力方向相同，在两线圈磁力的共同作用下，活动铁芯克服弹簧力左移，带动拨叉将驱动齿轮推向飞轮。与此同时，活动铁芯将接触盘顶向触点。当驱动齿轮与飞轮啮合时，接触盘将电磁开关主接线柱 1、3 接通，使电动机通入起动电流，电枢产生正常电磁转矩，并通过传动装置带动发动机转动。这时，吸引线圈被接触盘短路，活动铁芯靠保持线圈的磁力保持在移动的位置。

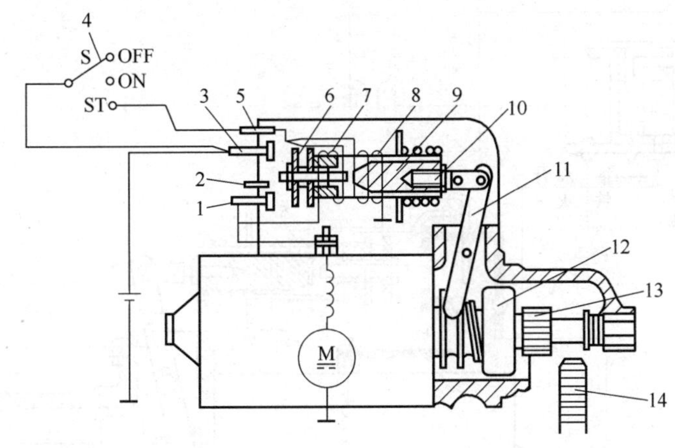

图 2-20　起动机开关直接通断电磁开关的控制电路原理图

1、3—主接线柱；2—点火线圈附加电阻短路接线柱；4—点火开关；5—起动接线柱；6—接触盘；7—吸引线圈；8—保持线圈；9—活动铁芯；10—调节螺钉；11—拨叉；12—单向离合器；13—驱动齿轮；14—飞轮

发动机起动后，在断开起动开关瞬间，接触盘仍在接触位置，此时电磁开关线圈电流流向为：蓄电池正极→主接线柱 3→接触盘→主接线柱 1→吸引线圈→保持线圈→搭铁→蓄电池负极。此时吸引线圈与保持线圈磁力相互抵消，活动铁芯便在弹簧力的作用下回位，使驱动齿轮退出；与此同时，接触盘也回位，切断起动机电路，起动机停止工作。

在起动机驱动齿轮啮入飞轮齿圈的过程中，由于吸引线圈的电流流经电动机，电枢产生较小的电磁转矩使驱动齿轮缓慢转动与飞轮啮合，避免了顶齿和冲击。

2. 带起动继电器的控制电路

由于电磁开关通电电流较大(达 35～45A)，起动开关直接控制会使开关触点容易烧蚀。为此，一些汽车的起动电路中增设了起动继电器，用于保护起动开关。带起动继电器控制的起动机电路如图 2-21 所示。

起动继电器触点常开，串联在起动机电磁开关电源电路中；起动继电器线圈电路由点火开关控制其通断。

起动时，点火开关拨至起动挡，起动继电器线圈通电，其电流通路为：蓄电池正极→蓄电池接线柱 11→电流表→点火开关(起动触点)→起动继电器线圈→搭铁→蓄电池负极。起动继电器线圈通电产生电磁力将触点吸合，接通起动机电磁开关电路，起动机便开始工作。由于点火开关的起动触点只是控制起动继电器线圈较小的电流，开关触点不容易烧蚀，从而延长了点火开关的使用寿命。

3. 带保护继电器的起动机驱动保护电路

有些汽车的起动机控制电路中会增设一个保护继电器，用于实现起动机驱动保护功能，其作用是：发动机起动后，起动机立刻自动停止工作，避免造成起动机的磨损和蓄电池的消耗；当发动机工作时，即使误接通起动开关，起动机也不会通电工作。

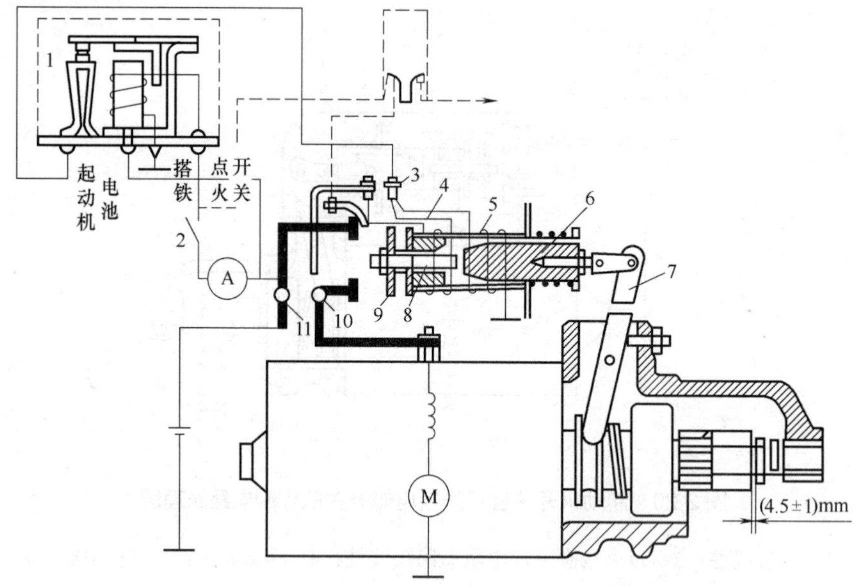

图 2-21　带起动继电器控制的起动机电路

1—起动继电器；2—点火开关；3—电磁开关接线柱；4—吸引线圈；5—保持线圈；6—活动铁芯；7—拨叉；8—接触盘推杆；9—接触盘；10—电动机接线柱；11—蓄电池接线柱

目前大部分汽车的驱动保护电路是依靠汽车交流发电机的中性点电压以及保护继电器来完成的。图 2-22 所示为东风 EQ1090F 型汽车起动机的驱动保护电路工作原理图。起动继电器的触点是常开的，用于控制起动机电磁开关的工作。保护继电器为常闭触点，串联在起动继电器的线圈电路中，用于控制起动继电器线圈电流。保护继电器线圈一端接至发电机的中性点，承受发电机中性点电压，其作用是保护起动机并控制充电指示灯。

起动时，将点火开关旋至起动挡位，此时保护继电器触点 K_2 未打开，其电流通路为两路。一路为：蓄电池正极→电流表→点火开关起动挡→接线柱 SW→起动继电器线圈 L_1→保护继电器触点 K_2、磁轭→搭铁→蓄电池负极。另外一路为：蓄电池正极→电流表→点火开关起动挡→充电指示灯→接线柱 L→保护继电器触点 K_2、磁轭→搭铁→蓄电池负极。

充电指示灯点亮，说明发电机未发电；同时起动线圈 L_1 产生电磁吸力，则起动继电器的常开触点 K_1 闭合，将接通起动机电磁开关电路，起动机开始工作。

发动机起动后，发电机便正常发电，当发电机中性点电压达 5V 时，保护继电器线圈 L_2 的电磁吸力使触点 K_2 打开，切断了充电指示灯的电路，充电指示灯熄灭，同时又将起动继电器线圈 L_1 的电路切断，于是 K_1 打开，切断了起动机电磁开关电路，起动机便自动停止工作。

发动机工作时，在交流发电机中性点电压的作用下，K_2 一直处于打开状态，线圈 L_1 中无电流，则 K_1 始终处于打开状态，起动机电磁开关电路不能接通，所以即使误接通起动开关，起动机也不会工作，从而实现了起动机驱动保护功能。

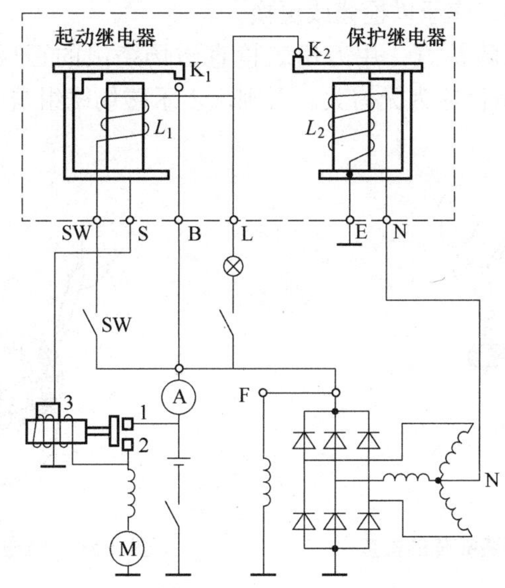

图 2-22　东风 EQ1090F 型汽车起动机的驱动保护电路工作原理图

2.5　起动机的试验与检修

2.5.1　起动机的使用与维护

(1) 每次起动时间不应超过 5s，再次起动时应停止 2min，使蓄电池得以恢复。如果有连续第三次起动，应在检查与排除故障的基础上停歇 15min 以后进行。

(2) 在冬季气温较低的情况下起动时，应采取相应的措施，例如对蓄电池保温以确保蓄电池有充足的起动容量、手摇发动机进行预润滑等。

(3) 发动机起动后，必须马上松开点火开关，使起动机停止工作。

(4) 起动机外部应经常保持清洁，各连接导线，特别是与蓄电池相连接的导线，应连接紧固。

(5) 汽车每行驶 3000km 时，应检查与清洁换向器；汽车每行驶 5000～6000km 时，应检查测试电刷的磨损程度以及电刷弹簧的压力，它们均应在规定范围之内；每年应对起动机进行一次保养。

2.5.2　起动机部件的检修

1．励磁绕组的检修

励磁绕组常见的故障是接头脱焊、绕组短路、断路或搭铁等。检修方法如下。

(1) 将起动机解体后，通过直观检查励磁绕组接头是否松脱，有无破损。若外部验视未发现问题，进行下一步检查。

(2) 励磁绕组断路故障检查：可用万用表的Ω挡检测，如图 2-23 所示，两表笔分别接触起动机外壳引线(即电流输入接线柱)与励磁绕组绝缘电刷接头，如果测得的电阻值为无穷大，说明励磁绕组断路，应予以检修或更换。

(3) 励磁绕组搭铁故障检查：用万用表检查磁场绕组的正极端与定子壳体之间的电阻，如图 2-24 所示，电阻值应为无穷大。否则，表示磁场绕组与壳体短路，应予以检修或更换。

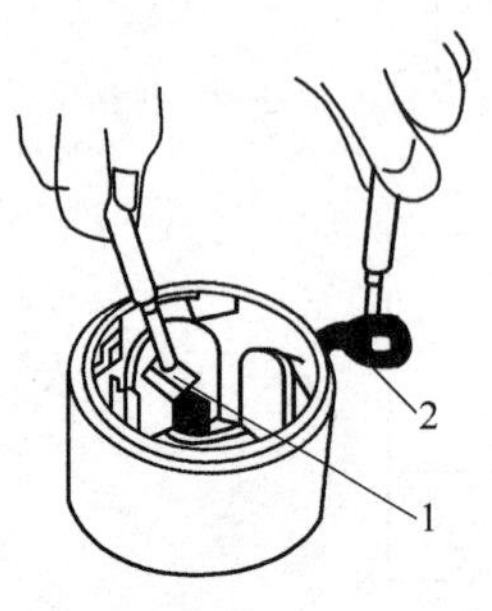

图 2-23 励磁绕组断路故障的检查

1—励磁绕组绝缘电刷接头；2—电流输入接线柱

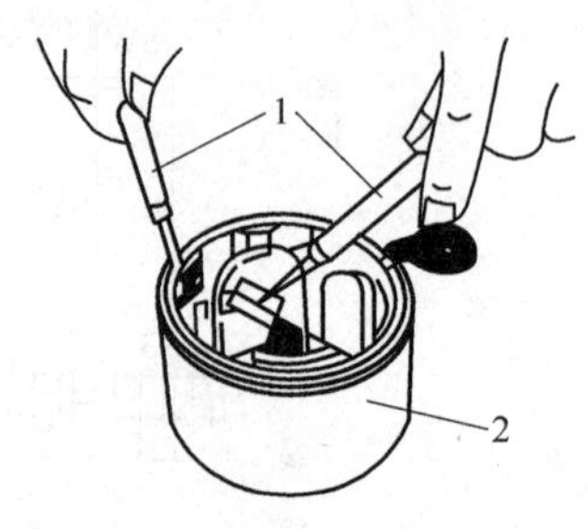

图 2-24 励磁绕组搭铁故障的检查

1—万用表表笔；2—定子壳体

(4) 励磁绕组匝间短路故障检查：如图 2-25 所示，通电 5min 后若绕组发热，则说明绕组有匝间短路。

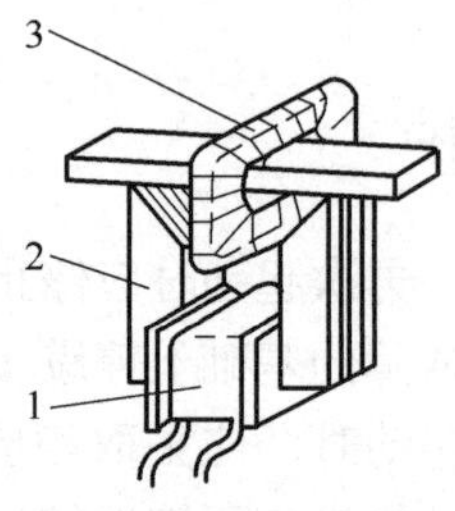

图 2-25 励磁绕组匝间短路故障的检查

1—感应仪；2—铁芯；3—励磁绕组

2. 电枢总成的检修

电枢总成常见的故障有断路、匝间短路、搭铁和换向器磨损等。

1) 电枢绕组搭铁故障的检查

如图 2-26 所示，用万用表的Ω挡，一根表笔接触电枢，另一根表笔依次接触换向器铜片，电阻应为无穷大，否则说明电枢绕组有搭铁故障。

2) 电枢绕组匝间短路故障的检查

如图 2-27 所示，把电枢放在电枢感应仪上，当感应仪通电后将钢片置于电枢铁芯上，并一边转动电枢一边移动钢片。若电枢中有短路，则在电枢绕组中将产生感应电流，钢片在交变磁场的作用下会在槽上振动，由此可判断电枢绕组中有短路故障。

3) 电枢绕组断路故障的检查

如图 2-28 所示，用万用表的Ω挡，将两个表笔分别接触换向器相邻的铜片，测量每相邻两换向片间是否相通。如相通，说明电枢绕组无断路故障；若万用表显示的阻值为无穷大，说明此处有断路故障，应更换电枢。

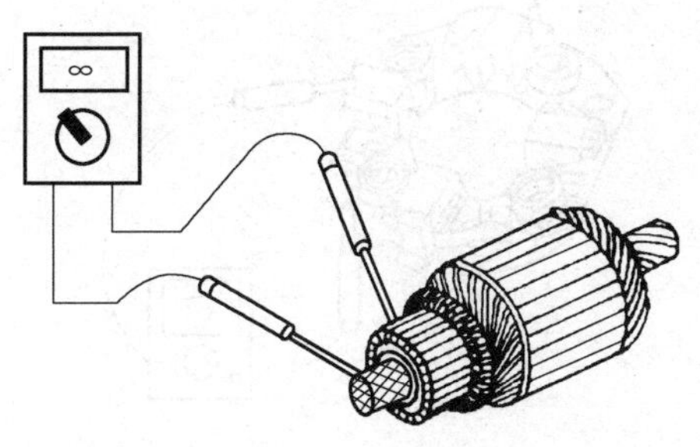

图 2-26　电枢绕组搭铁故障的检查

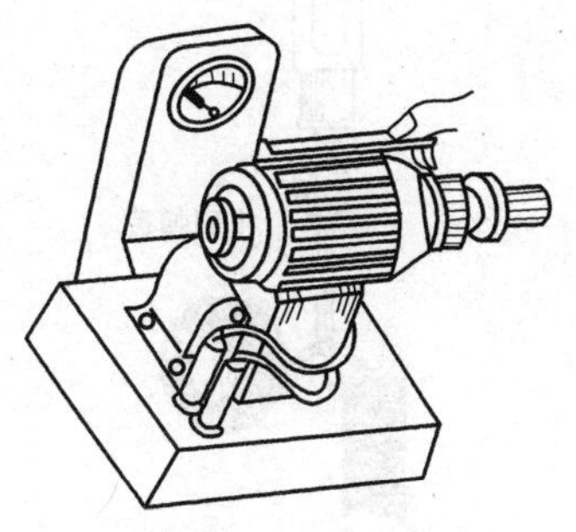

图 2-27　电枢绕组匝间短路故障的检查

4) 电枢轴的检查

如图 2-29 所示，用百分表检查电枢轴的圆跳动量，若铁芯表面摆差大于 0.15mm 或换向器径向圆跳动大于 0.05mm，说明电枢轴弯曲严重，应进行校正或更换。另外，还应检查电枢轴上的花键齿槽，如发现严重磨损或损坏，则应修复或更换。

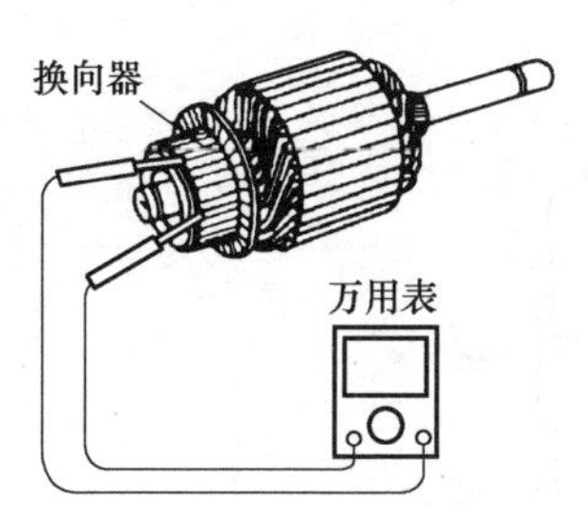

图 2-28　电枢绕组断路故障的检查

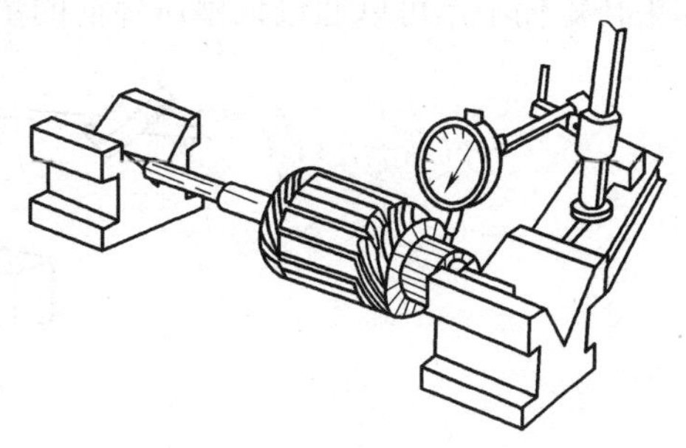

图 2-29　电枢轴的检查

5) 换向器的检查

(1) 直观检查换向器表面应无烧蚀，云母片应无凸出。

(2) 检查换向器的绝缘云母片的深度，标准值为 0.5～0.8mm，使用极限值为 0.2mm。如果云母槽深度低于极限值，可用锉刀修整，再用细砂纸打磨。修整时锉刀要与换向器外圆母线平行。

(3) 用游标卡尺检查换向器外径尺寸，换向器的外径一般不小于标准值 1mm，否则应更换电枢。

3．电刷与电刷架的检修

电刷使用的极限高度为标准高度的 2/3(国产起动机新电刷长度一般为 14mm)，即 7～10mm，小于极限值时应更换。电刷与换向器的接触面积不应小于 75%，否则应研磨电刷。电刷在电刷架内应活动自如无卡滞现象，电刷弹簧的弹力可用弹簧秤测量，如图 2-30 所示，弹力应大于 12N，否则应更换。电刷架的绝缘情况可用万用表的Ω挡进行测量，如图 2-31 所示。测量时，万用表显示的阻值应为无穷大，否则说明电刷架绝缘损坏。

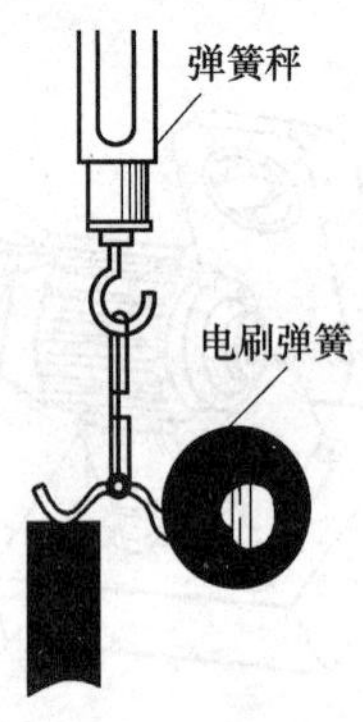

图 2-30　电刷弹簧的弹力测量

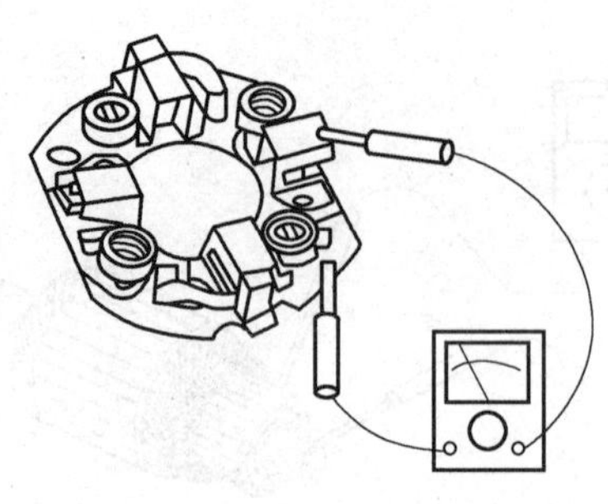

图 2-31　电刷架的绝缘情况测量

4. 单向离合器的检修

单向离合器常见的故障是打滑。将单向离合器夹在虎钳上，用扭力扳手转动，如图 2-32 所示。若转矩小于规定值，说明单向离合器打滑，应予以更换。对于摩擦片式单向离合器，如果转矩偏小，可以通过调整压环前的垫圈厚度使其达到要求。

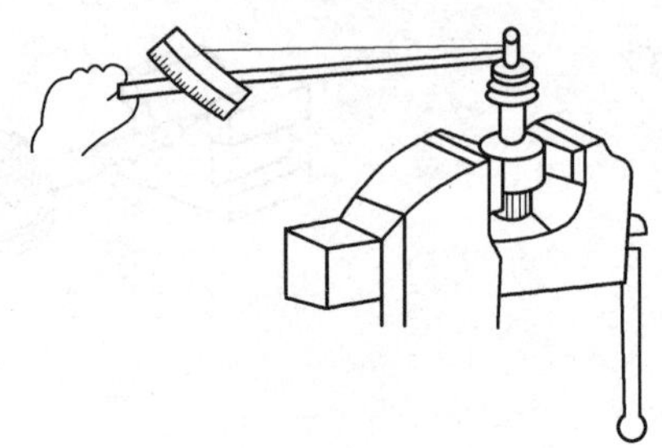

图 2-32　检查单向离合器是否打滑

5. 电磁开关试验

电磁开关的常见故障一般是吸引线圈和保持线圈断路、短路和搭铁，接触盘及触点表面烧蚀等。

线圈有否断路、搭铁可用欧姆表通过测量电阻来检查。如果线圈不良应予以更换。接触盘及触点表面烧蚀轻微的可以用锉刀或砂布修整。回位弹簧过弱时应予以更换。

1) 吸拉动作试验

将起动机固定在台虎钳上，拆下起动机端子“C”上的励磁绕组电缆引线端子，用带夹电缆将起动机“C”端子和电磁开关壳体与蓄电池负极连接，用带夹电缆将起动机“50”端子与蓄电池正极连接，如图 2-33 所示。此时驱动齿轮应向外移动，如驱动齿轮不动，说明电磁开关有故障，应予以修理或更换。

2) 保持动作试验

该试验是在吸拉动作试验的基础上进行的。当驱动齿轮保持在伸出位置时，拆下电磁开关“C”端子上的电缆夹，如图 2-34 所示。此时驱动齿轮应保持在伸出位置不动，如驱动齿轮回位，说明保持线圈断路，应予以修理。

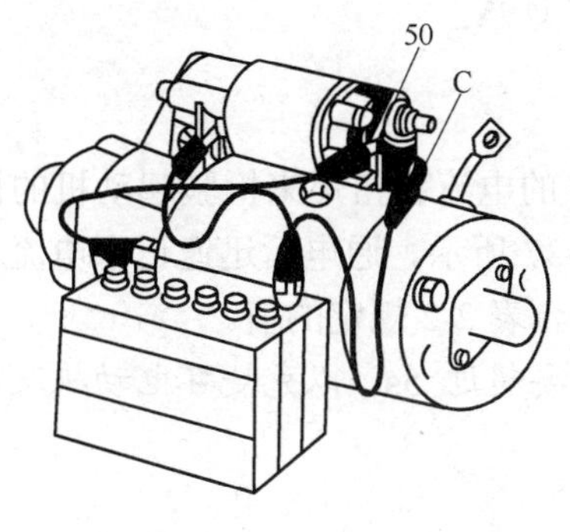

图 2-33　吸拉动作试验

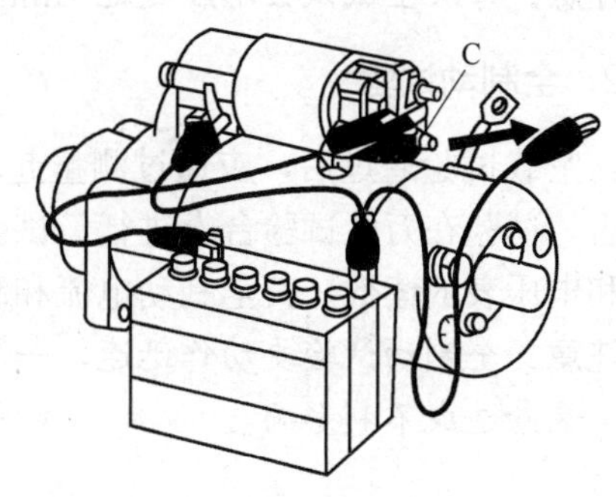

图 2-34　保持动作试验

3) 回位动作试验

在保持动作试验的基础上，再拆下起动机壳体上的电缆夹，如图 2-35 所示。此时驱动齿轮应迅速回位，如驱动齿轮不能回位，说明回位弹簧失效，应更换弹簧或电磁开关总成。

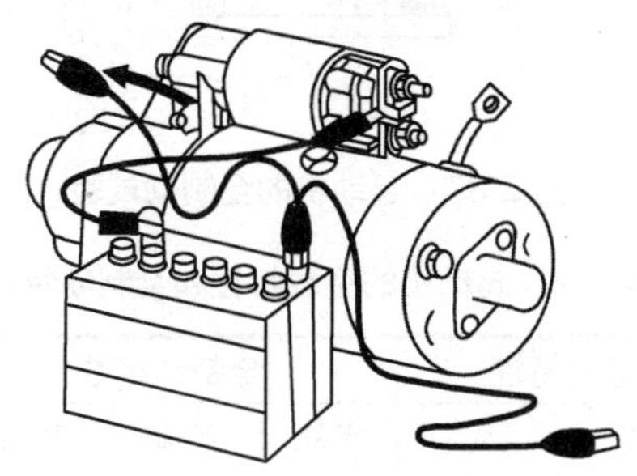

图 2-35　回位动作试验

2.5.3　起动机的试验

修复后的起动机在装车前，通常需要对起动机进行空载试验和全制动试验来检验其性能是否良好。

1. 空载试验

将起动机夹紧，接通起动机电路，测量起动机空载时的转速和电流，如图 2-36 所示。起动机应运转均匀、电刷无火花。其电流表、电压表和转速表上的读数应符合规定值。

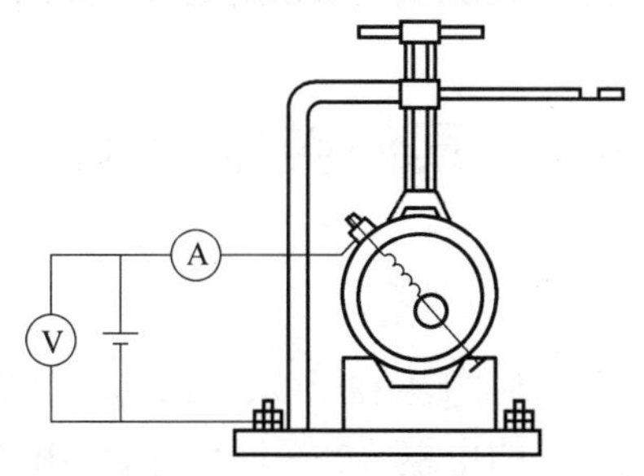

图 2-36　起动机的空载试验

注意：每次空载试验不应超过 1min，以免起动机过热。

2．全制动试验

在空载试验通过后，应通过测量起动机全制动时的电流和扭矩来检验起动机的性能良好与否。试验在万能试验台上进行，试验方法如图 2-37 所示。通电后迅速记下电流表、弹簧秤和电压表的读数，其全制动电流和制动转矩应符合表 2-2 规定的值。

注意：全制动试验要动作迅速，一次试验时间不要超过 5s，以免烧坏电动机及对蓄电池使用寿命造成不利影响。

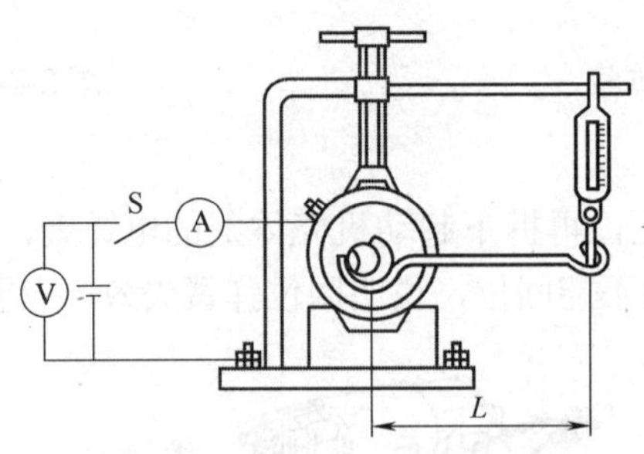

图 2-37　起动机的全制动试验

表 2-2　起动机的空载特性和全制动特性

型号	规　格		空载特性		全制动特性			电　刷		适用车型
	额定电压/V	额定功率/kW	电流</A	转速>/(r/min)	电压/V	电流</A	扭矩>/(N·m)	牌号	弹簧压力/N	
QD124A	12	1.85	95	5000	8	600	24	TS-2		解放 EQ1091
AD124H	12	1.47	90	5000	8	650	29.4		2～15	解放 CA1091
QD124F	12	1.47	90	5000	8	650	29.4		8～13	东风 EQ1090
321	12	1.1	100	5000	6	525	15.7	TS-4	12～15	北京 2020N
QD1225	12	0.96	45	6000	7	480	13			上海桑塔纳
QD142A	12	3	90	5000	7	650	25		12～15	南京依维柯
DW1.4	12	1.4	67	2900	9.0	160	13			北京切诺基
D6RA37	12	0.57	220	1000		350	85			神龙富康
B-23	12	0.7	55	5000						天津夏利
QD27	24	8.09	90	3200	12	1700	145	TS103	12～15	红岩 CQ261

2.6　其他类型起动机

1．电枢移动式起动机

电枢移动式起动机的工作原理如图 2-38 所示。起动机是借磁极磁力移动整个电枢而使驱动齿轮啮入飞轮齿圈的。起动机的电枢 12 在回位弹簧 10 的作用下与磁极 13 错开一定距离，换向器比较长。起动机的壳体上装有电磁开关，其磁化线圈由起动开关 1 控制，活动触点为一接触桥 4，接触桥上段较长、下端较短，使起动机电路的接通分两个阶段进行。驱动齿轮固定在电枢轴上，其轴向移动靠电枢的移动实现。

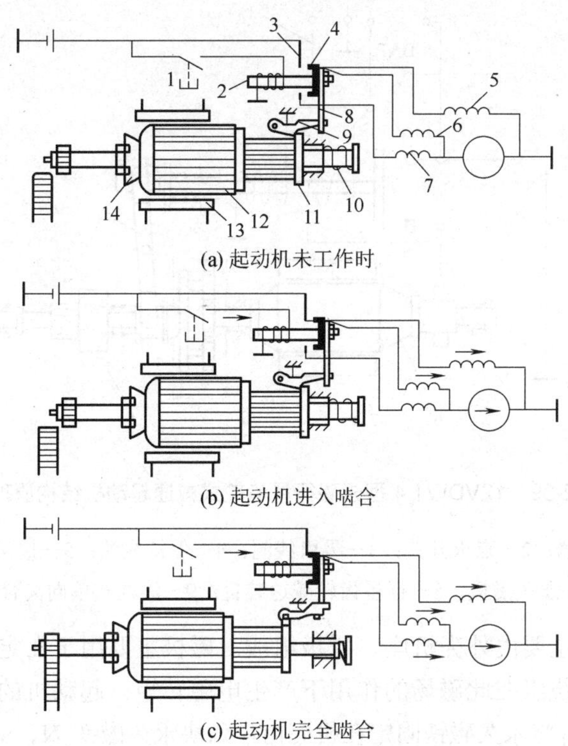

(a) 起动机未工作时

(b) 起动机进入啮合

(c) 起动机完全啮合

图 2-38　电枢移动式起动机的工作原理

1—起动开关；2—电磁线圈；3—触点；4—接触桥；5—并联辅助励磁绕组；
6—串联辅助励磁绕组；7—主励磁绕组；8—挡片；9—扣爪；10—电枢回位弹簧；
11—换向器凸缘；12—电枢；13—磁极；14—摩擦片式单向离合器

起动机有三个励磁绕组，除一个匝数少用扁铜条绕组的主励磁绕组 7 外，还有两个导线较细但匝数较多、电阻较大的副绕组。两副绕组一个与电动机并联称为并联辅助励磁绕组 5(又称保持线圈)，起吸引电枢移动和保持电枢移动位置的作用；另一个与电动机的电枢绕组串联称为串联辅助励磁绕组 6，主要用于吸引电枢轴向移动。

电枢移动式起动机保护飞车的能力和承受发动机反击的能力不受功率限制，因此可以做成大功率起动机。它的不足是：不宜在倾斜位置工作，结构复杂，传动比不能大；当摩擦片磨损后，摩擦力会大大降低，因此需要经常调整。

2．永磁行星齿轮式减速起动机

相对于常见的串励式汽车用起动机，永磁行星齿轮式减速起动机同样由直流电动机、驱动机构和控制装置三大部分组成。不同之处是，直流电动机属于永磁式，减速机构采用行星齿轮啮合式。北京 BJ2021(切诺基)吉普车上装用的 12VDW1.4 型起动机(德国博世公司生产)即是永磁行星齿轮式减速起动机，其结构原理图如图 2-39 所示。

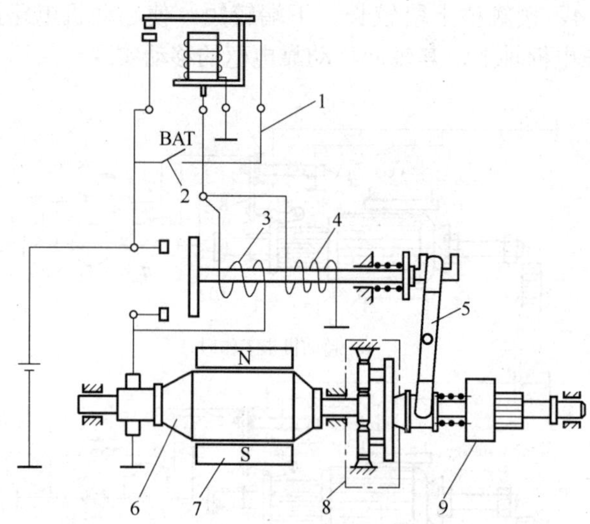

图 2-39　12VDW1.4 型永磁行星齿轮式减速起动机结构原理图

1—起动继电器；2—点火开关；3—吸引线圈；4—保持线圈；5—拨叉；6—电枢；
7—永久磁极；8—行星齿轮减速装置；9—滚柱式单向离合器

直流电动机定子主要由外壳机座、磁极组成。磁极主要用于在定子、电枢之间的气隙中建立磁场，使电枢绕组在此磁场的作用下产生电磁转矩。起动机的磁极由六块永久磁铁组成，通过弹性保持片将永久磁铁固定在机壳内，六块永久磁铁 N、S 极交错排列，形成三对磁极。机座主要用来固定磁极，另外也是电机磁路系统中的一部分。定子示意图如图 2-40 所示。

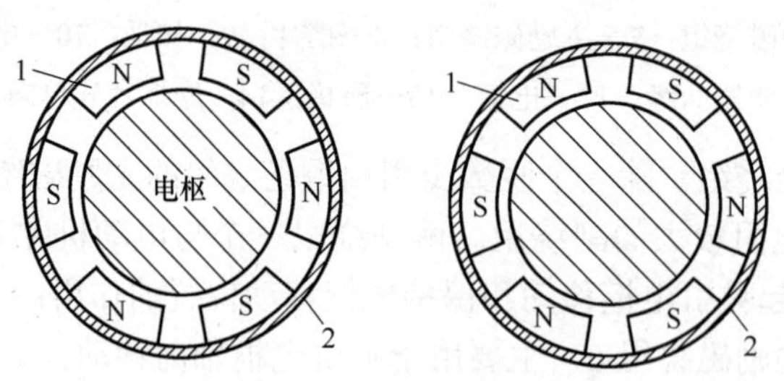

图 2-40　定子示意图

1—磁极；2—外壳机座

永磁式起动机的磁极采用了铁氧体或钕铁硼永磁材料，由于无须励磁绕组，简化了起动机的结构，起动机的体积相对较小，质量也可相应减轻。

减速机构的主要作用是降低转速、提高转矩，并能有效减小起动机的体积，节约材料。而行星齿轮减速由于具有体积小、传动效率高、调速范围广、精度高等特点，再加上整机外观接近直驱式起动机而被广泛应用。行星齿轮减速机构主要包括太阳轮、行星轮、齿圈，其结构示意图如图 2-41 所示。

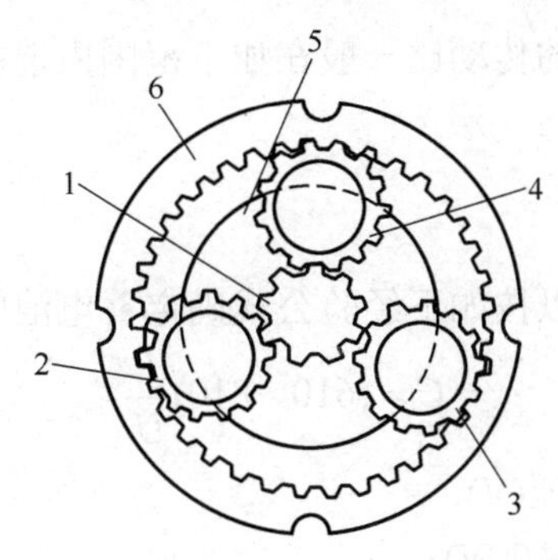

图 2-41　行星齿轮减速机构结构示意图

1—太阳轮；2、3、4—行星轮；5—行星轮支架(输出轴)；6—内齿圈

永磁行星齿轮式减速起动机的工作原理与励磁式起动机基本相同。

2.7　起动系统的设计

1．起动机功率的选择

为了使发动机能迅速可靠地起动，起动机必须具有足够的功率。

起动机的功率 P 根据发动机起动所需的功率选取，它取决于发动机的起动阻力矩和最低起动转速，并可由下式计算：

$$P \geqslant \frac{M_s n_s}{9550}$$

式中：P——起动机的功率(kW)；

M_s——起动机的输出转矩(N・m)；

n_s——起动机的转速(r/min)。

发动机的起动阻力矩是指在最低起动转速时的发动机阻力矩，主要包括气缸压缩阻力矩、运动件的摩擦阻力矩和惯性阻力矩。

发动机的最低起动转速是指起动时能保证进入气缸内的混合气在压缩终了时具有一定的温度且雾化良好，能使发动机可靠点火发动所需的最低转速。汽油发动机的最低起动转速为50～70r/min，而柴油发动机的最低起动转速为100～200r/min。

温度为 0℃时，发动机起动所需功率 P 可由以下的经验公式推算。

汽油发动机：　$P=(0.18\sim0.22)L$

柴油发动机：　$P=(0.74\sim1.1)L$

式中：L——发动机的工作容积(L)。

2．传动比的选择

起动机与发动机之间的最佳传动比应能保证发动机可靠起动，同时能使起动机达到最大功率。在实际选择中，由于受飞轮齿圈和驱动齿轮的结构限制，传动比往往稍小于最佳值。这种选择结果，使起动机在工作时并没有达到最大功率，但起动机的转矩增大，对起动是有利的。起动机与发动机的传动比一般在如下范围内选择。汽油发动机为 13～17，柴油发动机为 8～10。

3．蓄电池容量的选择

起动机的功率确定后，可以按如下经验公式确定蓄电池的容量：

$$C=(610\sim810)\frac{P}{U}$$

式中：U ——起动机的额定电压(V)；

P ——起动机的额定功率(kW)；

C ——蓄电池的额定容量(A·h)。

对于大功率起动机(7.0～10kW)，蓄电池的容量可以选择得比计算值小一些。

思 考 题

1. 起动继电器的作用是什么？简述其工作过程。
2. 简述起动机电磁开关的工作过程。
3. 起动机检修后应进行哪些试验？

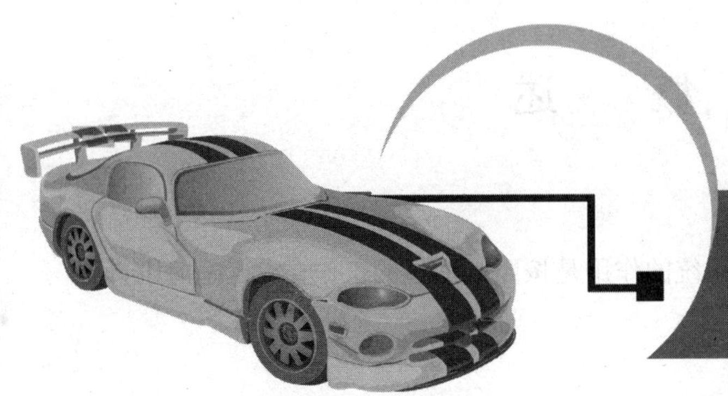

第3章 点火系统

【知识目标】

了解点火系统的作用、分类及汽油发动机对点火系统的基本要求；熟悉传统点火系统的组成及工作原理；掌握无触点电子点火系统及微机控制点火系统的组成及工作原理。

【技能目标】

能够正确使用仪器对电子点火系统进行检查。

3.1 概　　述

3.1.1 点火系统的作用

汽油机是靠高压火花点燃的。点火系统的作用是按照汽油机的工作要求，适时准确地点燃气缸内的混合气，使发动机做功。

3.1.2 点火系统的分类

按照点火系统的能源不同，可将其分为蓄电池点火系统和磁电机点火系统两类。汽车均采用蓄电池点火系统。点火系统的类型和应用见表 3-1。

表 3-1　点火系统的类型和应用

<table>
<tr><th colspan="4">点火系统类型</th><th>应　　用</th></tr>
<tr><td rowspan="8">蓄电池点火系统</td><td rowspan="7">电感储能式</td><td colspan="2">传统点火系统</td><td>早期化油器发动机</td></tr>
<tr><td rowspan="4">无触点半导体点火系统</td><td>磁感应式</td><td>化油器发动机</td></tr>
<tr><td>霍尔式</td><td>化油器发动机</td></tr>
<tr><td>光电式</td><td>化油器发动机</td></tr>
<tr><td>电磁振荡式</td><td>化油器发动机</td></tr>
<tr><td rowspan="2">微机控制点火系统</td><td>有分电器点火系统</td><td>电喷发动机</td></tr>
<tr><td>无分电器点火系统(DIS)</td><td>电喷发动机</td></tr>
<tr><td colspan="3">电容放电式(CDI)</td><td>摩托车发动机和赛车高速发动机</td></tr>
<tr><td colspan="4">磁电机点火系统</td><td>无蓄电池的小型发动机</td></tr>
</table>

3.1.3 发动机点火系统的基本要求

点火系统应在发动机的各种工况和使用条件下，都能保证可靠而准确地点火。点火系统应满足以下三个基本要求。

1. 能产生足以击穿火花塞电极间隙的电压

火花塞电极间产生火花的电压称为击穿电压。实验表明，发动机在低速满负荷运行时，需要 8～10kV 的击穿电压，起动时需要的击穿电压最高可达 17kV。为了保证可靠地点火，点火系统必须具有一定的次级电压储备，大多数点火系统可提供 28kV 以上的击穿电压。

2. 火花应具有足够的能量

要使混合气可靠点燃，火花塞产生的电压应具有一定的能量。点燃混合气所必需的最低能量，与混合气的成分、浓度、火花塞电极的间隙及电极形状等有关。发动机正常工作时，由于混合气压缩终了的温度已接近其自燃温度，所需的火花能量很小，为 1～5mJ。在发动机起动、怠速及加速时，则需要较高的火花能量。为保证可靠点火，一般应保证有

50～80mJ 的点火能量。目前采用的高能点火装置，一般点火能量都要求超过 80～100mJ。

3．点火时刻必须适应发动机工作情况

点火系统应按发动机气缸的工作顺序进行点火，并且各缸必须在最佳时刻进行点火，以满足发动机获得最大功率、最小燃料消耗和减少有害气体的排放等要求。

点火时刻是用点火提前角来表示的。点火提前角是指火花塞电极跳火时曲柄位置与活塞到达上止点时曲柄位置的夹角。

若点火过迟，在活塞到达上止点时才点火，会使气缸中的压力降低，发动机功率下降并导致发动机过热，油耗增大。而点火过早，则燃烧完全在压缩过程中进行，气缸内压力急剧上升，在活塞到达上止点前即达到最大压力，给正在上升的活塞一个很大的阻力，会使发动机功率下降，油耗增加，并引起发动机爆燃。

影响最佳点火提前角的主要因素有发动机转速、负荷、压缩比和温度等。

3.2　传统点火系统的组成及其工作原理

3.2.1　传统点火系统的组成

传统点火系统的组成如图 3-1 所示，它主要由蓄电池、点火开关、点火线圈、分电器和火花塞等组成。蓄电池供给点火系统所需电能。点火开关接通或断开点火系统电源。点火线圈储存点火能量，并将蓄电池电压转变为点火高压电。分电器由断电器、配电器和点火提前机构等部分组成。断电器的作用是接通或切断点火线圈的初级电路；配电器的作用是将点火线圈产生的点火高压，按发动机的工作顺序输送至相应缸的火花塞；点火提前机构的作用是随发动机转速、负荷和辛烷值的变化来调节点火提前角。火花塞将点火高压引入燃烧室，并在电极间产生电火花，点燃可燃混合气。

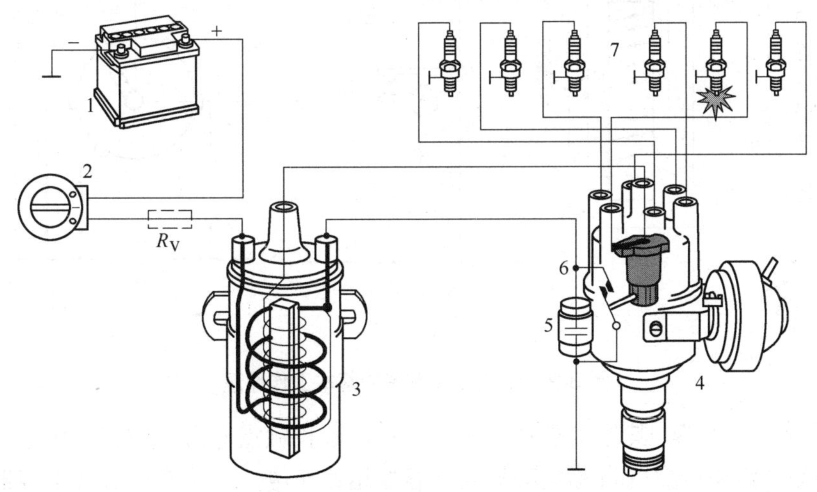

图 3-1　传统点火系统的组成

1—蓄电池；2—点火开关；3—点火线圈；4—分电器；5—电容器；6—断电器触点；7—火花塞

3.2.2 传统点火系统的基本工作原理

传统点火系统的基本工作原理如图 3-2 所示。当点火开关接通、发动机运转时，分电器轴和断电器凸轮在发动机凸轮轴的驱动下旋转，使断电器触点交替地闭合、打开。当触点闭合时，电流经点火线圈的初级绕组形成闭合回路，产生初级电流 i_1，初级电流所流过的电路称为低压电路。低压电路的路径是：蓄电池正极→电流表→点火开关→点火线圈“+开关”接线柱→附加电阻 R_f→点火线圈“开关”接线柱→点火线圈初级绕组 W_1→点火线圈“-”接线柱→断电器触点 K→搭铁→蓄电池负极。初级电流在初级绕组 W_1 中逐渐增大至某一值并建立较强的磁场。当触点打开时，初级电路被切断，初级电流及磁场迅速消失，由电磁感应定律 $e=-\frac{\mathrm{d}\Phi}{\mathrm{d}t}=-L\frac{\mathrm{d}i}{\mathrm{d}t}$ 可知，在两个绕组中都感应出电动势。由于初级电流迅速消失，变化率 $\frac{\mathrm{d}i}{\mathrm{d}t}$ 很大，在初级绕组中，可感应出 200～300V 的自感电动势 U_1。由变压器原理可知 $\frac{U_2}{U_1}=\frac{W_2}{W_1}$，次级电压 $U_2=U_1\frac{W_2}{W_1}$，由于次级绕组 W_2 的匝数较多，因而在次级绕组内就感应出 15～20kV 的互感电动势 U_2，U_2 称为次级点火高压，通过高压线输送给火花塞，击穿火花塞的电极间隙产生火花，点燃混合气。从点火线圈到火花塞的电路被称为高压电路，高压电路的路径是：次级绕组 W_2→附加电阻→“+开关”接线柱→点火开关→电流表→蓄电池→搭铁→火花塞侧电极→中心电极→配电器(旁电极、分火头)→次级绕组 W_2。

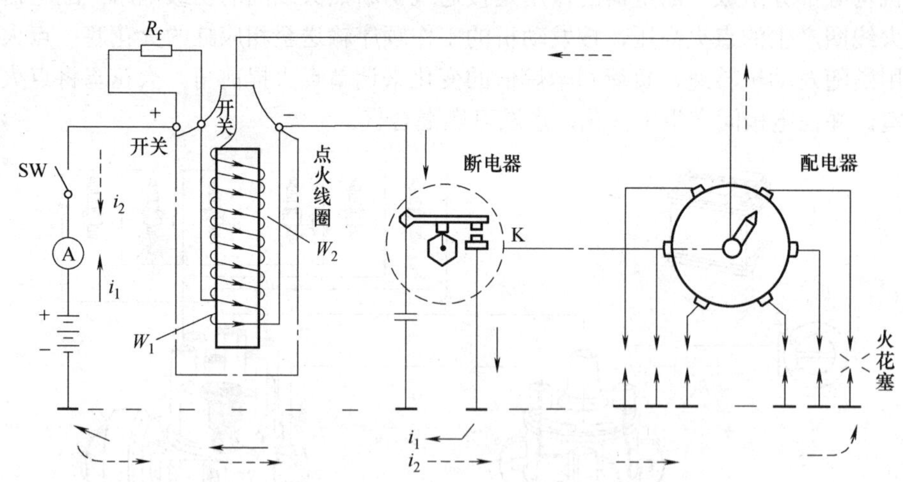

图 3-2 传统点火系统的基本工作原理

电容器与触点并联，其作用是减小触点火花，延长触点寿命并提高次级电压。当触点打开时，初级绕组中产生的自感电动势向电容器迅速充电，开始充电时，电容器两端电压为零，随着充电电压的不断提高，触点间隙逐渐增大，在触点间已不易形成电火花。同时触点打开后，初级绕组和电容器形成一个衰减振荡回路，使初级电流迅速切断，加速磁场消失，有利于次级电压的提高。

3.2.3　传统点火系统的主要部件

1. 点火线圈

点火线圈按磁路结构形式的不同，一般分为开磁路式和闭磁路式两种。开磁路点火线圈在传统点火系统中被广泛采用，闭磁路点火线圈多用于电子点火系统和微机控制的点火系统。

1) 开磁路点火线圈

传统的开磁路点火线圈的基本结构如图 3-3 所示，主要由铁芯、绕组、外壳等组成。

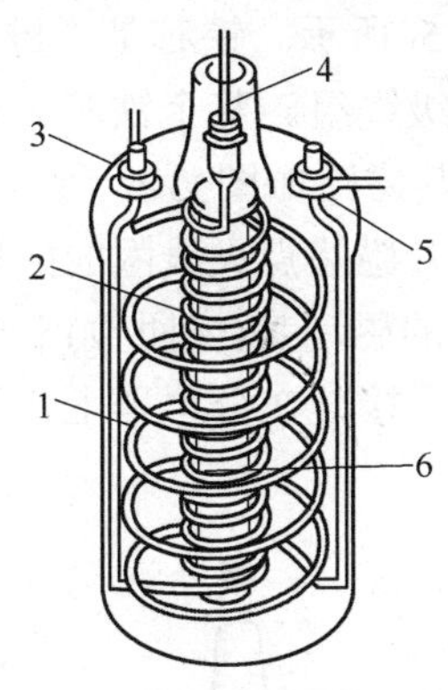

图 3-3　开磁路点火线圈的基本结构

1—初级绕组；2—次级绕组；3—点火线圈“+”接线柱；4—中央高压线接线柱；5—点火线圈“-”接线柱；6—铁芯

绕组与外壳之间装有导磁用的钢片，用来加强磁通。当初级电流流过初级绕组时，会使铁芯磁化，由于磁路上、下部分都是从空气中通过的，铁芯未构成闭合磁路，所以称它为开磁路点火线圈，如图 3-4 所示。这种点火线圈上部装有胶木盖，底部装有绝缘用的瓷杯，以增强耐高压击穿性能。为加强绝缘并防止潮气侵入，在外壳内填满沥青或变压器油。填充变压器油后，线圈散热性较好，温升较低，且绝缘性好。点火线圈胶木盖上装有接线柱。

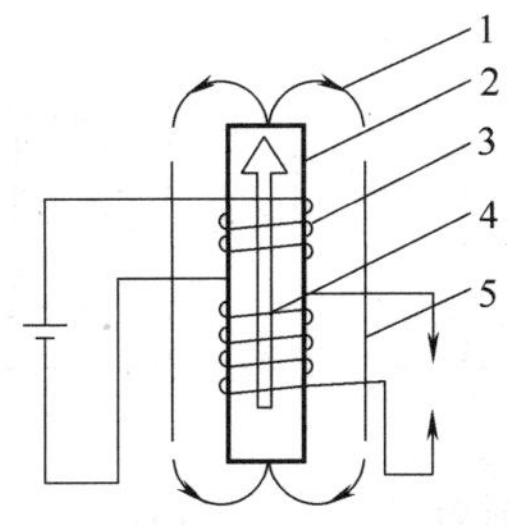

图 3-4　开磁路点火线圈的磁路

1—磁力线；2—铁芯；3—初级绕组；4—次级绕组；5—导磁钢套

两接线柱式点火线圈在低压接线柱上分别标有“+”“-”标志。三接线柱式点火线圈在外壳上装有一个附加电阻，同时增加了一个低压接线柱。附加电阻串联在标有“开关”和“开关+”的两个接线柱上，发动机工作时，附加电阻串联在初级电路中。胶木盖的中央是高压线插座，四周较高，以防高压电在接线柱间放电。

附加电阻由低碳钢丝、镍铬丝或纯镍丝制成，具有温度升高时电阻增大、温度降低时电阻减小的特性。发动机工作时，利用附加电阻这一特点自动调节初级电流，可以改善点火系统的工作特性。

发动机起动时，附加电阻短路，以增大初级电流，提高次级电压和火花能量，从而改善了发动机的起动性能。

2) 闭磁路点火线圈

闭磁路点火线圈的结构如图 3-5 所示。铁芯是“日”字形或“口”字形，铁芯上绕有初级绕组，在初级绕组外面绕有次级绕组。整个铁芯只有一个微小的气隙，磁力线经铁芯构成闭合磁路，减少了磁滞损失，其磁路如图 3-6 所示。闭磁路点火线圈漏磁少，磁路磁阻小，能量变换效率高达 75%，而开磁路点火线圈的能量变换效率只有 60%。此外，由于闭磁路铁芯导磁能力强，可在较小的磁动势(安匝数)下产生较强的磁通，因而可减少线圈匝数，使点火线圈小型化。有的还直接装在分电器上，不仅结构紧凑，而且省去了点火线圈与分电器之间的高压导线。

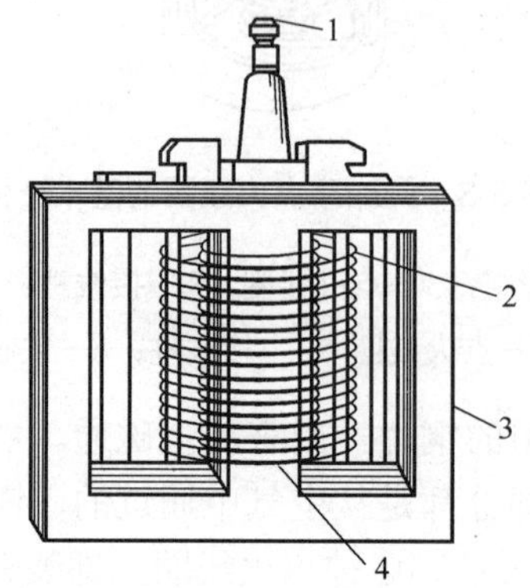

图 3-5　闭磁路点火线圈的结构

1—中央高压线接线柱；2—次级绕组；3—铁芯；4—初级绕组

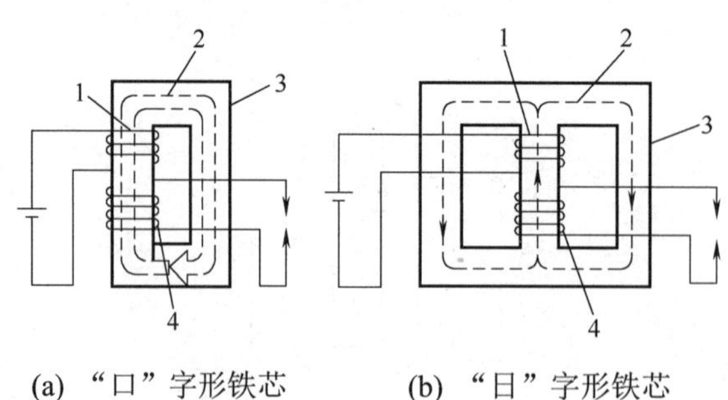

(a) “口”字形铁芯　　(b) “日”字形铁芯

图 3-6　闭磁路点火线圈的磁路

1—初级绕组；2—磁力线；3—铁芯；4—次级绕组

2. 分电器

分电器由断电器、配电器、点火提前机构和电容器等组成，分电器的结构如图 3-7 所示。

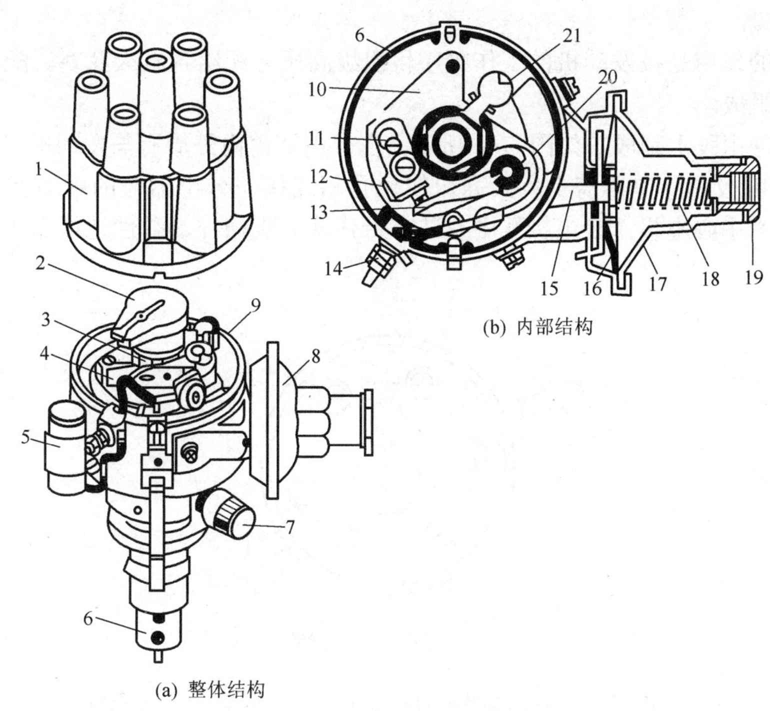

(a) 整体结构

(b) 内部结构

图 3-7　FD632 型分电器

1—分电器；2—分火头；3—断电器凸轮；4—断电器触点及底板总成；5—电容器；6—联轴器；7—油杯；8—真空提前调节器；9—分电器壳体；10—活动底板；11—偏心螺钉；12—定触点与支架；13—动触点臂；14—接线柱；15—拉杆；16—膜片；17—真空提前机构外壳；18、19—弹簧；20—动触点弹簧片；21—油毡及夹圈

1) 断电器

断电器的作用是接通和切断低压电路。它由断电器凸轮和一对触点组成。

断电器触点及底板总成 4 安装在活动底板 10 上。断电器的一对触点由钨合金制成，俗称“白金触点”，分为动触点和定触点。定触点经底板搭铁，动触点安装在动触点臂一端并与壳体绝缘，经动触点弹簧片与绝缘接线柱 14 相连。动触点臂的中部装有胶木顶块，靠弹簧片 20 紧压在断电器凸轮上。触点间隙可通过转动偏心螺钉 11 进行调整。断电器凸轮的凸角数和发动机的气缸数相同。工作时，凸轮轴以 1∶1 的传动比带动分电器轴旋转，分电器轴又带动断电器凸轮转动，间歇地打开和闭合触点。

触点间隙对闭合角有直接的影响。若触点间隙过大，则凸轮转动时，触点推迟打开，触点闭合角β变小，触点的闭合时间缩短，初级电流减小，从而使次级电压和点火能量下降；若触点间隙减小，触点闭合角 β 变大，初级电流增大，但触点间隙过小，会造成触点断开时触点处产生火花，损失点火能量，降低次级电压。

触点间隙也会影响点火时刻。触点间隙增大时，由于触点被推迟打开，会使点火提前角减小；反之，则会使点火提前角增大。

在使用中由于触点烧蚀和动触点臂绝缘顶块的磨损，会使触点间隙变化，故应及时打磨触点，并调整其间隙。

2) 配电器

配电器的作用是按发动机的工作顺序将次级高压分配给各缸火花塞。配电器由分火头和分电器盖组成。

分电器盖由胶木制成，如图 3-8 所示，在分电器盖内外周有与发动机气缸数相等的旁电极，各旁电极和分电器盖上各缸高压线插孔相连接。分电器盖的中间有中央高压线插孔，其内侧为中心电极，在电极孔中安装有带弹簧的炭精柱，弹性地抵靠在分火头的导电片上。

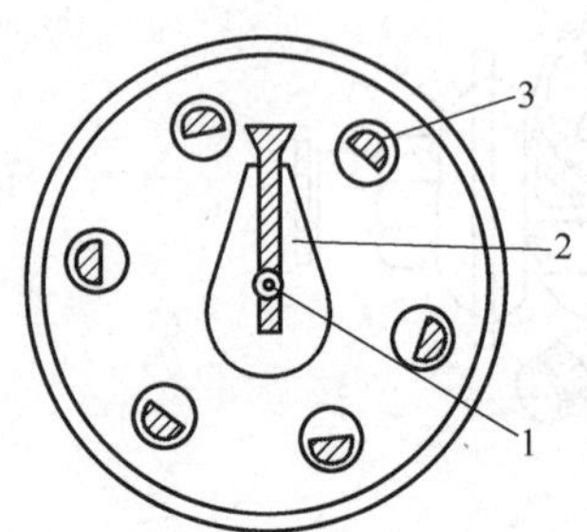

图 3-8　分电器盖

1—中心电极及带弹簧的炭精柱；2—分火头；3—旁电极

分火头安装在断电器凸轮顶端，并随断电器凸轮及分电器轴旋转，分火头导电片在距旁电极为 0.25～0.8mm 的间隙处掠过。当断电器触点张开时，分火头导电片对准点火缸旁电极，高压电便由中心电极传给各缸高压线和火花塞。

传统的点火高压线为铜芯外包覆聚氯乙烯绝缘层的高压导线，这种高压线的寿命长，但在点火系统工作时，会产生电磁波辐射。现代点火高压线普遍采用高压阻尼线。高压阻尼线的线芯常用的有金属阻芯式和塑料芯导线式，能有效地抑制电磁波辐射。

3) 电容器

电容器的作用是：当触点打开时可减小触点间的火花，防止触点烧蚀，同时由于电容器能吸收触点打开时的电能，使初级电流迅速切断，提高磁场变化的速率，从而可以提高次级电压。

电容器的容量一般为 0.15～0.35μF。当电容器容量过小时，触点间的电弧放电增强，点火能量损失增大，触点烧蚀加重；当电容器容量过大时，触点火花减小，但电容器充放电的周期较长，磁通变化的速率降低，使次级电压下降。由于电容器工作时要承受触点打开瞬间初级绕组产生的 200～300V 的自感电动势，因此要求其耐压值为 500V，电容器在 20℃时，绝缘电阻应不低于 50MΩ。

4) 点火提前机构

点火提前机构的作用是随发动机工况变化而自动调节点火提前角，保证发动机具有最佳点火提前角。传统点火系统一般仅考虑转速、负荷和汽油辛烷值对最佳点火提前角的影响，在分电器上设置了离心提前机构、真空提前机构和辛烷值选择器。

(1) 离心提前机构。

离心提前机构的作用是随发动机转速的变化而自动调节点火提前角。发动机转速越高，最佳点火提前角越大。这是因为发动机转速升高时，在单位时间内，活塞的移动距离较大，曲轴也相应地转过较大的角度，如果混合气燃烧速率不变，则最佳点火提前角应按线性规律增长。但当转速升高到一定程度时，由于混合气的压力和温度的提高以及扰流的增强，燃烧速度也随之加快，因此最佳点火提前角随发动机转速的升高呈非线性增大。

离心提前机构安装在断电器固定底板的下面，其结构及工作原理如图 3-9 所示。在分电器轴 4 上固定有托板 7，两个离心块 5 分别套在托板的柱销 9 上，可绕柱销转动。离心块的另一端由弹簧 6 拉向轴心。断电器凸轮及拨板 3 为一体，套装在分电器轴上，拨板的矩形孔套在离心块的销钉 8 上，受离心块驱动。当分电器轴转动时，离心块上的销钉即通过拨板带动断电器凸轮相对分电器轴转动一个角度。

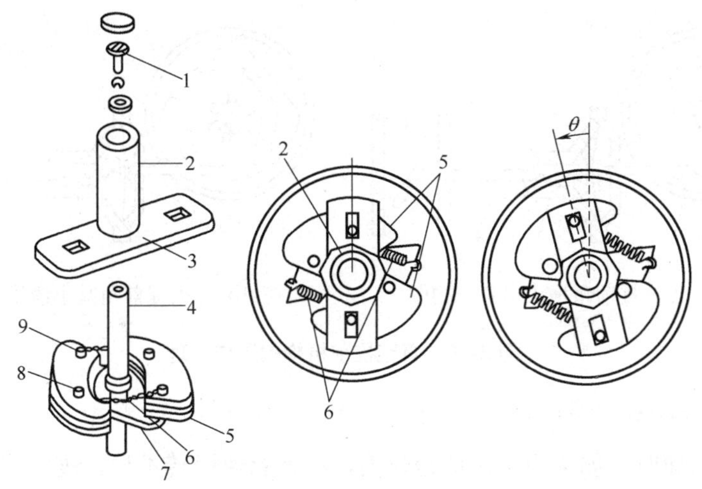

图 3-9　离心提前机构的结构及工作原理

1—固定螺钉；2—信号发生器转子轴；3—拨板；4—分电器轴；
5—离心块；6—弹簧；7—托板；8—销钉；9—柱销

当发动机转速升高时，离心块的离心力逐渐增大，克服弹簧拉力使离心块向外甩开。离心块上的销钉便推动拨板带着断电器凸轮顺着分电器轴旋转的方向向前转过一个角度，使断电器凸轮提前打开触点，点火提前角增大。转速越高，离心块的离心力越大，离心块甩开的程度就越大，点火提前角也就越大。反之，当转速降低时，离心力减小，弹簧便拉动离心块，拨板和断电器凸轮逆着分电器轴旋转的相反方向向后退回一个角度，使点火提前角减小。

离心块上的两根弹簧是由直径不同的钢丝绕成的，其弹性系数不同。粗而强的一根弹簧，安装后成自由状态；细而弱的一根弹簧，安装后略微拉紧。在低速范围内，只有细弹簧起作用，而当转速提高到一定程度后，两根弹簧同时起作用，以便点火提前角开始成正比增大，以后又趋向平缓，即点火提前角与转速不是线性关系，使之更符合发动机转速变化时对点火提前角的要求。

(2) 真空提前机构。

真空提前机构的作用是随发动机负荷的大小而自动调节点火提前角。在相同转速下，随着发动机负荷的增大，最佳点火提前角将随之减小。这是由于发动机负荷大即节气门开度大时，吸入气缸的混合气增多，压缩终了时的气缸压力和温度增高，使燃烧速度加快，因此最佳点火提前角应随负荷增大而减小。

真空提前机构的工作原理如图 3-10 所示。当发动机负荷较小时，节气门开度小，真空度增大，吸动膜片，克服弹簧弹力向右拱曲，拉杆拉动活动底板并带动断电器凸轮逆着分电器轴旋转方向向后转动一定角度，使触点提前打开，点火提前角增大，如图 3-10(a)所示；当发动机负荷增大即节气门开度增大时，真空度减小，在弹簧弹力的作用下，膜片向左拱曲，拉杆带动活动底板顺着凸轮旋转方向向前转动一定角度，使点火提前角减小，如图 3-10(b)所示。

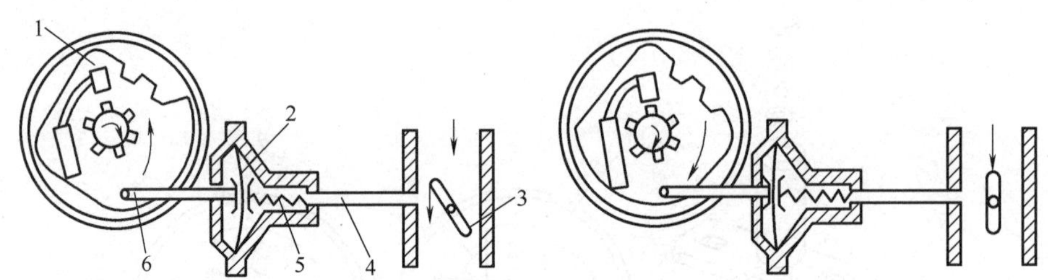

(a) 点火提前角增大情景结构图　　(b) 点火提前角减小情景结构图

图 3-10　真空提前机构的工作原理

1—活动底板(定子盘)；2—膜片；3—节气门；4—真空管；5—弹簧；6—驱动连接件

发动机在怠速时，如果点火提前角较大，将使怠速运转不稳。进气管道中的小孔此时位于节气门的上方，该处的真空度几乎为零，在弹簧张力作用下，可推动膜片使点火提前角减小或基本不提前，以满足怠速时的要求。

(3) 辛烷值选择器。

辛烷值选择器的作用是根据燃油辛烷值的不同，由人工调节点火提前角，也称人工调节器。辛烷值选择器安装在分电器下部的壳体上，通过转动分电器的壳体来带动触点，使触点与分电器轴做相对移动，从而改变点火提前角。当燃用高牌号(即辛烷值大)汽油时，逆着分电器轴旋转方向转动分电器壳体，点火提前角增大；反之，当燃用低牌号汽油时，则顺着分电器轴旋转方向转动分电器壳体，点火提前角减小。壳体转动角度的大小，可从刻度板上读出。

3．火花塞

火花塞的作用是将点火线圈产生的点火高压引入发动机的燃烧室，在其电极间隙中形成电火花，点燃混合气。

1) 火花塞的结构

火花塞的结构如图 3-11 所示。在钢质壳体 5 的内部固有陶瓷绝缘体 2，在绝缘体中心孔的上部装有金属杆 3，金属杆上端有接线螺母 1，用来连接高压导线，下部装有中心电极 10。金属杆 3 与中心电极 10 之间用导体玻璃 6 密封，铜制内垫圈 4 和 8 起密封和导热作用。壳体 5 上部的外侧制成六角平面以便于拆装，下部的螺纹安装在发动机气缸盖的火花塞孔内，壳体下端固定有弯曲的侧电极 9。

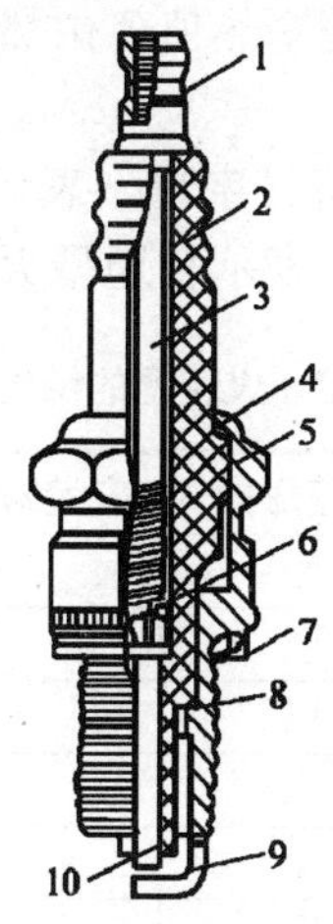

图 3-11　火花塞的结构

1—接线螺母；2—陶瓷绝缘体；3—金属杆；4、8—内密封垫圈；
5—壳体；6—导体玻璃；7—密封垫圈；9—侧电极；10—中心电极

中心电极和侧电极分别采用不同的镍锰合金或贵金属合金制成，具有良好的耐高温、耐腐蚀性能。火花塞的电极间隙一般为 0.6～0.7mm。采用高能电子点火装置，其火花塞间隙可增大至 1.0～1.2mm。

火花塞与气缸盖座孔间的密封有平面密封和锥面密封两种。平面密封时，在火花塞与座孔间应加装铜包石棉垫圈；锥面密封时，无须使用密封垫圈，而是利用火花塞壳体的锥形面与气缸盖相应的锥形面进行密封。靠锥形面密封的火花塞，称为锥座型火花塞。

2) 火花塞的热特性

要使火花塞能正常工作，其绝缘体裙部的温度应保持在 500～750℃，使落在绝缘体上的油滴立即烧掉，不致形成积炭，该温度为火花塞的“自净温度”。如果绝缘体裙部的温度低于自净温度，就会引起火花塞积炭；若温度过高，则混合气与炽热的绝缘体接触时，会引起炽热点火而产生早燃、爆燃等现象。

影响火花塞裙部温度的主要因素是裙部长度。裙部越长，受热面积越大，散热路径越长，散热越困难，则裙部温度越高，称为热型火花塞；反之，裙部越短，裙部温度越低，称为冷型火花塞。热型火花塞的绝缘体长度为 16～20mm，标准型火花塞的绝缘体长度为 11～14mm，冷型火花塞的绝缘体长度小于 8mm。热型火花塞适用于功率小、转速低、压缩比小的发动机，冷型火花塞适用于功率大、转速高、压缩比大的发动机。

3) 火花塞的型号

根据 QC/T 430—2005《火花塞产品型号编制方法》的规定，国产火花塞型号的表示方法如下：

□(□) □ □……□
① ② ③

第一部分为单个或两个汉语拼音字母，表示火花塞的结构类型及主要形式尺寸，各字母的含义见表 3-2。

第二部分为阿拉伯数字，表示火花塞热值，由热型到冷型依次用 1、2、3、4、5、6、7、8…表示。

第三部分为汉语拼音字母或通用符号字母，表示火花塞派生产品结构特征、发火端特征、材料特性及特殊技术要求。无字母表示普通型火花塞。

表 3-2 火花塞的结构类型

结构类型代号	螺纹规格	安装座形式	安装螺纹旋合长度/mm	壳体六角对边长度/mm
A	M10×1	平座	12.7	16
C	M12×1.25	平座	12.7	17.5
D	M12×1.25	平座	19	17.5
E	M14×1.25	平座	12.7	20.8
F	M14×1.25	平座	19	20.8
(G)	M14×1.25	平座	9.5	20.8
(H)	M14×1.25	平座	11	20.8
(Z)	M14×1.25	平座	11	19
J	M14×1.25	平座	12.7	16
K	M14×1.25	矮型平座	19	19
L	M14×1.25	矮型平座	9.5	19
(M)	M14×1.25	矮型平座	11	19
N	M14×1.25	锥座	7.8	19
P	M14×1.25	锥座	11.2	16
Q	M14×1.25	锥座	17.5	16
R	M14×1.5	平座	12	20.8
S	M18×1.5	平座	19	(22)
T	M18×1.5	锥座	10.9	20.8

注：( )表示非标准的保留产品，不推荐使用。

需要用两个以上的字母表示火花塞特征及特殊技术要求时，字母按下列先后次序排列：

P——屏蔽型火花塞

R——电阻型火花塞

B——半导体型火花塞

T——绝缘体凸出型火花塞

Y——沿面跳火型火花塞

J——多电极型火花塞

H——环状电极火花塞

U——电极缩入型火花塞

V——“V”形电极火花塞

C——镍铜复合电极火花塞

G——贵金属电极火花塞

F——非标准火花塞，列在型号最末位

例如，F5RTC 型火花塞表示螺纹旋合长度 19mm、壳体六角对边长度 20.8mm、热值代号 5 的 M14×1.25 带电阻及镍铜复合电极的凸出型平座火花塞。

3.3　无触点电子点火系统

3.3.1　无触点电子点火系统的组成

无触点电子点火系统的组成如图 3-12 所示，其主要由点火信号发生器、点火器、点火线圈、分电器和火花塞等组成。与传统点火系统相比，无触点电子点火系统采用点火信号发生器和点火控制器取代白金触点控制点火线圈初级电流的接通和关断。无触点电子点火系统按信号发生器的工作原理不同，可分为磁感应式、霍尔式、光电式和电磁振荡式等类型。其中磁感应式、霍尔式的应用较为广泛。

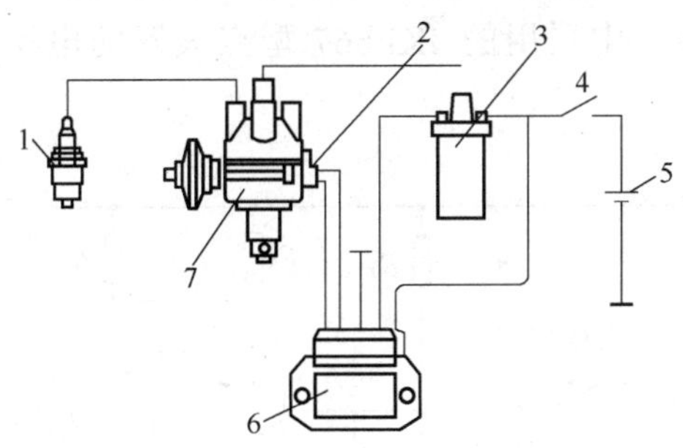

图 3-12　无触点电子点火系统的组成

1—火花塞；2—信号发生器；3—点火线圈；4—点火开关；5—蓄电池；6—点火器；7—分电器

3.3.2　磁感应式电子点火系统

磁感应式电子点火系统主要由磁感应信号发生器、点火器、分电器、点火线圈、火花塞等组成。

1. 磁感应信号发生器

磁感应信号发生器的作用是产生与发动机曲轴位置相应的磁感应电压脉冲信号，并输入点火器作为点火控制信号。磁感应信号发生器的结构及工作原理如图 3-13 所示，它由信号转子、永久磁铁、铁芯和绕在铁芯上的感应线圈等组成。信号转子安装在分电器轴上，凸齿数与发动机气缸数相等。

当信号转子转动时，转子与铁芯之间的空气隙发生变化。转子凸齿靠近铁芯时，空气隙减小，磁路的磁阻减小，磁通量增大；转子凸齿离开铁芯时，空气隙增大，磁路的磁阻增大，磁通量减小。磁通量的交替变化使感应线圈产生交变的感应电动势，输入点火器。

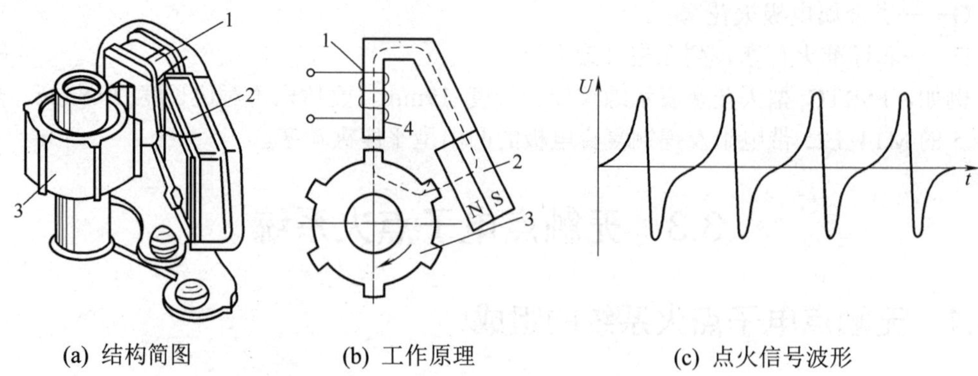

(a) 结构简图　　(b) 工作原理　　(c) 点火信号波形

图 3-13　磁感应信号发生器的结构及工作原理

1—感应线圈；2—永久磁铁；3—信号转子；4—导磁铁芯

2．点火器

点火器的作用是根据信号发生器的磁感应电压脉冲信号控制点火线圈初级绕组的接通和关断。部分 EQ1090 汽车中采用的 JKF667 型点火器的电路如图 3-14 所示，其工作原理如下。

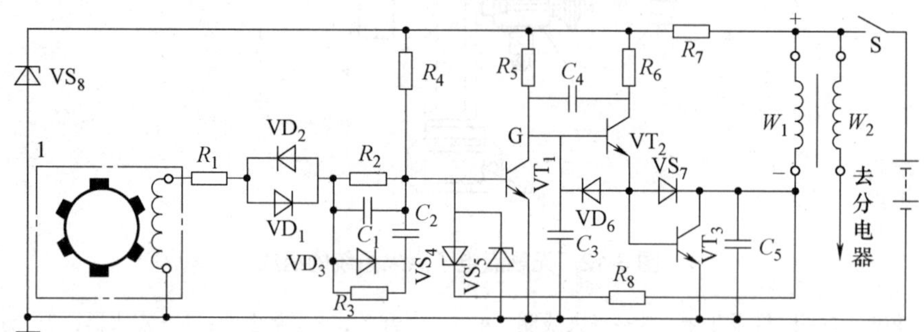

图 3-14　JKF667 型点火器的电路

当接通点火开关 S 时，蓄电池经电阻 R_4 向三极管 VT_1 提供基极电流使 VT_1 导通，此时 VT_1 集电极电位降低，使三极管 VT_2、VT_3 截止，此时只要分电器轴不转动，点火线圈初级绕组中也无电流通过。

当起动发动机时，信号转子随分电器轴转动，分电器中的点火信号发生器便有磁感应电压脉冲信号产生。当感应线圈输出负信号电压时，电流便经 VD_3、R_2、VD_2 形成回路，VD_3 导通时，使 VT_1 的发射结反偏而截止，VT_1 集电极电位升高，使 VT_2、VT_3 导通，于是点火线圈初级绕组便有电流通过；当感应线圈输出正信号电压时，正信号电压经 R_1、VD_1、R_2 加到 VT_1 的基极，使 VT_1 导通，VT_1 集电极电位迅速下降至 0V，VT_2、VT_3 迅速截止，点火线圈初级电流被切断，次级绕组 W_2 中感应出次级高压，经分电器分配给各缸火花塞。

该点火器除上述基本点火功能以外，还具有点火能量控制、闭合角控制功能以及各种校正和保护功能。

由电阻 R_7 和稳压管 VS_8 组成的点火能量控制电路可使电路的工作电压稳定在 6V 左右，使该点火器控制的点火能量不随电源电压的波动而变化。

由 R_2 和电容 C_1 组成的加速电路可使电路的开关速度加快，次级电压升高，提高了点火性能。

由二极管 VD_3、电容 C_2、电阻 R_3 等元件组成的闭合角控制电路，使得发动机在低速运转时自动减小闭合角，即减少末级功率三极管 VT_3 的相对导通时间，以减小初级电流；而发动机高速运转时，则自动增大闭合角，延长功率三极管 VT_3 的相对导通时间，使初级电流有充足的时间上升到规定值，从而避免了发动机低速时点火线圈过热、高速时点火能量不足和断火现象。

电路中的 C_3 是一只容量较小的滤波电容，用于滤除三极管在导通和截止的一瞬间产生的高频自激振荡，从而防止电路自激，提高电路工作的稳定性。

在 VT_3 的 bc 结上并联了一个 400V 的稳压二极管 VS_7，能够保护三极管 VT_3 的 bc 结不会因浪涌电压而被击穿。VD_6 用于保护三极管 VT_3 的 be 结。电容 C_5 用于吸收点火线圈初级绕组的自感电动势，也起到保护三极管 VT_3 的作用。

3.3.3 霍尔效应式电子点火系统

霍尔效应式电子点火系统由内装霍尔信号发生器的分电器、点火器、点火线圈和火花塞等组成。国产桑塔纳、红旗、捷达等轿车化油器发动机均采用该种类型的电子点火系统。桑塔纳轿车霍尔效应式电子点火系统的组成如图 3-15 所示。

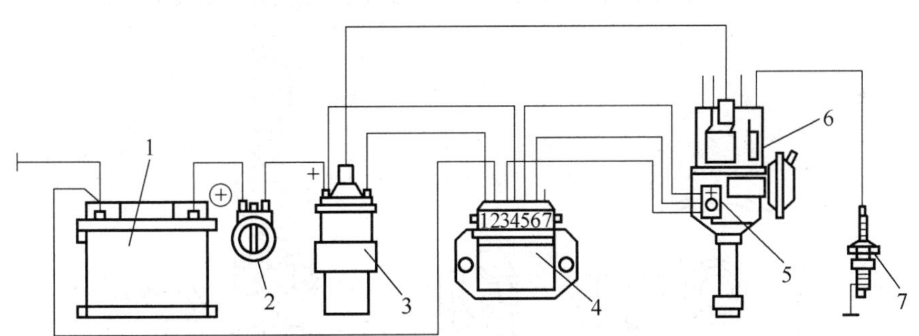

图 3-15 桑塔纳轿车霍尔效应式电子点火系统的组成

1—蓄电池；2—点火开关；3—点火线圈；4—点火控制器；5—霍尔信号发生器；6—分电器；7—火花塞

1. 霍尔效应

霍尔效应的原理如图 3-16 所示。当电流 I 通过放在磁场中的半导体基片(又称霍尔元件)且电流方向和磁场方向垂直时，在垂直于电流和磁通的半导体基片的横向侧面上即产生一个电压，这个电压称为霍尔电压 U_H。霍尔电压 U_H 的高低与通过的电流 I 和磁场强度 B 成正比，可用下式表示：

$$U_H = \frac{R_H}{d} IB$$

式中：R_H——霍尔系数；

d——基片厚度；

I——电流；

B——磁场强度。

由上式可知，当通过的电流 I 为一定值时，霍尔电压 U_H 与磁场强度 B 成正比，即霍尔电压随磁场强度的大小而变化。

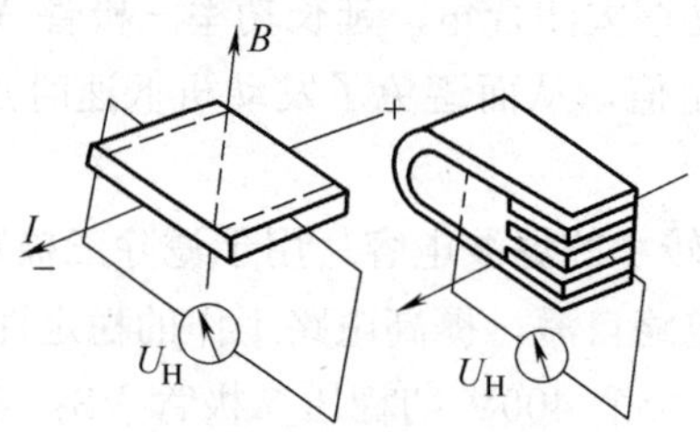

图 3-16　霍尔效应的原理

2. 霍尔信号发生器

霍尔信号发生器是根据霍尔效应原理制成的，它装在分电器内。霍尔信号发生器的基本结构如图 3-17 所示，它由触发叶轮 1 和信号触发开关 4 等组成。触发叶轮套装在分电器轴的上部。它可以随分电器轴一起转动，又能相对于分电器轴作少量转动，以保证离心调节装置正常工作。触发叶轮的叶片数与气缸数相等，其上部套装分火头，分火头与触发叶轮一起转动。信号触发开关由带导板(导磁)的永久磁铁和霍尔集成块组成。

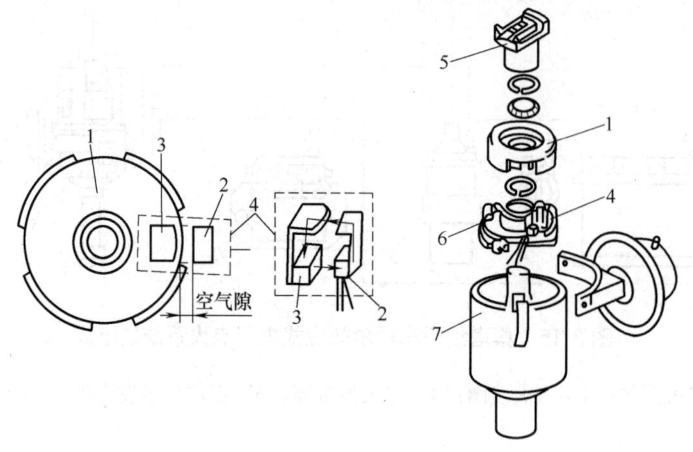

图 3-17　霍尔信号发生器的基本结构

1—触发叶轮；2—霍尔集成块；3—带导板的永久磁铁；4—触发开关；
5—分火头；6—触发开关托盘；7—分电器壳

霍尔信号发生器的工作原理如图 3-18 所示。触发叶轮的叶片在霍尔集成块和永久磁铁之间转动。当叶片进入永久磁铁与霍尔集成块之间的空气隙时，霍尔集成块中的磁场即被触发叶轮的叶片所旁路(或称隔磁)，这时霍尔元件不产生霍尔电压；当叶片离开空气隙时，永久磁铁的磁通便穿过霍尔集成块经导磁板构成回路，此时霍尔元件产生霍尔电压。霍尔信号发生器工作时，霍尔元件产生微弱的霍尔电压信号，经过由脉冲整形、放大、变换等部分组成的集成电路处理后，以标准方波输出，如图 3-19 所示。

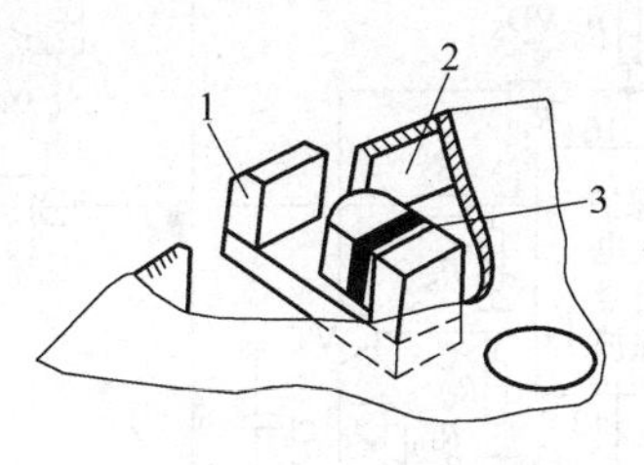

(a) 结构原理

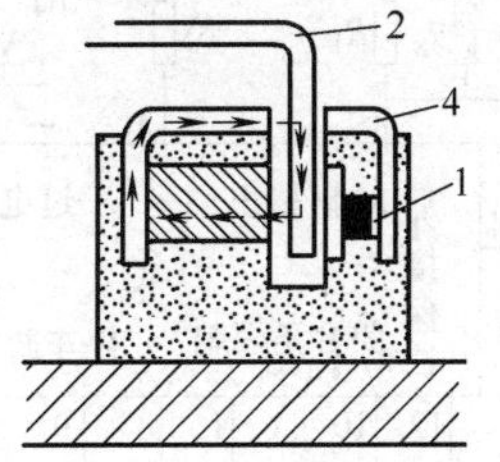

(b) 叶片在霍尔集成块与永久磁铁之间

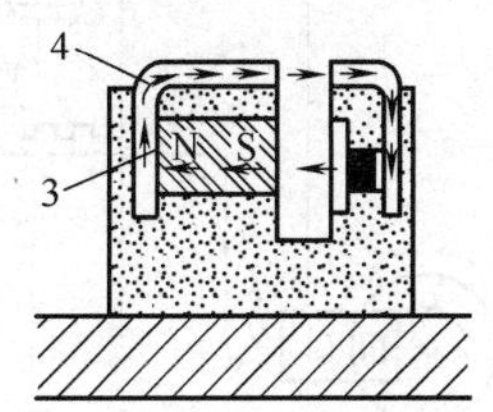

(c) 叶片离开霍尔集成块与永久磁铁之间的气隙

图 3-18 霍尔信号发生器的工作原理

1—霍尔元件；2—触发叶轮的叶片；3—永久磁铁；4—导磁板

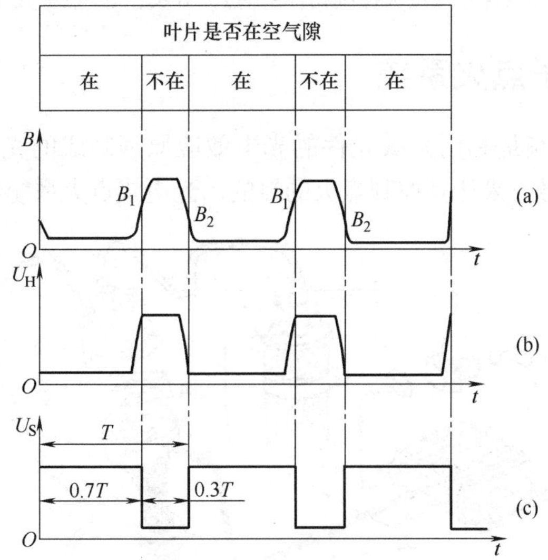

图 3-19 霍尔信号发生器波形

(a) 磁感应强度；(b) 霍尔电压；(c) 信号发生器输出电压

3. 点火器

桑塔纳轿车装用的集成电路电子点火器的核心部件是 L497 双列直插式点火集成块，它有 16 个引脚。该点火器除具有一般点火器的开关作用外，还增加了点火线圈限流控制、闭合角控制、停车断电保护、过压保护等功能。桑塔纳轿车电子点火系统电子点火组件的基本电路如图 3-20 所示。

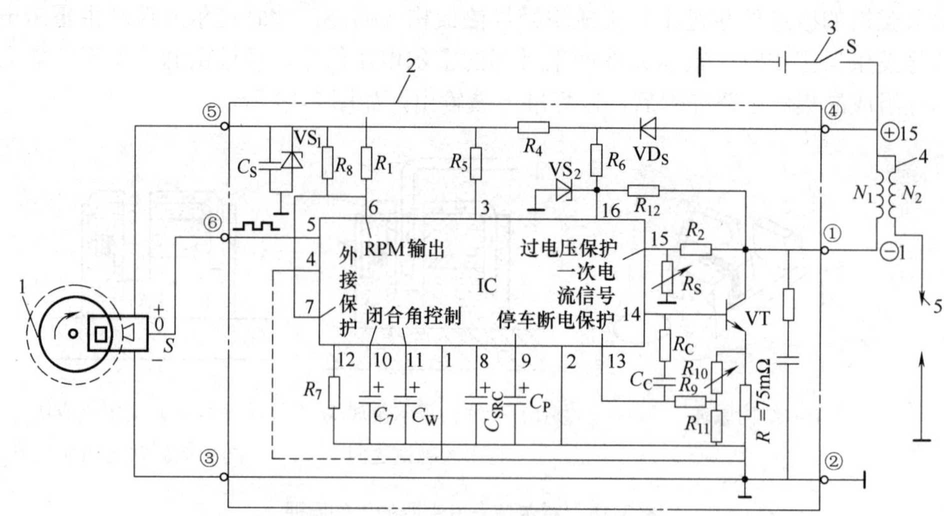

图 3-20　桑塔纳轿车电子点火系统电子点火组件的基本电路

1—霍尔信号发生器；2—点火控制器；3—点火开关；4—点火线圈；5—火花塞

3.3.4　光电式电子点火系统

光电式电子点火系统是利用光敏元件的光电效应原理制成的光电式点火信号发生器给点火控制器提供点火信号，来达到控制点火的目的。光电式点火系统的组成如图 3-21 所示。

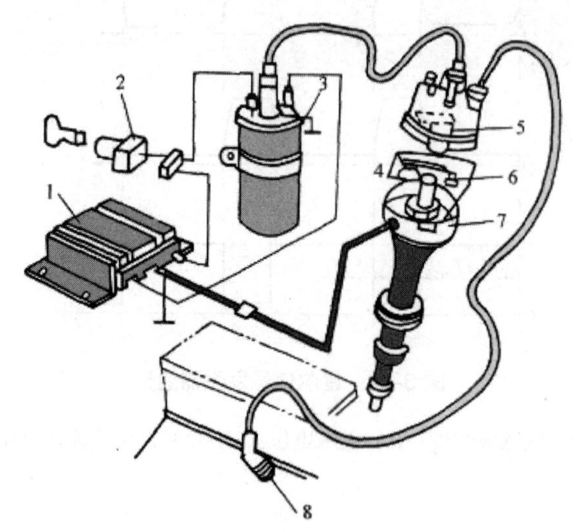

图 3-21　光电式点火系统的组成

1—点火控制器；2—点火开关；3—点火线圈；4—光电式点火信号发生器；
5—分火头；6—遮光盘；7—分电器；8—火花塞

1. 光电式点火信号发生器

安装在分电器内的光电式点火信号发生器的结构如图 3-22 所示，其主要由发光二极

管、光敏晶体管和遮光盘三部分组成。发光二极管与光敏晶体管相对，并相距一定距离。遮光盘用金属或塑料制成，装在分电器轴上，位于分火头下面，盘的外缘伸入光源与光接收器之间，盘的外缘上开有缺口，缺口数与气缸数相等。缺口处允许红外线光束通过。

光电式信号发生器的工作原理如图 3-23 所示。遮光盘随分电器轴旋转时，当遮光盘的叶片转至发光二极管与光敏晶体管之间时，便把发光二极管发出的光束阻断，使其不能射入光敏晶体管，此时光敏晶体管截止。

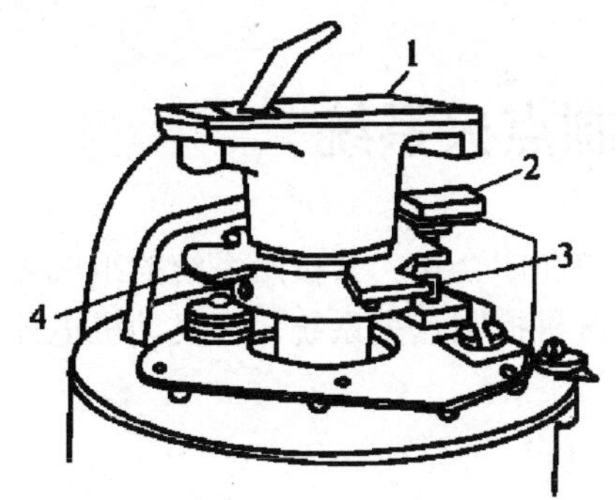

图 3-22 光电式信号发生器的结构

1—分火头；2—发光二极管；
3—光敏晶体管；4—遮光盘

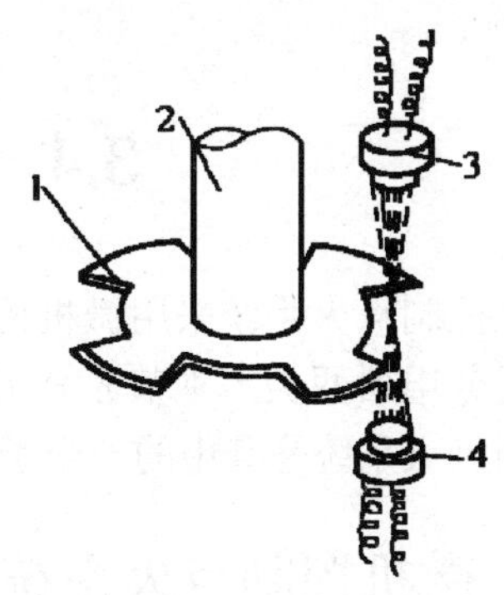

图 3-23 光电式信号发生器的工作原理

1—遮光盘；2—分电器轴；
3—发光二极管；4—光敏晶体管

2. 点火器

点火器也叫点火控制器，其作用是把光敏晶体管的信号电流放大，从而通过功率三极管接通和切断点火线圈的初级电流。光电式电子点火器的工作原理如图 3-24 所示。VL 为发光二极管，VT 为光敏晶体管。

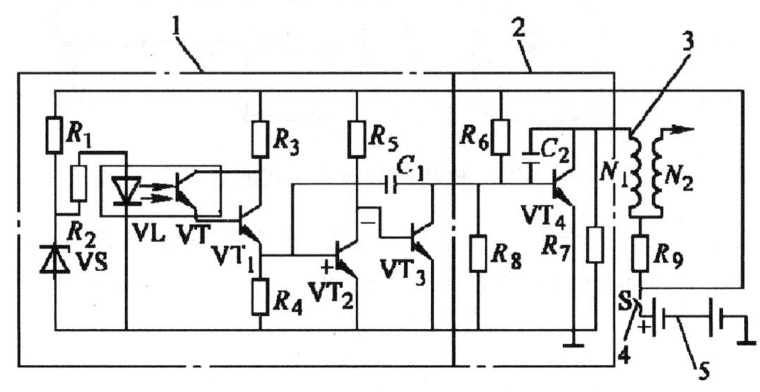

图 3-24 光电式电子点火器的工作原理

1—光电式信号发生器 2—点火控制器 3—点火线圈 4—点火开关 5—蓄电池

发动机工作时，遮光盘随分电器轴转动，当遮光盘上的缺口通过光源时，则红外线通过缺口照到光敏晶体管 VT 上，使其导通，VT_1 随之导通。VT_1 导通后，使 VT_2 导通，VT_3 截止。VT_3 截止时，VT_4 由于 R_6、R_8 的分压获得基极电流而导通，于是接通了点火线圈的初级电路。当遮光盘遮住光时，VT_1、VT_2截止，VT_3导通，VT_4截止，使初级电流中断，在点火线圈的次级绕组中产生高压电动势。

稳压管 VS 使发光二极管工作电压维持在 3V 左右。R_7的作用是当 VT_4截止时，给初级绕组中的自感电动势提供回路，起保护 VT_4的作用。C_1对 VT_2构成正反馈，使 VT_2、VT_3加速翻转。

该点火系统的次级电压可达 28～30kv，次级电压上升时间只有 25μs，每个火花输入能量为 50mJ。

3.4 微机控制点火系统

微机控制点火系统采用微机控制点火提前角和闭合角。其按照系统的组成可分为有分电器和无分电器两类。本节先介绍有分电器的微机控制点火系统。在发动机电控系统中，微机控制点火系统是其中的一个子系统。

3.4.1 微机控制点火系统的组成

微机控制点火系统主要由各种传感器、电控单元、点火器等组成，如图 3-25 所示。

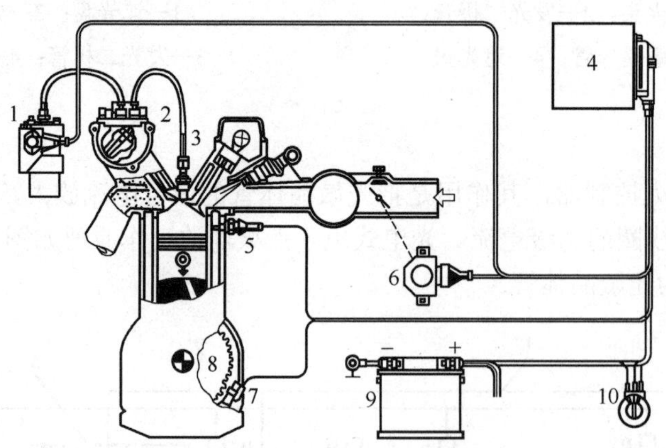

图 3-25 微机控制点火系统的组成

1—点火线圈；2—分电器；3—火花塞；4—电控单元；5—冷却液温度传感器；6—节气门位置传感器；7—发动机转速传感器和上止点位置传感器；8—齿圈；9—蓄电池；10—点火开关

1. 传感器

传感器的作用是检测发动机的运行工况。主要的传感器有：发动机转速传感器、曲轴位置传感器、凸轮轴位置传感器、空气流量计(或进气压力传感器)、冷却液温度传感器、进气温度传感器、爆燃传感器、节气门位置传感器等。

2. 电控单元

电控单元，又称 ECU 或电脑，其作用是根据发动机各传感器输入的信息，按照控制程序控制点火线圈的闭合时间和断开时间，实现闭合角和点火提前角的控制。

电控单元由输入回路、输出回路、A/D 转换器、微型计算机以及电源电路、备用电路等组成。

3. 点火器

点火器的作用是根据电控单元输出信号，通过内部的大功率三极管的导通和截止，控制初级电流的通断，完成点火工作。有些点火器只有大功率三极管，单纯起开关作用；有的除开关作用外，还有恒流控制、闭合角控制、气缸判别、点火监视等功能。大功率三极管设置在电控单元内部时，点火系统中无点火器。

3.4.2 微机控制点火系统的基本工作原理

1. 闭合角控制

在传统点火系统中，闭合角是指断电器闭合期间分电器凸轮轴转过的角度。在电子点火系统中，闭合角是指点火器功率输出级三极管饱和导通期间分电器凸轮轴转过的角度，又称为导通角。在微机控制点火系统中，电控单元根据闭合角三维脉谱图控制闭合角。制造厂通过大量实验，确定发动机在不同转速和蓄电池电压下的最佳闭合角，取得闭合角三维脉谱图，并存储在电控单元的存储器内，如图 3-26 所示。发动机工作时，电控单元根据发动机转速传感器输入的转速信号和蓄电池电压即可查得所对应的闭合角，控制点火线圈初级绕组的接通时间。

2. 点火提前角控制

在微机控制点火系统中，电控单元根据基本点火提前角三维脉谱图控制基本点火提前角。制造厂通过大量试验，确定发动机在不同转速和负荷下的最佳点火提前角，取得基本点火提前角三维脉谱图(见图 3-27)，并存储在电控单元的存储器内。发动机工作时，电控单元根据发动机转速传感器输入的转速信号和发动机负荷信号(空气流量计或进气压力传感器检测信号)，即可查得所对应的基本点火提前角，再根据冷却液温度传感器、进气温度传感器、节气门位置传感器等输入信号对基本点火提前角进行修正，再加上固定的初始点火提前角(由曲轴位置传感器的安装位置决定)得到实际的点火提前角，即

点火提前角=初始点火提前角+基本点火提前角+修正点火提前角

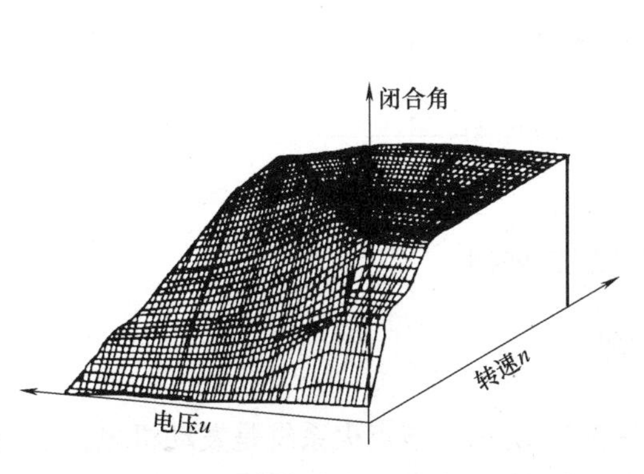

图 3-26 闭合角三维脉谱图

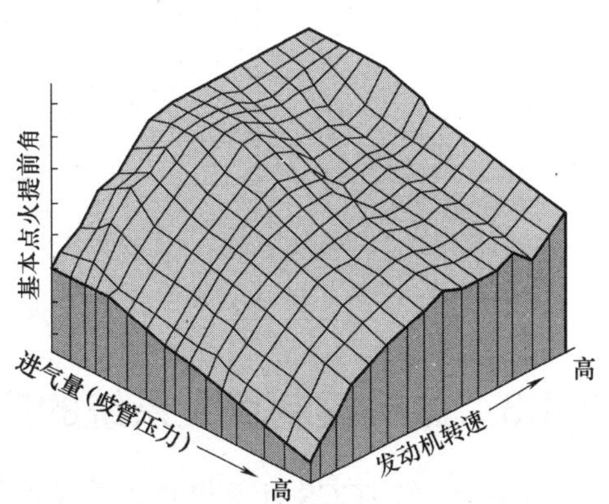

图 3-27 基本点火提前角三维脉谱图

根据曲轴位置传感器或凸轮轴位置传感器提供的基准信号，控制点火线圈初级绕组的关断，实现点火提前角控制。

3．爆燃控制

实验表明，当点火提前角接近发动机爆燃极限时，发动机的动力性和经济性最佳。为尽可能地增大点火提前角，同时又避免由于点火提前角的增大使发动机产生爆燃，可采用爆燃传感器作为点火提前角控制的反馈信号，进行点火提前角的闭环控制。

爆燃传感器通常用螺栓安装在气缸体上，内部结构如图 3-28 所示，它主要由压电陶瓷晶体、振子等部件组成。发动机爆燃时，产生频率为 1～10kHz 的压力波，经气缸体传给螺栓和压电陶瓷晶体。碟形弹簧对振子和压电陶瓷晶体产生一定的预加载荷，载荷的大小影响传感器的频率响应和线性度。压电陶瓷晶体随爆燃强度的变化，产生 20mV/g 的电动势，输入电控单元，经输入电路放大、滤波和模/数转换，转换为指示爆燃的数字信号。一旦产生爆燃，电控单元输出控制信号推迟点火提前角；当爆燃停止时，电控单元以一定的角度逐渐增加点火提前角。如此循环往复，使点火时刻接近发动机爆燃极限。当爆燃传感器出现故障时，电控单元推迟点火提前角并终止爆燃控制。爆燃控制的原理框图如图 3-29 所示。

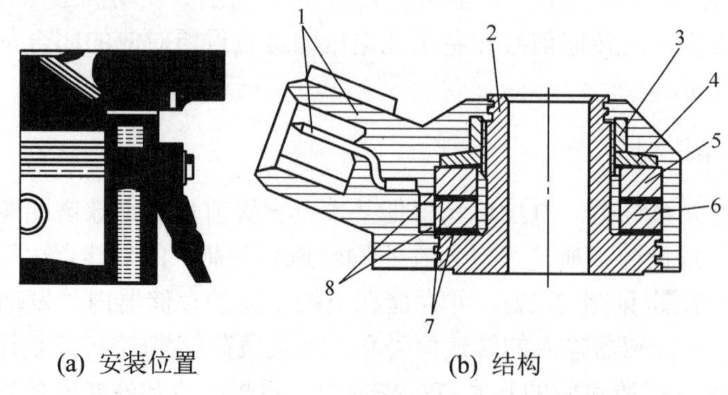

图 3-28　爆燃传感器

1—电插头；2—套筒；3—螺母；4—碟形弹簧；5—振子；6—压电陶瓷晶体；7—绝缘片；8—接触片

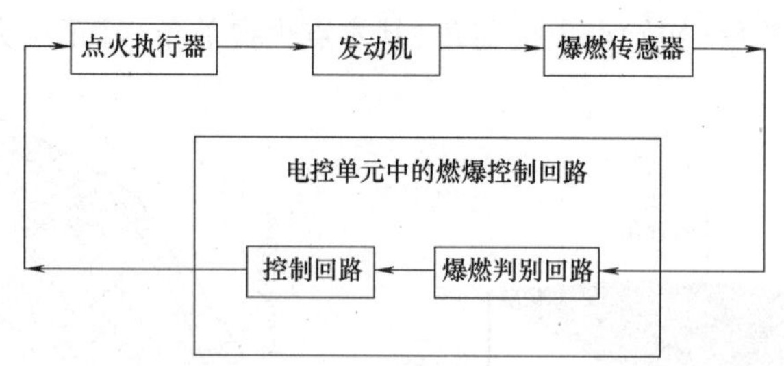

图 3-29　爆燃控制的原理框图

3.4.3　微机控制点火系统的应用实例

丰田汽车 TCCS 计算机点火系统的组成如图 3-30 所示，该点火系统是发动机电控系统的一个子系统。电控单元除控制点火外，还对燃油喷射、怠速、自动变速器等进行控制，此外还具有故障保险、设备功能以及自诊断功能。

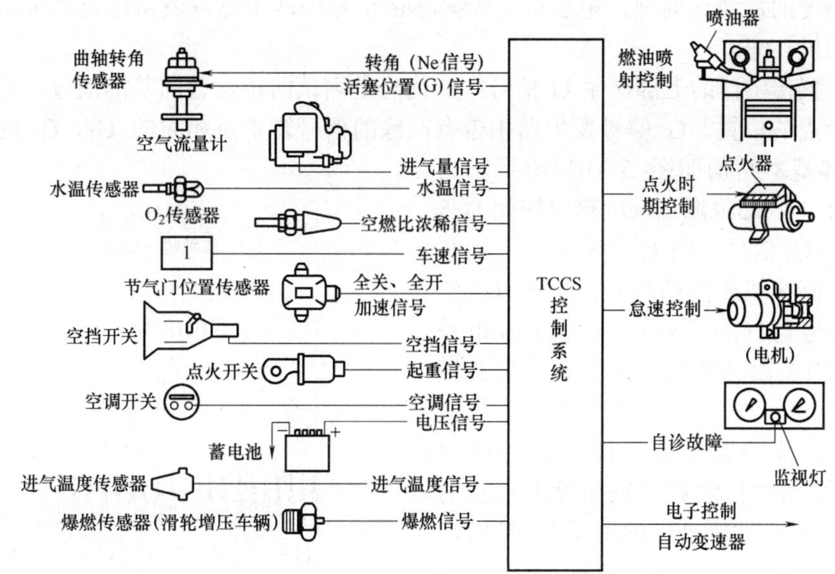

图 3-30　TCCS 计算机点火系统的组成

1．发动机转速和曲轴位置传感器

发动机转速和曲轴位置传感器是计算机控制点火系统中最重要的传感器之一，其作用是向电控单元输入发动机转速和曲轴位置信号。

安装在分电器内的曲轴位置传感器采用磁电式，其基本结构如图 3-31(a)所示，上部分为 G 信号发生器，检测发动机曲轴位置；下部分为 Ne 信号发生器，检测发动机转速。

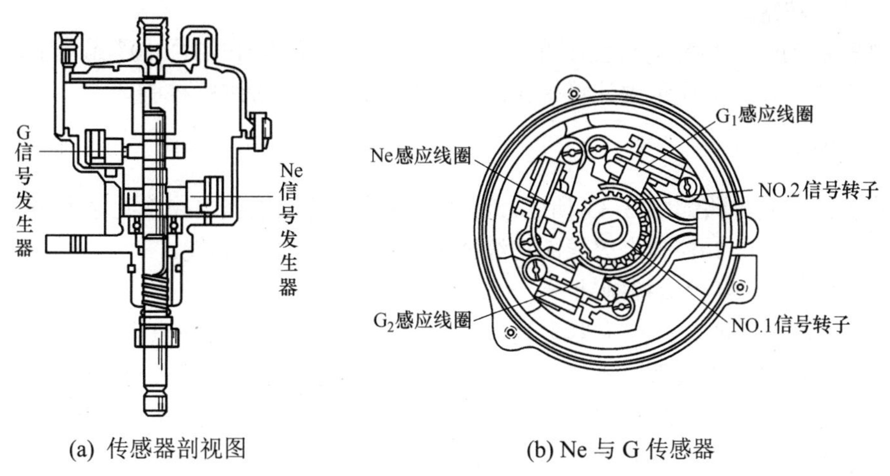

(a) 传感器剖视图　　(b) Ne 与 G 传感器

图 3-31　TCCS 系统发动机转速和曲轴位置传感器

Ne 信号装置主要由信号转子与感应线圈组成，如图 3-31(b)所示，信号转子上有 24 个轮齿，固定在分电器轴上，感应线圈固定在外壳内。当信号转子旋转时，轮齿与感应线圈凸缘部的空气隙发生变化，导致感应线圈内磁通变化而产生交变电动势信号 Ne，分电器轴每转一圈，感应线圈中将产生 24 个交变信号，每产生一个交变信号相当于曲轴转角 30°。

电控单元通过内部特设的转角脉冲发生器，将 30° 曲轴转角计算成转角的步长为 1°，以满足控制精度的需要。同理，电控单元依据 Ne 信号中两个脉冲波所经过的时间，准确地计算出发动机转速。

曲轴位置传感器的上部产生 G 信号，G 信号是测试曲轴位置的基准信号，用来判断各缸压缩上止点的位置。G 信号发生器由带有凸缘的信号转子及相对的 G_1、G_2 两个感应线圈组成，其基本结构如图 3-31(b)所示。当 G 信号转子上的凸缘通过 G_1 感应线圈的凸缘时，产生 G_1 信号；当 G 信号转子上的凸缘通过 G_2 感应线圈的凸缘时，产生 G_2 信号。G_1 信号与 G_2 信号在分电器内相差 180°，相当于曲轴转角 360°。分电器轴转一圈，G_1 信号与 G_2 信号分别出现一次。G_1 信号用来检测第六缸压缩上止点的位置，G_2 信号用来检测第一缸压缩上止点的位置。当 G_2 感应线圈产生的电压为 0V 时，检测出的位置是上止点前(BTDC)10°。G 信号与 Ne 信号的关系如图 3-32 所示。

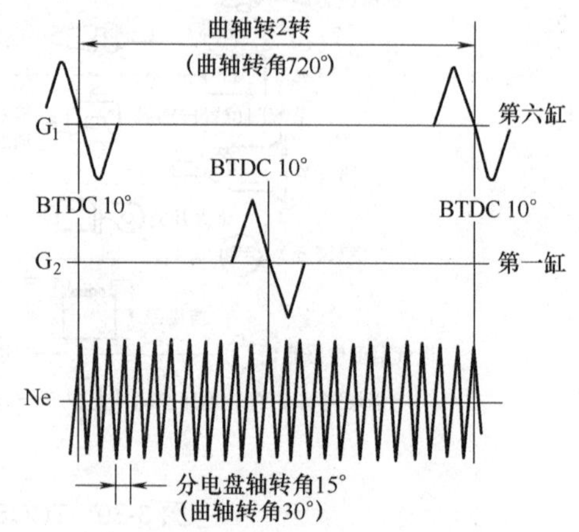

图 3-32　G 信号与 Ne 信号的关系

2．电控单元

在发动机工作时，电控单元根据各传感器的输入信号，确定发动机最佳点火提前角，然后根据曲轴位置传感器输入的 G_1、G_2 信号与 Ne 信号，判断出发动机曲轴到达规定位置的时间，并适时地输出控制信号 IG_t 至点火器，当 IG_t 信号变成低电位时，点火器中大功率三极管截止，将点火线圈的初级绕组电路切断，次级绕组产生点火高压(20～35kV)，经分电器至各缸火花塞。

发动机起动时，将发动机控制在固定的初始点火提前角(BTDC 10°)，当发动机转速超过一定值时，点火提前角由计算机输出的点火时刻信号 IG_t 进行控制。

3．点火器

点火器的控制电路如图 3-33 所示。该点火器除了可以根据电控单元输出的 IG_t 信号，通过大功率三极管(VT)控制点火线圈初级绕组外，还具有以下功能。

(1) 闭合角控制及恒流控制功能。

(2) 点火监视功能。该点火器中设有点火监视电路，用于监视点火系统的工作情况。当点火器发生故障，点火系统不能正常工作时，或当点火监视信号 IGt 连续 3～5 次未反馈到电控单元时，立即向电子燃油喷射控制(EFI)电路发出停止喷油的信号，喷油器停止喷油。

(3) 加速检出功能。该电路在发动机转速急剧上升时，可向闭合角控制电路发出信号，通过闭合角控制电路使大功率三极管提前导通，保证点火线圈有足够的初级电流，产生足够的次级电压，而不会发生断火现象。

(4) 锁止保护功能。当停车而未关断点火开关时，点火器会自动切断初级电路。

(5) 过压保护。该电路在电源供电电压过高时，会令大功率三极管截止，进行过压保护。

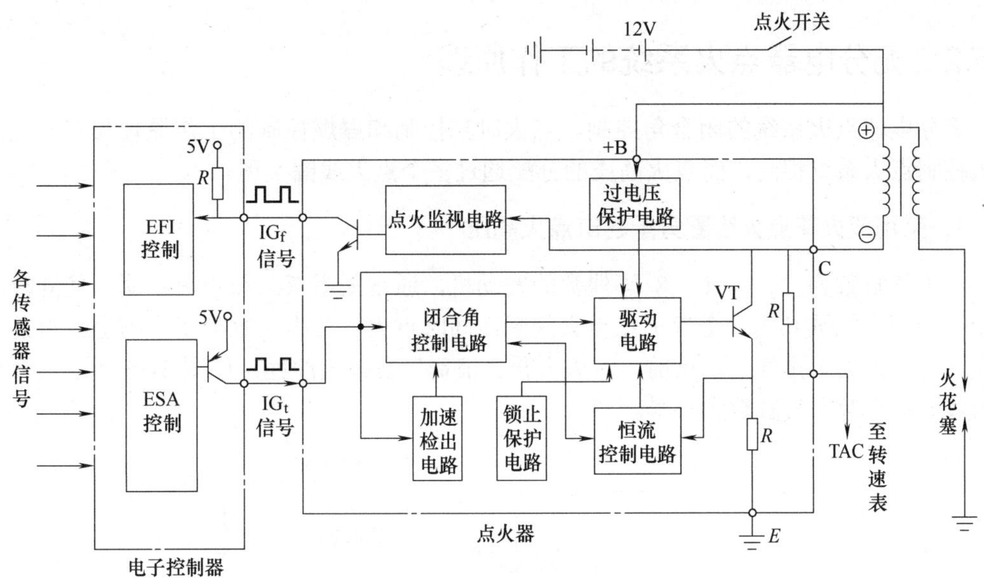

图 3-33　TCCS 系统点火器的控制电路

3.5　无分电器点火系统

3.5.1　无分电器点火系统的组成

无分电器点火系统又称直接点火系统，英语简称 DIS(Distributerless Ignition System 或 Direction Ignition System)。这种类型的微机控制点火系统，除采用电控单元控制闭合角、点火时刻和爆燃外，还取消了分电器，由电控单元控制点火线圈模块实现点火高压的分配。博世公司无分电器点火系统的组成如图 3-34 所示。

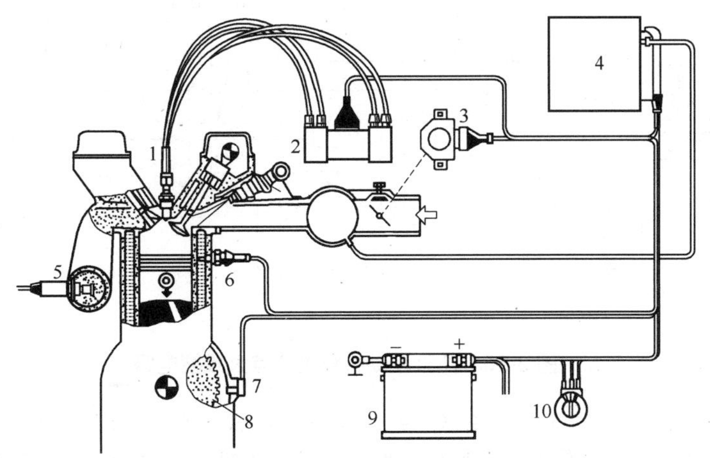

图 3-34　博世公司无分电器点火系统的组成

1—火花塞；2—带输出级的点火线圈模块；3—节气门位置传感器；4—电控单元；5—氧传感器；6—冷却液温度传感器；7—发动机转速和曲轴位置传感器；8—带大齿缺的齿圈；9—蓄电池；10—点火开关

3.5.2 无分电器点火系统的工作原理

无分电器点火系统的闭合角控制、点火时刻控制和爆燃控制的工作原理与有分电器的微机控制点火系统相同，而点火高压的分配通过多个点火线圈实现。

1. 采用双火花点火线圈分配各缸点火高压

对于气缸数为 2、4、6、8 等偶数的发动机，通常采用双火花点火线圈，使同时处于上止点的两个气缸共用一个双火花点火线圈而同时点火。其中一缸处于压缩上止点前正常点火；另一缸处于排气上止点前，点火火花“浪费”在排气冲程，如图 3-35 所示。双火花点火线圈的个数为气缸数的一半。

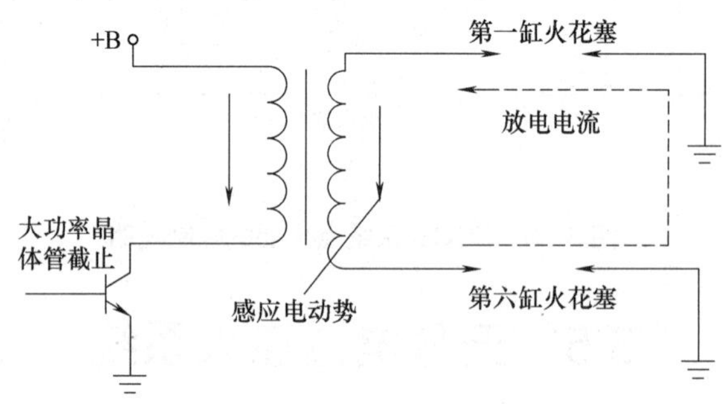

图 3-35 双火花输出的点火线圈放电电路

四缸发动机采用两个双火花点火线圈的电路如图 3-36 所示。每个点火线圈的次级绕组的两端通过各缸高压线连接一个火花塞。电控单元根据发动机转速传感器、曲轴位置传感器或凸轮轴位置传感器信号判断出各缸上止点位置，控制功率三极管，使初级绕组适时接通和关断，实现点火高压的分配。

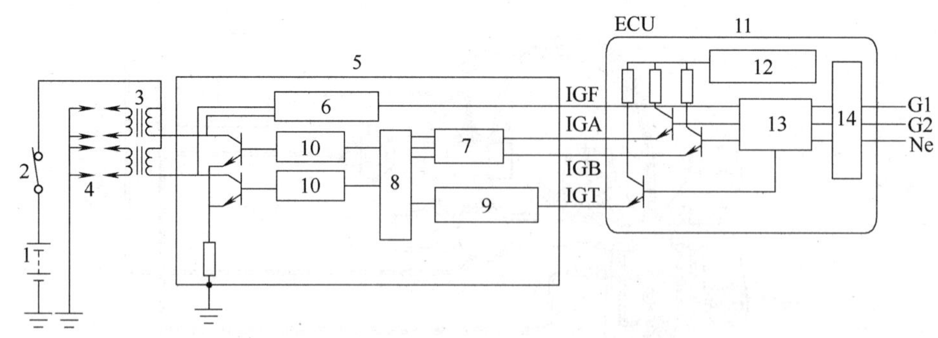

图 3-36 四缸发动机双火花点火线圈电路

1—蓄电池；2—点火开关；3—点火线圈；4—火花塞；5—点火器；6—IGF 信号；7—输入电路；8—气缸识别电路；9—闭合角控制电路；10—驱动电路；11—ECU；12—稳压电路；13—微处理器；14—输入电路

2．采用单火花点火线圈分配各缸点火高压

对于气缸数为 3、5 等奇数的多缸发动机，由于各缸处于上止点的时刻不同，每缸分别采用一个单火花点火线圈，实现点火高压的分配。对于气缸数为偶数的发动机，每缸也可采用一个单火花点火线圈，实现点火高压的分配。采用单火花点火线圈的上海帕萨特 B5 轿车四缸发动机点火高压分配电路如图 3-37 所示。

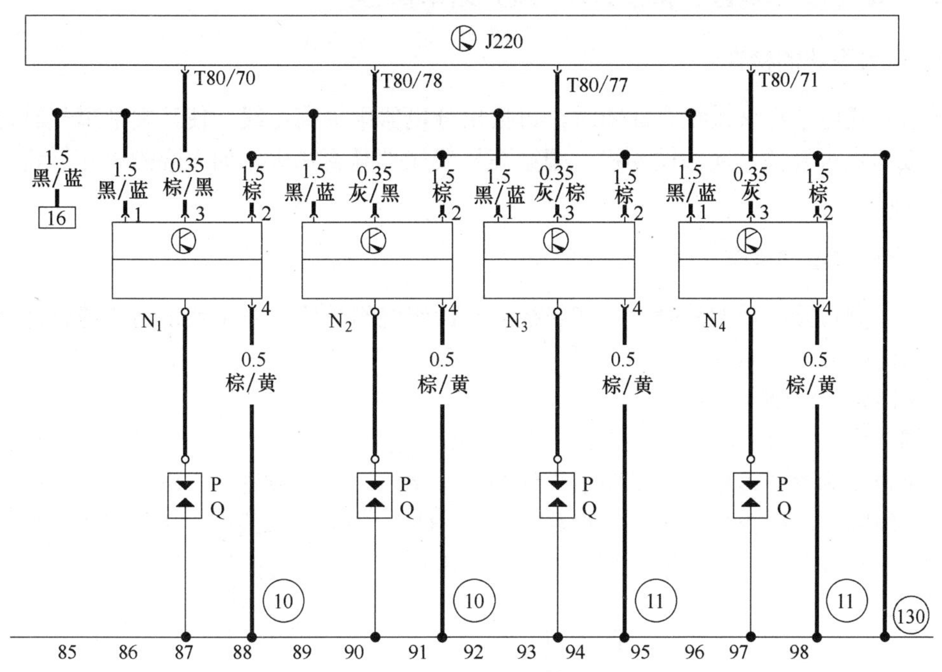

图 3-37　上海帕萨特 B5 轿车四缸发动机点火高压分配电路

J220—发动机控制单元，在发动机室防护罩内；N_1—第一缸点火线圈；N_2—第二缸点火线圈；N_3—第三缸点火线圈；N_4—第四缸点火线圈；P—火花塞连接器；Q—火花塞；T80—80 针插头，在发动机控制单元上；⑩、⑪—接地点，发动机气缸盖上

3.6　无触点电子点火系统的故障检查

3.6.1　电子点火系统使用与维修中的注意事项

为确保安全，在电子点火系统的使用与维修中应注意以下事项。

(1) 拆卸或安装电路部件之前，应先关闭点火开关或拆下蓄电池的负极搭铁线。

(2) 在利用起动机带动发动机旋转，而又不想使发动机发动的情况下，如进行气缸压力检查等，应拔下分电器盖上的中央高压线，并将其搭铁。

(3) 检修电路时应使用数字式万用表，严禁采用试灯或划火的方法检修电路，否则会导致电子部件的损坏。

(4) 检修微机控制点火系统时，在拆下蓄电池的负极搭铁线之前应先读取故障码。

(5) 使用起动辅助装置起动时，电压不得超过 16.5V。使用快速充电设备对蓄电池充电时，必须从汽车上拆下蓄电池上的“+”“-”接线柱电缆。

(6) 在车上进行电焊作业时，应先拆去蓄电池的搭铁线和电控单元的连接器。

(7) 清洗发动机时，必须关断点火开关。

3.6.2 磁感应式电子点火系统的故障检查

1. 点火系统的检查

磁感应式电子点火系统有故障时，可拔出分电器中央高压线，使其端部离气缸体 5～7mm，接通点火开关，起动发动机，观察高压线端部是否跳火，如无强烈火花，说明点火系统有故障。

2. 点火线圈的检查

点火线圈可能出现的故障有：初级绕组或次级绕组短路、断路或绕组绝缘性能不良。点火线圈的检查方法如下。

1) 用电压表检测

如图 3-38 所示，接通点火开关，用电压表测量点火线圈“1”或“2”接脚与接地电压，如果电压为蓄电池电压，说明点火线圈初级绕组无断路现象。拔出点火线圈高压线，测量点火线圈高压插孔对地电压，如果为 12V 电压，说明点火线圈次级绕组无断路现象。或用 12V 试灯来检查“1”或“2”接脚的对地电压，试灯亮为正常。

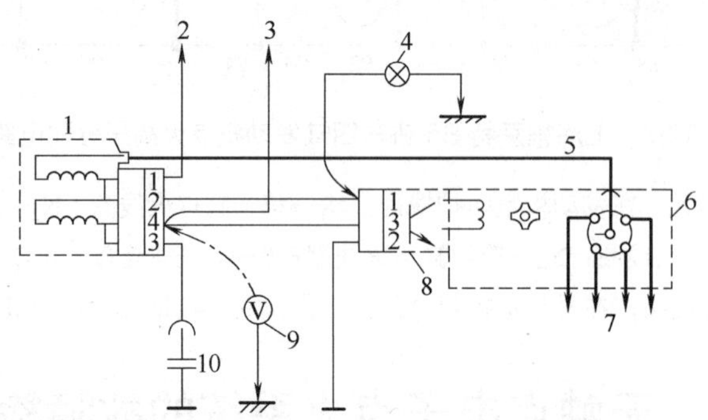

图 3-38 用电压表检查点火线圈有无断路

1—点火线圈；2—接转速表；3—接点火开关；4—试灯；5—中央高压线；6—分电器；7—接火花塞；8—点火器；9—电压表；10—防干扰电容器

2) 用欧姆表测电阻

用欧姆表可检测点火线圈绕组的匝间短路、内部接触不良等故障。测量前先断开点火开关，拆除点火线圈上的导线。用万用表的欧姆挡检测点火线圈各接脚的电阻，如图 3-39 所示。初级绕组的电阻为 0.8Ω，次级绕组的电阻为 5.2kΩ，任一接脚与搭铁间的电阻应为无穷大。

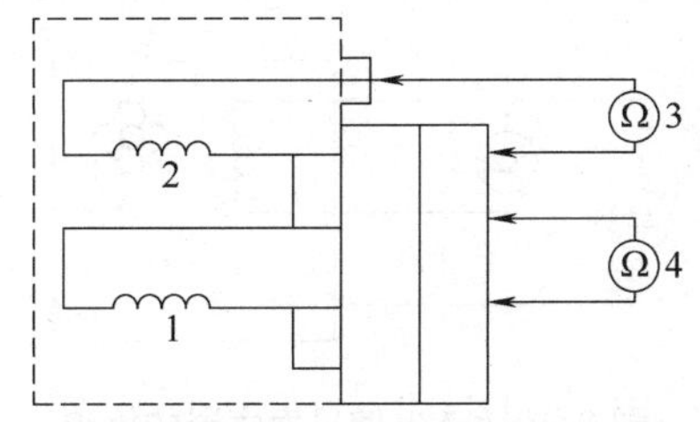

图 3-39 用万用表的欧姆挡检测点火线圈电阻

1—点火线圈初级绕组；2—点火线圈次级绕组；3—检查次级绕组电阻；4—检查初级绕组电阻

3．火花塞的检查

火花塞的常见故障有火花塞烧损、火花塞绝缘体破裂、电极烧蚀及熔化、火花塞积炭等，它们会导致点火系统的工作不可靠、火花弱、发动机缺火等。

拆下火花塞后察看火花塞的电极和绝缘体外观，有无烧损和沉积物。正常工作的火花塞绝缘体裙部呈浅棕色或灰白色，有轻微的积炭和电极烧蚀也属正常现象。

用圆形塞尺检查火花塞电极间隙，正常的电极间隙应为 0.8～0.9mm。测量时，用规定厚度的塞尺插入火花塞电极间隙，稍有阻力为宜。若火花塞电极间隙不当，则需用专用工具通过弯曲火花塞旁的电极来调整间隙。

4．分电器的检查

分电器的常见故障有分电器盖脏污或破损而漏电、分电器盖中央插孔内接触电刷弹簧失效或电刷卡住而使电刷与分火头导电片接触不良、分火头漏电等。

1) 分电器盖的检查

检查分电器盖内外表面是否脏污、有无裂纹，检查分电器中央插孔内的接触电刷有无弹性、电刷是否卡住或太短。用万用表测量分电器盖各插孔之间的电阻，其电阻应在 50MΩ以上。必要时应更换分电器盖。

2) 分火头的检查

检查分火头有无漏电、裂纹，导电片头有无烧损，分火头套在凸轮上端是否松旷等。

5．点火信号发生器的检查

点火信号发生器的常见故障是感应线圈不良，造成信号过弱或无信号产生，使发动机出现怠速不稳或不能起动。其检查方法如图 3-40 所示。先从分电器上拆去电子点火器，用欧姆表检测感应线圈的电阻，正常的感应线圈电阻值为 385Ω，任一插脚与外壳之间的电阻应为无穷大。

6．点火器的检查

点火器的常见故障是内部电子元件不良、开关三极管不能导通或截止等，它们会使点火线圈初级绕组不能通电或不能断电，造成无点火高压产生。

可用高压试火法检查点火器故障，检查方法如图 3-41 所示。先从分电器端拔出中央高压线并插入火花塞，将火花塞搭铁，从分电器上拆下点火器，接通点火开关后，用一导线一端连接蓄电池正极，另一端触碰点火器的一个插脚。如果火花塞跳火，说明点火器良好；否则，说明点火器故障。

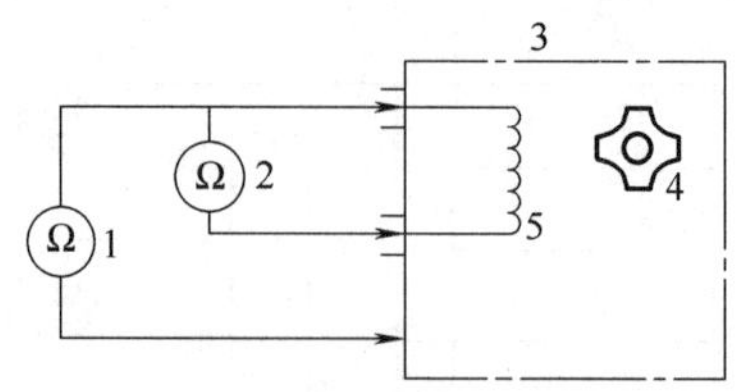

图 3-40　点火信号发生器的检查

1—检查感应线圈有否搭铁；2—检查感应线圈电阻；3—点火信号发生器；
4—点火信号触发转子(导磁转子)；5—点火信号感应线圈

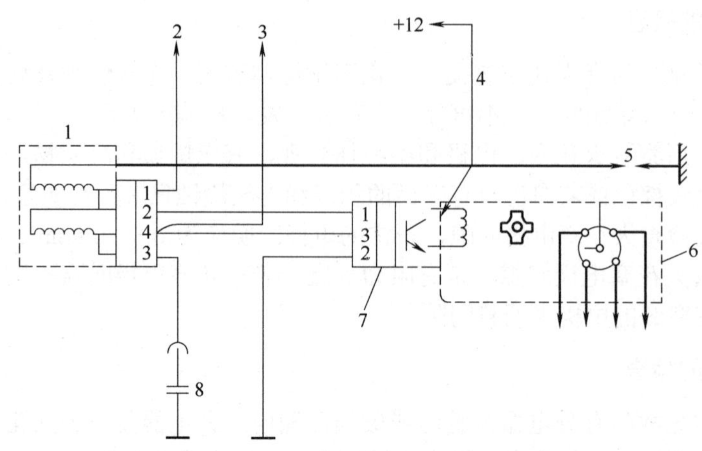

图 3-41　用高压试火法检查点火器故障

1—点火线圈；2—接转速表；3—接点火开关；4—连接导线；5—火花塞；
6—分电器；7—点火器；8—电容器

7．点火正时的检查

1) 怠速点火提前角的检查

脱开分电器真空点火提前调节器的真空管，起动发动机，使发动机温度达到 80℃，使发动机转速保持 750r/min，用点火正时灯检测点火提前角，其正常值应为 8° 左右。否则松开分电器固定螺栓，通过转动分电器进行调整。

2) 不同转速和负荷点火提前角的检查

接好点火提前调节器的真空管，起动发动机运转，改变节气门的开度，用点火正时灯检测不同转速发动机点火提前角的变化是否符合规定；或在专用汽车电器试验台检测真空点火提前调节器和离心点火提前调节器的性能。必要时，进行拆检或更换分电器。

3.6.3　霍尔效应式电子点火系统的故障检查

1．点火系统的检查

怀疑点火系统有故障时，可拔出分电器中央高压线，使其端部离气缸体 5～7mm，起动发动机运转，观察高压线端部是否跳火，如无强烈火花，说明点火系统有故障。

2. 点火线圈、高压导线和分火头的检查

测量点火线圈初、次级绕组的电阻值，测量前，先断开点火开关，拆除点火线圈上的导线。初级绕组的电阻值，即点火线圈“+”(或“15”)与“-”(或“16”)接线柱之间的电阻值，应为 0.52～0.76Ω；次级绕组的电阻值，即点火线圈“+”与高压插孔之间的电阻值，应为 2.4～3.5kΩ。如电阻值符合规定，说明点火线圈良好，应及时装上点火线圈上的所有导线。

3. 点火器的检查

1) 检查点火器电源电路是否正常

关断点火开关，拔下点火器的插接器，将万用表拨至直流电压挡，将两表针接在线束插头的④和②接线柱上，接通点火开关，电压表测得的电压值应约为蓄电池电压。否则，应找出电源断路故障并予以排除。

2) 检查点火器工作性能是否正常

关断点火开关，连接好点火器插接器，拔下霍尔信号发生器插接器，将电压表两表针接在点火线圈的 15(+)和 16(−)接线柱上。当接通点火开关时，电压表的电压值应为 2～6V，并在 1～2s 后降为 0V，否则应更换点火器。

3) 检查点火器向霍尔信号发生器输出的电压值是否正常

关断点火开关，将电压表的两表针接在霍尔信号发生器线束插头的“+”和“-”接线柱上，接通点火开关时，电压表测得的电压值应为 5～11V。如低于 5V 或为 0V，再用同样方法对点火器插接器中的接线柱 5 和 3 进行测试，若电压值为 5V 以上，则说明点火器与信号发生器之间的线束断路，应予以拆除；若电压值仍为 5V 以下，则应更换点火器。

4) 检查霍尔信号发生器有无故障

在点火线圈、点火器及连接导线正常的前提下，关断点火开关，打开分电器盖，拔出分电器盖上的中央高压线并搭铁，将电压表的两表针接在插接器信号输出线(绿白线)和接地线(−)接线柱上，如图 3-42 所示，然后按发动机转动方向转动发动机，同时观察电压表上的读数，电压表上的读数应在 0～9V 之间变化。当分电器触发叶轮的叶片在空气隙时，其电压值为 2～9V；当触发叶轮的叶片不在空气隙时，其电压值为 0.3～0.4V。若电压不在 0～9V 之间变化，则应更换霍尔信号发生器。

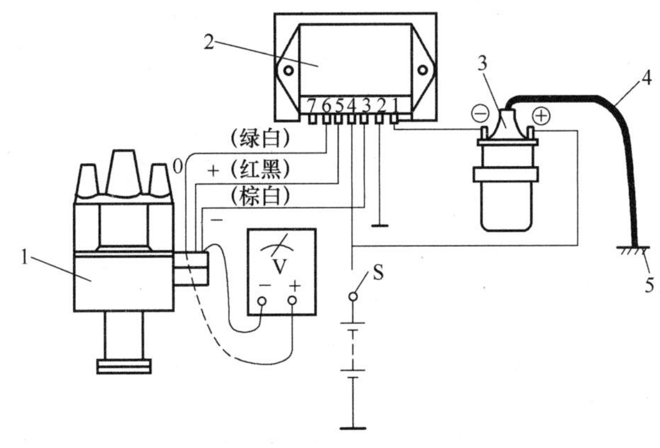

图 3-42　检查霍尔信号发生器输出电压

1—分电器；2—点火器；3—点火线圈；4—中央高压线；5—发动机机体

3.6.4 微机控制点火系统的故障检查

1．进行自诊断测试

首先应进行自诊断测试，如果系统中有关传感器及有关电路发生故障，组合仪表上的发动机检查灯就会发亮，告诉驾驶员发动机控制系统出现故障，同时故障内容以故障码的形式存储在计算机的存储器中。维修时，先读取故障码，然后再查阅该故障码表的内容，检查和排除故障。

2．点火系统车上检查

在车上检查点火系统时首先应检查跳火情况。从分电器上取下中央高压线，距气缸体12.5mm，转动发动机看跳火情况。注意，为避免试验时喷油器里喷油，污染三元催化器，每次转动发动机的时间不要超过2s。根据跳火情况，对点火系统有关部件进行检测。

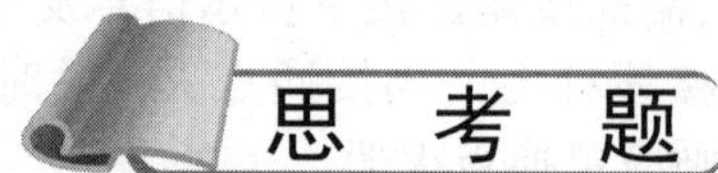

1. 点火系统的类型和特点有哪些？
2. 试简述传统点火系统的基本工作原理。
3. 简要说明下列部件的结构和工作原理：①点火线圈；②分电器；③火花塞。
4. 简要分析磁感应式电子点火系统的组成和工作原理。
5. 简要分析霍尔效应式电子点火系统的组成和工作原理。
6. 试述微机控制点火系统的一般组成及工作原理。
7. 试述无分电器点火系统的组成及工作原理。
8. 电子点火系统检修的一般要求有哪些？
9. 简述磁感应式电子点火系统故障检查的方法及步骤。
10. 简述霍尔效应式电子点火系统故障检查的方法及步骤。

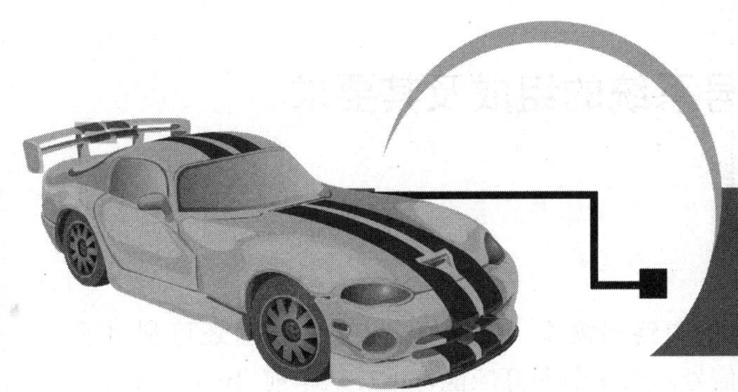

第4章 照明与信号系统

【知识目标】

熟悉照明与信号系统的组成及要求；掌握汽车前照灯的组成及工作原理；了解照明系统的新技术；掌握转向信号灯、危险报警信号灯等灯光信号系统的作用、电路组成及工作原理；掌握电喇叭、倒车信号装置等声响信号系统的结构及工作原理。

【技能目标】

会分析前照灯的控制电路。

4.1 照明与信号系统的组成及其要求

4.1.1 照明系统

1．前照灯

前照灯的主要用途是照亮车辆前方的道路和物体，确保行车安全。同时还可利用远光、近光交替变换作为夜间超车、会车信号。要求前照灯应能保证提供车前 100m 以上路面明亮、均匀的照明，并且不应对迎面来车的驾驶员造成眩目。

前照灯安装在汽车头部的两侧，每辆车安装 2 只或 4 只，灯光光色为白色。

2．雾灯

雾灯的主要用途是在雾天、下雨、下雪或尘土弥漫等能见度较低的情况下，作为道路照明和为迎面来车及后面来车提供信号。前雾灯安装在前照灯附近或比前照灯稍低的位置，前雾灯的灯光光色为黄色。后雾灯采用单只时，应安装在车辆纵向平面的左侧，与制动灯间的距离应大于 100mm，后雾灯的灯光光色为红色。

3．倒车灯

倒车灯用于倒车时提供汽车后方道路照明和警告其他车辆和行人，兼有灯光信号装置的功能。倒车灯装在汽车尾部，灯光光色为白色。

4．牌照灯

牌照灯用于照亮车辆牌照，要求夜间在车后 20m 处能看清牌照号码。牌照灯装在汽车尾部牌照上方，灯光光色为白色。

5．内部照明系统

内部照明系统由顶灯、仪表灯、踏步灯、工作灯、行李厢灯组成，主要用途是为驾驶员、乘客提供方便。其灯光光色为白色。

4.1.2 灯光信号系统

1．转向信号灯

转向信号灯装在汽车的前后左右四角，其用途是在车辆转向、路边停车、变更车道、超车时，发出明暗交替的闪光信号，给前后车辆、行人、交警提供行车信号。

前、后转向信号灯的灯光光色为琥珀色。转向信号灯的指示距离，要求前、后转向信号灯白天距 100m 以外可见，侧转向信号灯白天距 30m 以外可见。转向信号灯的闪光频率应控制在 1.0～2Hz，起动时间应不大于 1.5s。

2．危险报警信号灯

危险报警信号灯用于车辆遇到紧急危险情况时同时点亮前后左右转向灯以发出警告信

号，与转向信号灯有相同的要求。

3. 制动灯

制动灯用于指示车辆的制动或减速信号。制动灯安装在车尾两侧，两制动灯应与汽车的纵轴线对称并在同一高度上。制动灯的灯光光色为红色，应保证白天距 100m 以外可见。

4. 示廓灯

示廓灯安装在汽车前、后、左、右侧的边缘。大型车辆的中部、驾驶室外侧还增设了一对示宽灯，用于夜间行驶时指示汽车宽度。示廓灯灯光标志在夜间 300m 以外可见。前示廓灯的灯光光色为白色，后示廓灯的灯光光色多为红色。

5. 后位灯

后位灯装于汽车后部，其作用是在夜间行车时指示车辆的位置。后位灯的灯光光色为红色。

4.1.3 声响信号装置

1. 电喇叭

电喇叭的作用是警告行人和其他车辆，电喇叭声级为 90～105dB(A)。

2. 倒车警告装置

倒车警告装置由倒车蜂鸣器和倒车灯组成，其作用是当汽车倒车时，发出灯光和音响信号，警告车后行人和车辆。

4.2 前 照 灯

4.2.1 前照灯的组成

前照灯由灯泡、反射镜和配光镜三个光学组件组成。前照灯按结构形式可分为半封闭式和封闭式两种类型。

半封闭式前照灯的结构如图 4-1 所示。反射镜由薄钢板冲压而成。配光镜靠卷曲反射镜边缘上的牙齿而紧固在反射镜上，两者之间垫有橡皮密封圈并用螺丝固定。灯泡从反射镜后端装入，更换灯泡时无须拆开配光镜，但密封性差。

全封闭式前照灯又称真空灯，其结构如图 4-2 所示。反射镜和配光镜制成一体，形成一个整体，内部充以惰性气体，灯丝焊接在反射镜底座上。其优点是密封性能好，可避免反射镜污染，反射效率高，但灯丝烧坏后，需要更换前照灯总成。

1. 灯泡

灯泡是前照灯的光源，前照灯的灯泡分为充气灯泡和卤钨灯泡两类。

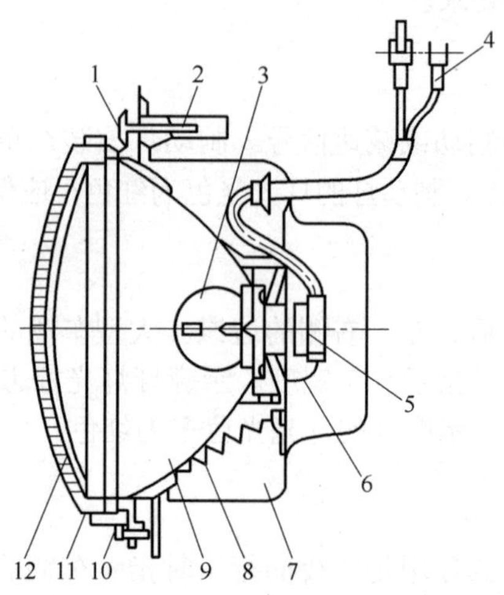

图 4-1　半封闭式前照灯的结构

1—调整螺栓；2—调整螺母；3—灯泡；4—接线片；5—插座；6—防尘罩；7—灯壳；8—拉紧弹簧；9—反射镜；10—调整圈；11—固定圈；12—配光镜

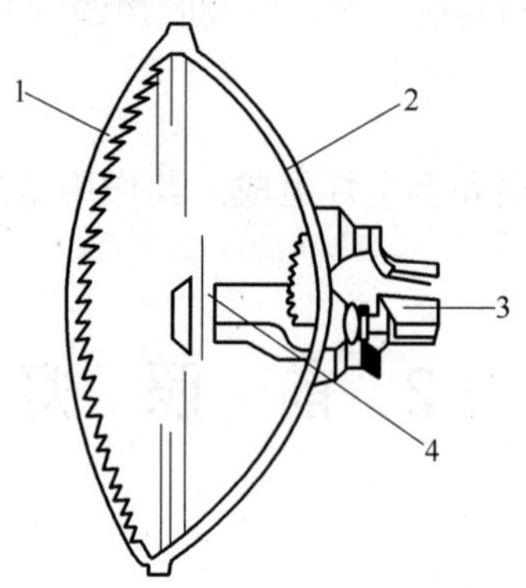

图 4-2　全封闭式前照灯

1—近光灯丝；2—远光灯丝；3—配光屏；4—配光镜

充气灯泡的结构如图 4-3(a)所示。灯丝用钨丝制成，灯泡内充满氩、氖和氮的混合惰性气体。充入惰性气体可以在灯丝发热膨胀后，增加玻璃壳内的压强，减少钨的蒸发，从而可提高灯丝的设计温度和发光效率，延长灯泡使用寿命。

卤钨灯泡的结构如图 4-3(b)所示。灯丝用钨丝制成，充入的气体中加入卤族元素，如碘、溴、氯、氟等。灯泡工作时，在其内部形成卤钨再生循环反应，即从灯丝炽热蒸发的气态钨与卤素反应，生成一种挥发性的卤化钨，它扩散到灯丝附近的高温区又受热分解，使钨重新回到灯丝上，被释放的卤素又继续扩散参与下一轮循环反应，从而防止钨的蒸发，避免灯泡发黑。由于充入的惰性气体压力较高，卤钨灯泡的玻璃采用耐高温、机械强度较高的石英玻璃或硬玻璃制成。卤钨灯泡的发光效率高，比一般灯泡高 50%～60%，耐久性好。

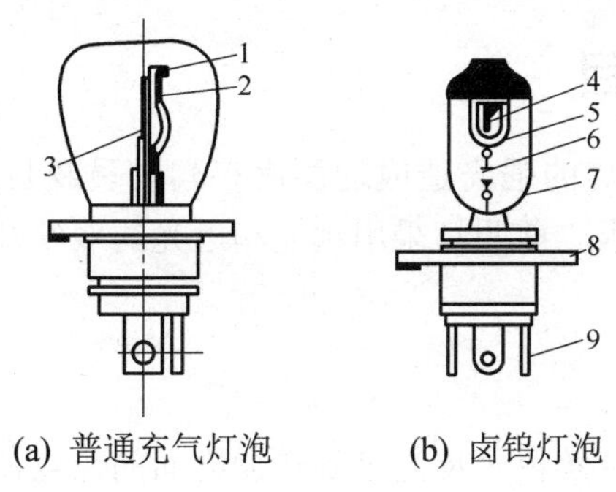

(a) 普通充气灯泡　　(b) 卤钨灯泡

图 4-3　灯泡

1、5—配光屏；2、4—近光灯丝；3、6—远光灯丝；7—泡壳；8—定焦盘；9—插片

2. 反射镜

反射镜用薄钢板冲压而成，其形状为旋转抛物面，其内表面进行镀银、镀铝或镀铬，经抛光加工而成。反射镜的作用是将灯泡的光线聚合、反射后导向前方，如图 4-4 所示。经反射镜反射后，尚有少量的散射光线，照向侧方和下方的散射光线有助于照明两侧 5～10m 的路面。

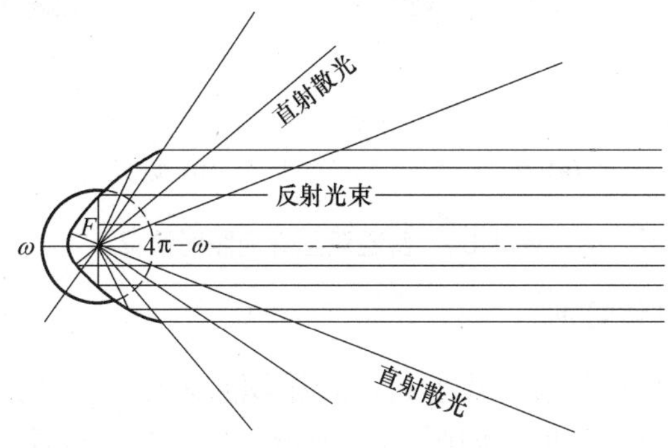

图 4-4　反射镜的反射作用

3. 配光镜

配光镜由透明玻璃制成。配光镜的外表面平滑，内侧精心设计成由许多特殊的透镜和棱镜组成的组合体。配光镜的作用是将反射镜反射出来的光线进行折射，使前照灯 100m 以内的路面和路缘有良好而均匀的照明，如图 4-5 所示。

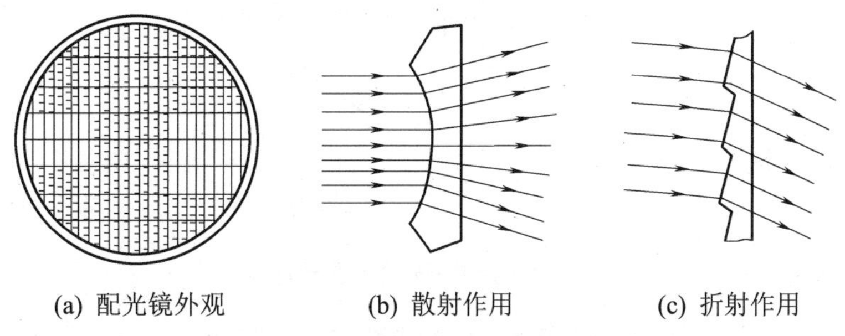

(a) 配光镜外观　　(b) 散射作用　　(c) 折射作用

图 4-5　配光镜的散射和折射作用

4.2.2 前照灯的防眩目

夜间会车时，如果前照灯的强光造成迎面汽车驾驶员眩目，容易发生交通事故，因此，前照灯应满足防眩目要求。前照灯采用远光和近光的双丝灯泡，在会车时通过切换远光、近光实现防眩目。

1．普通双丝灯泡

普通双丝灯泡中的远光灯丝位于反光镜旋转抛物面的焦点，而近光灯丝位于焦点的上方，如图 4-6(a)所示。当远光灯丝通电时，灯泡的光线经反射镜反射后，沿光轴线平行射向远方，可获得较远的照射距离和较小的散射光束。而当近光灯丝通电时，经反射镜反射后的光线多倾向路面，从而避免迎面汽车驾驶员的眩目，但仍有小部分光线射向上方，如图 4-6(b)所示。

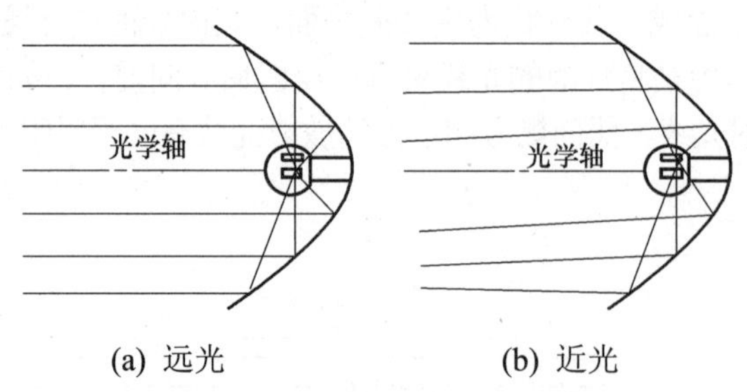

(a) 远光　　(b) 近光

图 4-6　普通双丝灯泡照射情况

2．有配光屏的双灯丝灯泡

这种灯泡的远光灯灯丝仍位于反射镜旋转抛物面焦点，而近光灯灯丝则位于焦点的上方，并在其下方装有金属配光屏，如图 4-7 所示。近光灯点亮时，金属配光屏先将光线反射到反射镜上部，经反射镜反射后使光线照向路面，提高了防眩目性能。

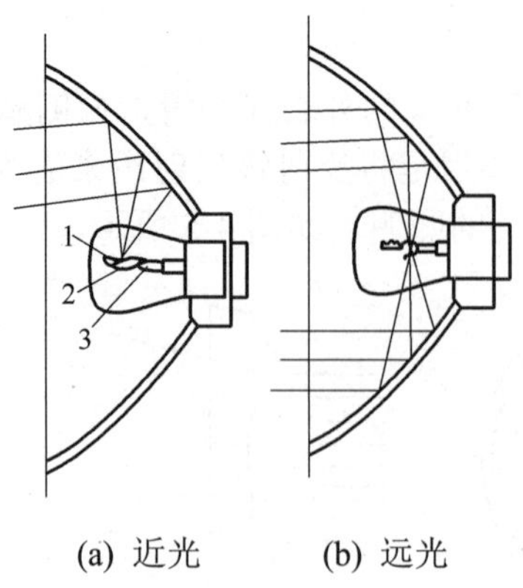

(a) 近光　　(b) 远光

图 4-7　具有配光屏的双丝灯泡

1—近光灯丝；2—配光屏；3—远光灯丝

3. 非对称式配光的双丝灯泡

这种灯泡安装时，将遮光罩偏转一定的角度，使其近光的光形分布不对称，将近光灯右侧光线倾斜升高 15°，近光灯丝发出的光线经反射镜和配光镜后即为非对称式配光，如图 4-8(b)所示。这种配光特性符合联合国欧洲经济委员会制定的 ECE 标准，所以又称 ECE 标准，是比较理想的配光，已被世界所公认，我国现已采用。另外还有被称为 Z 形配光的非对称配光，如图 4-8(c)所示，该光型能使本车行进方向亮区平行降低。它不仅避免了迎面汽车驾驶员眩目，还可以防止车辆右边的行人和非机动车辆驾驶人员产生眩目。

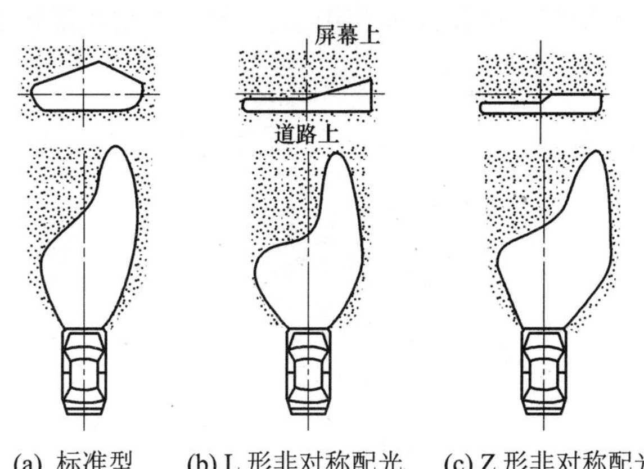

图 4-8　非对称配光屏双丝灯光形

4.2.3　前照灯的控制电路

1. 典型控制电路

前照灯控制电路的基本组成如图 4-9 所示，灯光开关控制灯光继电器接通或关断前照灯电源，夜间会车时通过变光器交替接通前照灯远光和近光。当前照灯、前小灯、后位灯或其线路中发生搭铁故障时，熔断器立即熔断。为避免全车灯光熄灭，左、右前照灯的远、近光分别采用 4 只熔断丝，以确保行车安全。

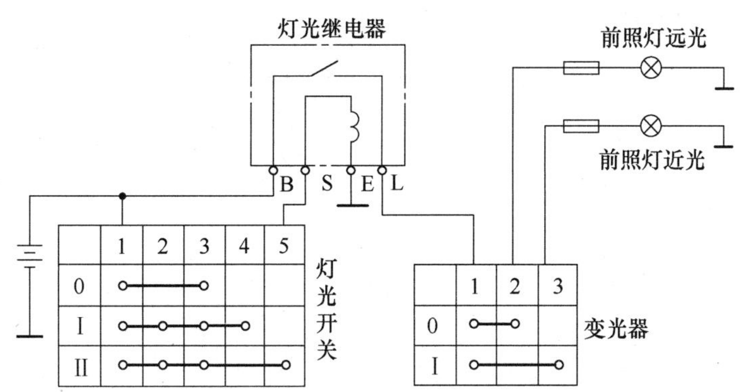

图 4-9　前照灯控制电路的基本组成

2. 前照灯延时关闭控制电路

前照灯延时关闭控制电路可使前照灯在电路被切断后，仍继续点亮一段时间后自动熄灭，为驾驶员离开黑暗的停车场所提供照明。图 4-10 所示为由晶体管控制的前照灯延时关闭控制电路，其工作原理如下。

当发动机熄火后，机油压力开关的触点闭合，驾驶员在离开汽车驾驶室以前，按下仪表板上的前照灯延时按钮，电源就对电容 C 充电。在 C 充电时，晶体管 VT 的基极电位逐渐升高，使 VT 导通，继电器线圈通电触点闭合，接通前照灯电路。松开前照灯延时按钮，C 又通过 R 和 VT 放电，前照灯仍能保持通电照明，一直到 C 电压下降至 VT 无法导通为止。

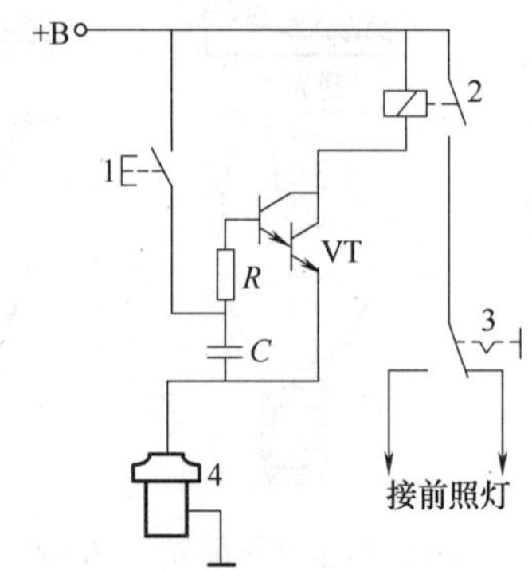

图 4-10　前照灯延时关闭控制电路

1—前照灯延时按钮；2—延时控制继电器；3—变光开关；4—机油压力开关

3. 提醒关灯电路

汽车在白天行驶时，如果遇到阴沉的雨雪天气，或通过黑暗的隧道，驾驶员为了行车安全打开前照灯后容易忘记关灯。提醒关灯电路用于提醒驾驶员及时关闭车灯开关。

图 4-11 所示为一种提醒关灯电路。当驾驶员关闭点火开关时，若灯开关仍接通，晶体管 VT 的基极因正向偏置而导通，接通蜂鸣器电路，蜂鸣器发声，提醒驾驶员关掉车灯开关。在汽车正常行驶时，由于点火开关在接通状态，VT 管的基极电位较高而保持截止，因此蜂鸣器不会通电发声。

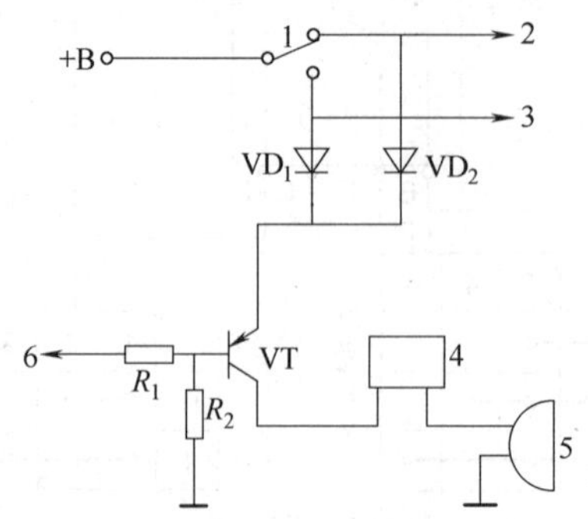

图 4-11　提醒关灯电路

1—灯开关；2—接前照灯；3—接其他照明灯；4—蜂鸣器控制器；5—蜂鸣器；6—接点火开关

4. 前照灯自动变光器电路

前照灯自动变光器的作用是令汽车在夜间行车时能自动进行远、近光切换，以提高会车时的行车安全。前照灯自动变光器的电路结构有多种形式，但基本原理均相似。图 4-12 所示为一种国产的前照灯自动变光器电路。

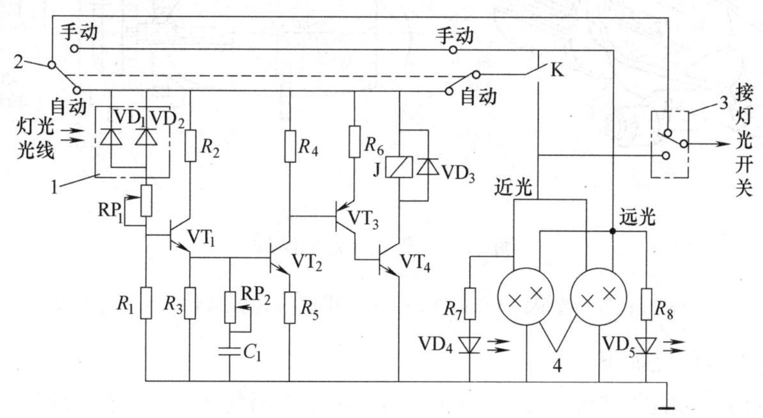

图 4-12　前照灯自动变光器电路

1—灯光传感器；2—自动/手动变光转换开关；3—变光开关；4—前照灯；J—继电器

该自动变光器主要由感光器(VD_1、VD_2)、放大电路(VT_1、VT_2、VT_3、VT_4 等)和变光继电器组成。在夜间行车无迎面来车灯光照射时，感光器内阻较大，使得 VT_1 因基极没有导通所需的正向电压而截止，于是 VT_2、VT_3、VT_4 也都因基极无正向导通电压而截止，继电器线圈 J 不通电，继电器触点 K 的常闭触点接通远光灯。

当有迎面来车或道路有较好的照明度时，VD_1 、VD_2 因受迎面灯光照射而电阻下降，使 VT_1 基极电压升高而导通，VT_2、VT_3、VT_4 也因基极随之有正向偏置而导通，于是，继电器线圈 J 便通电，使其常闭触点打开，常开触点闭合，前照灯由远光自动切换为近光。

会车结束后，VD_1、VD_2 因无强光照射而电阻增大，使 VT_1 又截止。此时，由于 C 的放电，使 VT_2、VT_3、VT_4 仍保持导通，约 1～5s 后，待 C 放电至 VT_2 不能维持导通状态时，继电器才断电，前照灯恢复远光照明。延时恢复远光可避免会车过程中由于光照突变而引起的频繁变光，以提高近光会车的可靠性。延时的时间可通过电位器 RP_2 进行调整。

使用该变光器电路，在夜间两车相对行驶，相距 150～200m 时，对方的灯光照射到自动变光器上，就立即自动变远光为近光，从而有效地避免了远光给对方驾驶员带来的眩目，待两车相会后，变光器又自动变近光为远光。自动/手动变光转换开关可以让驾驶人选择自动或手动变光，在自动变光器失效的情况下，通过此开关仍可以实现人工操纵变光。

4.2.4　照明系统新技术

1. 氙气大灯

氙气大灯又称弧光灯，其原理是在抗紫外线水晶石英玻璃管内填充多种化学气体，如氙气等惰性气体，然后再透过增压器将车载 12V 电源瞬间增至 23 000V，在高电压下，氙气会被电离并在电源两极之间产生光源。氙气大灯的结构如图 4-13 所示。

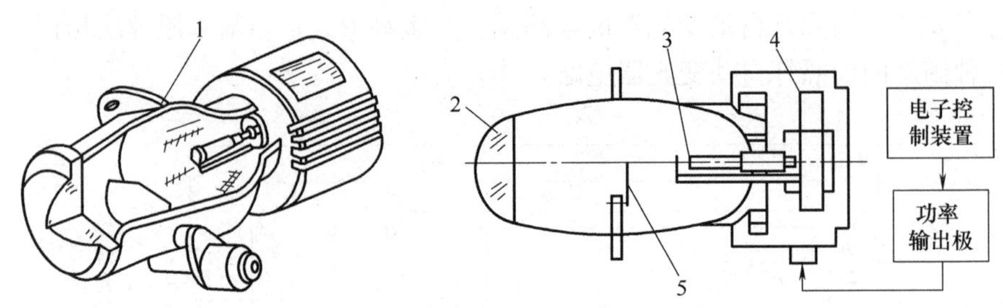

图 4-13　氙气大灯的结构

1—总成；2—透镜；3—弧光灯；4—引燃及稳弧部件；5—遮光板

氙气灯的性能优点如下。

(1) 亮度高：一般的 55W 卤素灯只能产生 1000 流明的光，但 35W 氙气灯能产生 3200 流明的强光，亮度提升 300%，拥有超长及超广角的宽广视野，可带来前所未有的驾车舒适感，使驾驶员的视野更清晰，大大减少行车事故发生概率。

(2) 寿命长：HID 氙气灯利用电子激发气体发光，并无钨丝存在，因此寿命较长，约为 3000 小时，大幅度超越汽车夜间行驶的总时数；而卤素灯的寿命只有 500 小时。

(3) 节电性强：氙气灯只有 35W，而发出的是 55W 卤素灯 3.5 倍以上的光，大大减轻汽车电力系统的负荷，电力损耗节省 40%，相应提高了车辆性能，节约能源。

(4) 色温性好：有 4300～12 000K 等，6000K 接近日光，深受广大用户的好评；而卤素灯只有 3000K，光色暗淡发红。

(5) 恒定输出，安全可靠：当汽车的供电系统和电池出现故障时，镇流器会自动关闭停止工作。

(6) 氙气大灯出现故障时往往是逐渐变暗，而不是突然不亮，可以给驾驶者以反应时间。

2．发光二极管车灯

发光二极管(LED)是能发光的半导体电子元件。20 世纪 90 年代，有些新型的汽车仪表上开始采用发光二极管，主要用于充电指示灯、发动机转速显示等。20 世纪 90 年代中期，开始利用 LED 做高位制动灯，并在汽车上得到广泛应用。

发光二极管的核心部分是由 P 型半导体和 N 型半导体组成的晶片，在 P 型半导体和 N 型半导体之间有一个过渡层，称为 PN 结。在某些半导体材料的 PN 结中，注入的少数载流子与多数载流子复合时会把多余的能量以光的形式释放出来，从而把电能直接转换为光能。PN 结加反向电压，少数载流子难以注入，故不发光。这种利用注入式电致发光原理制作的二极管叫发光二极管，通称 LED。当它处于正向工作状态时(即两端加上正向电压)，电流从 LED 阳极流向阴极，半导体晶片发出从紫外到红外不同颜色的光线，光的强弱与电流有关。

LED 车灯的优点如下。

(1) 寿命长，一般可达几万乃至十万小时。有人认为如果未来的汽车照明灯使用 LED，整个汽车使用期限内将不用更换灯具。

(2) 高效率、低能耗。LED 光源不需要滤色就能直接产生汽车灯具需要的红色、琥珀色等颜色，无损耗，电能利用率高达 80%以上。

(3) 光线质量高，属于环保产品，基本上无辐射，是“绿色”光源。

(4) 结构简单，内部为支架结构，四周用透明的环氧树脂密封，抗震性能好。

(5) 点亮无延迟，亮灯响应速度快(纳秒级)，适用于移动速度快的物体使用。

(6) 适用低电压工作，完全可以应用在汽车上。

(7) 占用体积小，设计者可以随意变换灯具模式，令汽车造型多样化。

汽车厂商青睐 LED，完全是由 LED 本身的优点所决定的。

3. 随动转向大灯

随动转向大灯又叫自适应转向大灯系统(Adaptive Front-lighting System，AFS)。它能够根据汽车方向盘角度、车辆偏转率和行驶速度，不断对大灯进行动态调节，适应当前的转向角，保持灯光方向与汽车的当前行驶方向一致，以确保对前方道路提供最佳照明并对驾驶员提供最佳可见度。它能够根据行车速度、转向角度等自动调节大灯的偏转，以便能够提前照亮“未到达”的区域，提供全方位的安全照明，从而显著增强黑暗中驾驶的安全性。在路面无(弱)灯或多弯道的路况中，它可以扩大驾驶员的视野，提前提醒对面来车。其原理如图 4-14 所示。

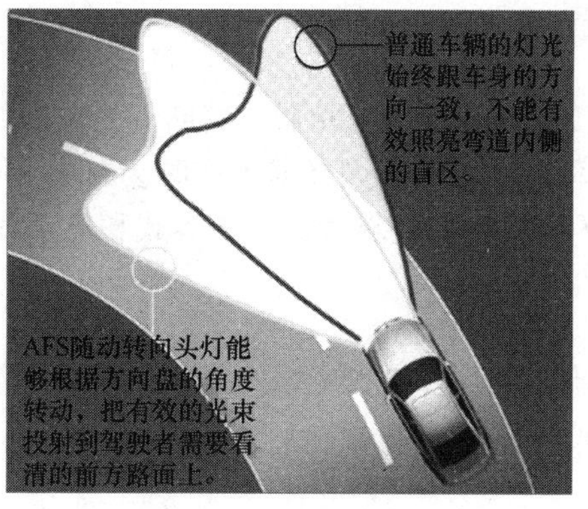

图 4-14　随动转向大灯原理

4.3　灯光信号系统

解放 CA1091 汽车信号系统电路如图 4-15 所示。其中，灯光信号系统主要由转向信号装置、危险报警信号装置、制动信号装置等组成。

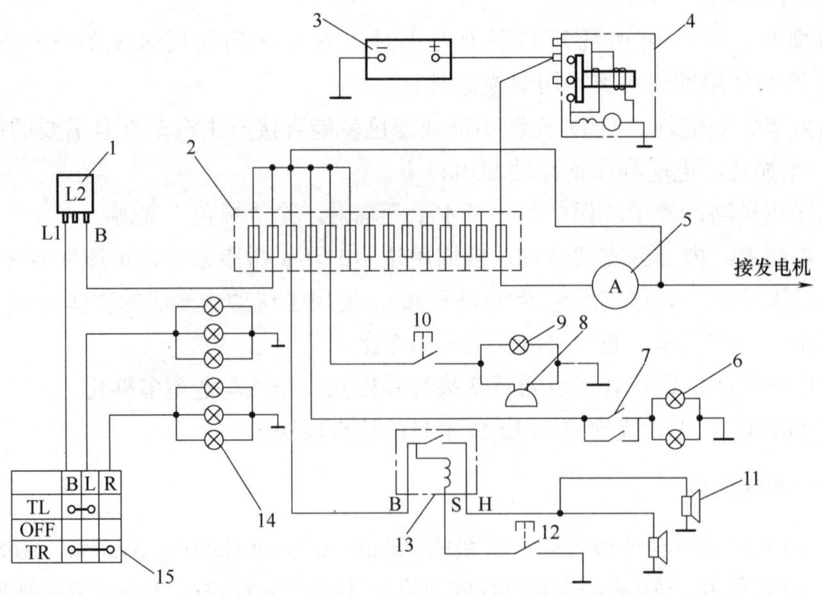

图 4-15 解放 CA1091 汽车信号系统电路

1—闪光器；2—熔断器盒；3—蓄电池；4—起动机；5—电流表；6—制动灯；7—制动灯开关；
8—倒车蜂鸣器；9—倒车灯；10—倒车信号开关；11—电喇叭；12—电喇叭按钮；
13—电喇叭继电器；14—转向信号灯和转向指示灯；15—转向灯开关

4.3.1 转向信号装置

转向信号装置主要由转向信号灯、闪光器、转向灯开关等组成。转向信号灯的闪烁是由闪光器控制的，闪光频率为1～2Hz。闪光器工作时会发出“啪嗒啪嗒”的响声，以提醒驾驶员及时关闭闪光灯。闪光器主要有翼片式、电容式和电子式等形式。

1. 翼片式闪光器

翼片式闪光器主要由通断电时会热胀冷缩的热膨胀条和带触点的翼片等组成，翼片式闪光器分为直热式和旁热式两种。

1) 直热翼片式闪光器

直热翼片式闪光器主要由翼片、热胀条和触点等组成，其结构原理如图 4-16 所示。热胀条在冷却状态时，将翼片绷紧成弓形，使触点处于闭合状态；直接通过热胀条的工作电流，在触点闭合时形成通路；热胀条通电受热伸长时，翼片会绷直而使触点断开。

接通转向灯开关 7，电流通路为：蓄电池正极→接线柱 B→翼片 2→热胀条 3→触点→接线柱 L→转向灯开关 7→转向信号灯和转向指示灯→搭铁→蓄电池负极。此时转向灯亮。热胀条 3 受热膨胀而伸长，当伸长至一定长度时，翼片 2 在自身弹力作用下突然绷直，而使触点 4、5 断开，转向灯电流被切断，于是转向灯熄灭。触点断开后，热胀条因断电而冷却收缩，又使翼片弯曲成弓形，触点又闭合，而使转向灯电路接通，转向灯又亮起。如此交替变化，使转向灯闪烁。

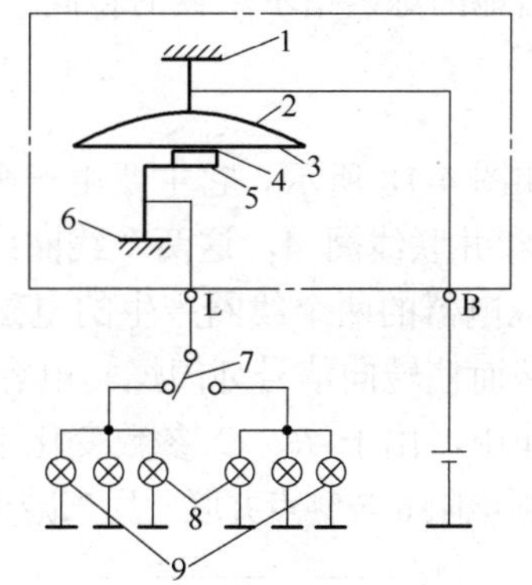

图 4-16　直热翼片式闪光器的结构原理

1、6—支架；2—翼片；3—热胀条；4—动触点；5—静触点；7—转向灯开关；
8—转向指示灯；9—转向信号灯

2) 旁热翼片式闪光器

旁热翼片式闪光器的结构原理如图 4-17 所示，热胀条 1 由绕在其上的电热丝 2 通电后产生的热量加热，故称旁热翼片式。电热丝 2 的一端焊在热胀条 1 上，另外一端则与静触点 5 相连。

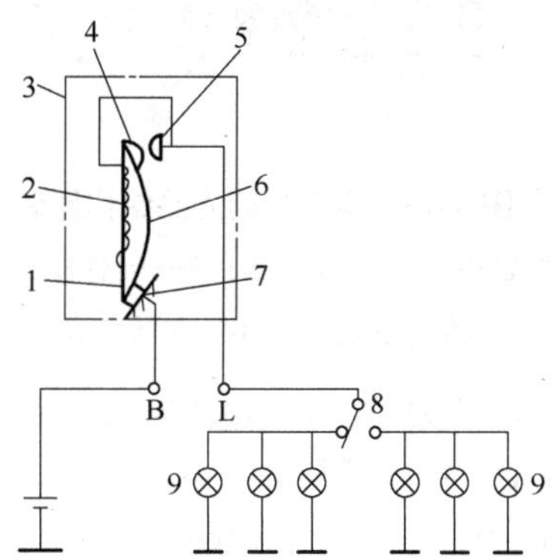

图 4-17　旁热翼片式闪光器的结构原理

1—热胀条；2—电热丝；3—闪光器；4—动触点；5—静触点；6—翼片；7—支架；
8—转向灯开关；9—转向信号灯及转向指示灯

转向灯开关 8 未接通时，闪光器不工作，动触点 4 与静触点 5 处于分开状态。接通转向灯开关 8，电流通路为：蓄电池正极→接线柱 B→支架 7→热胀条 1→电热丝 2→接线柱 L→转向灯开关 8→转向信号灯及转向指示灯 9→搭铁→蓄电池负极。这时，由于电阻较大的电热丝 2 串入电路中，电流较小，转向信号灯和转向指示灯亮度较低。电热丝通电产生的热量使热胀条受热膨胀而伸长，使触点 4、5 闭合。此时电流通路为：蓄电池正极→接线柱 B→支架 7→翼片 6→触点 4、5→接线柱 L→转向灯开关 8→转向信号灯及转向指示灯 9→搭铁→蓄电池负极。由于电热丝 2 被触点短路，转向灯电流增大，转向灯变亮。被短路后的电热丝 2 电流为零，逐渐冷却而收缩，触点 4、5 又重新断开，灯又变暗。如此反复，从而使转向信号灯一明一暗地闪烁，指示车辆的转向，直至切断转向灯开关。

2．电容式闪光器

电容式闪光器的结构原理如图 4-18 所示。它主要由一个继电器和一个电容组成。在继电器的铁芯上绕有串联线圈 3 和并联线圈 4，这两个线圈绕向相同。利用电容式闪光器中的电容充放电的延时特性，使继电器的两个线圈产生的电磁吸力时而相加，时而相减，继电器便产生周期的开关动作，从而使转向信号灯闪烁。电容充放电回路的 *R*、*C* 参数决定了转向信号灯的闪光频率，工作中，由于 *R*、*C* 参数变化不大，因此转向信号灯的闪光频率也就比较稳定。闪光器中的灭弧电阻 6 与触点并联，用来减小触点火花，延长其使用寿命。

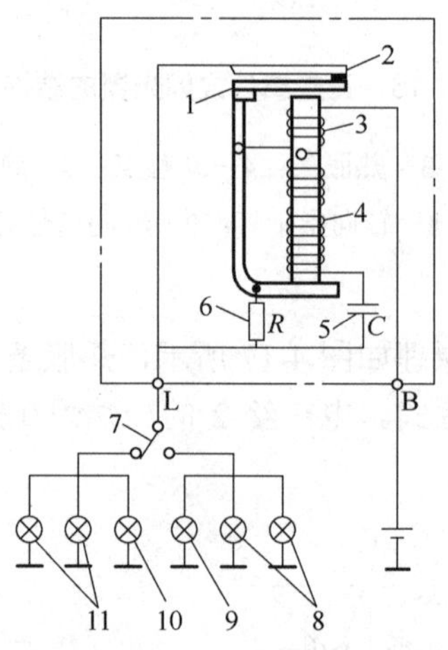

图 4-18　电容式闪光器结构原理

1—弹簧片；2—触点；3—串联线圈；4—并联线圈；5—电容器；6—灭弧电阻；7—转向灯开关；8—右转向信号灯；9—右转向指示灯；10—左转向指示灯；11—左转向信号灯

当汽车向左转弯接通转向灯开关 7 时，电流通路为：蓄电池正极→接线柱 B→线圈 3→弹簧片 1→触点 2→接线柱 L→转向灯开关 7→左转向信号灯和指示灯→搭铁→蓄电池负极。此时线圈 4、电容器 5 及电阻 6 被触点 2 短路，而电流通过线圈 3 产生的电磁吸力大于弹簧片 1 的作用力，触点 2 迅速被打开，转向灯处于暗的状态(转向灯尚未来得及亮)。

触点 2 打开后，蓄电池向电容器 5 充电，其充电电流通路为：蓄电池正极→接线柱 B→线圈 3→线圈 4→电容器 5→接线柱 L→转向灯开关 7→左转向信号灯和指示灯→搭铁→蓄电池负极。由于线圈 4 电阻较大，充电电流很小，不足以使转向信号灯亮，故转向灯仍处于暗的状态。同时充电电流通过线圈 3、4 产生的电磁吸力方向相同，使触点继续打开，随着电容器两端电压的逐渐升高，其充电电流逐渐减小，线圈 3、4 的电磁吸力减小，使触点 2 重新闭合。

触点 2 闭合后，转向灯处于亮的状态，由于此时电容器 5 通过线圈 4 和触点 2 放电，其放电电流通过线圈 4 产生的磁场方向与线圈 3 的相反，电磁吸力减小，故触点仍保持闭合，转向灯继续发亮。随着电容器的放电，电容器两端的电压逐渐下降，其放电电流减小，则线圈 3 的电磁吸力增强，触点 2 重又打开，灯变暗。如此反复，触点不断开闭，使转向灯发出闪光。

3. 电子式闪光器

电子式闪光器分为晶体管式和集成电路式两类。

1) 晶体管式电子式闪光器

晶体管式电子式闪光器的工作原理如图 4-19 所示，它是利用电容器充放电延时的特性，控制三极管 VT_1 的导通和截止，来达到闪光目的的。

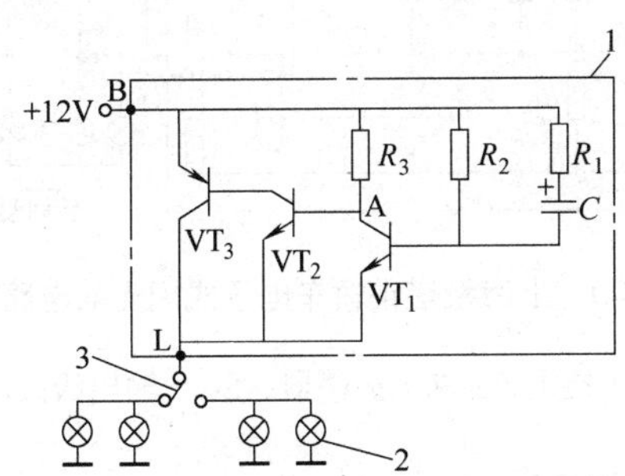

图 4-19　晶体管式电子式闪光器工作原理

1—闪光器；2—转向信号灯；3—转向灯开关

接通转向灯开关 3 后，三极管 VT_1 的基极电流由两路提供，一路经电阻 R_2，另一路经 R_1 和 C，使 VT_1 导通。VT_1 导通时，VT_2、VT_3 组成的复合管处于截止状态。由于 VT_1 的导通电流很小，仅 60 mA 左右，故转向信号灯暗。与此同时，电源对电容器 C 充电，随着 C 的两端电压升高，充电电流减小，VT_1 的基极电流减小，使 VT_1 由导通变为截止。这时 A 点电位升高，当其电位达到 1.4V 时，VT_2、VT_3 导通，于是转向信号灯亮。此时电容器 C 经过 R_1、R_2 放电，放电时间为灯亮时间。C 放完电，接着又充电，VT_1 再次导通使 VT_2、VT_3 截止，转向信号灯又熄灭，C 的充电时间为灯灭的时间。如此反复，使转向信号灯发出闪光。改变 R_1、R_2 的电阻值和 C 的大小以及 VT_1 的 β 值，即可改变闪光频率。

2) 集成电路式电子式闪光器

因集成电路成本的降低，汽车上广泛使用集成电路式闪光器。上海桑塔纳轿车装用的电子闪光器即为集成电路式闪光器，其电路原理如图 4-20 所示。它的核心器件 IC U243B 是一块低功耗、高精度的汽车电子式闪光器专用集成电路。U243B 的标称电压为 12V，实际工作电压范围为 9～18V，采用双列八脚直插塑料封装。内部电路主要由输入检测器 SR、电压检测器 D、振荡器 Z 及功率输出级四部分组成。

输入检测器用来检测转向信号灯开关是否接通。振荡器由一个电压比较器和外接 R_4 及 C_1 提供一个变化的电压，从而形成电路的振荡。

振荡器工作时，输出级便控制继电器线圈的电路，使继电器触点反复开、闭，于是转向灯和转向指示灯便以一定的频率闪烁。

如果一只转向灯烧坏，则流过取样电阻 R_s 的电流减小，其电压降减小，经电压检测器识别后，便控制振荡器电压比较器的参考电压，从而改变振荡(即闪光)频率，则转向指示灯的频率加快一倍。

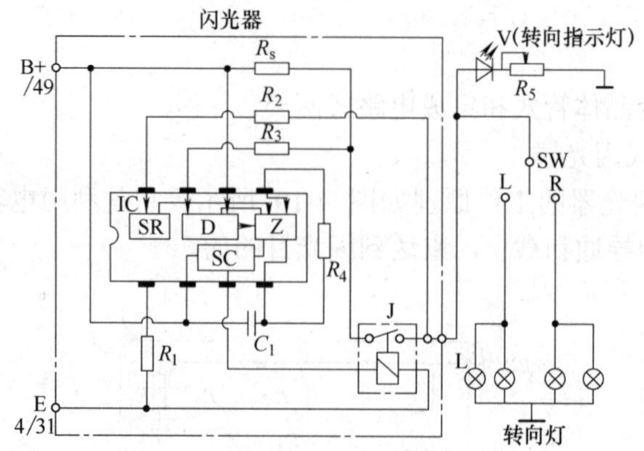

图 4-20　上海桑塔纳轿车电子式闪光器电路原理

SR—输入检测器；D—电压检测器；Z—振荡器；SC—输出级；R_s—取样电阻；J—继电器

4.3.2　危险报警信号装置

汽车在行驶过程中出现紧急情况或意外事故时，应使用危险报警信号灯。危险报警信号灯在转向信号灯电路中通过危险报警开关控制。当接通危险报警开关后，全部转向信号灯同时闪烁，发出危险报警信号。

危险报警信号在汽车出现紧急情况时使用，例如制动失灵等意料之外的情况。通常左、右转向信号灯同时闪烁来发出危险报警信号。左、右转向信号灯同时闪烁由闪光器产生，但由危险报警开关控制。

危险报警信号灯的工作原理如图 4-21 所示，它通过控制危险报警开关 7，直接控制闪光器产生的断续电流流过左、右转向灯系，这样就可以产生危险报警信号。

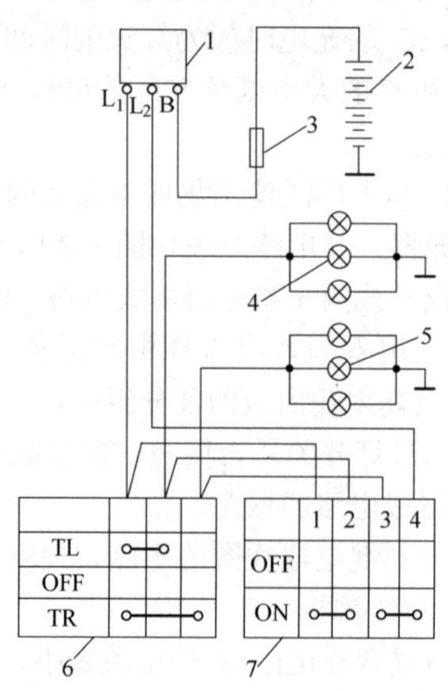

图 4-21　危险报警信号灯工作原理

1—闪光器；2—蓄电池；3—熔断丝；4—左转向信号灯；5—右转向信号灯；

6—转向灯开关；7—危险报警开关

4.3.3 制动信号装置

制动信号装置由制动信号灯和制动灯开关组成。车辆制动时，制动灯开关接通制动信号灯电源，制动信号灯点亮，警示车后行人和车辆。制动灯开关有液压式、气压式和机械式三种。

1．液压式制动灯开关

液压式制动灯开关用于采用液压制动系统的汽车，通常安装在液压制动主缸的前端，其结构如图 4-22 所示。当踩下制动踏板时，由于制动系统的液压增大，薄膜 2 向上拱曲，接触片 3 同时接通接线柱 6 和接线柱 7，接通制动信号灯电源，制动信号灯点亮。松开制动踏板时，制动系统液压降低，接触片在回位弹簧 4 的作用下复位，切断制动信号灯电源。

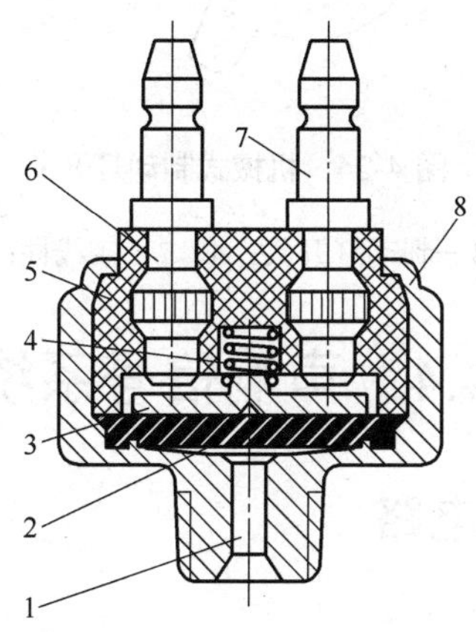

图 4-22　液压式制动灯开关

1—通制动液管路；2—膜片；3—接触片；4—弹簧；5—胶木底座；6、7—接线柱；8—壳体

2．气压式制动灯开关

气压式制动灯开关用于采用气压制动系统的汽车，通常安装在制动阀上，其结构如图 4-23 所示。制动时，制动压缩空气推动橡皮膜片上拱，使触点闭合，接通制动信号灯电路。

防抱死制动系统采用的制动灯开关安装在制动踏板上方，踏下制动踏板时，制动开关触点闭合，接通制动信号灯电路，制动信号灯和防抱死制动系统工作。

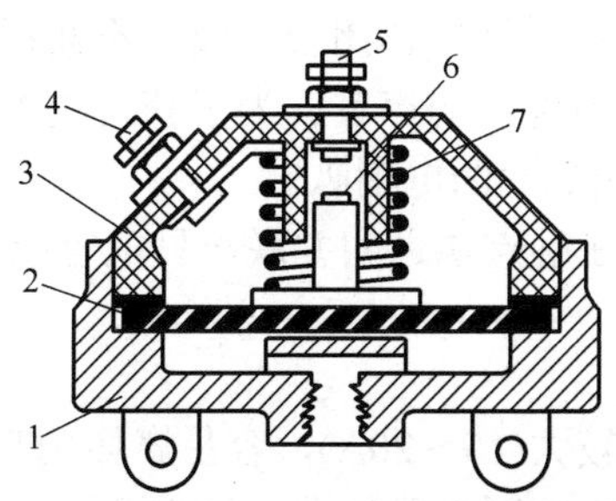

图 4-23　气压式制动灯开关

1—外壳；2—膜片；3—胶木壳；4、5—接线柱；6—触点；7—弹簧

3．机械式制动灯开关

机械式制动灯开关如图 4-24 所示，这是一种较为常用的制动开关，装在制动踏板的后面。

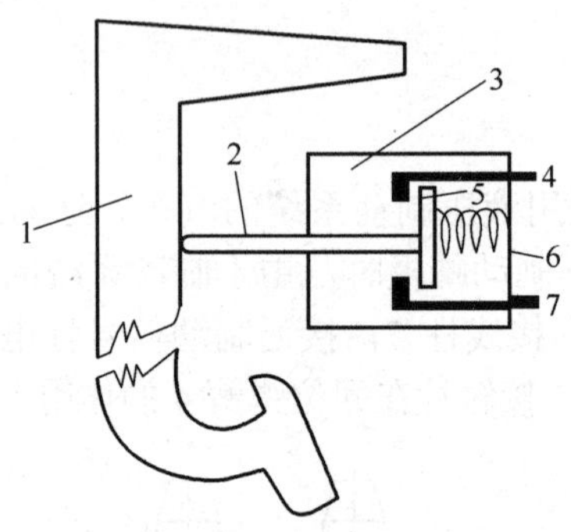

图 4-24　机械式制动灯开关

1—制动踏板；2—推杆；3—制动灯开关；4、7—接线柱；5—接触桥；6—回位弹簧

4.4　声响信号系统

4.4.1　电喇叭及其控制电路

1．电喇叭结构

汽车电喇叭有筒形、螺旋形和盆形等不同的结构形式。由于盆形电喇叭具有结构简单、尺寸小、质量轻、声音的指向性好等特点，因此在汽车上得到普遍采用。盆形电喇叭的结构及工作原理如图 4-25 所示。按下电喇叭按钮时，电喇叭电路通电，电流通路为蓄电池“+”极→线圈 2→触点 7→喇叭按钮 10→搭铁→蓄电池“-”极，形成回路。当电流通过线圈 2 时，产生磁场，铁芯被磁化，吸动上铁芯 3，带动膜片 4 中心下移，同时带动衔铁 6 运动，压迫触点臂将触点 7 打开。触点 7 打开后，线圈 2 电路被切断，其磁力消失，下铁芯 1、上铁芯 3 及膜片 4 又在触点臂和膜片 4 自身弹力的作用下复位，触点 7 又闭合。触点 7 闭合后，线圈 2 又通电，产生磁力吸动下铁芯 1 和上铁芯 3，触点 7 又被顶开。如此循环，触点以一定的频率打开、闭合，膜片不断振动发出声响，通过共鸣板产生共鸣，从而产生音量适中、和谐悦耳的声音。为了获得更加悦耳且容易辨别的声音，有些汽车上装有两个不同音调(高、低音)的电喇叭。

为了保护喇叭触点，通常在触点 7 之间并联一只电容或消弧电阻。

2．电喇叭控制电路

由于电喇叭的工作电流比较大(15～20A)，容易烧坏喇叭按钮，因此在电路中装有喇叭继电器。带喇叭继电器的电喇叭控制电路如图 4-26 所示。

当按下喇叭按钮时，电流通路为蓄电池“+”极→铁芯→线圈 2→喇叭按钮 3→搭铁→蓄电池“-”极，构成回路。此时，电流通过继电器线圈 2，铁芯产生磁力，吸下触点臂 1

使触点 5 闭合，电喇叭电路接通。当松开喇叭按钮 3 时，继电器线圈 2 断电，磁力消失，释放触点臂 1，触点 5 在弹簧力的作用下打开，喇叭断电停止发声。

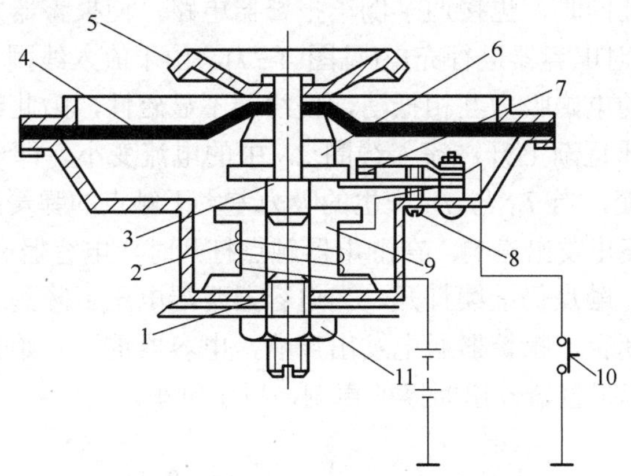

图 4-25 盆形电喇叭

1—下铁芯；2—线圈；3—上铁芯；4—膜片；5—共鸣板；6—衔铁；7—触点；8—调整螺钉；9—电磁铁芯；10—按钮；11—锁紧螺母

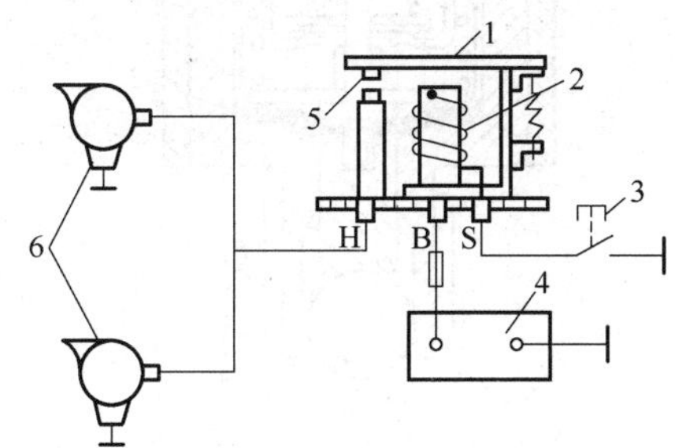

图 4-26 带喇叭继电器的电喇叭控制电路

1—触点臂；2—线圈；3—喇叭按钮；4—蓄电池；5—触点；6—电喇叭

4.4.2 倒车信号装置

倒车信号装置包括倒车灯和倒车报警器等。倒车灯及倒车报警器主要用于在汽车倒车时提醒行人及其他车辆驾驶员，由装在变速器盖上的倒车开关控制。倒车信号装置电路如图 4-27 所示。

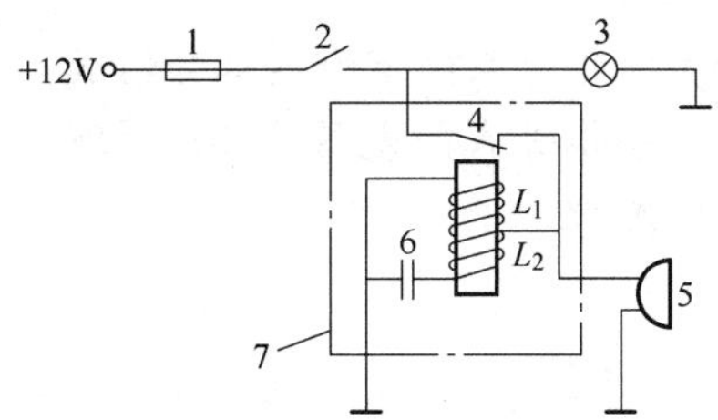

图 4-27 倒车信号装置电路

1—熔断器；2—倒车灯开关；3—倒车灯；4—触点；5—蜂鸣器；6—电容器；7—继电器

倒车开关的结构如图 4-28 所示，当变速杆将倒挡变速叉轴拨到倒挡位置时，倒挡轴叉上的凹槽恰好对准钢球，钢球在弹簧作用下带动膜片和接触盘下移，使静触点与接触盘接触，倒车灯点亮。与此同时，也接通了倒车报警器电路，使报警器发出声响。同时，蓄电池电流还通过线圈 L_2 对电容器进行充电(见图 4-27)。由于流入线圈 L_1 和 L_2 的电流大小相等，方向相反，产生的电磁吸力互相抵消，使线圈不显磁性，因此继电器触点继续闭合。随着电容器两端的电压逐渐上升，流入线圈 L_2 中的电流变小，即电磁吸力减小，但线圈 L_1 产生的电磁吸力不变，当 L_1 与 L_2 产生的吸力差大于触点的弹簧拉力时，触点被断开，报警器电路被切断而停止发出声响。在继电器触点打开时，电容器又通过线圈 L_2 和 L_1 放电，使线圈产生磁力，触点仍继续打开。当电容器两端电压下降到一定值时，线圈磁力减弱，继电器触点重又闭合，报警器通电发出声响，电容器重又开始充电。如此反复，继电器触点不断开闭，倒车报警器发出断续的声响，以示倒车。

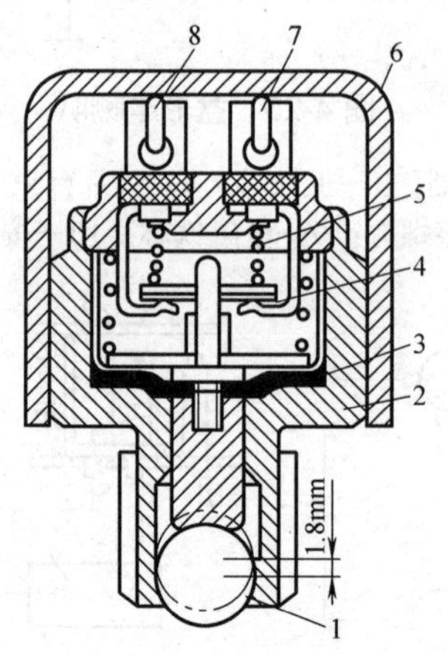

图 4-28　倒车开关

1—钢球；2—壳体；3—膜片；4—触点；5—弹簧；6—保护罩；7、8—接线柱

1. 照明系统有哪些部分组成？各起什么作用？
2. 在汽车上采取何种措施可防止眩目？
3. 试分析前照灯的控制电路。
4. 汽车灯光信号系统和声响信号系统有哪些部分组成？各起什么作用？
5. 简述翼片式、电容式、晶体管式闪光器的工作原理。
6. 简述盆形电喇叭的工作原理。

第5章 仪表及指示灯系统

【知识目标】

掌握机油压力表、水温表、燃油表、车速里程表和发动机转速表的作用、组成及工作原理；掌握指示灯系统各指示灯的作用及工作原理。

【技能目标】

会分析仪表系统及指示灯系统的电路。

5.1 仪表系统

汽车仪表系统的作用是使驾驶员能随时了解汽车的行驶情况和发动机的工作状况，以便正确使用汽车，提高行车安全，及时发现和排除可能出现的故障。汽车仪表按其结构形式的不同，可分为独立式和组合式两种。独立式仪表是指各种仪表都有各自的壳体，单独安装在仪表板上；组合式仪表则是将各种仪表封装在一个壳体内，由于组合式仪表具有结构紧凑、美观、便于观察等特点，因而已被现代汽车广泛采用。

仪表系统由机油压力表、水温表、燃油表、车速里程表和发动机转速表等组成。

5.1.1 机油压力表

机油压力表用来显示发动机主油道的机油压力的大小，由装在仪表板上的指示表和装在主油道的传感器(或称机油压力感应塞)组成。常见的机油压力表有双金属片式、电磁式和动磁式三种。这里以双金属片式为例加以说明。

电热式机油压力表也称双金属片式机油压力表，其与传感器的基本结构如图 5-1 所示。传感器一般做成盒子形，中间有膜片 2，膜片的下方油腔经管接头与润滑系统主油道相通，膜片上部顶住弯曲的弹簧片 3，弹簧片的一端设有触点，另一端固定搭铁。双金属片 4 上绕有加热线圈，它的一端焊在双金属片端的触点上，另一端接在接触片 6 上。

机油压力表内装有双金属片 11，双金属片上绕有加热线圈，其一端经接触片和传感器的触点相联，另一端接电源正极。双金属片一端弯成勾形扣在指针上。当接通点火开关(或电源开关)时，机油压力表电路通路，其电流通路为：电源正极→点火开关→接线柱 14→加热线圈 16→接线柱 9→接线柱 7→接触片 6→双金属片 4→触点→弹簧片 3→搭铁→蓄电池负极。电流通过双金属片 4 和 11 上的加热线圈，使双金属片受热变形。

当油压甚低时，传感器膜片 2 几乎没有变形，这时作用在触点上的压力甚小。当电流通过不久，温度略有升高时，双金属片 4 就弯曲，使触点分开，电路即被切断。经过一段时间后，双金属片冷却伸直，触点又闭合，电路又被接通。但不久触点又分开，如此循环不息。由于触点打开时间长，闭合时间短，变化频率低，使通过双金属片 11 加热线圈的电流平均值较小，双金属片 11 温度较低，弯曲不大，指针只略微向右移指向低油压。

当油压高时，膜片向上拱曲，加于触点上的压力增大，使双金属片 4 向上弯曲。这样需要在双金属片 4 温度较高，也就是加热线圈通过较大、较长的电流时间后，触点才能分开，而且分开后又很快闭合。因此在油压高时，触点打开状态的时间缩短，频率增高(如油压为 0.49MPa 时，频率为 110～125 次/min；油压为 0.19MPa 时，频率为 60～70 次/min)，平均电流值增大，指针偏移量大，指向高压。

为使机油压力表的示值不受外界温度变化的影响，双金属片 4 做成“n”形，其中绕有加热线圈的臂为工作臂，另一个为补偿臂。当外界温度变化时，工作臂的附加变形被补偿臂的相应变形所补偿，使指示表的指示值保持不变。在安装传感器时，必须使传感器壳上的箭头向上，其偏斜不应超过垂直位置 30°，以确保工作臂在补偿臂的上方，否则会造成指示误差。

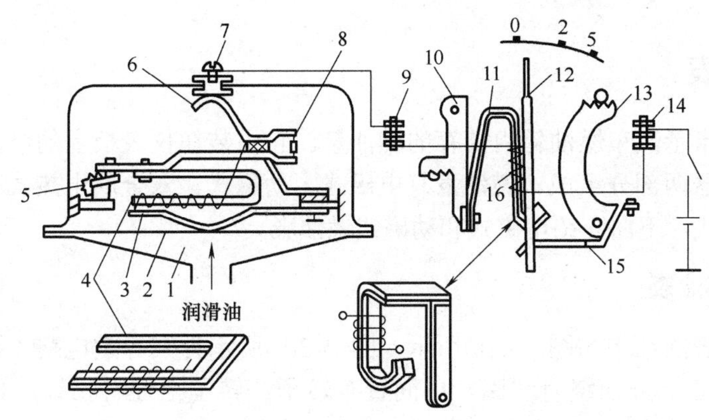

图 5-1 机油压力表及机油压力传感器的结构与工作原理

1—油腔；2—膜片；3—弹簧片；4—双金属片；5—调节齿轮；6—接触片；7—机油压力传感器接线柱；8—校正电阻；9、14—机油压力表接线柱；10、13—调节齿扇；11—双金属片；12—指针；15—弹簧片；16—加热线圈

5.1.2 水温表

水温表又称为发动机冷却液温度表，用以显示发动机冷却液的温度。绝大部分现代汽车都装有水温表，但也有少数车型为了降低成本用水温报警器代替水温表。

水温表由温度指示表和水温传感器组成。温度指示表分为双金属片式和电磁式。水温传感器分为双金属片式和热敏电阻式。双金属片式温度指示表和水温传感器的工作原理与机油压力表相同，此处不再叙述。下面讲述电磁式温度指示表与热敏电阻式传感器的工作原理。

图 5-2(a)所示为电磁式温度指示表与热敏电阻式传感器组合使用的工作原理图，图 5-2(b)所示为其等效电路。热敏电阻式传感器的阻值随温度的升高而减小。在电磁式温度指示表中有两个线圈 L_1 和 L_2。其中 L_1 的匝数较多，与热敏电阻并联；L_2 的匝数较少，与热敏电阻串联。两个线圈之间是带有指针的衔铁。当水温低时，热敏电阻的阻值大，流经 L_1 和 L_2 的电流相差不多，但因 L_1 的匝数多，产生的磁场较强而吸引衔铁使指针向 0℃方向偏转。当水温较高时，与 L_1 并联的热敏电阻的阻值减小，其分流作用增强，流经 L_1 的电流因此减小，磁力减弱，衔铁被磁场较强的 L_2 吸引，指针向高温度方向偏转。

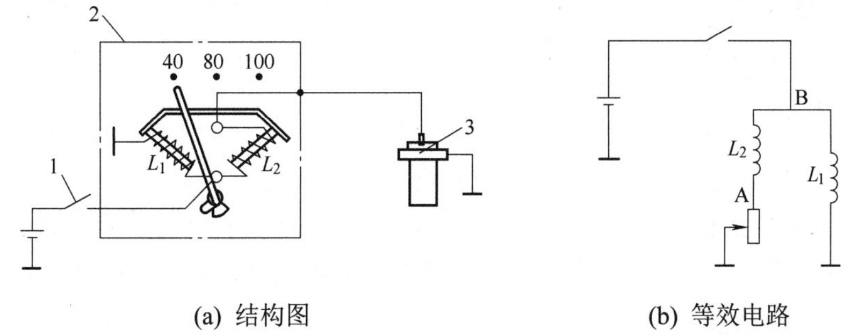

(a) 结构图 (b) 等效电路

图 5-2 电磁式温度指示表与热敏电阻式传感器组合使用的工作原理

1—点火开关；2—电磁式温度指示表；3—热敏电阻式传感器

5.1.3 燃油表

燃油表用来指示汽车燃油箱内储存的燃油量。它由装在仪表板上的燃油指示表和装在燃油箱内的传感器两部分组成。燃油表有电磁式、动磁式、双金属电热式三种类型，传感器均为可变电阻式。下面介绍电磁式和动磁式燃油表。

1. 电磁式燃油表

电磁式燃油表的结构如图 5-3(a)所示，图 5-3(b)所示为其等效电路。指示表中有左、右两只铁芯，铁芯上分别绕有线圈，中间置有转子，转子上连有指针。传感器由可变电阻、滑片和浮子组成，浮子浮在油面上，随油面的高低而改变位置。

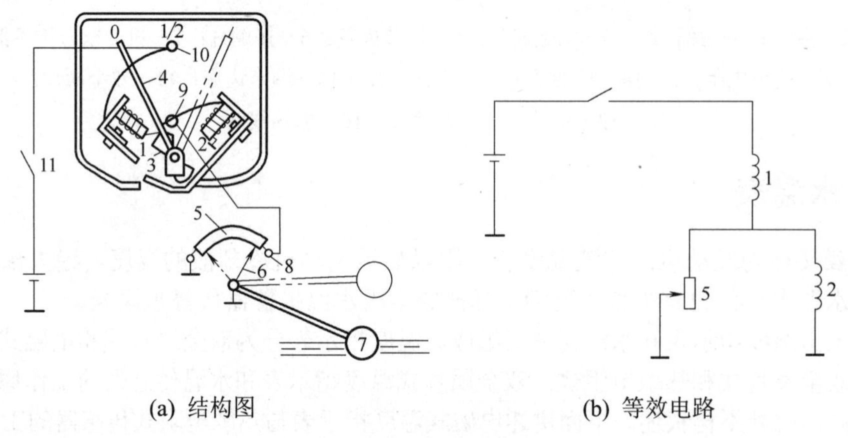

(a) 结构图　　(b) 等效电路

图 5-3 电磁式燃油表

1—左线圈；2—右线圈；3—转子；4—指针；5—可变电阻；6—滑片；7—浮子；8—传感器接线柱；9、10—燃油表接线柱；11—点火开关

发动机起动后，电流由蓄电池正极经左线圈后分流，一路经右线圈搭铁构成回路；另一路经可变电阻、滑片搭铁构成回路。电流通过左线圈和右线圈时，产生电磁吸力并形成合成磁场，转子在合成磁场的作用下转动，使指针指在某一刻度上。

油箱无油时，浮子下沉，可变电阻被短路，此时右线圈搭铁也被短路，故无电流通过，而左线圈在全部电源电压的作用下，通过的电流达最大值，产生的电磁吸力最强，吸住转子，使指针停在最左面的“0”位上。

随着油箱中油量的增加，浮子上浮，带动滑片移动。可变电阻部分接入，左线圈因串联电阻，线圈内电流相应减小，左线圈电磁吸力减弱，而右线圈中有电流流过，产生磁场。转子在合成磁场的作用下向右偏转，带动指针指示油箱中的燃油量。油箱半满时，在合成磁场的作用下，指针便指在“1/2”的位置上；油箱满时，在合成磁场的作用下，指针便指在“1”的位置上。

有些燃油表在左线圈两侧并联一分流电阻，使通过左线圈的电流减小，而右线圈的电流增大，使转子偏转角增大，从而提高了燃油表的灵敏度。而传感器可变电阻末端搭铁，可避免滑片与可变电阻接触不良时产生火花而引起火灾。

2. 动磁式燃油表

进口汽车多采用动磁式燃油表，这种燃油表没有铁芯，磁滞性小，指示精度高。其结构原理图如图 5-4 所示。指示表中右线圈 2 和左线圈 1 互相垂直地绕在同一矩形塑料架上，塑料套筒轴承和金属轴穿过交叉线圈，金属轴上装有永久磁铁转子 3，转子上有指针 4。

当油箱油量较少时，浮子下沉，滑片 6 移至可变电阻的右端，并入右线圈 2 的电阻较小，右线圈 2 磁场弱，串入左线圈 1 的电阻亦小，左线圈 1 的磁场强，两线圈合成磁场使指针左摆，指示低油位；当油箱油量增加时，滑片移向可变电阻的左端，右线圈 2 磁场增强，左线圈 1 的磁场变弱，两线圈合成磁场使指针右摆，指针读数变大，指示高油位。

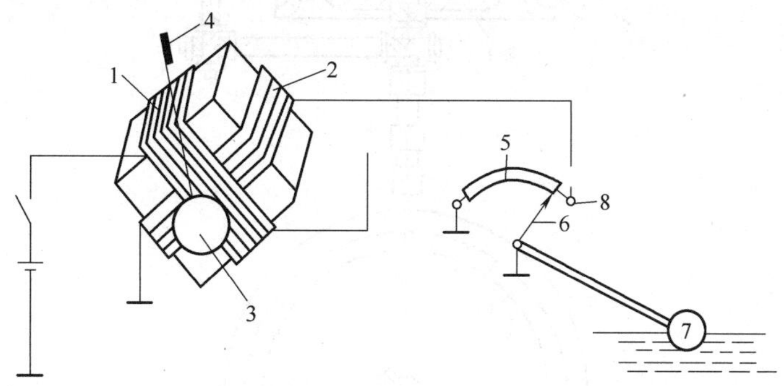

图 5-4　动磁式燃油表

1—左线圈；2—右线圈；3—永久磁铁转子；4—指针；
5—可变电阻；6—滑片；7—浮子；8—传感器接线柱

5.1.4　车速里程表

车速里程表用来指示汽车行驶速度和累计行驶总里程数。车速里程表由车速表和里程表两部分组成。车速里程表按获取车速信号的方式分为机械式和电子式两种；电子式车速里程表无须软轴传动，仪表示值较为稳定，在现代汽车上使用较多。

1. 机械式车速里程表

机械式车速里程表通过软轴将变速器的输出轴转速传递给指示表的主动轴，其结构如图 5-5 所示。车速里程表的主动轴 8 由变速器或分动器传动蜗杆经软轴驱动。车速表为磁感应式，主要由与主动轴固定在一起的 U 形永久磁铁 1、带有转轴和指针 6 的铝罩 2、罩壳 3 以及固定在车速里程表外壳上的刻度盘 5 等组成；里程表为机械式，由蜗轮蜗杆传动机构和数字轮 7(十进位齿轮计数器)组成，每个数字轮上均有 0～9 的数字。

1) 磁感应式车速表的工作原理

汽车未行驶时，车速表的盘形弹簧 4 使铝罩 2 保持在初始位置，使车速表指针 6 指示零位。当汽车行驶时，经软轴驱动的主动轴带动永久磁铁 1 转动，铝罩在永久磁铁旋转磁场的作用下产生涡流，铝罩涡流所产生的磁场与永久磁铁的磁场相互作用而产生一个转矩，使铝罩克服盘形弹簧的弹力向着永久磁铁转动的方向旋转，直至与盘形弹簧弹力相平衡。指针随铝罩偏转某个角度后，指示相应的车速值。车速提高，永久磁铁旋转加快，铝罩上产生的涡流增大，作用于铝罩的转矩也增大，使铝罩偏转的角度增大，带动指针指示的车速值也相应增大。

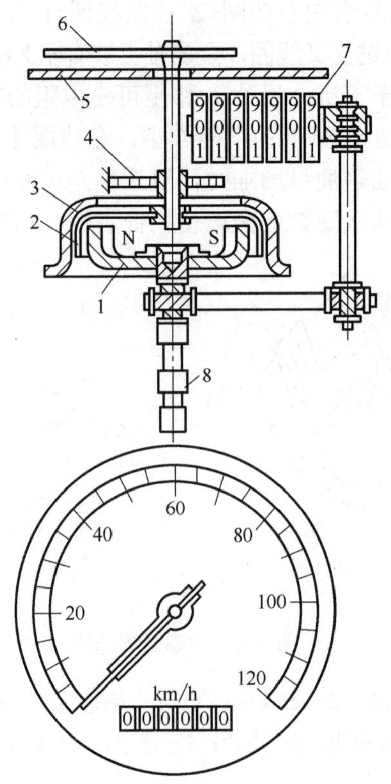

图 5-5 机械式车速里程表结构

1—永久磁铁；2—铝罩；3—罩壳；4—盘形弹簧；5—刻度盘；6—指针；7—里程表数字轮；8—主动轴

2) 机械式里程表的工作原理

汽车行驶时，由软轴驱动的主动轴经三对蜗轮、蜗杆驱动里程表最右边的第一数字轮，使汽车行驶 1km 时第一数字轮正好转一圈。因此，第一数字轮上的 0～9 每上升一个数字为 0.1km。从第一数字轮向左，每两个相邻的数字轮之间，又通过本身的内齿和进位数字轮传动齿轮传动，其传动比为 10。这样，从右向左，数字轮转动所显示的数以 10 进位递增，将汽车累计行驶里程数用数字记录下来。

2. 电子式车速里程表

电子式车速里程表较常见的是从变速器上的传感器中获得反映汽车车速的脉冲信号，再通过电子电路驱动指示表。车速传感器有光电式、霍尔效应式、磁阻式及舌簧开关式等多种类型，指示表有指针式、数字式两种形式。电子式车速里程表主要由车速传感器、电子电路、车速表和里程表四部分组成。

1) 车速传感器

车速传感器由变速器驱动，能够产生正比于汽车行驶速度的电信号。如图 5-6 所示为奥迪 100 型轿车中的舌簧开关式车速传感器的结构，它由一个舌簧开关和一个有 4 对磁极

的转子组成。转子每转一周，舌簧开关中的触点闭合 8 次，产生 8 个脉冲信号，汽车每行驶 1km，车速传感器输出 4127 个脉冲。

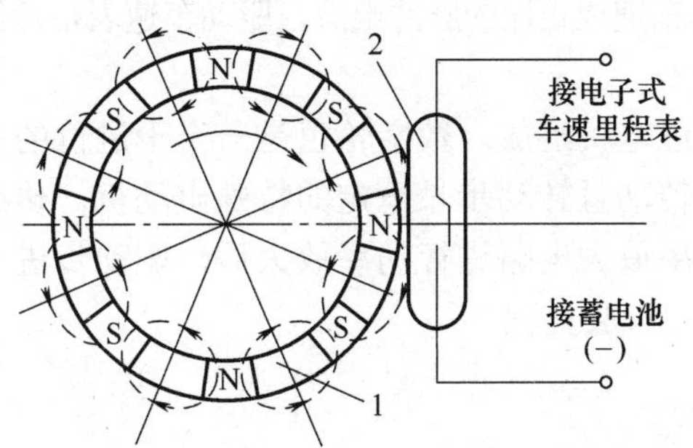

图 5-6　舌簧开关式车速传感器结构

1—塑料环；2—舌簧开关

2) 车速里程表电子电路

车速里程表电子电路的作用是对车速传感器送来的具有一定频率的电信号进行整形和触发处理，输出一个与车速成正比的电流信号。该电子电路主要包括稳压电路、单稳态触发电路、恒流源驱动电路、64 分频电路和功率放大电路。奥迪 100 型轿车中的电子式车速里程表电路如图 5-7 所示。仪表精度由电阻 R_1 调整，仪表初始工作电流由电阻 R_2 调整，电阻 R_3 和电容 C_3 用于电源滤波。车速表实际上是一个磁电式电流表，当汽车以不同车速行驶时，从电子电路接线端 6 输出的与车速成正比的电流信号便驱动车速表指针偏转，即指示相应的车速。里程表则由一个步进电动机及六位数字的十进位齿轮计数器组成。车速传感器输出的频率信号，经 64 分频后，再经功率放大器放大到具有足够的功率，驱动步进电动机，带动六位数字的十进位齿轮计数器工作，从而积累行驶的里程。电子式里程表累积的里程数字存储在非易失性存储器内，在无电状态下数据也能保存。

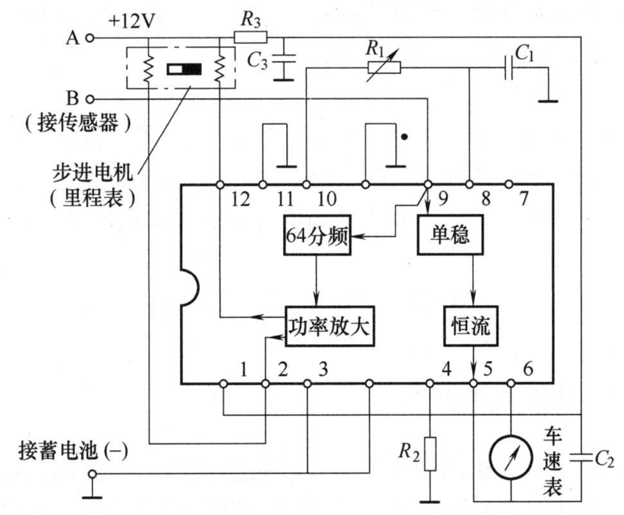

图 5-7　奥迪 100 型轿车电子式车速里程表电路

3) 车速表工作原理

车速表是一个电磁式电流表。传感器的脉冲信号经单稳态触发电路和恒流源驱动电路的处理后，输出平均电流与车速成正比的脉冲电流，驱动车速表指针偏摆，指示相应的车速。

4) 里程表工作原理

里程表由数字轮和步进电机组成。数字轮也是一个十进位的齿轮计数器。步进电机是一种脉冲电流驱动，按步转动且转动步长恒定的特殊电动机。传感器的脉冲信号经 64 分频电路分频处理，再经功率放大电路进行功率放大后，驱动步进电机转动，数字轮随步进电机转动，记录汽车的累计行驶里程。

5.1.5 发动机转速表

发动机转速表用于显示发动机的转速，驾驶员可根据发动机转速表的示值监视发动机的工作状况，更好地把握换挡时机和利用经济车速等。

电子式发动机转速表的结构简单，性能稳定可靠，便于安装，得到了广泛的应用。

电子式转速表还分为柴油机用和汽油机用两种形式，其不同之处在于脉冲信号的来源。柴油机的传感器信号来源于安装在发动机飞轮壳上的电磁感应式转速传感器或者与发动机曲轴连接的测速发电机，汽油机的传感器信号来源于点火系统的初级线圈的脉冲电压。

桑塔纳轿车中的电子式转速表的电路原理图如图 5-8 所示。该电路利用电容器充放电产生的脉冲实现了转速的测定。

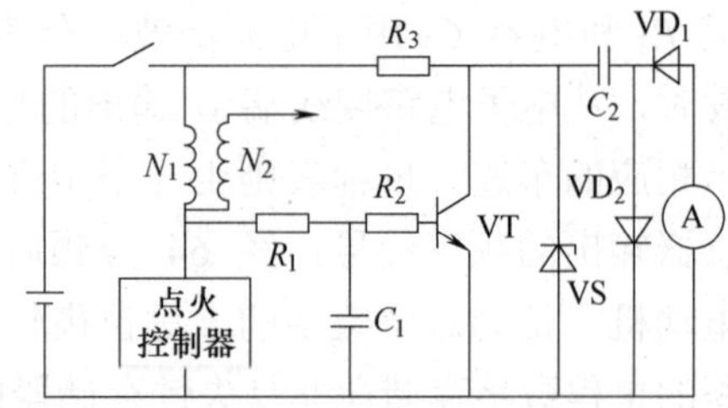

图 5-8 桑塔纳轿车电子式转速表电路原理图

当点火控制器使一次侧电路导通时，三极管 VT 处于截止状态，电容 C_2 被充电。其充电电路为：蓄电池正极→R_3→C_2→VD_2→蓄电池负极，构成回路。

当点火控制器使初级电路截止时，三极管 VT 的基极得到正电位而导通，此时 C_2 便通过导通的三极管 VT、电流表 A 和 VD_1 构成放电回路，从而驱动电流表。

当发动机工作时，初级电路不断地导通、截止，其导通、截止的次数与发动机转速成正比。所以当一次侧电路不断地导通、截止时，对电容 C_2 不断地进行充放电，其放电电流平均值与发动机转速成正比，于是将电流平均值标定成发动机转速即可。

5.2 指示灯系统

5.2.1 机油压力过低报警灯

在一些汽车上，除了装有机油压力表外，还装有机油压力报警装置，其作用是在发动机润滑系统机油压力低于允许值时，点亮报警灯，以提醒驾驶员。机油压力报警装置主要由报警开关和报警灯及其线路组成。膜片式机油压力过低报警灯控制电路如图 5-9 所示。

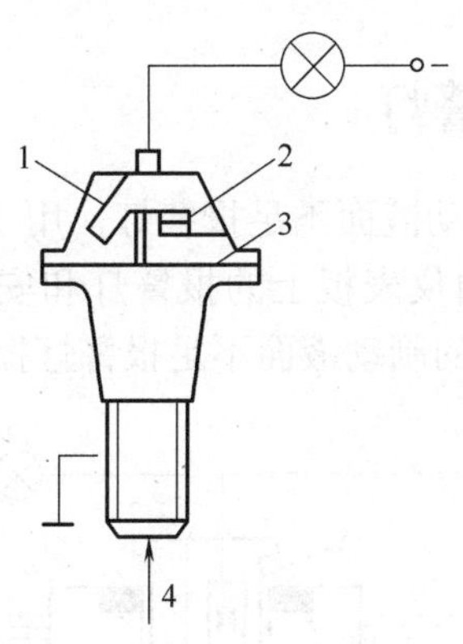

图 5-9　膜片式机油压力过低报警灯控制电路

1—弹簧片；2—触点；3—膜片；4—润滑主油道机油压力

压力报警开关的膜片 3 上侧面承受弹簧片 1 向下的弹力，下侧面承受润滑油路的压力。当接通点火开关但未起动发动机时，润滑系统的压力过低，膜片 3 在弹簧片 1 的作用下向下移动，弹簧片 1 使触点 2 保持在闭合状态，仪表板上的机油压力过低报警灯亮起。发动机起动后，发动机润滑系统主油道内的机油压力上升至正常值时，机油压力推动膜片 3 向上移动，通过推杆将触点 2 顶开，报警灯熄灭。在发动机工作时，若出现机油压力过低的情况，触点 2 在弹簧片 1 的作用下闭合，使机油压力过低报警灯点亮，以示警告。

5.2.2　燃油量不足报警灯

燃油量不足报警灯用于指示油箱内燃油已快要耗尽，以提醒驾驶员及时加油。燃油量不足报警灯控制电路由仪表板上的报警灯和安装在油箱内的液面传感器组成。采用热敏电阻式液面传感器的燃油量不足报警灯控制电路如图 5-10 所示。

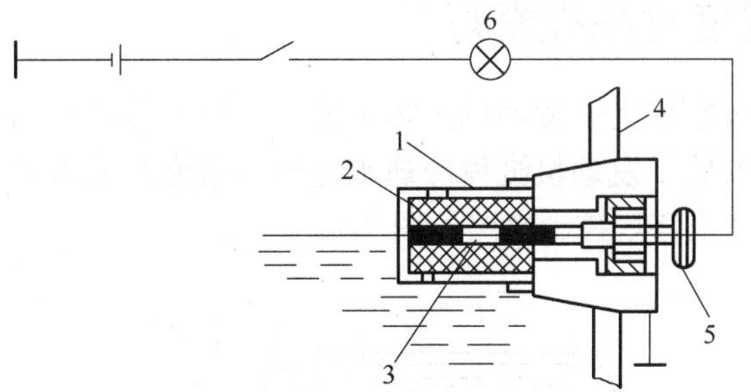

图 5-10　热敏电阻式燃油量不足报警灯控制电路

1—外壳；2—防爆金属网；3—热敏电阻；4—油箱外壳；5—接线柱；6—燃油量不足报警灯

当油箱液面高于设定的下限时，负温度系统的热敏电阻浸没在燃油中，热敏电阻通过燃油散热较快而温度较低，其电阻值大，所以电路中电流很小，指示灯不亮。当油箱液面降到设定的下限时，热敏电阻露出液面，通过空气散热较慢而温度升高，其电阻值减小，使电路中电流增大，报警灯亮起，指示油箱中燃油量不足。

5.2.3 制动液面不足报警灯

采用液压制动的汽车装有制动液面不足报警灯，用于在制动液面低于设定值时报警。制动液面不足报警灯控制电路由仪表板上的报警灯和安装在制动液储液罐中的传感器组成，采用舌簧开关式液面传感器的制动液面不足报警灯控制电路如图 5-11 所示。

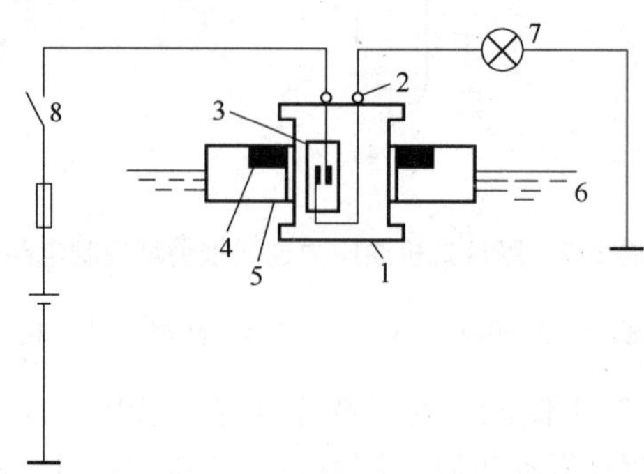

图 5-11 制动液面不足报警灯控制电路

1—舌簧开关外壳；2—接线柱；3—舌簧开关；4—永久磁铁；5—浮子；6—制动液面；7—制动液面不足报警灯；8—点火开关

传感器的主要部件是带永久磁铁的浮子和舌簧开关。在制动液面正常时，固定在浮子上的永久磁铁离传感器壳体内的舌簧开关距离较远而不能吸合开关，制动液面不足报警灯因电路不通而不亮。当浮子随着制动液面下降到设定的下限时，永久磁铁离舌簧开关的距离较近而将舌簧开关吸合。这时若点火开关处于接通状态，制动液面不足报警灯就会亮起，以示警告。

5.2.4 冷却液温度过高报警灯

冷却液温度过高报警灯用于发动机过热报警。冷却液温度过高报警灯控制电路由仪表板上的温度报警灯和安装于发动机缸体冷却水道处的温度开关组成，采用双金属片式温度开关的冷却液温度过高报警灯控制电路如图 5-12 所示。

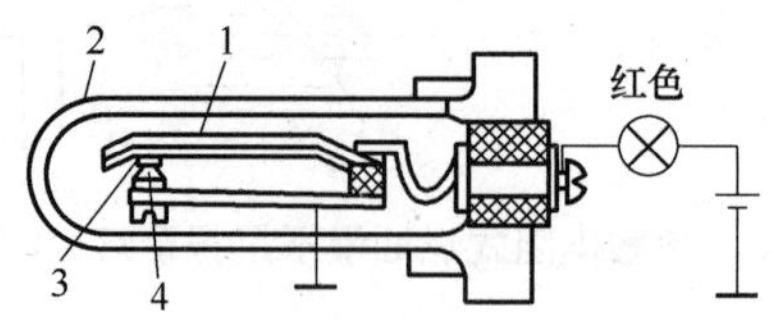

图 5-12 冷却液温度过高报警灯控制电路

1—双金属片；2—壳体；3—动触点；4—静触点

发动机温度低或正常时，温度开关内的双金属片不弯曲或弯曲较小，触点处于断开状态，报警灯不亮。当发动机温度达到或超过设定的上限时，温度开关内双金属片 1 受热弯曲使触点闭合，接通冷却液温度过高报警灯控制电路，报警灯亮起。

5.2.5　制动系统报警灯

制动系统报警灯有两个作用：①在双管路制动系统中任一管路压力过低时报警，提醒驾驶员及时调整管路压力；②在点火开关接通后，驻车制动仍停放在制动位置时报警，提醒驾驶员在挂挡起步前松开驻车制动器。

制动系统报警灯控制电路如图 5-13 所示。差压开关主要由柱塞 4(左、右各一个)、开关触发杆 5、平衡弹簧等组成，并联在双管路制动总泵两制动管路之间。接通点火开关时，若两管路制动压力正常，开关触发杆 5 在平衡弹簧的作用下处于中间位置，报警灯不亮。但若其中任一管路压力下降，且压差达到最大允许值(1Mpa)时，开关触发杆 5 就会向一边偏移到接通柱塞 4 的位置，使报警灯亮。

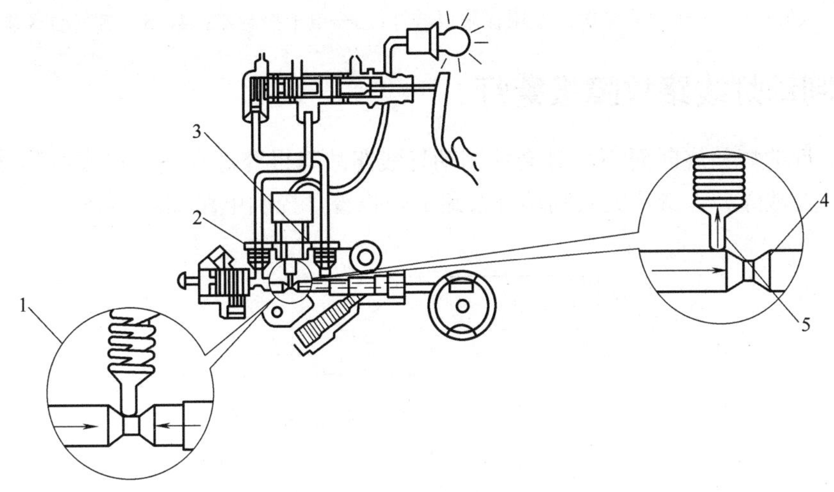

图 5-13　制动系统报警灯控制电路

1—差压开关；2—前制动管路；3—后制动管路；4—柱塞；5—开关触发杆

在制动系统报警灯控制电路中，驻车制动开关与差压开关并联，报警灯通过两个并联的开关与点火开关串联。接通点火开关后，两个并联的开关只要有一个处于接通状态，报警灯就会发亮。接通点火开关时，若驻车制动器仍处于制动位置，则驻车制动开关处于接通状态，报警灯亮，松开驻车制动器后，报警灯即熄灭。

5.2.6　制动器摩擦片使用极限报警灯

制动器摩擦片使用极限报警灯的作用是提醒驾驶人制动器摩擦片已到使用极限，其控制电路如图 5-14 所示。这种电路是在摩擦片的适当位置埋设了一段导线，该导线与电子控制器 3 相连。当接通点火开关后，电子控制器向制动器摩擦片内埋设的导线通电数秒钟进行检查，如果摩擦片已磨损到使用极限厚度而将埋设的导线磨断，电子控制器会使报警灯 2 点亮，以示警告。

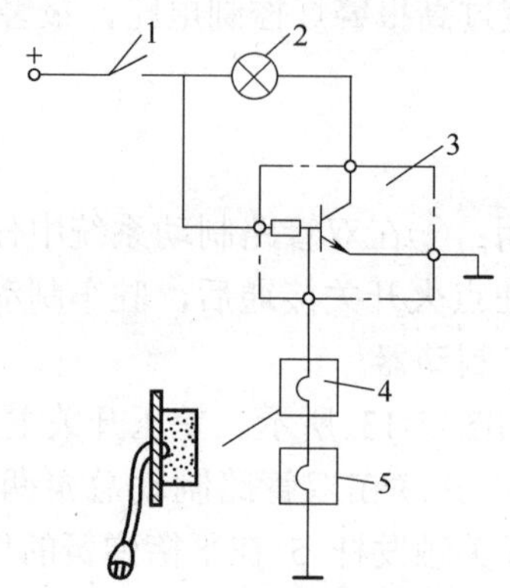

图 5-14　制动器摩擦片使用极限报警灯控制电路

1—点火开关；2—制动器摩擦片使用极限报警灯；3—电子控制器；4、5—前制动器摩擦片

5.2.7　制动灯线路故障报警灯

当制动灯的灯丝烧断而不亮时会使制动灯线路故障报警灯亮起，以提醒驾驶人及时排除制动灯不亮故障。舌簧开关式制动灯线路故障报警灯控制电路如图 5-15 所示。

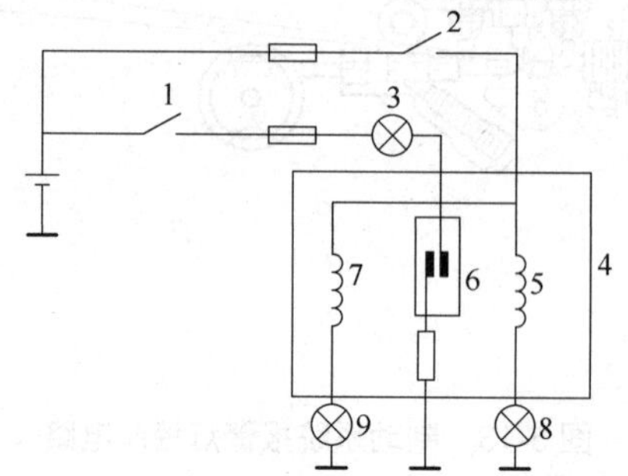

图 5-15　制动灯线路故障报警灯控制电路

1—点火开关；2—制动开关；3—制动报警灯；4—制动检测器；5、7—电磁线圈；
6—舌簧开关；8、9—制动灯

驾驶人踩下制动踏板时，制动开关接通制动灯电路，制动灯亮起。此时舌簧开关两侧的电磁线圈同时通电，产生的电磁力相互抵消，舌簧开关保持在断开位置，报警灯不亮。如果某一侧制动灯因灯丝烧断而不亮，舌簧开关只受单侧电磁线圈通电，其产生的电磁力使舌簧开关闭合，接通报警灯电路，报警灯亮起，以示报警。

1. 简述电磁式燃油表的工作原理。
2. 简述水温表的工作原理。

3. 简述双金属片式机油压力表的工作原理。
4. 电子式车速里程表是如何工作的?
5. 简述冷却液温度过高报警灯的工作原理。
6. 简述膜片式机油压力过低报警灯的工作原理。
7. 简述制动液面不足报警灯的工作原理。
8. 简述燃油量不足报警灯的工作原理。

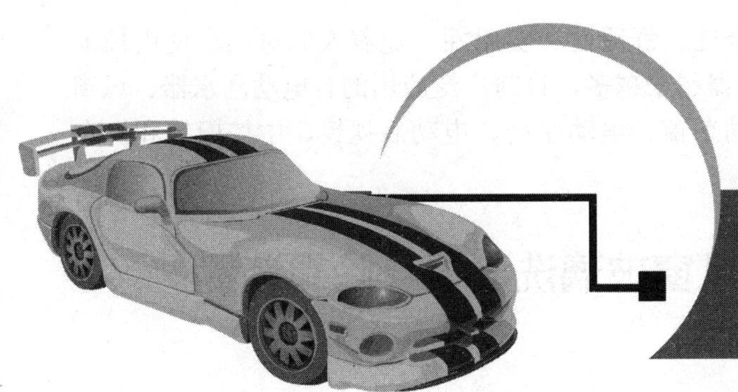

第6章 汽车辅助电器

【知识目标】

掌握电动刮水器的结构组成及工作原理；了解风窗玻璃洗涤器及风窗玻璃除霜装置的结构及工作原理；了解电动车窗、电动座椅、电动后视镜、中控门锁的结构及基本原理；了解汽车空调系统的组成及作用；掌握汽车空调制冷系统部件的结构及工作原理。

【技能目标】

会分析空调系统的控制电路。

汽车辅助电器用以提高汽车的安全性、舒适性和实用性。随着人们对汽车使用性能要求的不断提高，汽车上应用的辅助电器越来越多，目前广泛应用的有电动刮水器、风窗玻璃洗涤器、风窗玻璃除霜装置、电动车窗、电动座椅、电动后视镜、中控门锁和汽车空调。

6.1 电动刮水器与风窗玻璃洗涤器、除霜装置

6.1.1 电动刮水器

电动刮水器的作用是清除前后风窗玻璃上的水、雪及尘埃，保证在不良天气时驾驶员仍具有良好的视线。

1. 电动刮水器的组成

电动刮水器的组成如图 6-1 所示。电动机 5 旋转，带动蜗轮蜗杆减速机构 4，使与蜗轮轴相连的摇臂带着两侧拉杆做往复运动，拉杆则通过摆杆带着左、右雨刮片架做往复摆动，安装在雨刮片架上的橡皮雨刮片便刷去风窗玻璃上的雨水、雪和灰尘。

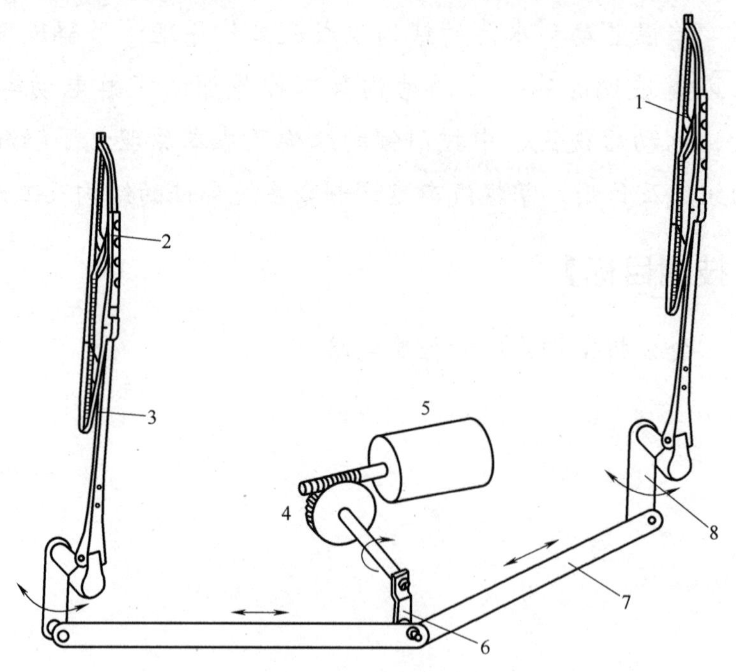

图 6-1 电动刮水器

1—铰接式雨刮片架；2—雨刮片；3—雨刮臂；4—蜗轮蜗杆减速机构；
5—电动机；6—摇臂；7—拉杆；8—摆杆

为了使刮水器停止工作时不影响驾驶员的视野，刮水器应具有自动复位装置，保证刮水器始终停在风窗玻璃的下面。

刮水器的主要部件是永磁式直流电动机。

汽车上的刮水器一般都是双速的，电动刮水器采用三刷式电动机实现刮水器的刮水频率控制。

2. 电动刮水器的变速原理

刮水器的不同工作速度通过控制直流电动机的高低转速实现。根据直流电动机工作时的电压电流平衡关系可得到直流电动机的转速公式为

$$n=\frac{U-I_sR}{KZ\Phi} \tag{6-1}$$

式中：n——直流电动机的转速；

U—电压；

I_s——电枢电流；

R——电枢电阻；

K——常数；

Z——电枢绕组匝数；

Φ——磁极磁通量。

从式(6-1)可知，在电压U和电枢电流I_s基本不变时，通过调节磁极的磁通量Φ或改变电枢绕组的匝数Z均可改变电动机的转速。刮水器基本都采用三刷式永磁式直流电动机，其变速原理如图 6-2 所示。当电刷相隔 180°时，电机转子绕组形成对称的两条并联支路，电动机稳定在某一较低转速下运行。当电刷偏置时，电机转子绕组支路上串联的有效绕组匝数减少，因而正、负电刷间的反电动势减小，电枢电流增大，引起电动机的转矩增大，在负载不变的情况下，使电动机获得某一较高的转速。

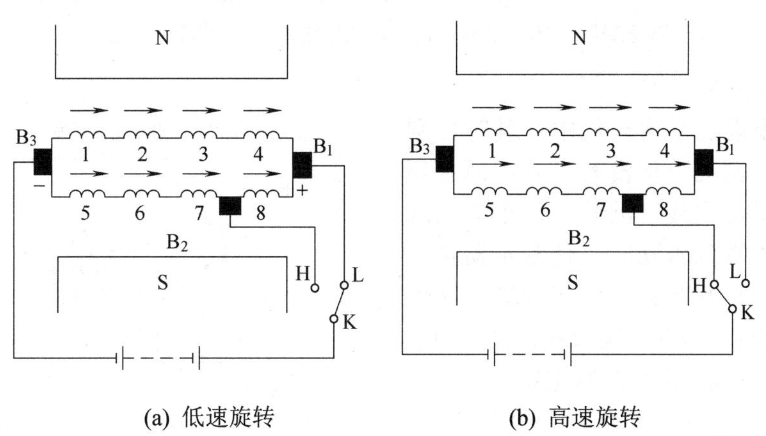

(a) 低速旋转 (b) 高速旋转

图 6-2 刮水器电动机变速原理

1) 慢速刮水

刮水器变速控制电路如图 6-3 所示。当接通电源开关 1，变速开关 12 拉到“L”挡位置时，电流通路为：蓄电池正极→电源开关 1→熔断丝 2→电刷 B_3→电枢绕组 10→电刷 B_1→接线柱Ⅱ→接触片→接线柱Ⅲ→搭铁→蓄电池负极。电动机低速运转。

2) 快速刮水

当变速开关 12 拉到“H”挡位置时，电流通路为：蓄电池正极→电源开关 1→熔断丝

2→电刷 B_3→电枢绕组 10→电刷 B_2→接线柱Ⅳ→接触片→接线柱Ⅲ→搭铁→蓄电池负极。电动机快速运转。

3) 停机复位

当变速开关 12 推到“R”挡位置时，如果雨刮片未停在风窗玻璃下沿位置，由于触点 6 仍与铜环 9 接触，如图 6-3(b)所示，电流继续流经电枢，电流通路为：蓄电池正极→电源开关 1→熔断丝 2→电刷 B_3→电枢绕组 10→电刷 B_1→接线柱Ⅱ→接触片→接线柱Ⅰ→触点臂 5→铜环 9→搭铁→蓄电池负极。电动机继续转动。当雨刮片摆到风窗玻璃下沿时，触点臂 3、5 与铜环 7 接通而短路，如图 6-3(a)所示位置，切断电动机电流，刮水器停止运转。

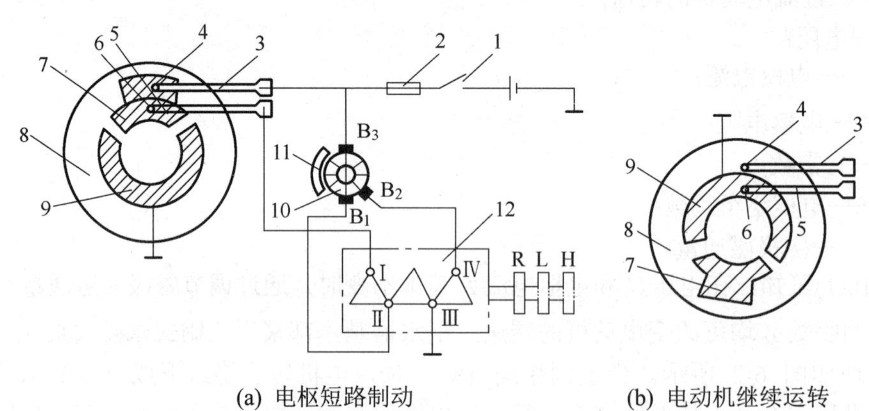

图 6-3 铜环式刮水器变速控制电路和自动复位装置

1—电源开关；2—熔断器；3、5—触点臂；4、6—触点；7、9—铜环；

8—减速蜗轮；10—电枢；11—永久磁铁；12—刮水器变速开关

4) 间歇控制

汽车在小雨、小雪天气中行驶时，刮水器快速反复刮动不但没有必要，而且还会影响驾驶员的视线，因此，汽车的刮水器都增设了间歇刮水功能，使刮水器按一定周期自动停止和刮拭，即每刮刷一次停歇 3～6s，这样，可使驾驶员获得良好的视野。如图 6-4 为间歇刮水控制电路一例。

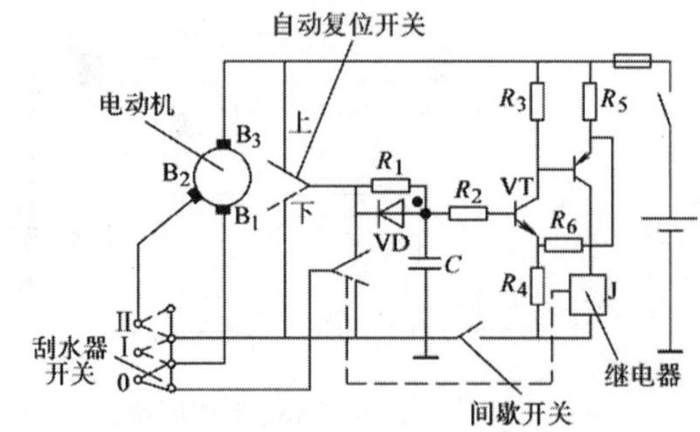

图 6-4 间歇刮水控制电路原理

接通点火开关后，电源向电容器 C 充电，充电电流的电路为：蓄电池正极→自停触点上触点，电阻→电阻 R_1→电容器 C→搭铁至蓄电池负极，C 充足电后，使 VT_1 的基极电位高于其正向导通电压。当接通刮水器间歇开关时，VT_1 的基极随即得到导通电压而导通，并使 VT_2 随之导通，继电器 J 线圈通电，J 的常闭触点打开，常开角度点闭合，刮水器电动机通电工作。

刮水器电动机与刮水片自停凸轮联动，当刮水器电动机转动至自停触点的上触点断开、下触点接通时，电容器 C 便通过 VD 放电，使 VT_1 的基极电位下降。当 C 两端的电压下降至 VT_1 的导通电压以下时，VT_1 截止，VT_2 随之截止，继电器 J 断电，其常闭触点又

闭合，常开触点断开。此时，自停凸轮转至自停触点的下触点接通，因此电动机仍然通电，刮水片继续摆动。当刮水片摆回原位，刮水片自停凸轮转至自停触点上触点接通时，刮水器电动机的电枢被短路而停转。

自停触点上触点又接通了 C 充电电路，但需要通过一定时间的充电才能达到 VT_1 的导通电压，因而使得刮水器间歇工作。刮水片每次间歇时间长短取决于 C 的充电时间，改变 R_1 和 C 的参数值即可改变刮水器间歇时间。

6.1.2 风窗玻璃洗涤器

在干燥的天气情况下，风窗玻璃上的灰尘及污物需要利用风窗玻璃洗涤器来冲洗。风窗玻璃洗涤器的结构组成如图 6-5 所示，其主要由洗涤液储液罐、电动洗涤泵、软管、三通接头和喷嘴等部件组成。

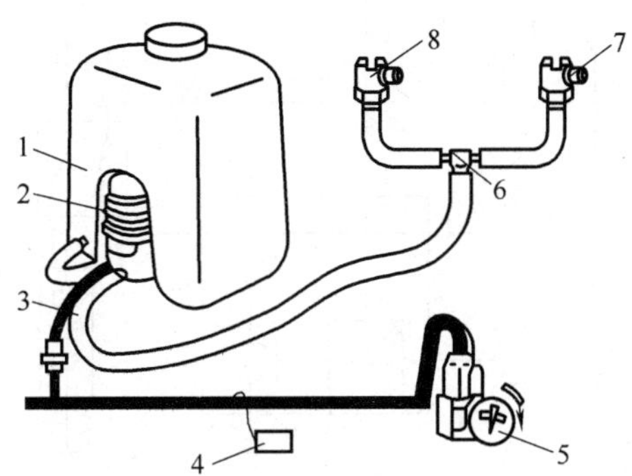

图 6-5 风窗玻璃洗涤器的结构组成

1—储液罐；2—洗涤泵；3—软管；4—熔断器；5—刮水器开关；6—三通接头；7、8—喷嘴

风窗玻璃的清洗应遵守一定的顺序：先打开风窗玻璃洗涤器的开关，等洗涤液由喷嘴喷撒到风窗玻璃的上部，使风窗玻璃湿润后，再启动刮水器。无洗涤液时，不能开启电动洗涤泵。

6.1.3 风窗玻璃除霜装置

当环境温度低于零度时，空气中的水蒸气在风窗玻璃上很容易结霜，从而影响驾驶员的视野。因此有必要在汽车上配置除霜装置。

在装有空调的汽车上，除霜装置的热源来源于空调的暖气。通过风扇将暖风吹到风窗玻璃上，以防止结霜。

对后风窗玻璃通常采用电热除霜装置，如图 6-6 所示。在风窗玻璃内表面间隔地镀有数条很窄的导电膜，接通电路后，即可对风窗玻璃进行加热。

除霜时间可自动控制的后风窗玻璃除霜装置控制电路一例如图 6-7 所示。需要除霜时，接通除霜开关 8，控制器 6 便接通后风窗玻璃除霜继电器线圈电路，使继电器触点闭合，后风窗玻璃上的除霜器电热丝通电发热而使附于后风窗玻璃上的霜雪受热蒸发。除霜器中的延时电路使继电器保持通电 10～20min 后断电，使除霜器自动停止工作。如果还需要继续除霜，可再次接通除霜开关。

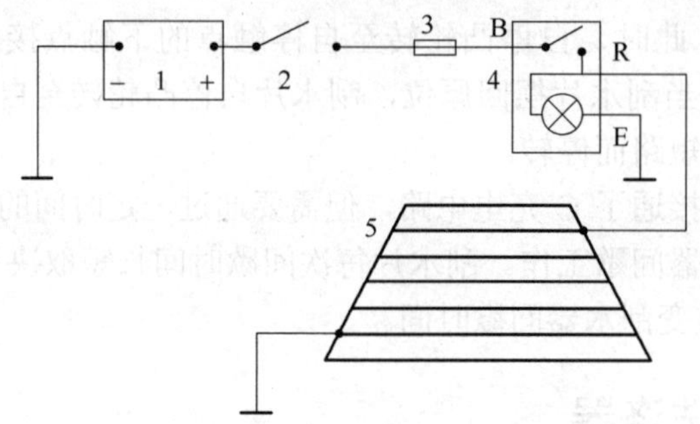

图 6-6　后风窗玻璃电热除霜装置电路

1—蓄电池；2—点火开关；3—熔丝；4—除霜器开关及指示灯；5—除霜器(电热丝)

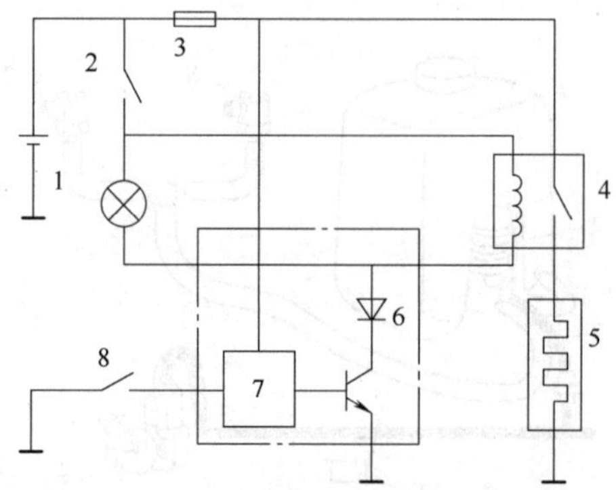

图 6-7　除霜时间可自动控制的后风窗玻璃除霜装置控制电路

1—除霜指示灯；2—点火开关；3—熔丝；4—除霜继电器；5—除霜器(电热丝)；

6—控制器；7—延时电路；8—除霜开关

6.2　电动辅助装置

6.2.1　电动车窗

1. 电动车窗的组成与类型

电动车窗主要由车窗玻璃、车窗升降器、驱动电机和控制开关等部件组成。为操纵方便，电动车窗有两套控制开关，一套分布在汽车仪表台上，由驾驶员控制；一套分布在对应的车窗上，方便乘员的使用。

桑塔纳轿车电动车窗玻璃升降器的结构如图 6-8 所示，电动车窗的驱动电机为双向直流电动机。

当电动机正向或反向接通电源后，电动机正向或反向运转，经蜗轮蜗杆减速后，再由联轴缓冲器驱动绳索卷筒，钢丝绳索拉动车窗玻璃支架在导轨中上下移动，实现车窗玻璃的上下移动。

电动车窗所用的双向直流电动机有永磁式和双绕组串励式两种。不同车型所采用的电动车窗的电机及其控制电路各不相同，轿车电动车窗的驱动电机广泛采用双向永磁式直流电动机。

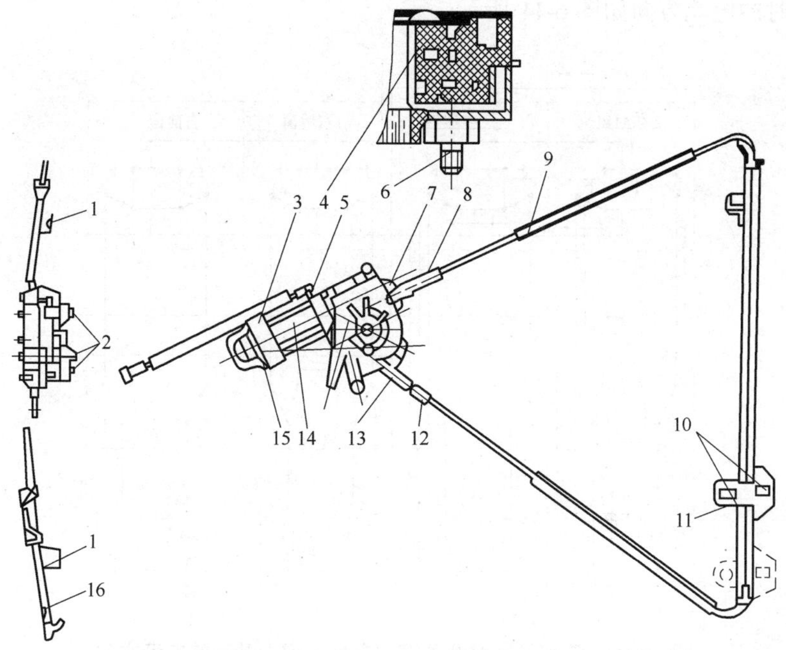

图 6-8　桑塔纳轿车电动车窗玻璃升降器结构

1—支架安装位置；2—电动机安装位置；3—固定架；4—联轴缓冲器；5—电动机；6—绳索卷筒；7—盖板；8—调整弹簧；9—绳索；10—门窗玻璃安装位置；11—滑动支架；12—弹簧套筒；13—安装缓冲器；14—铭牌；15—均压孔；16—支架

2．电动车窗的控制电路

电动车窗的控制电路一例如图 6-9 所示。

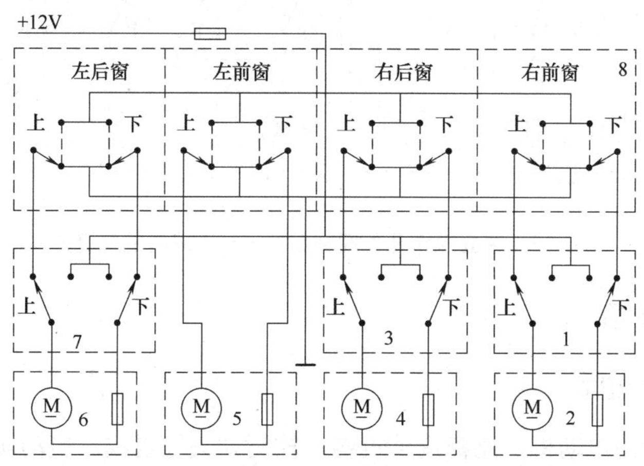

图 6-9　电动车窗的控制电路

1—右前车窗开关；2—右前车窗电机；3—右后车窗开关；4—右后车窗电机；5—左前车窗电机；6—左后车窗电机；7—右前车窗开关；8—驾驶员主控开关组件

驾驶员主控开关控制左后车窗上升时的电流方向如图 6-10 所示。独立操作开关控制左后车窗下降时的电流方向如图 6-11 所示。

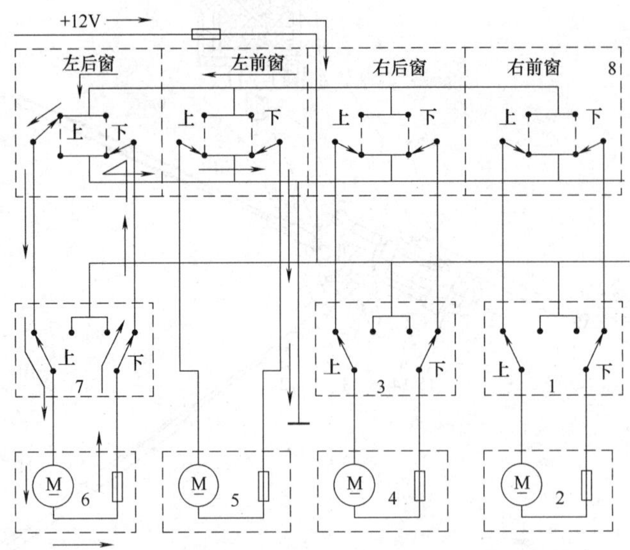

图 6-10　驾驶员主控开关控制左后车窗上升时的电流方向

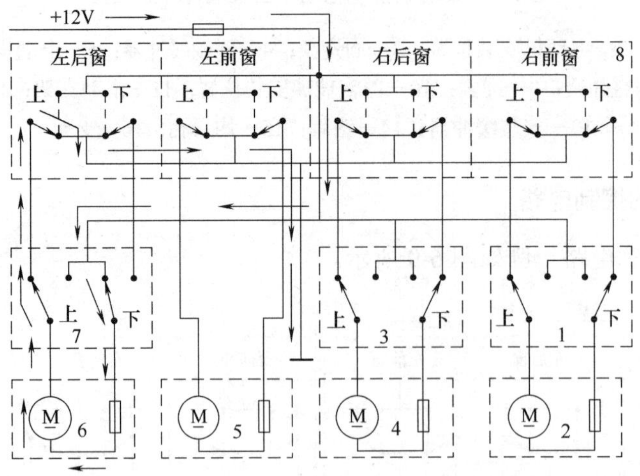

图 6-11　独立操作开关控制左后车窗下降时的电流方向

6.2.2　电动座椅

1. 电动座椅的组成

电动座椅主要由电动机、座椅调整机构、控制开关等组成。电动座椅多采用永磁式双向直流电动机，为防止电机过载，电机内一般都装有断路器。由于座椅的类型不同，一般一个座椅可装 2 个、3 个、4 个或 6 个电机。装有 4 个电机的电动座椅调节示意图如图 6-12 所示。

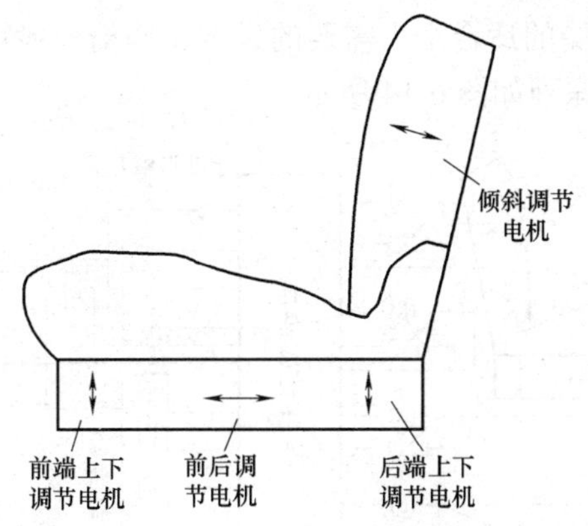

图 6-12 装有 4 个电机的电动座椅调节示意图

座椅调整机构的作用是把电机的旋转运动转变成座椅的上下、前后移动或靠背的倾斜摆动。蜗轮蜗杆机构是其核心部件，它具有较大的传动比且自锁性能良好。

2. 电动座椅控制电路

帕萨特 B5 轿车的驾驶员座椅和乘员座椅都配置有八向可调电动座椅，其控制电路如图 6-13 所示。

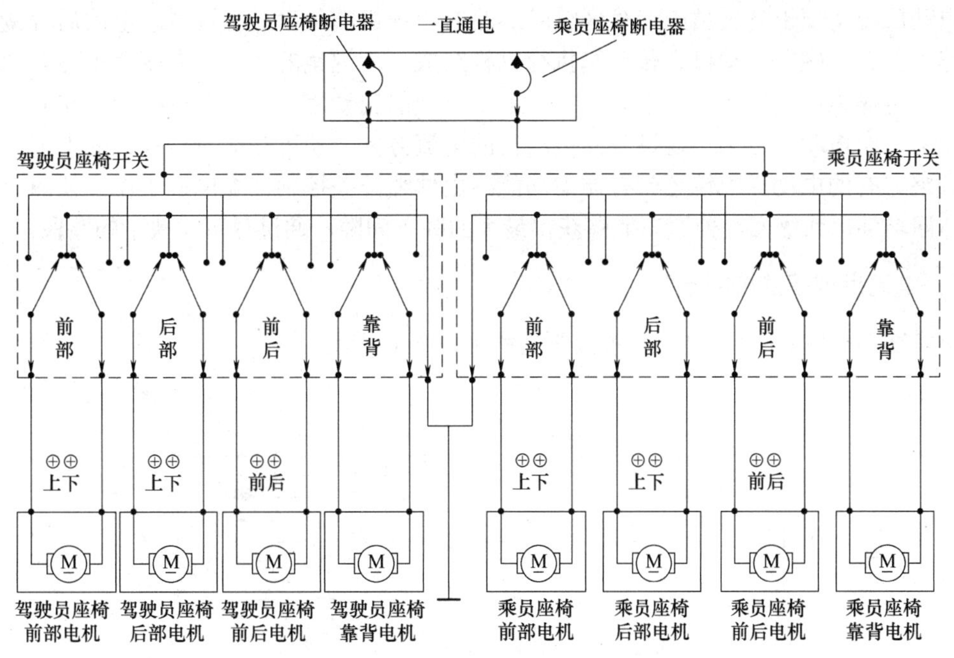

图 6-13 帕萨特 B5 轿车电动座椅控制电路

3. 具有存储功能的电动座椅

将电动座椅与车载电脑结合在一起，就可增加座椅的记忆功能，对座椅设定的信息参数实现智能化管理。例如，前者调好的座椅状态，后者使用时为确保舒适进行重新调整，这时存储控制单元会将前者的调节参数进行保存，当前者重新乘坐时，只需要按动一个按钮，便可轻松获得以前存储的适合个人需要的设定。座椅一般可存储 2～4 组参数。具有存储功能的电动座椅系统原理如图 6-14 所示。

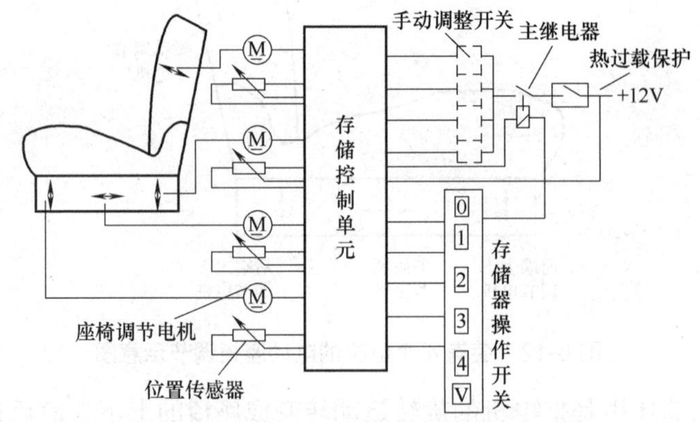

图 6-14　具有存储功能的电动座椅系统原理

6.2.3　电动后视镜

1. 电动后视镜的组成

电动后视镜便于驾驶员坐在车内随时对左右后视镜的角度进行调节。电动后视镜主要由调整开关、永磁式电动机、传动和执行机构组成。后视镜的背后装有两套永磁电动机和驱动器，可操纵后视镜上下及左右转动。上下方向的转动用一个电动机控制，左右方向的转动用另一个电动机控制。通过改变电动机的电流方向，就可完成对后视镜的上下左右方向的调整。有的电动后视镜还带有伸缩功能，由伸缩开关控制伸缩电机工作，使两个后视镜整体回转伸出或缩回，使汽车能够获得最大的驻车间隙，通过尽可能狭小的路段。

2. 电动后视镜的控制电路

桑塔纳 2000 型轿车电动后视镜控制电路如图 6-15 所示。

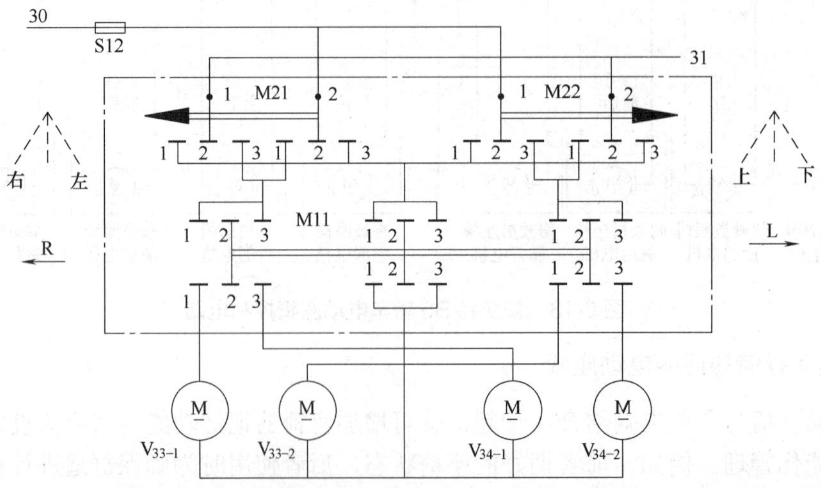

图 6-15　桑塔纳 2000 型轿车电动后视镜控制电路

6.2.4　中控门锁

1．中控门锁的组成

现代轿车多数都选装了中控门锁。当驾驶员用锁扣或钥匙锁定左前门时，其他三个车门及行李舱门也同时被锁好，打开时可单独打开左前车门，也可同时打开所有车门及行李舱门。

中控门锁一般由门锁执行器(闭锁器)、连杆操纵机构、控制器和控制开关等组成，如图 6-16 所示。

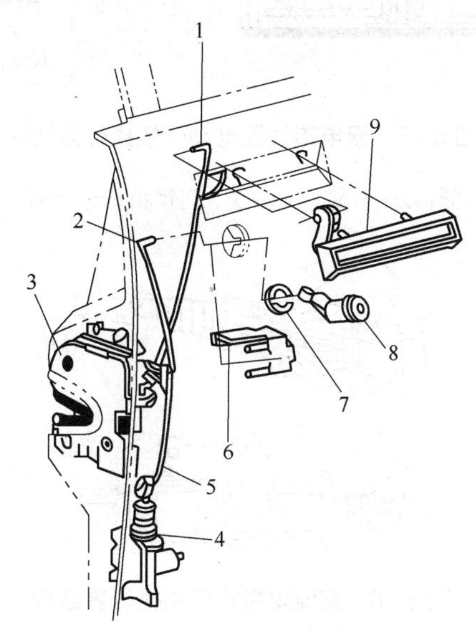

图 6-16　中控门锁系统的组成

1—外门锁手把至门锁连杆；2—锁芯至门锁连杆；3—门锁总成；4—门锁电动机；
5—电动机至门锁连杆；6—锁芯定位架；7—垫圈；8—锁芯；9—外门锁手把

2．门锁执行器

门锁执行器用于拨动车门门锁装置的锁扣，使门开锁或闭锁，常用的有电磁式和直流电机式两种。双电磁线圈电动门锁执行器的结构如图 6-17 所示，分别对锁门线圈和开门线圈进行通电即可使门闭锁和开锁。直流电机式门锁执行器的结构如图 6-18 所示，它由双向永磁电动机以及齿轮和齿条等组成，电机旋转带动齿条伸出或缩回完成开锁或闭锁动作。

3．中控门锁控制电路

桑塔纳 2000 轿车中控门锁控制电路如图 6-19 所示。其采用电机式门锁执行器，工作原理如下：将左前门门锁提钮压下，门锁控制开关第 2 位触点接通。由于提钮压下过程中，集控开关附带的控制触点 K 已被短暂闭合过，故左前侧集控门锁控制器 J_{53} 已使其触点闭合。这时 A 路电源经熔断丝，并通过闭合的触点及门锁控制开关第 2 掷第 2 位加至中控门锁内部电源线 P_2，与此同时，电源的负极经门锁控制开关第 1 掷第 2 位加至中控门锁内部电源线 P_1。门锁电机 V_{30}、V_{31} 和 V_{32} 反转，带动各门锁锁闭。1～2s 后，J_{53} 控制其已闭合的触点断开，从而切断了为门锁电机供电的 A 路电源，电机停转，并一直保持此状态。

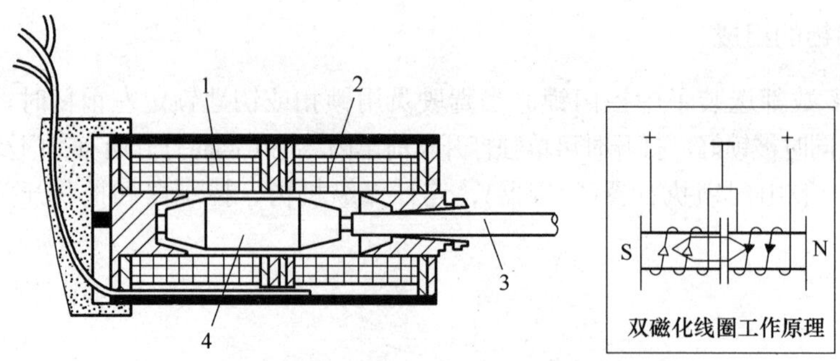

图 6-17　双电磁线圈电动门锁执行器结构

1—锁门线圈；2—开锁线圈；3—门锁机构连接杆；4—衔铁

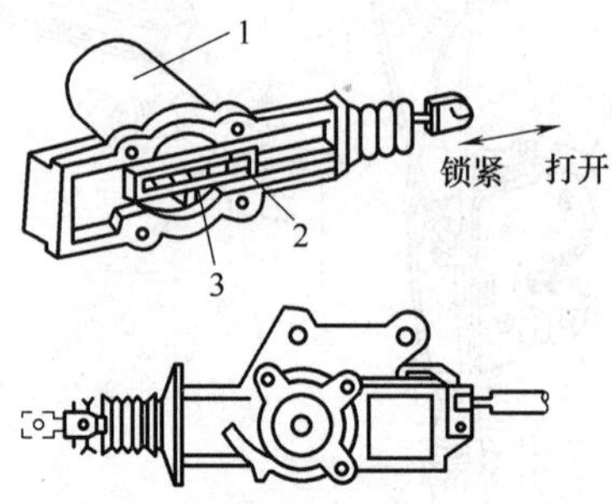

图 6-18　直流电机式门锁执行器结构

1—电机；2—齿条门线圈；3—小齿轮

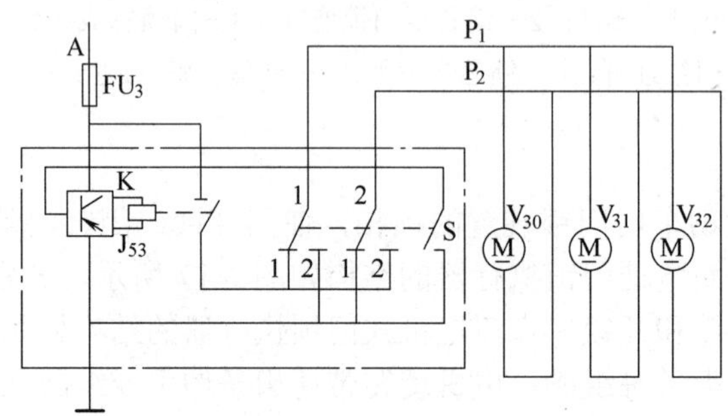

图 6-19　桑塔纳 2000 轿车中控门锁控制电路

若将左前门门锁提钮拔起，门锁控制开关第 2 位触点被断开，第 1 位触点闭合。在这一过程中，集控开关附带的控制触点 S 又被短暂闭合，从而使 J_{53} 的触点再次闭合 1～2s。这时 A 路电源经 J_{53} 的闭合触点和门锁控制开关第 1 掷第 1 位加至内部电源线 P_1，而电源的负极经门锁控制开关第 2 掷第 1 位加至内部电源线 P_2。内部电源的供电电压极性改变，门锁电机 V_{30}、V_{31} 和 V_{32} 正转，带动各自的门锁开启。1～2s 后，J_{53} 控制其已闭合的触点断开，门锁电机停转。

门锁的锁闭与开启有两种方式可供选择：一是独立地按下或提起右前、右后和左后车门上的门锁提钮可分别锁闭或开启这三个车门的门锁，另一种方式是通过设在左前门上的门锁提钮或门锁钥匙对四个车门门锁的锁闭和开启进行集中控制。为此，右前、右后和左后门各自采用手动和电机驱动同步联动的门锁锁闭与开启装置。左前门的门锁只有通过钥匙(车外钥匙)和提钮(车内锁门)手动进行锁闭和开启操作。但门锁操纵机构通过一个联动的连杆同步带动一个集控开关，通过该开关可以同时控制其他车门的锁闭与开启机构，对各自的车门门锁进行集中操纵。

6.3 汽车空调

6.3.1 汽车空调的基本组成和类型

汽车空调系统一般由冷气装置、采暖装置、通风换气装置和空气净化装置四部分组成。

冷气装置用于在温度较高的夏季，对车厢内的空气降温保湿；采暖装置用于在温度较低时为车厢内提供暖气以及用于风窗玻璃的除霜除雾等；通风换气装置用于定时将车内空气与车外空气进行循环，以保证车厢内空气的清新；空气净化装置可以除去车厢内的异味、尘埃等。

汽车空调根据其驱动形式分为独立式和非独立式两类。独立式空调的压缩机由一台专用的发动机驱动，它不受汽车整体运行情况的影响，运行平稳，功率较大，主要应用在一些大、中型客车上；而非独立式空调的压缩机由汽车发动机直接驱动，其特点是压缩机的运行情况受发动机运行工况的影响，功率较小，主要应用在一些小型客车和轿车上。

汽车空调根据其功能可以分为单一功能型和冷暖一体型。单一功能型是指将制冷系统、暖风系统、通风系统各自独立安装，独立操作，一般应用在大型客车和载货汽车上；冷暖一体型是指制冷、采暖和通风共用一台鼓风机，共用一套风道送风口，冷风、暖风和通风在同一块控制板上控制。

6.3.2 汽车空调制冷循环工作过程

汽车空调制冷循环系统主要由压缩机、冷凝器、储液干燥器、热力膨胀阀和蒸发器等部件组成。各部件之间的连接管路一般为耐压金属管道或耐压耐氟的橡胶软管。

传统的汽车空调制冷剂为 R-12(氟利昂 12)，为克服氟利昂对大气臭氧层的破坏，现代汽车空调普遍采用 R-134a 无氟制冷剂。汽车空调制冷系统的组成如图 6-20 所示，制冷循环的工作原理如下。

(1) 压缩过程：发动机运转时，通过曲轴皮带轮驱动空调压缩机运转，将低温低压的制冷剂蒸气从蒸发器中吸入，并加压成高温高压的蒸气输入冷凝器。

(2) 放热过程：冷凝器中高温高压的蒸气，在冷却水和冷却风扇的作用下，将热量散发到空气中，使制冷剂冷凝变成高压液态。

(3) 节流膨胀过程：高压液态制冷剂经膨胀阀节流后进入蒸发器膨胀成气体，压力和温度下降。

(4) 吸热制冷过程：蒸发器中的制冷剂在蒸发过程中从周围的空气中吸收大量的热量，使周围的空气得到冷却，用鼓风机将空气经蒸发器吹入客厢，得到凉爽的冷风。

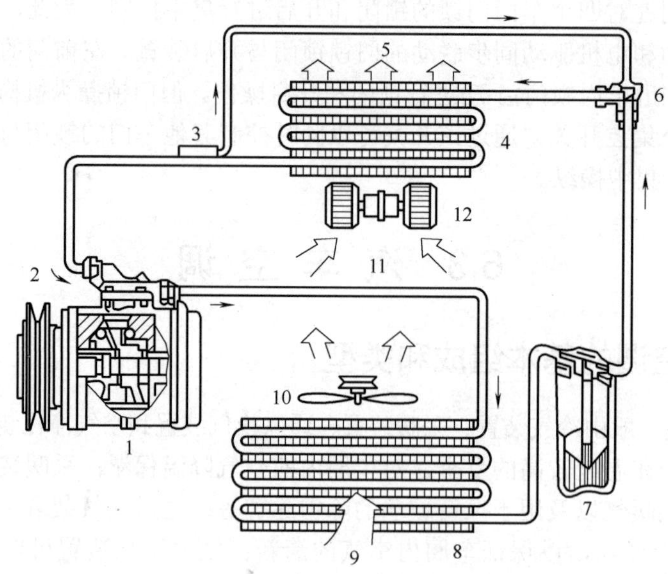

图 6-20　汽车空调制冷系统的组成

1—压缩机；2—低压侧；3—感温包；4—蒸发器；5—冷气；6—膨胀阀；7—储液干燥器；8—冷凝器；9—迎风面；10—发动机冷却风扇；11—热空气；12—鼓风机

6.3.3　制冷系统结构部件

1. 压缩机

桑塔纳轿车空调系统所采用的空调压缩机的结构如图 6-21 所示，压缩机内部有 5 个气缸，均布在缸体圆周上。当发动机工作时，空调开关闭合，电磁离合器结合，压缩机在发动机的驱动下运转。压缩机内部的斜盘和压缩机轴固定在一起，因此斜盘的旋转通过连杆驱动活塞作往复轴向运动。在吸气过程中，低温低压的制冷剂蒸气被吸入气缸；在压缩过程中，低温低压的制冷剂蒸气被压缩成高温高压的制冷剂蒸气。

2. 电磁离合器

电磁离合器的作用就是根据需要接通或切断输入压缩机的动力。它是汽车空调控制系统中的重要控制部件之一，其结构如图 6-22 所示。电磁离合器主要由带轮、电磁线圈、盘状衔铁和轴承等组成。

当电磁线圈没有通电时，盘状衔铁与带轮分离，带轮在压缩机驱动轴上空转，压缩机不工作；当电磁线圈通电时，产生的电磁吸力吸引盘状衔铁，动力经带轮、盘状衔铁传递给压缩机驱动轴，驱动压缩机工作。

3. 冷凝器

桑塔纳轿车的空调系统采用铝制管片式冷凝器，安装在发动机水箱前面。其作用就是将从压缩机出来的高温高压的制冷剂蒸气冷凝成高温高压的制冷剂液体。

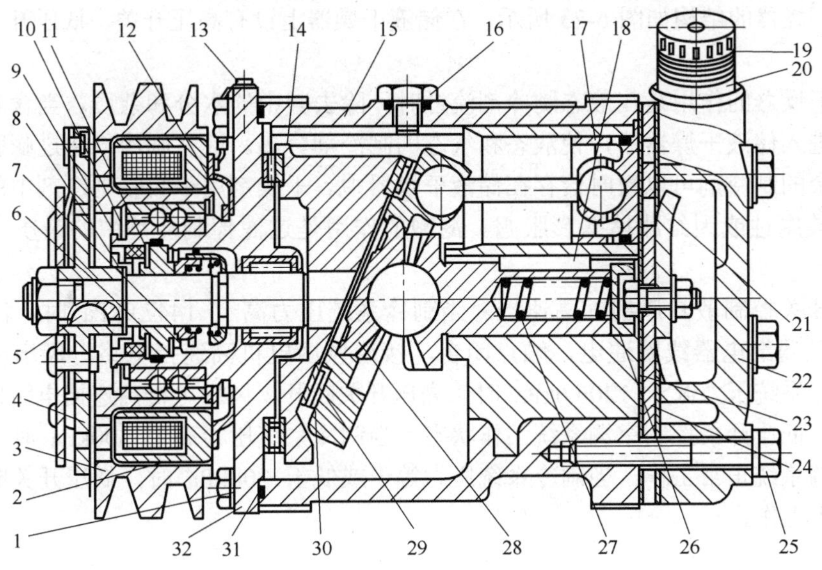

图 6-21　SD-508 型空调压缩机结构

1—前盖紧固螺栓；2—电磁离合器线圈总成；3—驱动带轮；4—吸盘；5—半月键；6—轴封颈环；7—密封件；8—弹性垫圈；9—油毡密封器；10—卡簧挡圈；11—孔用弹性挡圈；12—轴用弹性挡圈；13—导线夹固定螺钉；14—连接管；15—气缸体；16—注油螺栓；17—活塞；18—平键；19—吸气口护帽；20—排气口护帽；21—垫片；22—气缸盖；23—气缸垫；24—阀板；25—后盖紧固螺栓；26—调节螺栓；27—弹簧；28—行星盘；29—推力片；30—推力轴承；31—密封圈；32—前缸盖

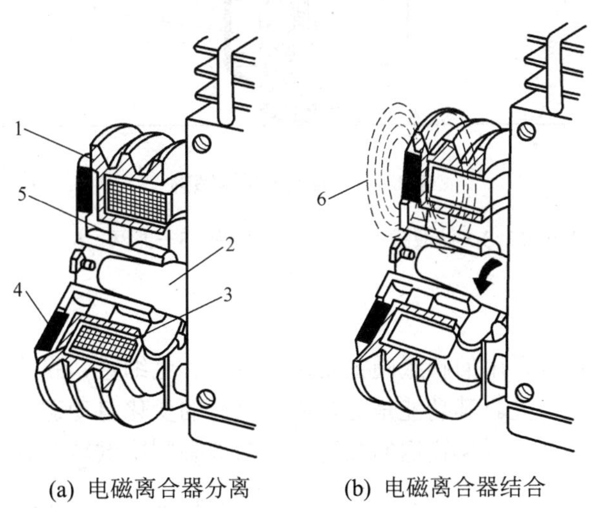

(a) 电磁离合器分离　　(b) 电磁离合器结合

图 6-22　电磁离合器结构

1—带轮；2—压缩机驱动轴；3—电磁线圈；4—盘状衔铁；5—轴承；6—磁场

4．储液干燥器

储液干燥器的结构如图 6-23 所示，在储液干燥器上设有高压开关、低压开关、易熔塞和检视孔。

储液干燥器的作用是在液态制冷剂流过时，除去其中的水分和杂质。当含有蒸气的液态制冷剂进入储液干燥器后，使液态和气态的制冷剂分离。液态制冷剂通过膨胀阀进入蒸发器，多余的制冷剂可以暂时储存在储液干燥器中。干燥剂用于吸收制冷剂中的水分，以防止器件被腐蚀或因结冰堵塞膨胀阀。滤网的作用是过滤掉制冷剂中的杂质，防止膨胀阀堵塞。

高压开关控制散热风扇的高速挡。当制冷系统压力高于 1447.9kPa 时，高压开关接通，散热风扇继电器线圈通电，触点闭合，接通风扇电机高速挡电路，风扇电机高速转动；当制冷系统压力低于 1206.6kPa 时，高压开关断开，风扇电机高速挡电路切断，电机低速转动，低压开关控制空调系统工作状态。当制冷系统压力高于 300kPa 时，低压开关接通，空调系统正常工作；当制冷系统压力等于或低于 200kPa 时，低压开关断开，使空调系统停止工作。

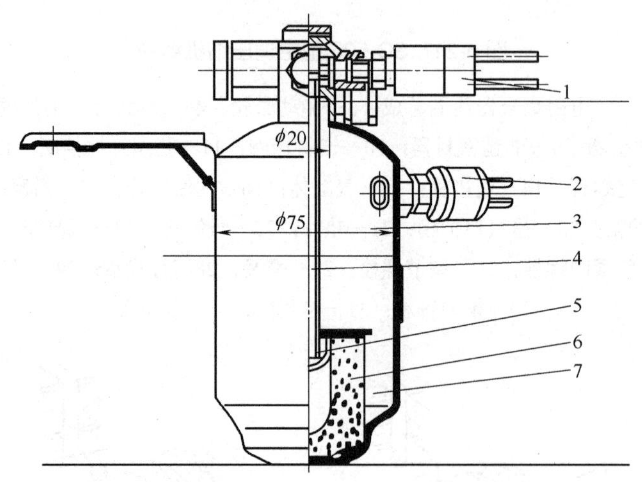

图 6-23　储液干燥器结构

1—高压开关；2—低压开关；3—储液罐上体；4—储液罐；5—滤网；6—干燥剂；7—储液罐下体

5．膨胀阀

桑塔纳轿车空调系统采用的膨胀阀主要由感温包、毛细管、膜片、弹簧与调节螺钉等组成，安装在蒸发器入口处。其功能是随车内热负荷的变化自动调节制冷剂流量，同时起到节流膨胀作用，将储液干燥器输送的高温高压的液态制冷剂转变为低温低压的雾状制冷剂送入蒸发器。

6．蒸发器

桑塔纳轿车空调系统的蒸发器为铝板带式蒸发器，其功能是吸收汽车内部的热量，调节空气温度。当液态制冷剂经膨胀阀节流降压变成低压的雾状制冷剂后，立即在蒸发器内

沸腾或蒸发，制冷剂的汽化将会吸收热量，使蒸发器周围温度降低。

6.3.4 空调系统控制电路

上海桑塔纳轿车空调系统控制电路原理如图6-24所示，主要由电源电路、电磁离合器控制电路、鼓风机控制电路和冷凝器冷却风扇控制电路等主要电路组成。

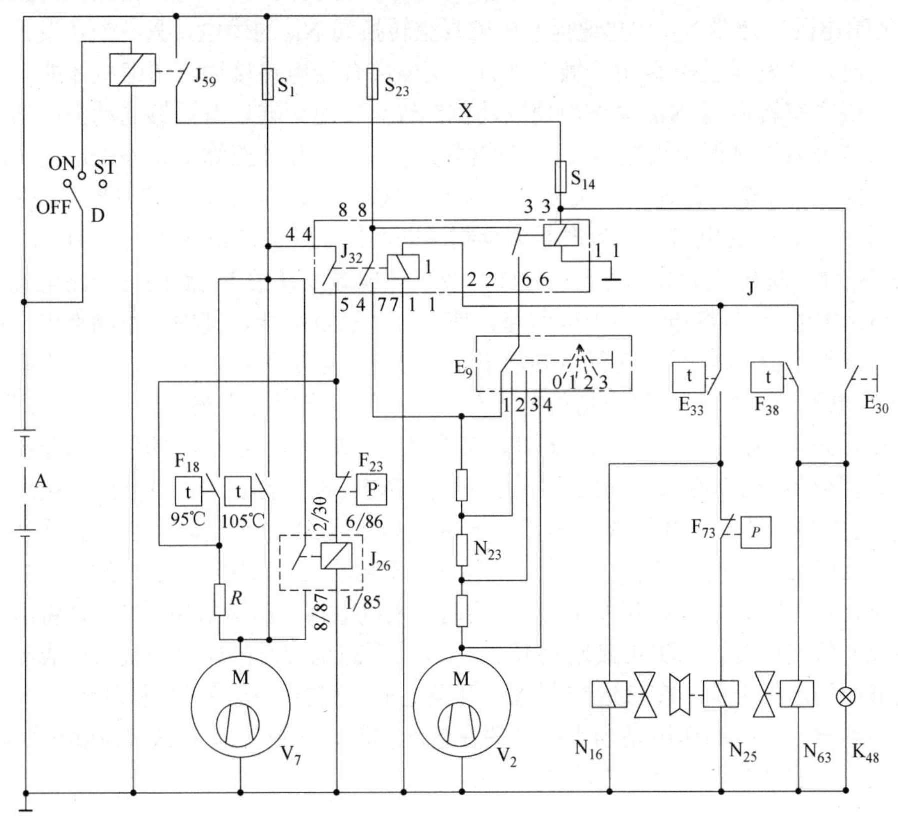

图6-24 上海桑塔纳轿车空调系统控制电路原理

A—蓄电池；D—点火开关；J_{59}—减荷继电器；S_1、S_{14}、S_{23}—熔断丝；J_{32}—空调主继电器；
E_9—鼓风机开关；E_{33}—蒸发器温控器；F_{38}—环境温度开关；E_{30}—空调A/C开关；
F_{18}—冷凝器冷却风扇温控开关；F_{23}—高压开关(15bar)；J_{26}—冷凝器冷却风扇继电器；
N_{23}—鼓风机调速电阻；F_{73}—低压开关(2bar)；V_7—冷凝器冷却风扇电机；V_2—鼓风机电机；
N_{16}—怠速提升电磁阀；N_{25}—电磁离合器；N_{63}—新鲜空气翻板电磁阀；K_{48}—空调A/C开关指示灯

电源电路由蓄电池A、点火开关D、减荷继电器J_{59}以及熔断丝S_1、S_{14}、S_{23}和空调主继电器J_{32}组成。当点火开关D断开(OFF挡)时，减荷继电器不通电，触点断开而使空调系统的供电线路“X”号线断电，空调无法起动运行。当点火开关D接通(即处于ON挡)时，减荷继电器通电，触点闭合，“X”号线通电，这时主继电器J_{32}中的2号继电器经熔断丝S_{14}通电，使其触点闭合，接通鼓风机电机V_2，鼓风机便可在鼓风机开关E_9的控制下进行强制通风换气，而不受空调A/C开关E_{30}的限制。鼓风机开关E_9在不同的挡位时，鼓

风机电机 V_2 供电回路串入的调速电阻个数也不同，从而可得到不同的送风速度。

夏季需要获得冷气时必须接通空调 A/C 开关 E_{30}，电流从蓄电池“+”极经减荷继电器 J_{59} 的触点、熔断丝 S_{14}、空调 A/C 开关 E_{30} 后分为三路：第一路经空调 A/C 开关指示灯 K_{48} 构成回路，指示灯 K_{48} 点亮表示空调 A/C 开关接通。第二路经新鲜空气翻板电磁阀 N_{63} 构成回路，使该阀动作以接通新鲜空气翻板真空促动器的真空通路，使鼓风机通过蒸发器总成的空气通道进风。第三路经环境温度开关 F_{38} 后又分为两路，一路到蒸发器温控器 E_{33}，由 E_{33} 控制电磁离合器 N_{25} 和怠速提升电磁真空转换阀 N_{16} 的供电，只有当蒸发器温度高于设定温度时，蒸发器温控器 E_{33} 触点接通，电磁离合器电路接通，压缩机才能运转制冷，同时，电磁真空转换阀 N_{16} 动作而使发动机在较高转速运转以有足够的动力驱动压缩机的工作。若蒸发器温度低于设定温度，温控器 E_{33} 触点断开，压缩机将停止运转，同时电磁真空转换阀 N_{16} 断电，怠速提升装置不起作用。低压开关 F_{73} 串联在蒸发器温控器 E_{33} 和电磁离合器 N_{25} 之间的电路上，当严重缺少制冷剂而使系统高压侧压力低于 0.2MPa 时，低压开关 F_{73} 触点断开，压缩机将无法运转。经过环境温度开关 F_{38} 后的另一路电流则进入主继电器 J_{32} 中的 1 号继电器后形成回路，使其两对触点吸合，其中一对触点用于控制冷凝器冷却风扇继电器 J_{26}，另一对触点则用于控制鼓风机电机 V_2。高压开关 F_{23} 串联在继电器 J_{26} 和主继电器 J_{32} 中 1 号继电器的前一对触点之间，当制冷系统高压侧压力低于 1.5MPa 时，高压开关 F_{23} 触点断开，电阻 R 串联在冷凝器冷却风扇电机 V_7 的供电回路中，冷却风扇 V_7 低速运转；当制冷系统高压侧压力高于 1.5MPa 时，高压开关 F_{23} 触点接通，使得继电器 J_{26} 通电触点吸合，电阻 R 被短接，这时冷却风扇 V_7 高速运转，以加强冷凝器和发动机的冷却强度。主继电器 J_{32} 中 1 号继电器的一对触点还控制鼓风机，当空调 A/C 开关一接通即闭合，这时如鼓风机开关 E_9 没有接通鼓风机电路，鼓风机电机 V_2 也将由该对触点获得电流而低速旋转，以防止接通空调 A/C 开关后忘记接通鼓风机开关而造成蒸发器表面温度过低而结冰。因此，在接通空调 A/C 开关之前，应首先接通鼓风机开关。

减荷继电器 J_{59} 的作用是当点火开关在起动挡时，中断空调系统等附属电器的工作，以保证发动机起动时有足够的电流。

思 考 题

1. 试分析刮水器变速控制电路如何实现停机复位。
2. 简述风窗玻璃除霜装置的原理。
3. 简述电动车窗的组成。
4. 简述中控门锁的组成。
5. 简述汽车空调制冷循环的工作过程。

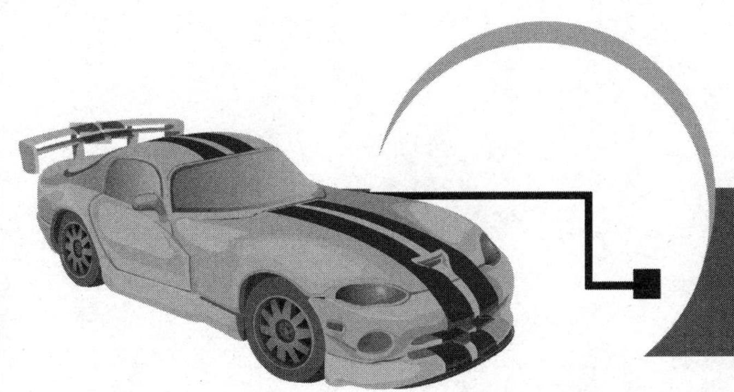

第二篇

汽车电子控制系统

第7章 发动机电子控制技术基础

【知识目标】

掌握发动机电子控制系统的组成及各部分的作用；掌握发动机电子控制系统各主要传感器的作用、结构及工作原理；了解电子控制单元的组成及各部分的作用。

【技能目标】

能够对发动机电子控制系统各主要传感器进行检测。

7.1 概　　述

7.1.1 发动机电子控制技术发展概况

20 世纪 60 年代初，人们开始对汽车发动机周围零部件的电子化进行研究。首先使电压调节器及点火装置电子化。1960 年，美国通用汽车公司(GM)开始采用 IC 电子调节器，并于 1967 年以后在所有车中都换用 IC 电子调节器。1973 年，美国通用汽车公司开始采用 IC 电子点火装置，并逐渐普及使用。1974 年起，通用公司开始装备加大火花塞电极间隙、增强点火能量的高能点火系统，并且力图将分电器、点火线圈和电子控制电路制成为一体。真正的电子控制点火系统是由美国克莱斯勒汽车公司于 1976 年首创的，称为电子式稀混合燃烧系统(ELBS)，它根据进气温度、冷却水温、转速、负荷等由控制器(微型计算机)计算出最佳点火时刻，指令点火。

1977 年，美国通用公司推出最早的数字控制点火系统，称为迈塞(MISA)R 微机点火和自动调节系统。福特公司则首先开发了同时控制点火时刻、废气再循环和二次空气的发动机电子控制系统。

电子燃油喷射的最初设想是在博世(BOSCH)公司于 1952 年成功地将汽油机实现了直接喷射后，1957 年由奔德士(Bendix)公司始创的，而真正批量实现产品是 1967 年博世公司的 D 型燃油喷射装置，它根据进气歧管压力控制燃油喷射。为解决 D 型喷射装置存在的系统精度稍低、排放难以控制的问题，1972 年博世公司推出了 L 型燃油喷射装置，它直接测量进气量以控制燃油喷射。20 世纪 80 年代初，根据节气门开度和曲轴转速确定喷射的 M 型燃油喷射装置问世。之后，电子燃油喷射系统在全世界得到逐步推广和发展。

随着单片机技术的发展，出现了 16 位单片机，使得单一功能的控制技术被整机集中控制取代，同时实现了优化的点火正时和精确的空燃比控制。如日产汽车公司开发了能综合控制喷油、点火时刻、废气再循环、空燃比和怠速，并具有自我诊断功能的综合控制系统。

20 世纪 80 年代后期，高性能的 16 位单片机出现(如 MCS-96)，适用于更加复杂的实时处理系统。高性能 16 位单片机丰富的软硬件资源和强大的性能可以使发动机的控制策略更加丰富和完善，特别是增强了系统的自学习、故障诊断及失效保护等方面。

20 世纪 90 年代，23 位单片机开始逐步得到应用，硬件上还采用了可编程逻辑阵列、数字信号处理(DSP)技术、微处理器外围芯片大规模集成化等电子技术。硬件功能的增强使得控制向整车方向发展，如别克轿车采用了多种电子控制系统：动力总成(含发动机和变速箱)控制系统(PCM)、防抱死制动与牵引力控制系统(EBC/EBTCM)、安全气囊系统(SRS)、车身控制系统(BCM)等，其中 PCM 采用无分电器点火系统(DSI)和进气道多点顺序喷射系统。发动机控制包括空燃比、燃油蒸发净化(EVAP)、怠速、废气再循环(EGR)、冷却风扇、空调离合器、点火提前角和点火闭合期。变速控制包括自动换挡等。

在发动机的控制理论方面，发动机的控制从传统的查表法和 PID 控制方法向最优控制、自适应控制以及神经网络控制、模糊控制等现代控制理论方向发展，智能控制在发动机控制中的应用成为一个研究热点。

7.1.2 发动机电子控制系统的组成

任何一种电子控制系统的组成都可分为信号输入装置、电子控制单元(ECU)和执行器三部分。发动机电子控制系统的基本组成如图 7-1 所示。

图 7-1 发动机电子控制系统的基本组成

传感器：传感器是一种信号转换装置，安装在发动机的各个部位，用来检测发动机运行状态的各种电量参数、物理量参数和化学量参数等，并将这些参量转换成计算机能够识别的电量信号输入 ECU。

电子控制单元：电子控制单元简称电控单元或 ECU。其功能是：给各传感器提供参考电压，接收传感器或其他装置输入的信息，将其转变为微型计算机所能接受的信号；存储分析计算所用的程序、车型的特性参数、运算中的数据及故障信息；运算分析处理后给执行器发出指令；将输出的信息与标准值对比，查出故障并输出故障信息，并进行自我修正(自适应功能)。

执行器：执行器是发动机电子控制系统的输出装置，其功能是接受电子控制单元的控制指令来完成具体的操作动作，是具体执行某项控制功能的装置。在发动机电子控制系统中，执行器把从 ECU 传来的电信号转换为机械运动。它通过电能、发动机真空、气压或三者之间的组合作用推动发动机或汽车的某个装置运动，以完成相应的控制任务。在发动机电子控制系统中，主要的执行器有电动燃油泵、喷油器电磁阀、点火控制器、怠速控制阀、活性炭罐及其电磁阀。其他的执行器还有进气控制阀、EGR 阀、二次空气喷射阀、燃油泵继电器、故障灯等。随着控制功能的增强，执行器也将相应增加。

7.2 发动机电子控制系统传感器

7.2.1 空气流量传感器

空气流量传感器又称为空气流量计(Air Flow Meter，AFM)，其作用是检测发动机的进气量，并将进气量转换成电信号输入发动机 ECU，作为燃油喷射和点火控制的主控制信号。

根据空气计量方式不同，空气流量传感器分为 L 型(空气流量型)和 D 型(压力型)两种。

D 来源于德语“Druck(压力)”的第一个字母，是利用压力传感器检测进气歧管内的绝对压力，ECU 再根据发动机转速和进气温度等信号计算进入气缸的空气量。测量方法属于间接测量，其测量精度不高，但成本较低。

L 来源于德语“Luftmengen(空气流量)”的第一个字母，是利用流量传感器直接测量进入进气管的空气流量。因为采用直接测量方式，所以其测量精度较高。L 型空气流量传感器又分为体积流量型(如叶片式、卡门旋涡式)传感器和质量流量型(如热丝式和热膜式)传感器。

1. 叶片式空气流量计

1) 叶片式空气流量计的结构组成

叶片式空气流量计的结构如图 7-2 所示。叶片式空气流量计主要由测量叶片、缓冲叶片、回位弹簧、电位计、旁通气道等组成，此外还包括怠速调整螺钉、油泵开关及进气温度传感器等。在流量计内设有缓冲室和缓冲叶片，利用缓冲室内的空气对缓冲叶片的阻尼作用，可减小因发动机进气量急剧变化而引起的测量叶片脉动。这种传感器的结构简单，可靠性高；但进气阻力大，响应较慢且体积较大。在 20 世纪 70 年代至 80 年代，其在日本的轿车上应用较多。

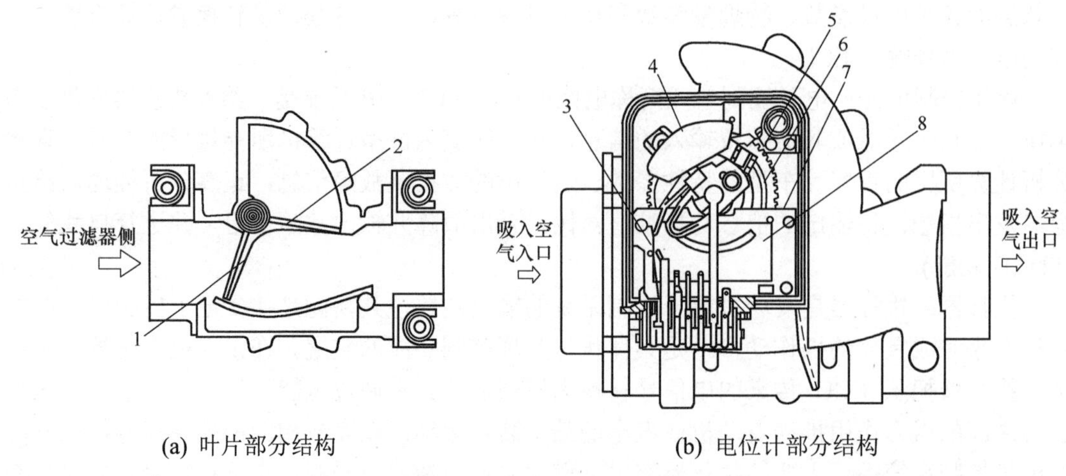

(a) 叶片部分结构　　(b) 电位计部分结构

图 7-2　叶片式空气流量计结构

1—测量叶片；2—缓冲叶片；3—汽油泵节点；4—平衡配重；5—调整齿圈；
6—回位弹簧；7—电位计部分；8—印制电路板

2) 叶片式空气流量计的测量原理

叶片式空气流量计是一种利用力矩平衡原理和电位器原理而开发研制的流量传感器。

叶片式空气流量计的工作原理如图 7-3 所示。当吸入发动机的空气通过空气流量计的主通道时，叶片将受到吸入空气气流的压力及复位弹簧的弹力控制，空气流量增大，则气流压力增大，使叶片偏转，叶片转角增大，复位弹簧弹力增加，直到两力平衡为止。与此同时，电位计中的滑臂与叶片转轴同轴偏转，使接线插头“V_C”与“V_S”间的电阻减小，U_S 电压值降低，电控单元根据空气流量计送入的 U_S/U_B 的信号，感知空气流量的大小。U_S/U_B 的电压比值与空气流量成反比，且线性下降。当吸入空气的空气流量减小时，叶片转角减小，接线插头“V_C”与“V_S”间的电阻值增大，U_S 电压值上升，则 U_S/U_B 的电压比值随之增大。

3) 叶片式空气流量计的工作电路

叶片式空气流量计只能检测进气的体积流量，所以 ECU 须根据进气温度信号对喷油量进行修正。有些车型还把油泵控制开关装在叶片式空气流量计中，当发动机不工作(无进气)时，油泵开关断开，使燃油泵能在发动机熄火时立即停止工作。其工作电路原理图如图 7-4 所示。

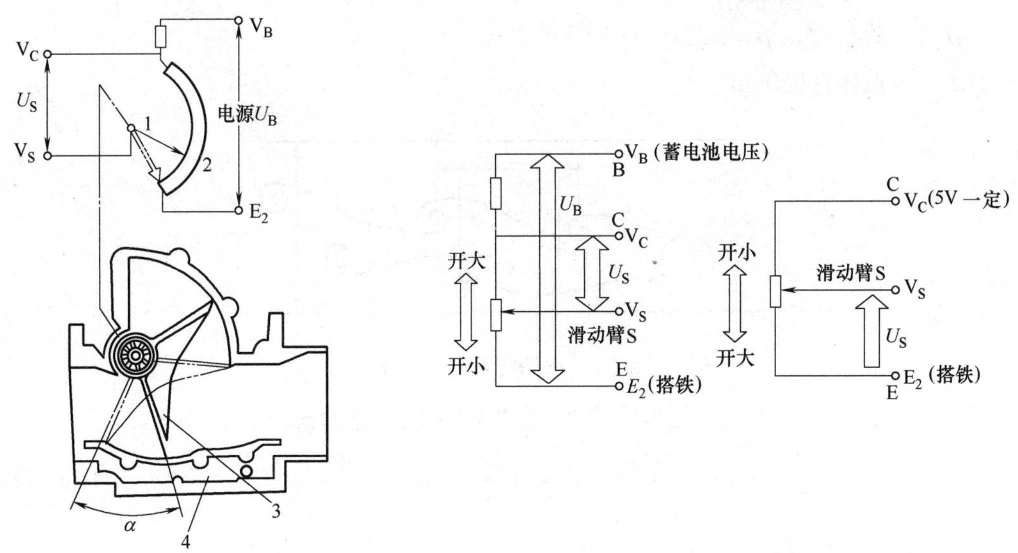

图 7-3　叶片式空气流量计工作原理

1—电位计滑臂；2—电位计镀膜电阻；3—叶片；4—旁通气道

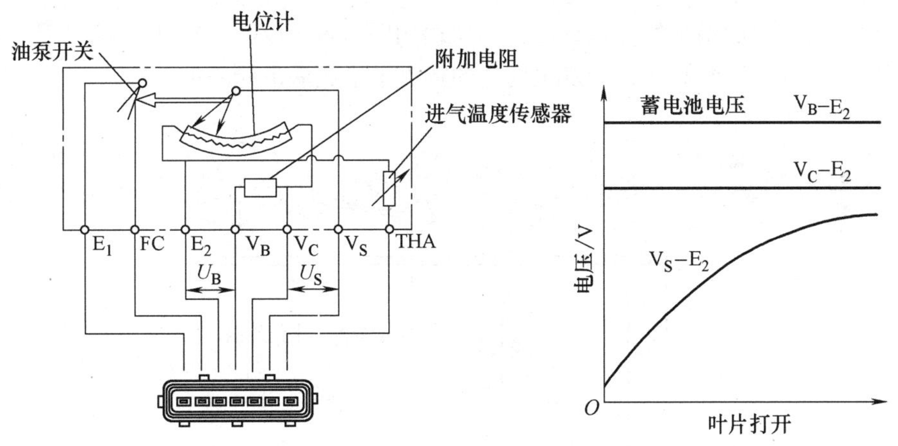

图 7-4　叶片式空气流量计工作电路原理图

2．卡门旋涡式空气流量计

1) 卡门旋涡原理

卡门旋涡式空气流量计在进气通道中设置一锥形涡流发生器，当空气流过时在涡流发生器后面产生两列规律交错的旋涡(称之为卡门旋涡)，如图 7-5 所示。当满足 h/l=0.281 时，两列旋涡才是稳定的。设卡门旋涡的频率为 f，则有

$$f = S_t \frac{v}{\beta d} \tag{7-1}$$

式中：S_t——斯特罗巴尔数；

v——空气流速(m/s)；

β——直径比，$\beta = d/D$，D为管道直径；

d——锥体直径(mm)。

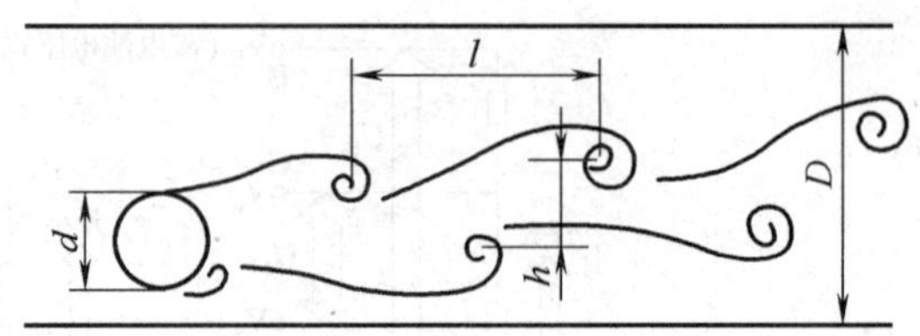

图 7-5　卡门旋涡产生原理

若管道的截面积为A，由式(7-1)可知，空气的体积流量为q_V

$$q_V = A\frac{\beta df}{S_t} = kf \tag{7-2}$$

式中：k——比例常数。

由式(7-2)可知，体积流量与卡门旋涡式空气流量计的输出频率成正比。利用这一原理，只要检测出卡门旋涡的频率便可求出空气的体积流量。

根据旋涡频率的检测方式不同，可以分为光学检测方式和超声波检测方式两种类型。

2) 光学检测式卡门旋涡空气流量计

光学检测式卡门旋涡空气流量计的工作原理如图 7-6 所示。光学检测方式是利用涡流发生器产生旋涡时，其两侧压力会发生变化的特点来检测涡流频率的。

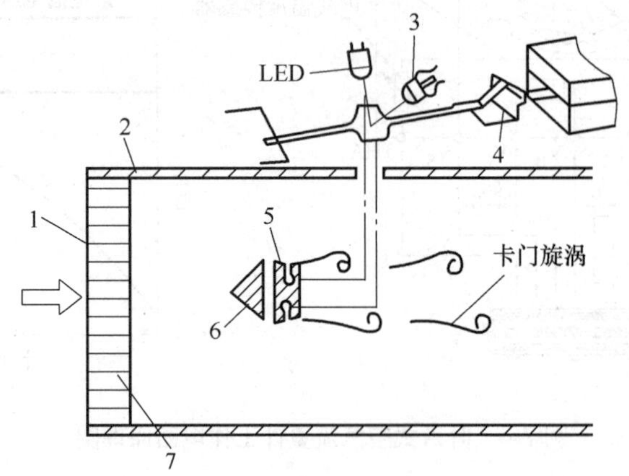

图 7-6　光学检测式卡门旋涡空气流量计工作原理

1—空气进口；2—管路；3—光敏晶体管；4—板弹簧；5—导孔；6—旋涡发生器；7—卡门旋涡

空气流经过涡流发生器时，产生的旋涡会使涡流发生器后面两侧的压力发生波动，这个波动经压力导向孔作用在反光镜上，使反光镜发生振动，反光镜将发光二极管投射的光反射给光敏晶体管，光敏晶体管便产生与涡流频率相对应的脉冲电压信号。频率高对应于进气量大。

3) 超声波检测式卡门旋涡空气流量计

超声波检测式卡门旋涡空气流量计的工作原理如图 7-7 所示。超声波检测方式是利用旋涡会引起空气疏密变化的特点来检测旋涡频率的。

超声波信号发生器发出超声波，并经超声波发射探头向涡流的垂直方向发射超声波，另一侧的超声波接收探头接收到随空气疏密变化而变化的超声波，经接收回路放大处理后形成与涡流频率相对应的矩形脉冲波。频率高对应于进气量大。

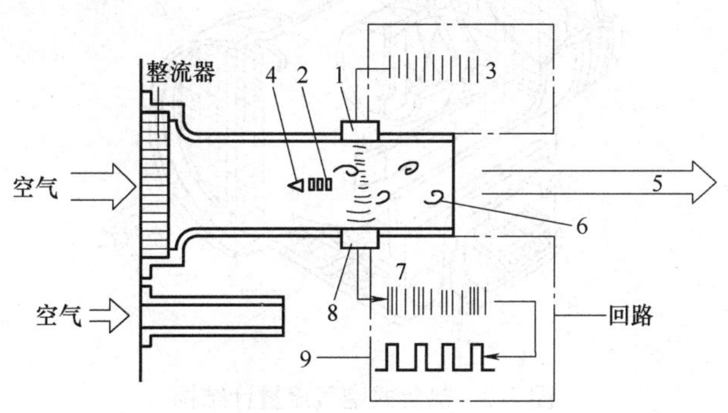

图 7-7　超声波检测式卡门旋涡空气流量计工作原理

1—超声波发射探头；2—涡流稳定板；3—超声波信号发生器；4—涡流发生器；5—通往发动机；6—卡门旋涡；7—与涡流数对应的脉冲信号；8—超声波接收探头；9—接 ECU

3. 热丝式与热膜式空气流量计

热丝式与热膜式空气流量计是用于检测吸入发动机空气的质量流量的传感器。热丝式空气流量计的发热元件是铂金属丝，热膜式空气流量计的发热元件是铂金属膜。铂金属发热元件的响应速度快，检测精度不受进气气流脉动的影响(气流脉动在发动机大负荷、低转速运转时最为明显)。此外，该传感器还具有进气阻力小、无磨损部件等优点，因此目前大多数中高档轿车都采用了这种传感器。

1) 热丝式空气流量计

热丝式空气流量计的结构如图 7-8 所示，它主要由铂金热丝、温度补偿电阻和控制电路等部分组成。铂金热丝和温度补偿电阻安装在取样管内，铂金热丝的作用是感知空气流量，温度补偿电阻能对进气温度进行补偿修正，控制电路控制铂金热丝与温度补偿电阻的温差保持不变，并将空气流量转化为电压信号。由于取样管置于主空气通道中央，因此这种检测方式称为主流检测方式。

热丝式空气流量计的工作原理如图 7-9 所示。在空气通道中放置热丝 R_H，其热量被空气吸收。热丝周围通过的空气质量流量越大，被带走的热量越多。将铂金热丝 R_H 和温度补偿电阻 R_T 分别置于惠斯顿电桥电路的两个桥臂上，控制电路控制铂金热丝与吸入空气的温度差保持在 100℃。当空气质量流量增大时，由于空气带走的热量增多，为保持热丝温度，控制电路使热丝 R_H 通过的电流增大，反之，则减小。精密电阻 R_S 也是惠斯顿电桥的一个桥臂，它将通过铂金热丝 R_H 的电流信号转化为空气流量计的输出电压信号。

当热丝沾污后，其热辐射降低，会影响测量精度。为保证测量精度，热丝式空气流量计一般都有自洁功能。发动机转速超过 1500r/min，关闭点火开关使发动机熄火后，控制系统自动将热丝加热到 1000℃以上并保持 1s，以便将附在热丝上的粉尘烧掉。

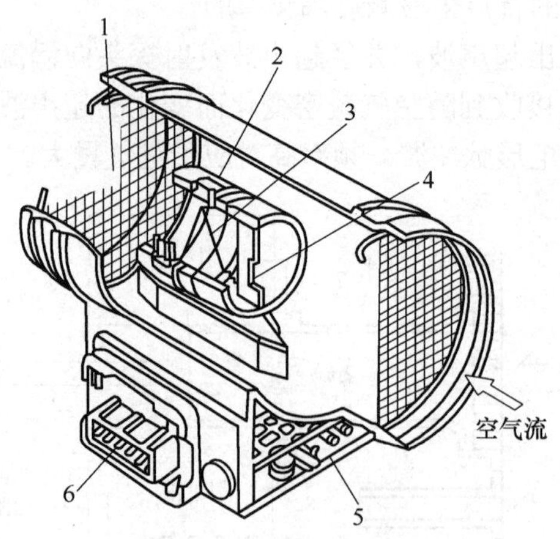

图 7-8　热丝式空气流量计结构

1—金属网；2—取样管；3—热丝；4—温度补偿电阻；5—控制电路；6—接线端子

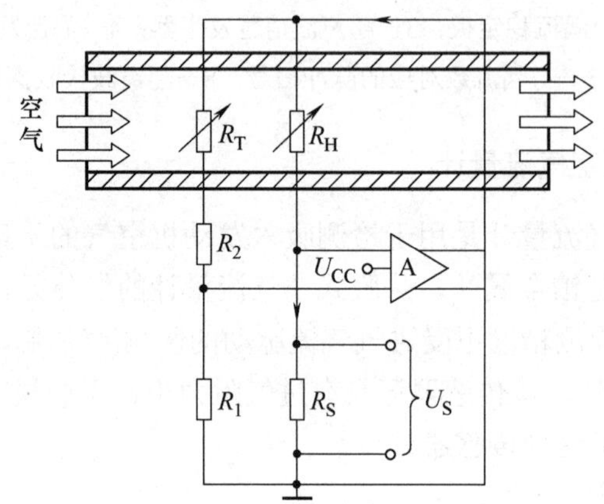

图 7-9 热丝式空气流量计工作原理

R_H—热丝电阻；R_T—温度补偿电阻；R_S—信号取样电阻；R_1—电桥电阻；R_2—精密电阻；
U_S—输出信号电压；U_{CC}—电源电压；A—混合集成电路

2) 热膜式空气流量计

热膜式空气流量计的结构如图 7-10 所示，其工作原理与热丝式空气流量计基本相同。其采用热膜取代铂金热丝，热膜是由发热金属铂固定在树脂薄片上制成。热膜式空气流量计具有结构简单、工作可靠等特点，而且不需要额外加热以消除热膜上的污染物。将传感元件的热传导部件安装在传感器后方(沿空气流动方向)，可以防止沉积物对传感元件产生影响。

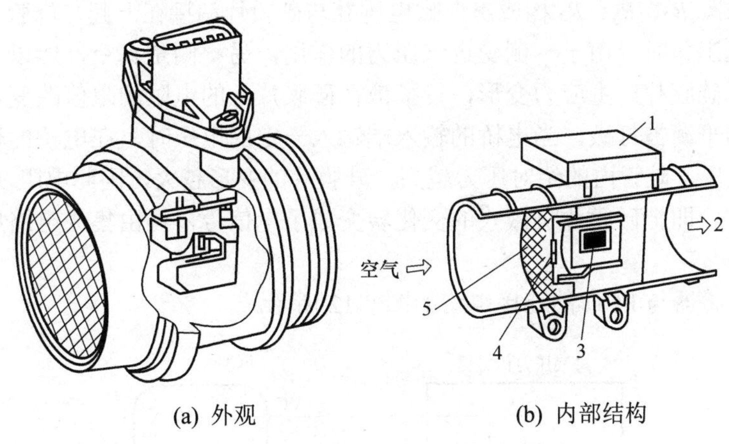

(a) 外观　　(b) 内部结构

图 7-10　热膜式空气流量计结构

1—控制电路；2—进气；3—热膜；4—温度补偿电阻；5—金属网

7.2.2　进气压力传感器

进气压力传感器是进气歧管绝对压力传感器(Manifold Absolute Pressure Sensor)的简称，其功能是通过检测进气歧管内绝对压力(真空度)的变化来反映发动机的负荷状况，并将发动机的负荷状况转换成电压信号输送到发动机 ECU 中，与转速信号一起作为确定喷油器基本喷油量(喷油脉宽)的依据。进气压力传感器是一种间接测量发动机进气量的传感器，它主要用在 D 型电控燃油喷射系统中。

进气压力传感器按其信号产生原理可分为压敏电阻式、电容式等。由于压敏电阻式具有响应时间快、检测精度高、尺寸小且安装灵活等优点，因而被广泛用于 D 型喷射系统中。

压敏电阻式进气压力传感器主要由压力转换元件和把输出信号进行放大的混合集成电路等构成。其结构及工作原理如图 7-11 所示。

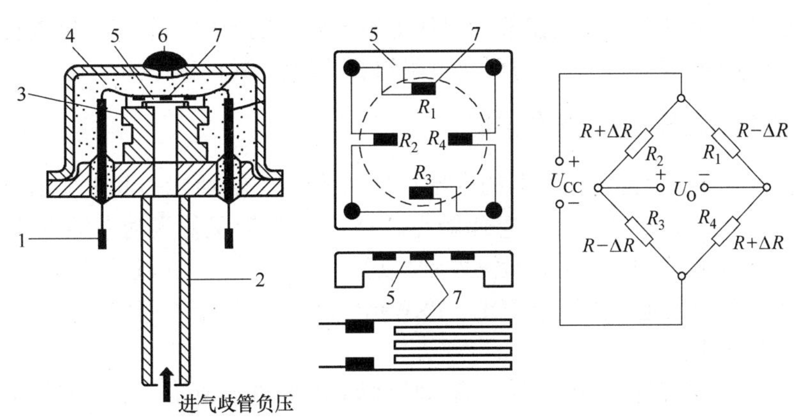

(a) 结构图　　(b) 半导体应变片贴片位置　(c) 传感器测量电路

图 7-11　压敏电阻式进气压力传感器结构及工作原理

1—引线端子；2—真空管；3—硅杯；4—真空室；5—硅膜片；6—锡焊封口；7—应变电阻

应变电阻 R_1、R_2、R_3、R_4 构成惠斯顿电桥并与硅膜片粘接在一起，硅膜片封装在真空室内。当发动机工作时，由于一侧受进气压力的作用，另一侧是真空，所以在进气歧管压力发生变化时，硅膜片产生应力变形，使扩散在硅膜片上的电阻的阻值改变，导致惠斯顿电桥上电阻值的平衡被打破，当电桥的输入端输入一定的电压时，在电桥的输出端就可得到变化的信号电压。歧管内的绝对压力越高，硅膜片的变形越大，因此电阻 R 的阻值发生的变化就会越大。即把硅膜片机械式的变化转变成了电信号，再由集成电路放大后输出至 ECU。

进气压力传感器与 ECU 的连接电路如图 7-12 所示。

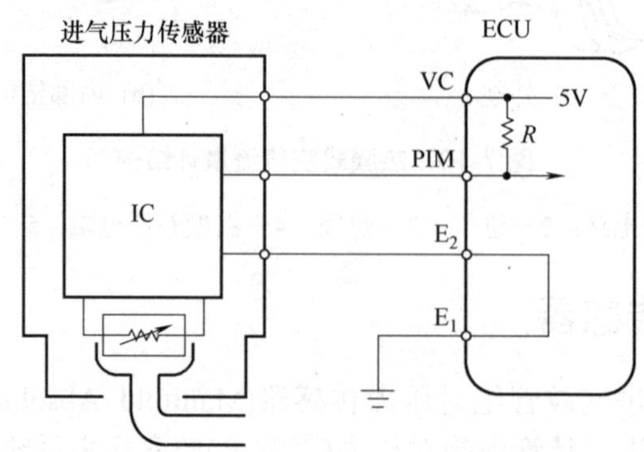

图 7-12　进气压力传感器与 ECU 的连接电路

7.2.3　节气门位置传感器

1. 节气门位置传感器的作用与类型

节气门位置传感器的作用是将节气门开度转换成电信号输入 ECU，以便 ECU 判别发动机的工况(如怠速工况、部分负荷工况、大负荷工况等)，并根据发动机不同工况对混合气浓度的需求来控制喷油时间。

节气门位置传感器一般安装在节气门体上节气门轴的一端。节气门位置传感器有开关(触点)式、线性可变电阻式、触点与可变电阻组合式(综合式)三种。

2. 开关(触点)式节气门位置传感器

开关(触点)式节气门位置传感器的内部结构如图 7-13(a)所示，其主要由与节气门轴联动的凸轮、节气门轴、活动触点、怠速触点、全负荷触点(又称为功率触点)等组成。怠速触点(IDL)和全负荷触点(PSW)用来检测发动机运行工况。ECU 通过活动触点端子(TL)给传感器提供电源，两个固定触点端子(IDL、PSW)给 ECU 输送节气门位置信号，从而判定发动机所处的工作状态。

开关(触点)式节气门位置传感器的输出特性如图 7-13(b)所示。当节气门关闭时，怠速触点(IDL)输出端子信号为低电平“0”，全负荷触点(PSW)输出端子信号为高电平“1”。ECU 接收到节气门位置传感器输出的这两个信号时，如果车速为零，那么 ECU 判定发动机处于怠速状态，并控制喷油器喷油，使发动机维持怠速稳定运转；如果车速不为零，那么 ECU 判定发动机处于减速状态，并控制喷油器停喷。

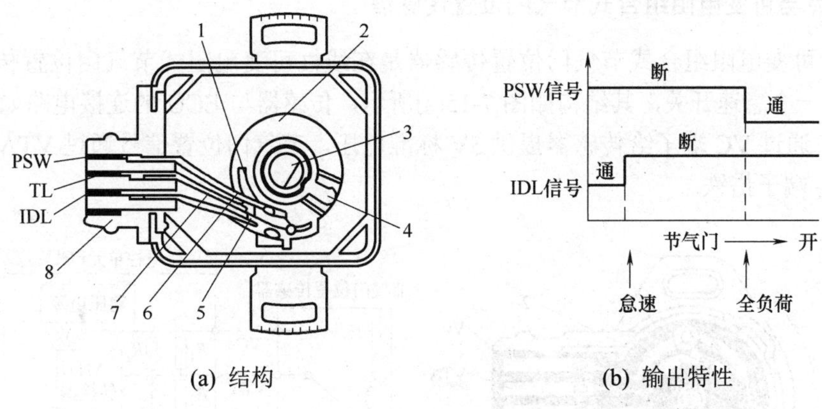

图 7-13　开关(触点)式节气门位置传感器结构与电压输出信号

1—导向槽；2—凸轮；3—节气门轴；4—控制臂；5—怠速触点；6—全负荷触点；7—活动触点；8—连接器

当节气门开度增大时，凸轮将怠速触点(IDL)顶开，全负荷触点(PSW)保持断开状态，怠速触点(IDL)端子输出高电平“1”，全负荷触点(PSW)端子输出也为高电平“1”。ECU 判定发动机处于部分负荷状态，此时 ECU 根据空气流量传感器信号和发动机转速信号计算确定喷油量。

当节气门接近全部开启(80%以上负荷)时，凸轮转动使全负荷触点(PSW)闭合，全负荷触点(PSW)端子输出低电平“0”，怠速触点(IDL)端子输出高电平“1”。ECU 接收到这两个信号时，便可判定发动机处于部分负荷状态，控制喷油器增加喷油量。

3. 线性可变电阻式节气门位置传感器

线性可变电阻式节气门位置传感器采用线性电位计，由节气门轴带动电位计的滑动触点动作，其结构及电路原理如图 7-14 所示。ECU 通过节气门位置传感器可以获得节气门从全闭到全开的所有开启角度的、连续变化的电压信号，以及节气门开度的变化速率，从而更精确地判定发动机的运行工况。

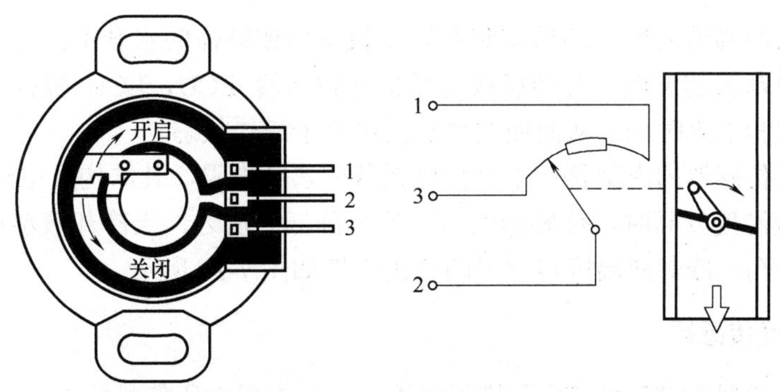

图 7-14　线性可变电阻式节气门位置传感器结构及电路原理

4. 触点与可变电阻组合式节气门位置传感器

触点与可变电阻组合式节气门位置传感器是在线性可变电阻式节气门位置传感器的基础上加装了一个怠速开关，其结构如图 7-15(a)所示，传感器与 ECU 的连接电路如图 7-15(b)所示。ECU 通过 VC 端子给传感器提供 5V 标准电压，节气门位置信号通过 VTA 端子输送给 ECU，E_2 端子搭铁。

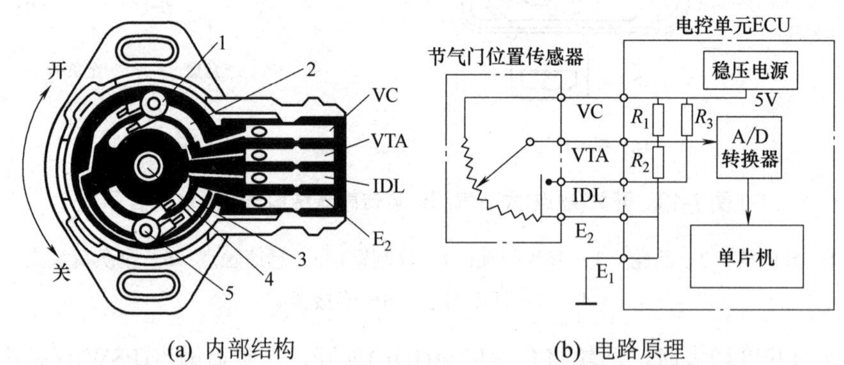

(a) 内部结构　　　　(b) 电路原理

图 7-15　丰田轿车组合式节气门位置传感器结构及电路原理

1—可变电阻滑动触点；2—镀膜电阻；3—绝缘部件；4—节气门轴；5—怠速触点

7.2.4　温度传感器

1. 温度传感器的作用与类型

温度传感器主要用于检测被测对象的温度，并转换为相应的电信号输送给电子控制单元，以使电子控制单元进行与温度相关的修正控制。温度传感器按其结构与工作原理可分为热敏电阻式、双金属片式、热电偶式、半导体晶体管式。汽车电子控制系统中应用较多的是热敏电阻式温度传感器。在电控燃油喷射发动机上主要有两种温度传感器：一种是冷却液温度传感器，另一种是进气温度传感器。

2. 冷却液温度传感器

热敏电阻式冷却液温度传感器安装在发动机缸体或缸盖的水套上，与冷却液接触，用来检测发动机冷却液的温度，并转换成电压信号输送给 ECU，ECU 根据发动机的温度信号修正喷油时间和点火时刻，从而使发动机工况处于最佳状态。

冷却液温度传感器的内部是一个负温度系数的热敏电阻，其结构及电路原理如图 7-16 所示。当冷却液温度升高时，传感器的电阻值将降低；反之，当冷却液温度降低时，传感器的电阻值将升高。冷却液温度传感器的输出特性如图 7-17 所示。

3. 进气温度传感器

进气温度传感器(IATS)用来检测进气温度，并转换成电压信号输送给 ECU，以便根据进气温度的变化修正喷油量。进气温度传感器的结构及电路原理如图 7-18 所示，其结构及电路原理与冷却液温度传感器相同，只是由于它们的使用场合和测试环境有差异，所以它

们的安装位置、外形和工作温度不同。

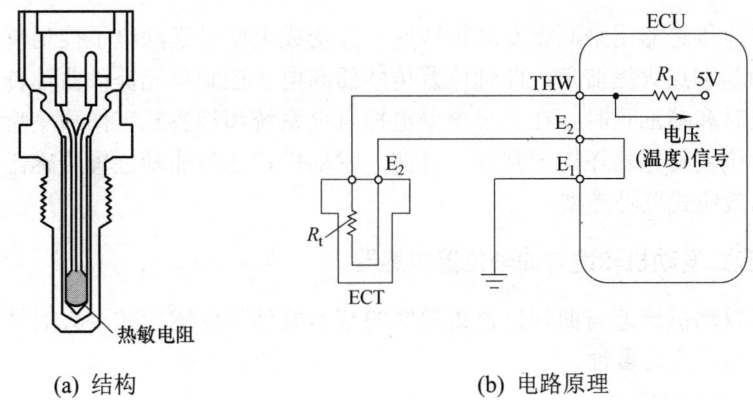

(a) 结构　　(b) 电路原理

图 7-16　冷却液温度传感器结构及电路原理

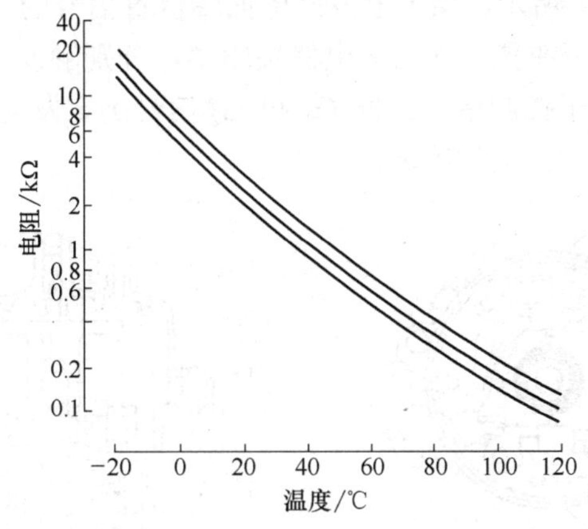

图 7-17　冷却液温度传感器的输出特性

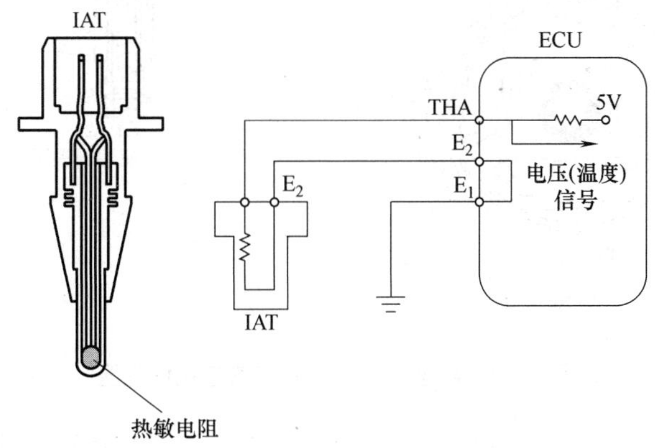

图 7-18　进气温度传感器结构及电路原理

7.2.5 发动机转速与曲轴位置传感器

发动机转速传感器用来测量发动机转速，并变成电信号送给电子控制单元，用以确定基本喷油量和基本点火提前角；曲轴位置传感器向电子控制单元提供曲轴转角电信号，用以确定点火正时和喷油正时。在无分电器电控点火系统和按各缸工作顺序喷油的燃油喷射系统中，曲轴位置传感器还用于判缸。目前，发动机转速与曲轴位置传感器有磁感应式、光电式、霍尔效应式三种类型。

1. 磁感应式发动机转速与曲轴位置传感器

磁感应式发动机转速与曲轴位置传感器的基本原理与磁感应式点火信号发生器一样，但其结构与安装形式有多种。

1) 安装于分电器内

在有分电器的发动机电子控制系统中，发动机转速与曲轴位置传感器安装于分电器内，其结构形式如图 7-19 所示。用于触发产生曲轴位置信号的导磁转子 G 和触发产生转速信号的导磁转子 Ne 上下布置，均由分电器轴驱动，分别触发 G_1 及 G_2、Ne 线圈，产生交变的感应电压信号。电子控制单元根据 G_1 和 G_2 信号确定发动机曲轴位置；根据 Ne 信号确定发动机转速，并控制点火和喷油。

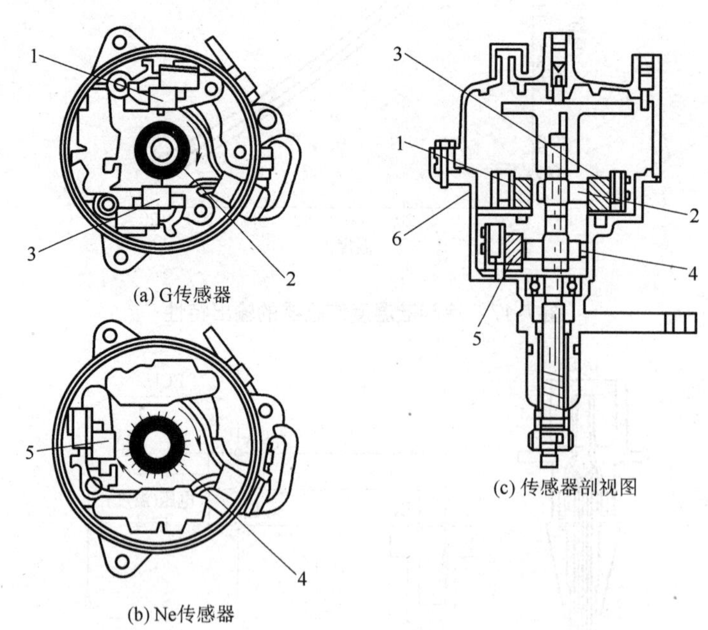

图 7-19 导磁转子触发的磁感应式传感器

1—G_1 感应线圈；2—G 转子；3—G_2 感应线圈；4—Ne 转子；5—Ne 感应线圈；6—分电器壳

由于车型不同，G 转子和 Ne 转子凸齿的齿数以及 G 感应线圈的个数也不同，几种常见的形式如图 7-20 所示。

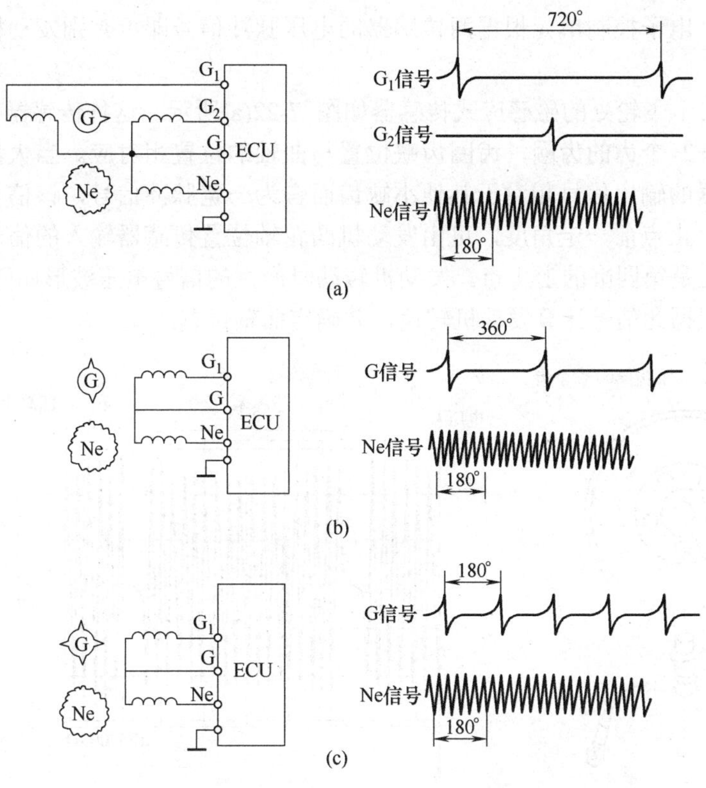

图 7-20　磁感应式发动机转速与曲轴位置传感器的信号形式

2) 安装于飞轮处

安装于飞轮处的磁感应式传感器本身无触发转子，而是利用飞轮的齿圈和飞轮上的正时记号触发产生感应电压。其中飞轮的轮齿和一个传感器构成了曲轴转角和发动机转速传感器，飞轮上的正时记号和另一个传感器构成了曲轴位置传感器，如图 7-21 所示。

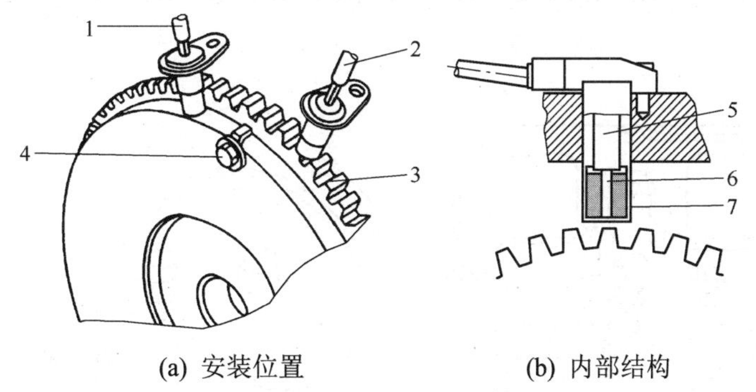

(a) 安装位置　　(b) 内部结构

图 7-21　飞轮齿圈触发的磁感应式传感器

1—曲轴位置传感器；2—转速传感器；3—飞轮齿圈；4—曲轴位置标记；
5—永久磁铁；6—铁芯；7—感应线圈

当发动机转动而使飞轮的轮齿和飞轮上的正时记号通过传感器铁心时，传感器磁路的磁阻发生变化，通过感应线圈的磁通量随之改变，从而使两传感器的感应线圈产生相应的电压脉冲信号。电子控制单元根据两传感器的电压脉冲信号即可判别发动机转速与曲轴的相应位置。

另一种安装于飞轮处的磁感应式传感器如图 7-22(a)所示，这种传感器在发动机飞轮上另装有一个 60-2 个齿的齿圈，齿圈齿缺位置与曲轴的位置相对应。当大齿缺转过传感器磁头时，传感器的输出信号相对于其他小缺齿而言为一宽脉冲信号，该信号对应于第一缸或第四缸压缩上止点前一定角度，可由发动机凸轮轴位置传感器输入的信号来确定即将到来的是第一缸还是第四缸的上止点。发动机转动时产生的信号电压波形如图 7-22(b)所示。电子控制单元根据此信号计算发动机转速，并确定曲轴位置。

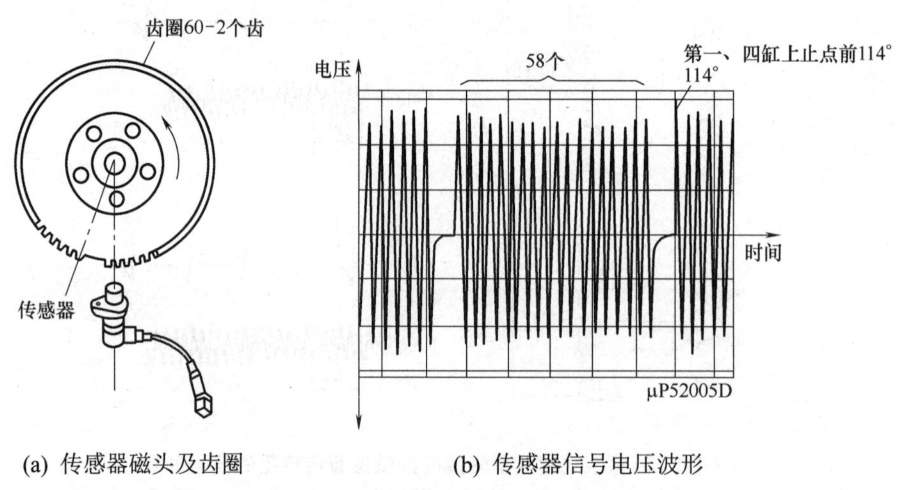

(a) 传感器磁头及齿圈　　(b) 传感器信号电压波形

图 7-22　齿圈触发的磁感应式传感器

2. 光电式发动机转速与曲轴位置传感器

光电式发动机转速与曲轴位置传感器多安装于分电器内，如图 7-23 所示，主要由发光二极管、光敏晶体管、遮光盘等组成，其基本结构组成与工作原理与光电式点火信号发生器相同。

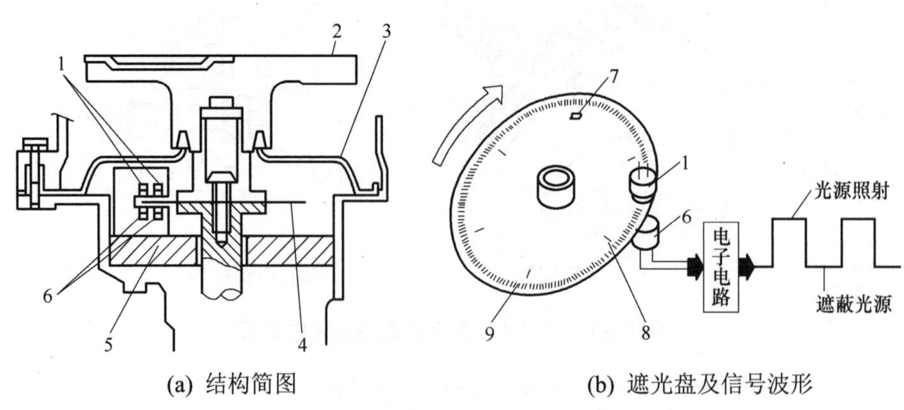

(a) 结构简图　　(b) 遮光盘及信号波形

图 7-23　光电式发动机转速与曲轴位置传感器

1—发光二极管；2—分火头；3—密封盖；4—遮光盘；5—整形电路；6—光敏晶体管；7—120° 信号孔(第一缸)；8—120° 信号孔；9—1° 信号缝隙

遮光盘上制有一定数量的透光孔，利用发光二极管作为信号源，随遮光盘转动当透光孔与发光二极管对正时，光线照射到光敏晶体管上产生电压信号，经电子电路放大后输送给 ECU。转盘内、外两圈的透光孔数量不等，分别用以产生曲轴位置 G 信号、曲轴转角与发动机转速 Ne 信号。

3．霍尔效应式发动机转速与曲轴位置传感器

霍尔效应式发动机转速与曲轴位置传感器的工作原理与霍尔效应式点火信号发生器相同，但由于安装位置不同，其结构形式也不同。

1) 导磁转子触发的霍尔效应式传感器

安装在分电器内的霍尔效应式发动机转速与曲轴位置传感器的结构形式及原理与霍尔效应式点火信号发生器相似，这里不再重复。图 7-24 所示为美国 GM 公司的霍尔效应式发动机转速与曲轴位置传感器，此传感器安装于曲轴的前端，导磁转子由曲轴驱动。传感器的两个导磁转子内外布置，在内外导磁转子的侧面各设置一个信号触发开关，外信号轮均布 18 个叶片和窗口，内信号轮有三个叶片(100°、90°、110°)和三个窗口(20°、30°、10°)。其产生的曲轴位置信号和曲轴转角信号的电压波形如图 7-25 所示。

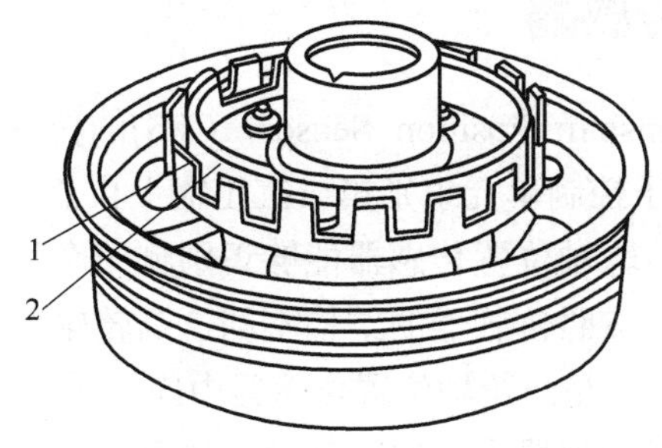

图 7-24　美国 GM 公司霍尔效应式发动机转速与曲轴位置传感器

1—外导磁转子；2—内导磁转子

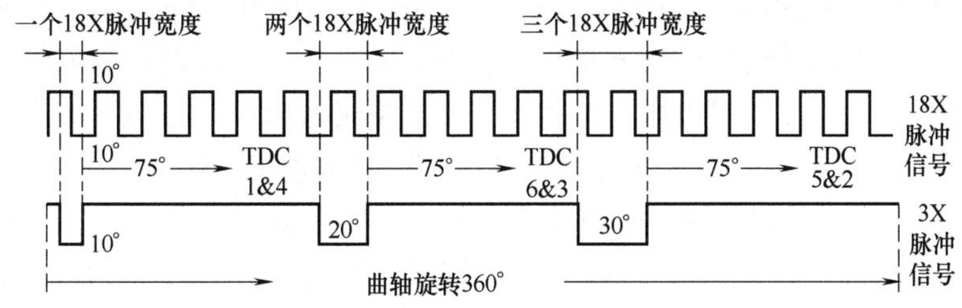

图 7-25　霍尔效应式发动机转速与曲轴位置传感器输出信号电压波形

2) 专用齿槽触发的霍尔效应式传感器

安装于飞轮处、在四缸发动机上使用的霍尔效应式发动机转速与曲轴位置传感器如图 7-26 所示。

在飞轮齿圈与驱动盘的边缘有对称的两组(六缸发动机为三组)槽，每组均布有四个槽，当槽对准信号触发开关下方时，传感器输出高电平(5V)，而当无槽面对准信号触发开关下方时，传感器输出低电平(0.3V)。发动机转动时，传感器产生如图 7-26(b)所示的电压

波形，电子控制单元根据此脉冲信号即可判别曲轴的位置并计算发动机的转速。

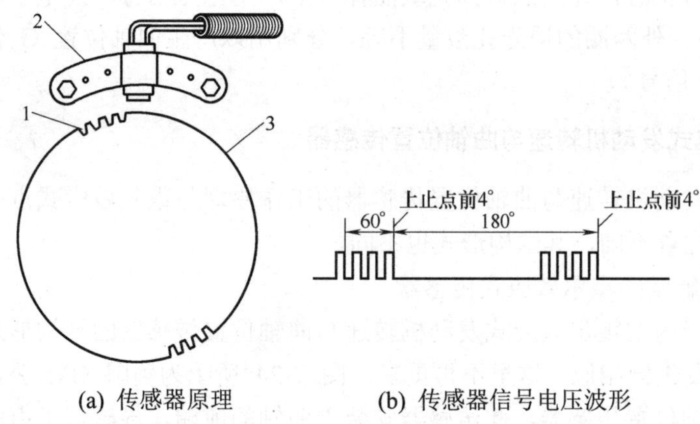

(a) 传感器原理　　(b) 传感器信号电压波形

图 7-26　安装于飞轮处的霍尔效应式传感器

1—槽；2—信号触发开关；3—飞轮

7.2.6　凸轮轴位置传感器

凸轮轴位置传感器(Camshaft Position Sensor，CPS)的作用是采集配气凸轮轴的位置信号，并输入 ECU，以便电子控制单元识别第一缸压缩上止点，从而进行顺序喷油控制、点火时刻控制和爆燃控制。凸轮轴位置传感器能够识别哪一个气缸活塞即将到达上止点，所以也称为气缸识别传感器。按照传感器的结构不同，凸轮轴位置传感器有磁感应式、光电式、霍尔效应式。霍尔效应式在凸轮轴位置传感器中应用较多。

霍尔效应式凸轮轴位置传感器是利用霍尔效应原理，产生与凸轮轴位置相对应的电压脉冲信号的传感器。其工作原理如图 7-27 所示。当转子转动时，转子的触发凸齿便从霍尔集成电路与永久磁铁之间的气隙中转过：当凸齿离开气隙时，永久磁铁的磁通便经霍尔集成电路和导磁钢片构成回路，此时霍尔元件产生电压(U_H=1.9～2.0V)，霍尔集成电路输出级的晶体管导通，传感器输出的信号电压 U_o 为低电平；当凸齿进入气隙时，霍尔集成电路中的磁场被凸齿旁路，霍尔电压 U_H 为零，集成电路输出级的晶体管截止，传感器输出的信号电压 U_o 为高电平。ECU 根据霍尔电压产生的时刻确定凸轮轴位置。

捷达 AT 和 GTx、桑塔纳 2000GSi 型轿车采用的霍尔效应式凸轮轴位置传感器与 ECU 的连接如图 7-28 所示。该传感器接线插座上有三个引线端子，端子 1 为传感器电源正极端子，与控制单元端子 62 连接；端子 2 为传感器信号输出端子，与控制单元端子 76 连接；端子 3 为传感器电源负极端子，与控制单元端子 67 连接。

凸轮轴位置传感器输出的信号电压与曲轴位置传感器输出的信号电压之间的关系如图 7-29 所示。发动机曲轴每转两圈(720°)，霍尔效应式传感器的转子就转过一圈(360°)，对应产生一个低电平信号和一个高电平信号(其中低电平信号对应于第一缸压缩上止点前一定角度)，即上升沿信号和下降沿信号，上升沿信号用于检测第一缸压缩上止点，下降沿信号用于检测第四缸压缩上止点。

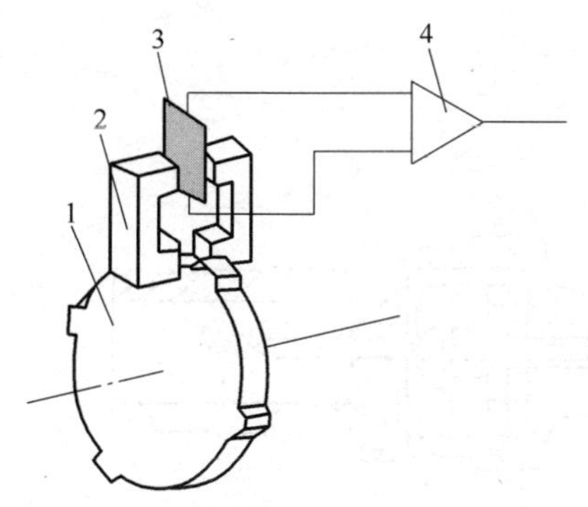

图 7-27　霍尔效应式凸轮轴位置传感器工作原理

1—转子；2—永久磁铁；3—霍尔元件；
4—放大电路

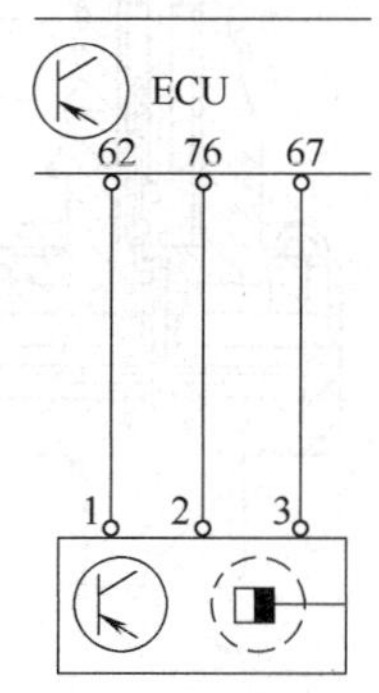

图 7-28　霍尔效应式凸轮轴位置传感器与 ECU 的连接

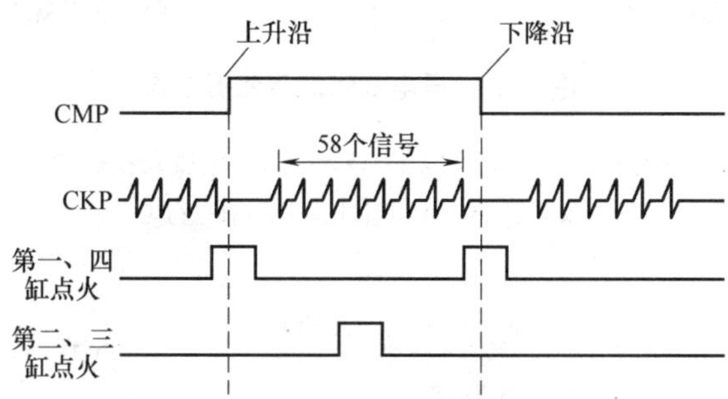

图 7-29　凸轮轴位置传感器与曲轴位置传感器输出的信号电压关系图

7.2.7　爆燃传感器

在发动机电子控制系统中，当点火时刻采用闭环控制时，就能有效地抑制发动机产生爆燃。爆燃传感器用于检测发动机燃烧时有无爆燃，并把爆燃转换成电压信号输送给 ECU，ECU 根据爆燃信号对点火提前角进行修正，使点火提前角保持最佳，以防止爆燃。

爆燃传感器直接安装在发动机的气缸体上。按爆燃传感器的结构不同，可将其分为压电式和磁电式两种，目前大多数汽车采用了压电式爆燃传感器。压电式爆燃传感器又有共振型和非共振型两种，其结构如图 7-30 所示。

1. 共振型压电式爆燃传感器

共振型压电式爆燃传感器由压电元件、振荡片、基座、外壳等组成。压电元件紧贴在振荡片上，振荡片固定在基座上。振荡片随发动机振荡，振荡力作用于压电元件并产生电压信号输出。当产生发动机爆燃时的振动频率(6000Hz 左右)与压电效应传感器自身的固有频率一致时，即产生共振现象。这时传感器会输出一个很高的信号电压送至 ECU，ECU 及时修正点火时间，避免爆燃的产生。共振型压电式爆燃传感器与 ECU 的连接及输出特性如图 7-31 所示。

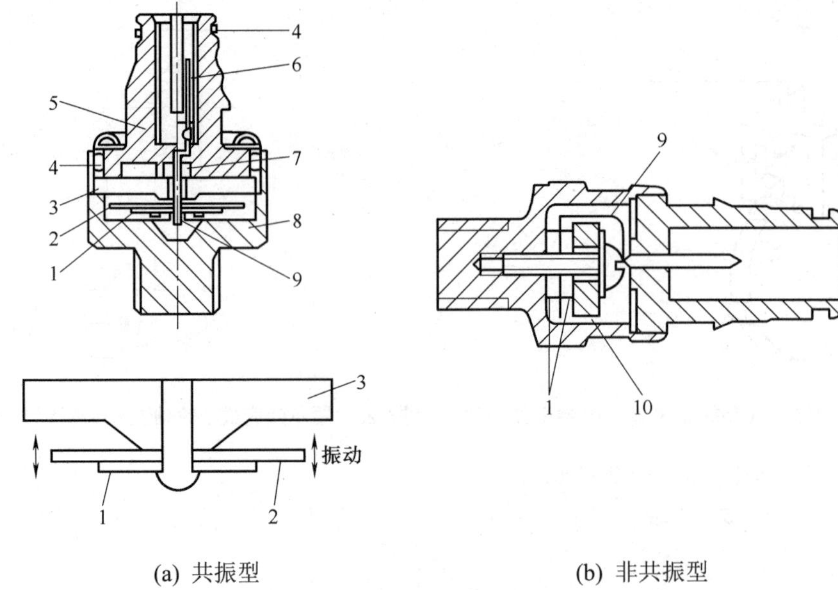

(a) 共振型　　(b) 非共振型

图 7-30　压电式爆燃传感器结构

1—压电元件；2—振荡片；3—基座；4—O 环；5—连接器；6—接头；7—密封剂；8—外壳；9—引线；10—配重块

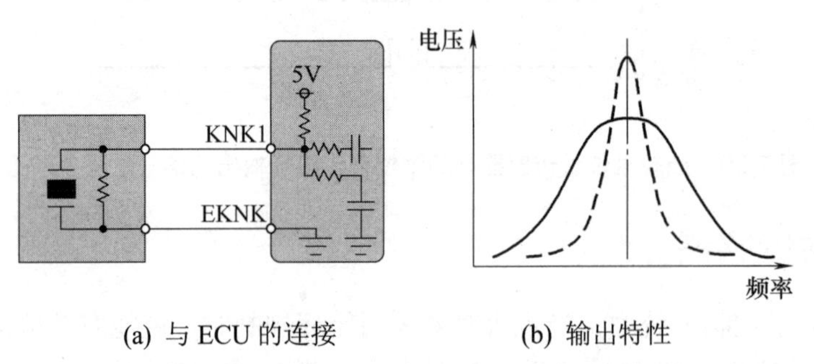

(a) 与 ECU 的连接　　(b) 输出特性

图 7-31　共振型压电式爆燃传感器与 ECU 的连接及输出特性

2. 非共振型压电式爆燃传感器

非共振型压电式爆燃传感器内部无振荡片，但设置一配重块，配重块以一定的预紧力压紧在压电片上。当发动机振动时，配重块因受振动影响而产生加速度，并形成正比于振动加速度的压力作用于压电元件上，压电元件再将压力信号转换成电压信号。

由于非共振型压电式爆燃传感器在发动机爆燃时不会产生共振，其电压信号并无特别明显的增大，因此，爆燃是否发生还要靠专门的滤波器来判别。ECU 检测出该电压信号，并根据其值的大小判断爆燃强度，ECU 推迟点火提前角来消除爆燃。非共振型压电式爆燃传感器与 ECU 的连接如图 7-32 所示。

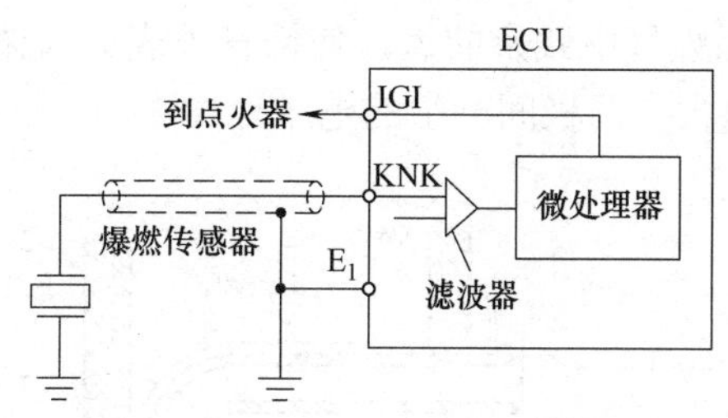

图 7-32　非共振型压电式爆燃传感器与 ECU 的连接

7.2.8　氧传感器

氧传感器也称λ传感器，安装在发动机排气管上，用来检测发动机废气中的氧含量，产生一个与其成比例的电压信号并输入发动机 ECU。ECU 根据该信号判断出实际空燃比值，并对喷油器的喷油量进行修正，实现空燃比反馈控制，将空燃比控制在理论空燃比附近，使三元催化转换器的转换效率达到最佳效果，从而降低有害气体的排放和节约燃油。

汽车上应用的氧传感器分为氧化锆式(ZrO_2)、氧化钛式(TiO_2)两种类型，氧化锆式氧传感器又分为加热型和非加热型两种，氧化钛式氧传感器一般都是加热型。

1．氧化锆式氧传感器

氧化锆式氧传感器主要由氧化锆(ZrO_2)和护套组成，其结构如图 7-33 所示。锆管由陶瓷体制成，固定在带有安装螺纹的固定套中，插入排气管中。它的内表面与空气相通，外表面与废气相通。锆管的内外表面覆盖一层多孔性铂膜作电极，为防止废气腐蚀铂膜，在锆管外表面的铂膜层上覆盖一层多孔陶瓷层，并有一个防护套管，套管上开有槽口或孔。氧传感器的接线端有一个金属护套，上面开有孔，使锆管内表面与空气相通，导线将锆管内表面铂极经绝缘套从传感器引出。

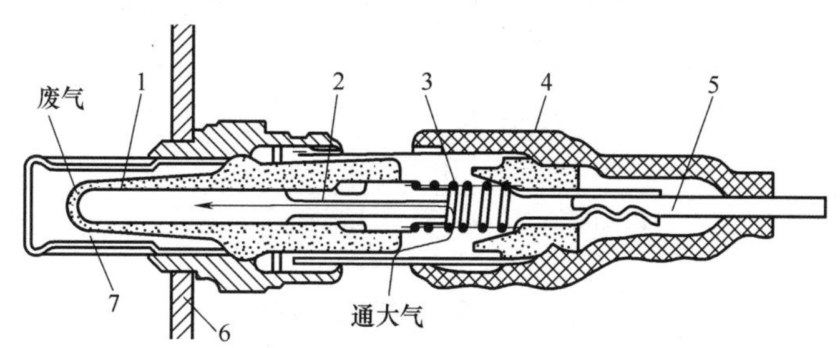

图 7-33　氧化锆式氧传感器结构

1—锆管；2—铂电极；3—压紧弹簧；4—电极座(绝缘)；5—导线；6—排气管壁；7—废通气罩

锆管的陶瓷体是多孔体，氧气可以渗入该多孔体固体电解质内。温度较高时，氧气发生电离。只要锆管内(大气)外(废气)侧氧含量不一样，存在氧浓度差，则在固体电解质内部氧离子从大气一侧向废气一侧扩散，使锆管形成微电池，在锆管铂极间产生电压，如图 7-34 所示。当混合气稀时，废气中氧含量多，两侧氧浓度差小，产生的电压小；当混合气浓时，废气中氧含量少，CO、CH、NO*x* 的含量较多，这些成分在锆管外表面的铂的催化作用下，与氧发生反应，消耗废气中残余的氧，使锆管外表面氧浓度变成零，这样使得锆管内外两侧的氧浓度差突然增大，两极间产生的电压也增大。

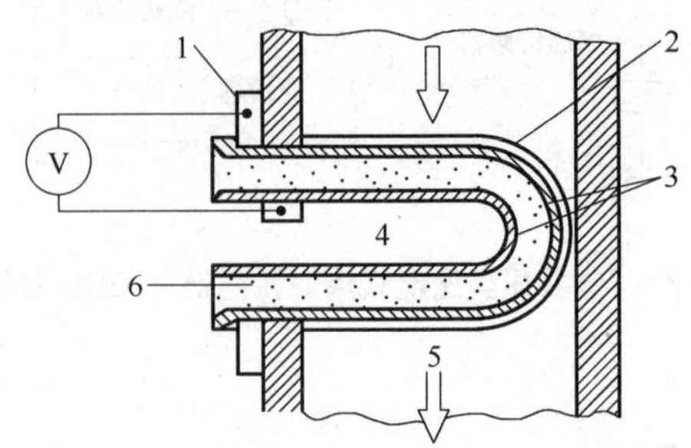

图 7-34　氧传感器工作原理

1—正极接触点；2—外电极保护层；3—多孔铂极；4—空气(接触内电极)；
5—废气(接触外电极)；6—氧化锆陶瓷体

锆管氧传感器产生的电压将在理论空燃比(A/F=14.7)时发生突变：稀混合气时，输出电压几乎为零；浓混合气时，输出电压接近 1V。氧传感器的电压特性如图 7-35 所示。实际上的空燃比反馈控制只能使混合气在理论空燃比附近一个狭小的范围内波动，使氧传感器的输出电压在 0.1～0.9V 之间不断变化(通常每 10s 内变化 8 次以上)。

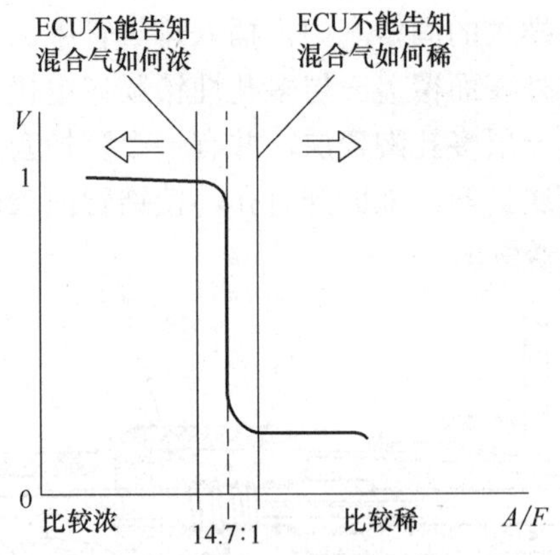

图 7-35　氧传感器输出特性

由于氧化锆需在 400℃以上的温度时才能正常工作，为保证发动机排气管温度低时氧传感器也能工作，有的氧化锆式氧传感器中装有加热器，并且加热器也由 ECU 控制。氧化锆式氧传感器与 ECU 的连接如图 7-36 所示。

2．氧化钛式氧传感器

氧化钛式氧传感器是利用二氧化钛材料的电阻值随排气中氧含量的变化而变化的特性制成的。其外形与氧化锆式氧传感器相似，主要由二氧化钛元件、金属外壳、陶瓷绝缘材料和接线端子等组成，其结构如图 7-37 所示。

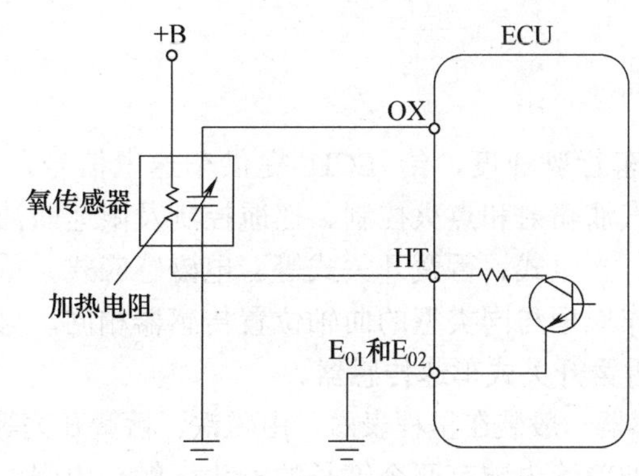

图 7-36 氧化锆式氧传感器与 ECU 的连接

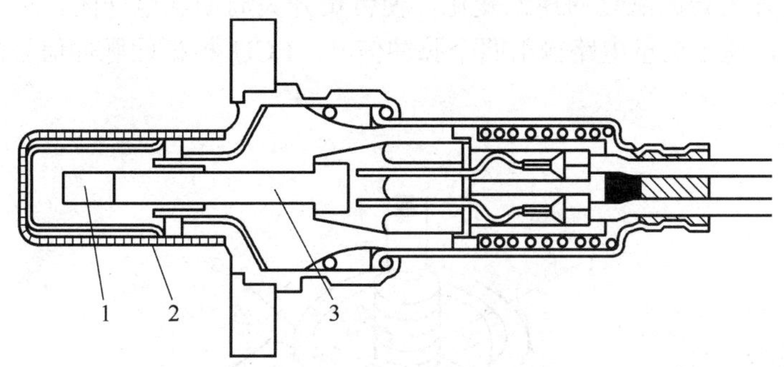

图 7-37 氧化钛式氧传感器结构

1—二氧化钛元件；2—金属外壳；3—陶瓷绝缘材料

在高温下，二氧化钛(TiO_2)具有高电阻性，周围气体氧含量少时，电阻随之下降。氧化钛式氧传感器与 ECU 的连接如图 7-38 所示。R_t 用作温度补偿，以消除温度变化对测量精度的影响，其温度系数与二氧化钛敏感元件相同。

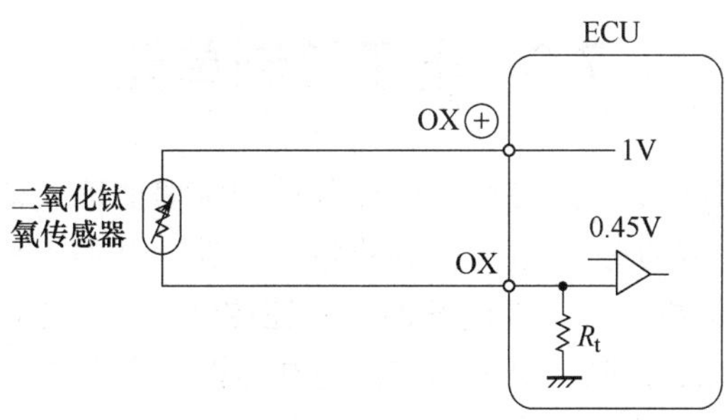

图 7-38 氧化钛式氧传感器与 ECU 的连接

当混合气偏稀时，尾气中氧的含量高，则氧化钛式氧传感器呈现高电阻的状态，此时 1V 电源电压经氧传感器电阻降压，返回 ECU 的输出信号 OX 电压低于 0.45V；当混合气偏浓时，尾气中氧的含量低，则氧化钛式氧传感器因缺氧而形成低电阻的氧化半导体，此时 1V 电源电压经氧传感器电阻降压，返回 ECU 的 OX 信号电压高于 0.45V。

7.2.9 车速传感器

车速传感器检测汽车行驶速度，给 ECU 提供车速电信号，用于控制发动机怠速转速、汽车加减速期间的汽油喷射和点火控制、巡航控制及限速断油控制。车速传感器有电磁感应式、霍尔效应式、光电式、舌簧开关式等。电磁感应式、霍尔效应式、光电式车速传感器的基本组成及工作原理与同类型的曲轴位置传感器相同，只是信号触发转子的驱动源不同。这里主要介绍舌簧开关式车速传感器。

舌簧开关式车速传感器一般装在里程表内，由磁铁、舌簧开关等组成，其结构如图 7-39 所示。舌簧开关是在小玻璃管内装有两个细长的触头，触头由强磁性材料制成，受玻璃管外磁极的控制。相间布置有四个磁极的磁铁转子可以在软轴驱动下转动。当磁铁转子转动时，磁铁对舌簧开关臂的磁化周期性变化，使舌簧开关周期性地开闭。转子每转一周，舌簧开关开闭四次，通过测量电路输出四个脉冲信号，ECU 根据此脉冲信号的频率即可计算得到车速参数。

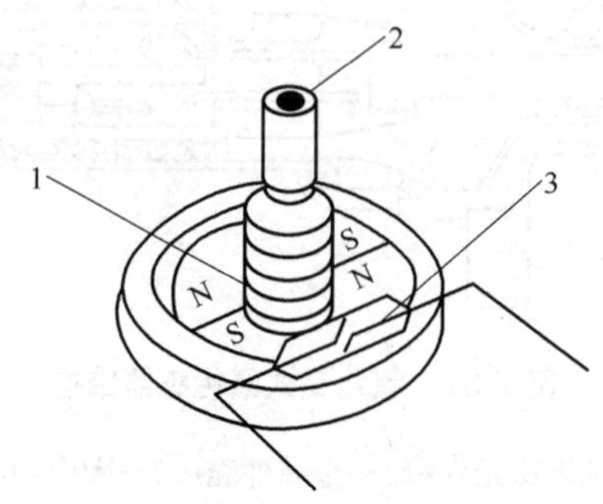

图 7-39　舌簧开关式车速传感器

1—磁铁转子；2—接转速表；3—舌簧开关

7.3　电子控制单元

电子控制单元(ECU)的功能是采集和处理各种传感器的输入信号，根据发动机工作的要求(喷油脉宽、点火提前角等)，进行控制决策的运算，并输出相应的控制信号，控制执行器工作。当前电控发动机中除了控制喷油外，还控制点火、EGR、怠速等，由于共用一个 ECU 对发动机进行综合控制，所以也被称为发动机管理系统。ECU 主要由输入电路、A/D 转换器、微处理器和输出电路组成，如图 7-40 所示。

1. 输入电路

从传感器来的信号，首先进入输入电路。输入电路会对输入信号进行预处理，一般是去除杂波和把正弦波变为矩形波后，再转换成电压信号。另外，输入电路还向传感器提供稳定的电源，确保各传感器正常工作。输入电路的作用如图 7-41 所示。

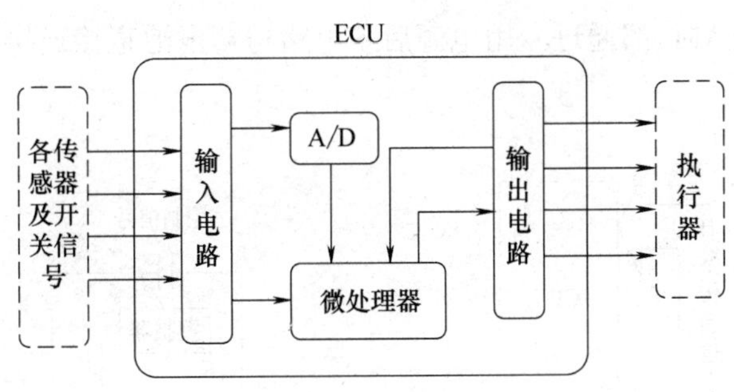

图 7-40　电子控制单元的组成

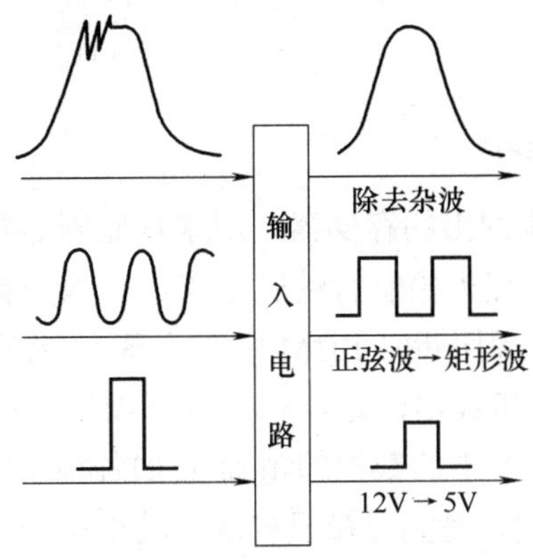

图 7-41　输入电路的作用

2．A/D 转换器((模拟/数字转换器)

从传感器送出的信号有相当一部分是模拟信号，经输入电路处理后，虽已变成相应的电压信号，但这些信号还不能被微处理器直接处理，需经过相应的 A/D 转换器，将模拟信号转换成数字信号后再输入微处理器。

3．微处理器

微处理器是发动机电子控制的中心，它能根据需要把各种传感器送来的信号，用内存程序和数据进行运算处理，并把处理结果送往输出电路。微处理器主要由中央处理器(CPU)、存储器、输入/输出接口(I/O)等组成，如图 7-42 所示。

1) CPU

CPU 主要由运算器、寄存器、控制器组成，如图 7-43 所示。CPU 的工作是在时钟脉冲发生器的操作下进行的，当微机通电后，时钟脉冲发生器立即产生一连串具有一定频率和脉宽的电压脉冲，使计算机全部工作同步，保证同一时间内完成一定的操作，实现控制系统各部分协调工作的目的。

2) 存储器

存储器的主要功能是存储信息，其一般分为以下两种。

RAM (随机存储器)主要用来存储计算机操作时的可变数据，如用来存储计算机的输入、输出数据和计算机过程产生的中间数据等。当电源切断时，所存入 RAM 的数据均完全消失，所以一般 RAM 都通过专用电源后备电路与蓄电池直接连接。但拔掉蓄电池缆线时，数据仍会消失。

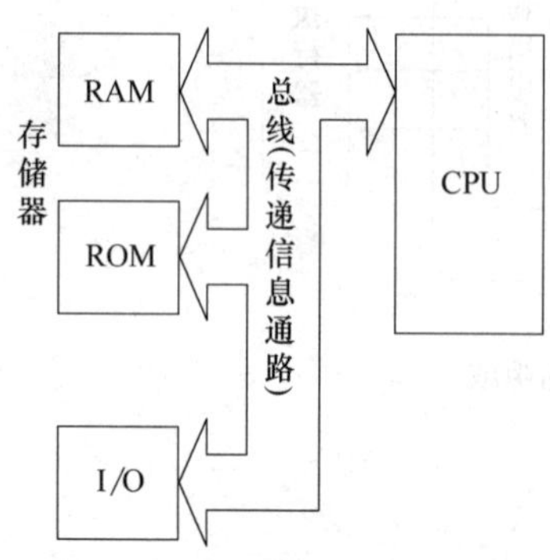

图 7-42 微处理器的组成

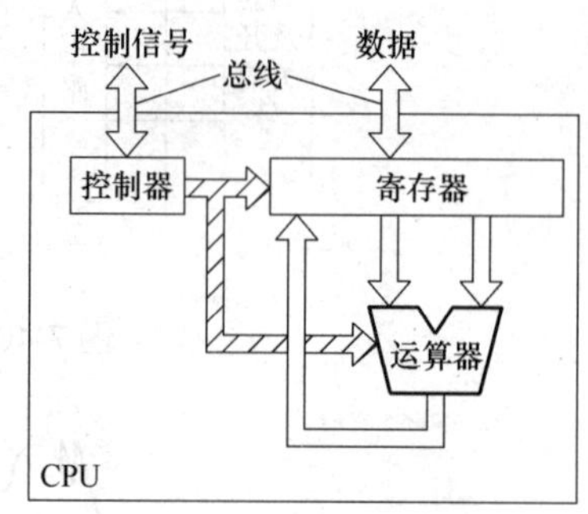

图 7-43 CPU 的组成

ROM (只读存储器)是只能读出的存储器，用来存储固定数据，即存放各种永久性的程序和数据，如喷油特性脉谱、点火控制特性脉谱等。这些资料一般都是制造时厂家一次存入的，新的数据不能存入，电源切断时 ROM 中的信息不会消失。

ROM 中存储的大量程序和数据，是计算机进行操作和控制的重要依据，它们都是通过大量实验获得的。存入 ROM 中的数据的精确性(如各种工况和各种因素影响下发动机的喷油控制数据、点火控制数据)，是满足微机控制发动机动力性、经济性和排放等的最重要的保证。

近年来在汽车电子控制系统中使用了一些新型的只读存储器。

(1) 可编程 ROM (PROM)：将设计的程序固化进去，ROM 内容不可更改。

(2) 可擦除、可编程 ROM (EPROM)：可编程固化程序，且在程序固化后可通过紫外线光照擦除，以便重新固化新数据。

(3) 电可擦除可编程 ROM(EEPROM)：可编程固化程序，并可利用电压来擦除芯片内容，以便重新固化新数据。

3) I/O

I/O 是 CPU 与输入装置(传感器)、输出装置(执行器)间进行信息交流的控制电路。根据 CPU 的命令，输入信号以所需要的频率通过 I/O 接口接收，输出信号则按发出控制信号的形式和要求通过 I/O 接口以最佳的速度送出。输入、输出装置一般都通过 I/O 接口才能与微处理器连接。它起着数据缓冲、电压信号匹配、时序匹配等多种功能。

4．输出电路

输出电路是在微处理器与执行器之间建立联系的一部分装置，它将微处理器发出的指令转变成控制信号来驱动执行器工作。由于微处理器输出的电信号较弱，不能直接控制执行器，因此，输出电路中大多采用由大功率三极管组成的输出驱动器，由计算机输出信号控制三极管的导通与截止，从而控制执行器的搭铁回路。因此，输出电路一般起着控制信号的生成和放大等作用。

输出电路驱动执行器的方式大致有两种：一种是向执行器提供搭铁通路，由执行器直

接连接电源，如图 7-44(a)所示；另一种是向执行器提供电压脉冲，由执行器本身搭铁，如图 7-44(b)所示。

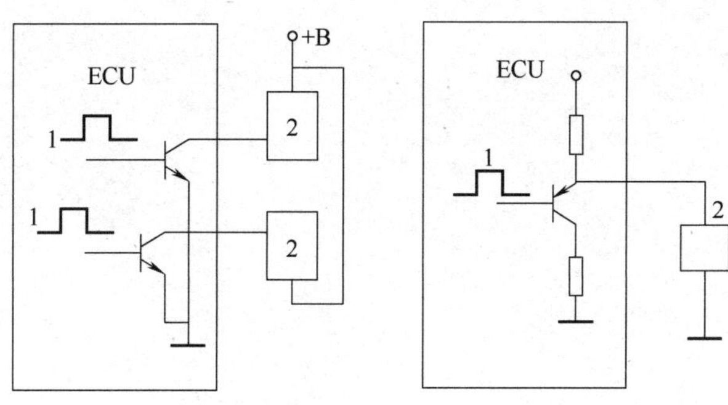

(a) 向执行器提供搭铁通路　　(b) 向执行器提供电压脉冲

图 7-44　控制器的输出电路

1—控制脉冲；2—执行器

7.4 执　行　器

执行器的作用是严格按照 ECU 输出的控制指令完成具体的操作动作，经控制参量迅速调整到设定的值，使控制对象在设定的状态下工作。汽车电子控制系统执行器按照执行机构动作所用的驱动装置结构原理的不同，主要分为电动机类和电磁阀类两种。

具体的执行器主要有喷油器、点火器、怠速控制阀、巡航控制电磁阀、节气门控制电动机、EGR 阀、进气控制阀、二次空气喷射阀、活性炭罐排泄电磁阀、油泵继电器、风扇继电器、空调压缩机继电器、自诊断显示与报警装置、仪表显示器等。

1. 汽车电子控制系统的基本组成及各部分的作用是什么？
2. 叶片式空气流量计的基本组成是什么？它是如何检测空气流量的？
3. 卡门旋涡式空气流量传感器的测量原理是什么？
4. 热式空气流量计的工作原理是什么？有哪两种类型？
5. 节气门位置传感器有哪些类型？线性可变电阻式节气门位置传感器的工作原理是什么？
6. 热敏电阻式温度传感器的测量原理是什么？
7. 发动机转速与曲轴位置传感器有哪些结构类型？各种类型的发动机转速与曲轴位置传感器是如何工作的？
8. 氧传感器的作用是什么？氧化锆式和氧化钛式氧传感器的工作原理是什么？
9. 共振型压电式爆燃传感器的工作原理是什么？

[illegible]

[illegible]

图 7-14 [illegible]

7.4 执 行 器

执行器的作用是[illegible] PLC 输出的控制指令[illegible]具体的控制动作[illegible]

[illegible]主要分为电动[illegible]两种。

具体的执行器主要有[illegible]

[illegible] SCR [illegible]

[illegible]等。

思 考 题

[illegible]

第8章 发动机电子控制系统

【知识目标】

了解电子燃油喷射系统的分类；掌握电子燃油喷射系统的组成及各组成部分的结构及工作原理；掌握发动机怠速控制系统、排放控制系统、进气增压控制系统、可变气门正时与气门升程电子控制系统的组成及工作原理。

【技能目标】

会分析燃油泵的控制电路。

8.1 概　　述

8.1.1 发动机电子控制系统的优点

目前，大多数汽油发动机都采用了电子燃油喷射系统(Electronic Fuel Injection，EFI)。电子燃油喷射系统的基本作用是按照汽油发动机各种工况的要求控制喷油量，与进入的空气混合形成适当浓度的可燃混合气，以实现空燃比的最佳控制。因此，汽油机电子燃油喷射系统有以下优点。

(1) 进气阻力小，提高了发动机的充气系数。汽油喷射系统没有喉管，减少了进气阻力，提高了发动机的充气效率，从而提高了发动机的动力性。

(2) 汽油雾化性能良好，使油气混合更均匀。由于增大了燃油的喷射压力，喷射的汽油颗粒小，雾化良好，有助于各缸形成均匀的混合气，使各缸均有良好的燃烧，降低油耗和排气污染。此外，还能使发动机冷机起动容易，暖机性能提高。

(3) 空燃比控制精度高。能根据发动机负荷的变化，精确控制混合气的空燃比，在发动机不同工况下，还能对喷油量进行修正，可使发动机始终处在最佳的空燃比状态下工作。

(4) 可实现汽车减速断油控制，既能降低排放，也能节省燃油。

(5) 电子燃油喷射系统配用排放控制系统后，大大降低了 HC、CO 和 NO_X 等有害气体的排放。

8.1.2 汽油机燃油喷射技术发展概况

汽油喷射技术最初用于军用飞机发动机上，在 20 世纪 50 年代，开始应用于赛车的二冲程汽油机上。1954 年，德国奔驰公司首次在奔驰 300SL 汽车上使用汽油喷射技术，它采用机械控制式缸内喷射汽油喷射技术，简称 K 型。20 世纪 60 年代末期，在 K 型的基础上出现了机电组合式汽油喷射系统，简称 KE 型，如德国奔驰 380SE、500SL 轿车。

1967 年，博世公司推出了 D-Jetronic 模拟式电控汽油喷射系统。1968 年，德国大众汽车公司首次将博世公司研制的 D-Jetronic 应用于轿车上。1973 年，博世公司又推出了 L-Jetronic 的电控汽油喷射系统，由于采用测量空气流量的方法控制喷油量，提高了控制精度。同时还开发出机械式汽油喷射系统。1979 年，博世公司推出集点火与喷油于一体的 Motronic 数字式发动机综合电子控制系统。在这期间，美国 GM 公司的 DEFI、福特公司的 EEC、丰田公司的 TCCS 纷纷出场，这些都是综合控制的电子系统。1995 年，美国在轿车上全部采用了电控汽油喷射系统，欧洲轿车采用电控汽油喷射系统的占 90%以上。目前，为了满足日益严格的排放要求，在汽油车上均采用了电子汽油喷射系统。

8.1.3 电子燃油喷射系统的基本类型

1. 按电子燃油喷射方式分类

按喷射方式来分，电子燃油喷射系统可以分为缸内喷射和进气管喷射两大类。

1) 缸内喷射

该喷射方式是将喷油器安装在缸盖上直接向缸内喷油，如图 8-1(c)所示。因此，要求喷油器阀体能承受燃气产生的高温高压。另外，发动机设计时需保留喷油器的安装位置。缸内喷射是近几年来燃油喷射技术的发展趋势之一。

2) 进气管喷射

该喷射方式是目前普遍采用的喷射方式，根据喷油器的安装位置的不同又可分为两种。

(1) 单点喷射方式：单点喷射系统(Single Point Injection，SPI)是在节气门上方有一个中央喷射装置，将燃油喷入进气流，形成混合气进入进气歧管，再分配到各缸中，如图 8-1(a)所示。因此，单点喷射又称为节气门体喷射(TBI)或中央喷射(CFI)。

(2) 多点喷射方式：多点喷射系统(Multi Point Injection，MPI)是在每缸进气口处装有一个喷油器，由电控单元控制进行分缸单独喷射或分组喷射，汽油直接喷射到各缸的进气门前方，再与空气一起进入气缸形成混合气，如图 8-1(b)所示。多点喷射又称为多气门喷射(MPI)、顺序燃油喷射(SFI)或单独燃油喷射(IFI)。多点喷射系统是直接向进气门前方喷射，是目前最普遍的喷射系统。

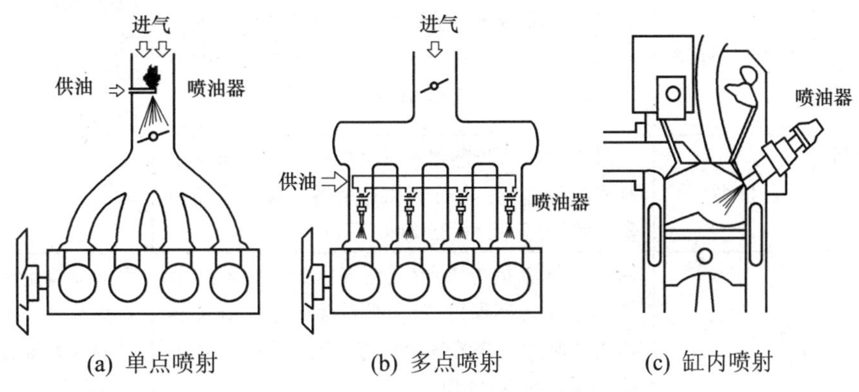

(a) 单点喷射　　(b) 多点喷射　　(c) 缸内喷射

图 8-1　汽油机电子燃油喷射系统的基本类型和特点

2．按空气量的检测方式分类

按空气量的检测方式来分，电子燃油喷射系统可以分为直接式检测方式和间接式检测方式两大类。

(1) D 型电子燃油喷射系统(间接式检测方式)：D 是德语“Druck(压力)”的第一个字母。D 型电子燃油喷射系统利用绝对压力传感器检测进气管内的绝对压力，电控单元根据进气管内的绝对压力和发动机转速推算出发动机的进气量，再根据进气量和发动机转速确定基本喷油量。D 型电子燃油喷射系统也称为速度密度式(Speed-Density)燃油喷射系统。

(2) L 型电子燃油喷射系统(直接式检测方式)：L 是德语“Luftmengen(空气流量)”的第一个字母。L 型电子燃油喷射系统利用空气流量计直接测量发动机的进气量，电控单元不必进行推算，即可根据空气流量计信号计算与该空气量相应的喷油量。由于消除了推算进气量的误差影响，其测量的准确程度高于 D 型，故对混合气浓度的控制更精确。L 型电子燃油喷射系统也称为质量流量式(Mass-Flow)燃油喷射系统。

3. 按有无反馈信号分类

按有无反馈信号来分，电子燃油喷射系统可分为开环控制系统和闭环控制系统。

(1) 开环控制系统(无氧传感器)：它是将通过实验确定的发动机各工况的最佳供油参数预先存入电控单元，在发动机工作时，电控单元根据系统中各传感器的输入信号，判断自身所处的运行工况，并计算出最佳喷油量，通过对喷油器喷射时间的控制，来控制混合气的浓度，使发动机优化运行。

(2) 闭环控制系统(有氧传感器)：在该系统中，发动机排气管上加装了氧传感器，根据排气中含氧量的变化，判断实际进入气缸的混合气空燃比，再通过电脑与设定的目标空燃比值进行比较，并根据误差修正喷油器喷油量，使空燃比保持在设定的目标值附近。

汽油机电子燃油喷射系统的类型和特点见表 8-1。

表 8-1　汽油机电子燃油喷射系统的类型和特点

基本类型			结构特点	混合气形成过程
间接喷射	多点喷射系统	L 型、LH 型	通过空气流量传感器和发动机转速传感器确定基本喷油脉宽；每个进气歧管各安装一个喷油器；喷油压力约 0.25MPa	喷油器将定量的燃油向各缸进气歧管喷射，与空气混合为可燃混合气吸入气缸内
		D 型	通过进气压力传感器和发动机转速传感器确定基本喷油脉宽；每个进气歧管各安装一个喷油器；喷油压力约 0.25MPa	同上
	单点喷射系统		通过空气流量传感器(或进气压力传感器或节气门位置传感器)和发动机转速传感器确定基本喷油脉宽；在节气门上方安装一个喷油器；喷油压力约 0.10MPa	喷油器将定量的燃油喷射在节气门上方，与空气混合为混合气吸入发动机汽缸内
直接喷射			通过空气流量传感器(或进气压力传感器)和发动机转速传感器确定基本喷油脉宽；在每缸燃烧室安装一个喷油器；喷油压力约 12.0MPa	喷油器将定量的燃油喷射到燃烧室内，与空气混合为可燃混合气

8.1.4　典型的电子燃油喷射系统简介

1. L 型、LH 型电子燃油喷射系统

L 型叶特朗尼克系统(L-Jetronic)是多点电子燃油喷射系统的基本类型之一，由德国博世公司开发生产。LH 型叶特朗尼克系统(LH-Jetronic)和莫特朗尼克系统(Motronic)等均是在 L 型电子燃油喷射系统的基础上发展起来的。其共同特点是系统中采用空气流量传感器检测进气量，电控单元根据发动机转速信号和空气流量信号确定基本喷油量。

L 型、LH 型电子燃油喷射系统的组成如图 8-2 和图 8-3 所示。L 型采用叶片式空气流量计检测进气量，而 LH 型采用热线式或热膜式空气流量计检测进气量，二者在系统组成和工作原理上极为相似。

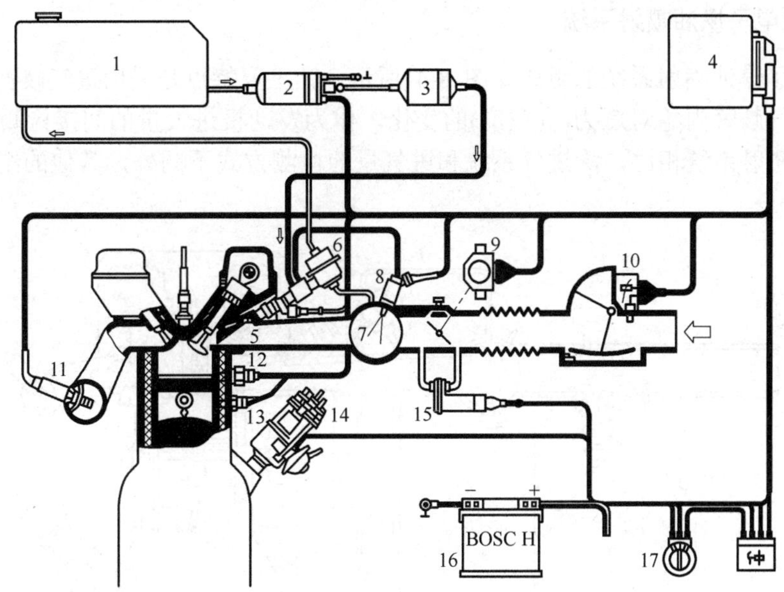

图 8-2　L 型电子燃油喷射系统的组成

1—燃油箱；2—电动燃油泵；3—滤清器；4—电控单元；5—喷油器；6—压力调节器；7—进气歧管；8—冷起动阀；9—节气门开关；10—空气流量计；11—氧传感器；12—冷却液温度传感器；13—温度时间开关；14—分电器；15—怠速空气阀；16—蓄电池；17—点火开关

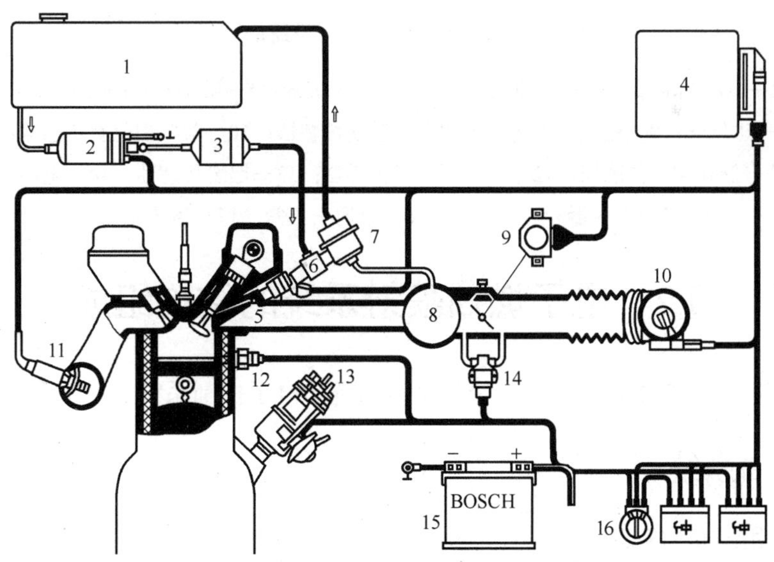

图 8-3　LH 型电子燃油喷射系统的组成

1—燃油箱；2—燃油泵；3—燃油滤清器；4—电控单元；5—喷油器；6—燃油管；7—压力调节器；8—进气歧管；9—节气门位置传感器；10—空气流量计；11—氧传感器；12—冷却液温度传感器；13—分电器；14—怠速空气阀；15—蓄电池；16—点火开关

2．D型电子燃油喷射系统

D 型电子燃油喷射系统的组成如图 8-4 所示。其主要特点是采用进气歧管绝对压力传感器检测进气歧管内绝对压力(真空度)的变化，作为发动机进气量的间接检测信号。与 L 型电子燃油喷射系统相比，除进气系统和进气量的检测方式不同外，其他的结构与工作原理基本相同。

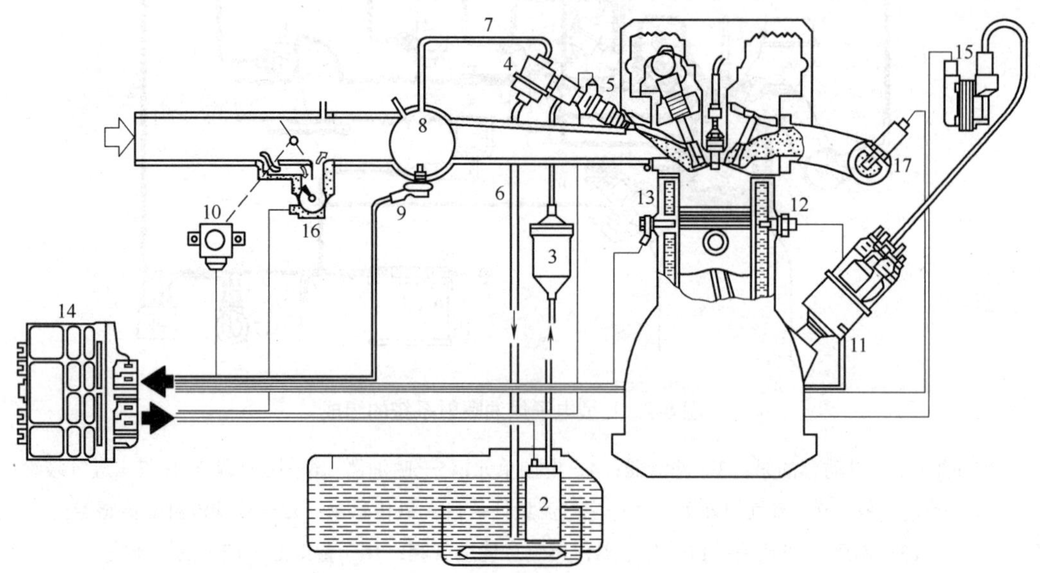

图 8-4　D 型电子燃油喷射系统的组成

1—燃油箱；2—电动燃油泵；3—燃油滤清器；4—油压调节器；5—喷油器；6—回油管；7—真空管；
8—进气管；9—进气压力传感器和进气温度传感器；10—节气门位置传感器；
11—分电器和霍尔传感器；12—冷却液温度传感器；13—爆燃传感器；14—电控单元；
15—点火器和点火线圈；16—怠速空气阀；17—氧传感器

8.2　电子燃油喷射系统的结构组成

电子燃油喷射系统由供油系统、空气供给系统和电子控制系统三个子系统组成。

8.2.1　供油系统

1．系统组成和工作过程

供油系统的组成与布置如图 8-5 所示。其工作过程是：电动燃油泵将燃油从油箱中泵出，经滤清器滤清后进入燃油管，经压力调节器调节燃油压力，使燃油压力与进气压力之差保持恒定。燃油管将燃油输送给冷起动阀和各喷油器，喷油器根据电控单元输出的喷油信号，定时定量地将燃油喷射到进气歧管内。

L 型电子燃油喷射系统的电动燃油泵安装在油箱外部。LH 型供油系统采用燃油箱内

装式燃油泵，以简化系统布置，提高系统可靠性。LH 型供油系统取消了冷起动喷油器，冷车起动时通过电控单元控制各缸喷油器以增加喷油量。

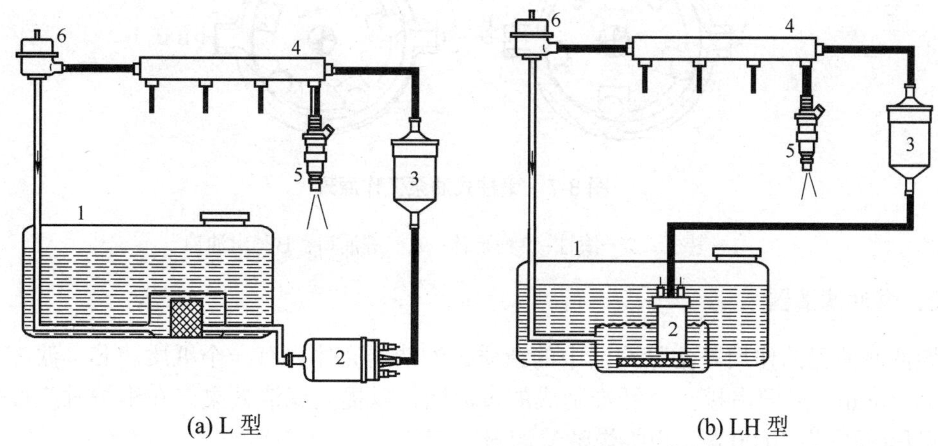

(a) L 型　　(b) LH 型

图 8-5　供油系统的组成与布置

1—燃油箱；2—电动燃油泵；3—燃油滤清器；4—燃油油轨；5—喷油器；6—压力调节器

2．电动燃油泵

电动燃油泵的作用是向燃油系统输送一定压力的燃油。

电动燃油泵的典型结构如图 8-6 所示，其主要由永磁直流电动机和燃油泵两部分组成。电动机转子与油泵转子同轴，由壳体封闭为一体，内部充满燃油。电动燃油泵工作时，永磁电动机驱动油泵转子一起旋转，将燃油加压后从出油口泵出。燃油流经电动机时对电动机进行冷却，在使用时，不要等油箱中的燃油全部耗尽后再加油，以免烧坏油泵。

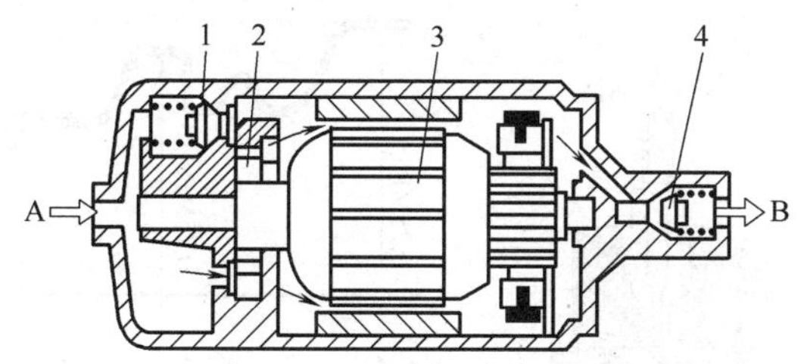

图 8-6　电动燃油泵的典型结构

1—限压阀；2—燃油泵；3—永磁电动机电枢；4—单向阀；A—进油口；B—出油口

进油口一端设有限压阀，防止管路堵塞时造成油压过高，在油压超过 300kPa 以上时，限压阀打开，超压的燃油流回进油口。出油口一端设有单向阀，防止发动机熄火后供油管路中燃油倒流，以维持一定的系统油压。

按照泵油原理的不同，燃油泵可分为滚柱泵、涡轮泵、内齿轮泵和侧槽泵四种。滚柱式油泵的工作原理如图 8-7 所示，油泵转子在电动机的驱动下，进油口一侧容积由小变大，将燃油从进油口吸入；出油口一侧容积由大变小，将燃油加压后从出油口泵出。

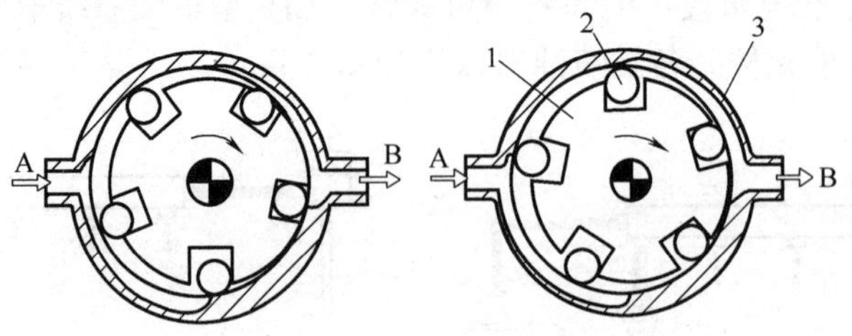

图 8-7　滚柱式油泵工作原理

1—转子；2—滚柱；3—泵体；A—进油口；B—出油口

3．燃油滤清器

燃油滤清器的作用是滤除汽油中的杂质。滤清器壳体内有一个纸质滤芯，滤芯的孔径平约为 10μm，后面串接一个纤维制成的过滤网，以提高滤清效果。在维护时应按规定的行驶里程(通常为 40 000km)更换燃油滤清器。

4．燃油压力调节器

燃油压力调节器的作用是调节供油压力与进气管压力之差保持不变，使喷油器的喷油量不受进气压力的影响，而由喷油器的开启时间决定。其结构如图 8-8(a)所示，由金属壳体组成的内腔被膜片分成两室，膜片的一侧为预压缩的弹簧，膜片的另一侧为一定压力的燃油。当燃油压力超过预调压力时，油压克服弹簧压力使膜片向下移动，由膜片控制的阀门将回油孔开启，使超压的燃油经回油孔和回油管流回油箱。在弹簧室内有一真空管与节气门后方的进气压力相通，使供油压力随进气压力变化，但供油压力与进气压力之差是恒定的，该数值约为 0.25MPa，如图 8-8(b)所示。

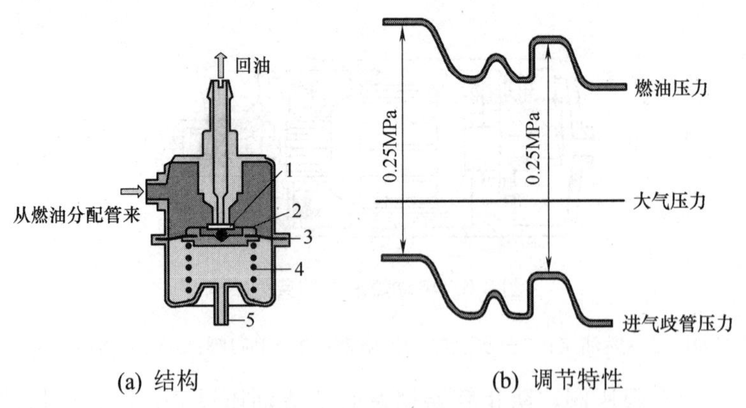

(a) 结构　　(b) 调节特性

图 8-8　燃油压力调节器

1—阀门；2—阀座；3—膜片；4—弹簧；5—接进气歧管

5．喷油器

喷油器的作用是在电控单元的控制下向各缸进气歧管定时定量地喷油，其结构如图 8-9 所示。喷油器体内装有电磁线圈，喷油器头部的针阀与衔铁结合成一体。当电控单元接通喷油器电路时，电磁线圈通电，产生的电磁力将衔铁和针阀吸起，使燃油从针阀头部的环形间隙喷出。针阀的升程约 0.1mm，喷油器每次开启时间为 2～10ms。开启时间越长，喷油量越多。

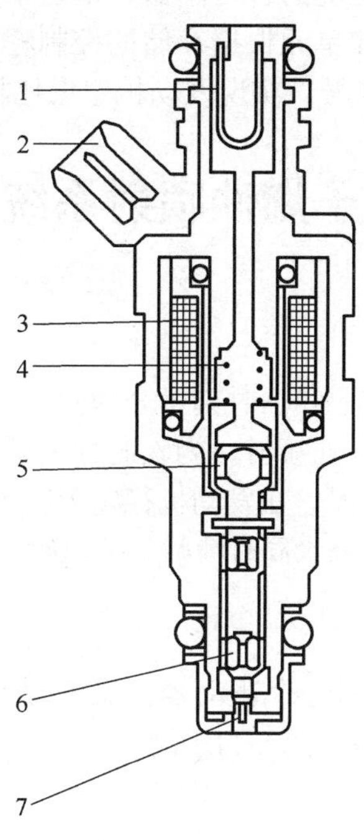

图 8-9　喷油器

1—滤网；2—电插头；3—电磁线圈；4—弹簧；5—衔铁；6—针阀；7—轴针

8.2.2　空气供给系统

空气供给系统的组成如图 8-10 所示。空气经滤清器滤清后，由空气流量计进行检测，再通过节气门进入各缸进气歧管。节气门由驾驶员通过加速踏板操纵，控制进气量的大小。在节气门旁通道上装有怠速空气阀，以控制怠速进气量的大小，从而实现怠速控制。

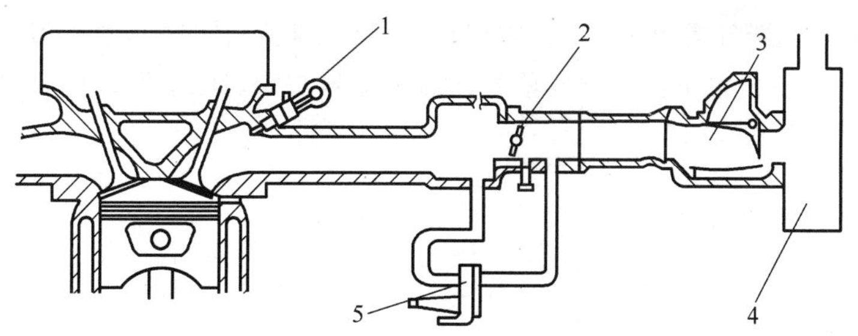

图 8-10　空气供给系统的组成

1—喷油器；2—节气门；3—空气流量计；4—空气滤清器；5—怠速空气阀

8.2.3　电子控制系统

电子控制系统由检测发动机工况的各传感器、电控单元和执行器三部分组成。各传感器向电控单元输入检测信号，电控单元根据存储的控制程序和输入信号计算各缸所需喷油量，并向各喷油器输出喷油脉冲信号，实现发动机空燃比控制。

8.3　电子燃油喷射系统的控制

8.3.1　喷油时序的控制

对于多点间歇喷射发动机，按照喷油时刻可分为同步喷射和异步喷射两种。在起动、加速等过渡工况，喷油系统以异步方式喷射，为临时性喷射。同步喷射是指与发动机旋转同步，在既定的曲轴转角位置进行喷射。在发动机稳定工况的大部分运转时间，喷油系统以同步喷射方式工作。同步喷射发动机分为同时喷射、分组喷射、顺序喷射三种喷油时序控制。

1．同时喷射

多缸发动机的所有喷油器共用一个驱动器，在发动机一个工作循环期间同时喷油两次。四缸发动机同时喷射控制电路如图 8-11 所示。

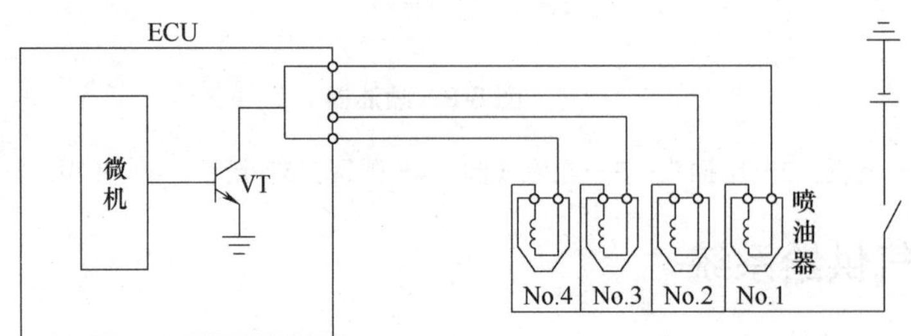

图 8-11　四缸发动机同时喷射控制电路

2．分组喷射

分组喷射是将喷油器分成 2～3 组，每组有 2～3 个喷油器同时喷射，其喷油正时由电控单元根据分电器内的凸轮轴位置传感器信号或点火信号决定。四缸发动机分组喷射控制电路如图 8-12 所示。

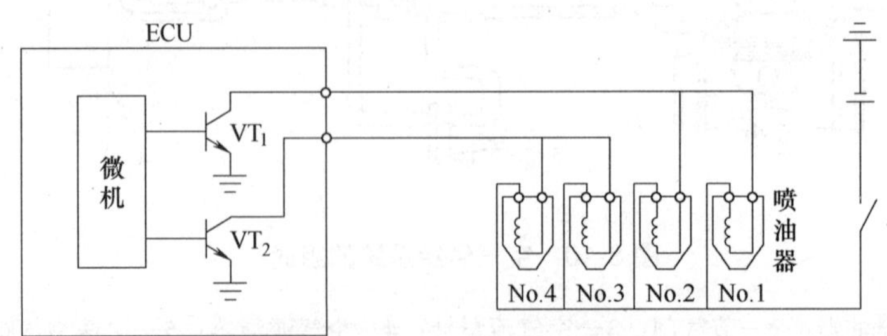

图 8-12　四缸发动机分组喷射控制电路

3．顺序喷射

顺序喷射是指电控单元分别独立控制各缸喷油器的喷油时间和喷油量。四缸发动机顺序喷射控制电路如图 8-13 所示。

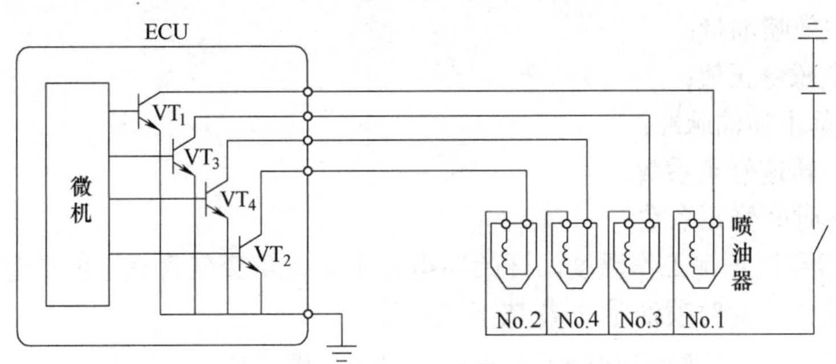

图 8-13　四缸发动机顺序喷射控制电路

8.3.2　喷油量的控制

1．基本喷油量的确定

基本喷油量用于保证发动机在正常的工作温度下运行时有最佳的空燃比。基本喷油量可根据发动机转速参数和空气流量参数进行计算确定，并通过驱动电路控制喷油器每个工作循环的喷油(通电)时间 T_p，有

$$T_P = \frac{120G_a}{CZn}$$

式中：G_a——空气流量(g/s)；

C——与喷油器结构和理论空燃比有关的常数；

Z——发动机气缸数；

n——发动机转速(r/min)。

燃油喷射控制系统多采用查询法求得基本喷油时间，即通过试验确定发动机特定工况下的最佳喷油时间，取得多组发动机转速、空气流量或进气管压力所对应的喷油时间标准数据并存入 ROM 存储器中，如图 8-14 所示。工作时，电控单元中的 CPU 根据发动机转速和空气流量(或进气管压力)，从 ROM 中查询得到基本喷油时间，通过插值法计算得到该工况下的喷油时间。用查询法求得最佳的基本喷油时间，可实现非线性控制，使燃油喷射的控制精度更高。

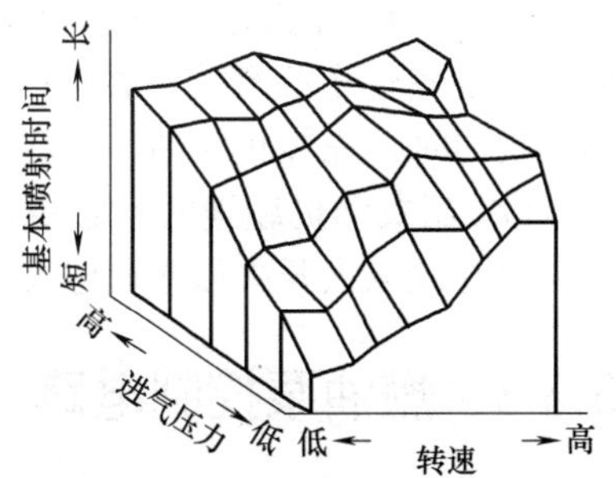

图 8-14　基本喷油时间三维图

2．喷油量的修正控制

通过喷油量的修正控制可使发动机在各种情况下都有最适当的空燃比，使发动机始终工作在最佳状态。

在发动机冷起动阶段，氧传感器无输出信号。发动机按可编程只读存储器提供的预定空燃比控制其工作，这一阶段称作开环控制阶段。当点火开关打开时，取下列 T_1、T_2 中的大值作为喷油脉冲输出信号：

$$T_1=1.3T_e+T_S$$

$$T_2=T_{ST}K_{NST}K_{TST}$$

式中　T_e——有效喷油量；

T_S——电压修正值；

T_{ST}——基本喷油脉冲；

K_{NST}——转速修正系数；

K_{TST}——时间修正系数。

当氧传感器到达正常工作温度，开始向电控单元提供废气含氧量的信息时，控制系统进入闭环控制阶段。此时喷油脉冲 T_0 依下式计算：

$$T_0=T_P\alpha(1+K_{TW}+K_{AS}+K_{AI}+K_{MR})K_{FC}+T_S$$

式中：T_P——基本喷油脉冲；

α——空燃比反馈修正系数；

K_{TW}——水温修正系数；

K_{AS}——起动时和起动后喷油量增量修正系数；

K_{AI}——怠速后喷油量修正系数；

K_{MR}——空燃比修正系数；

K_{FC}——停油系数；

T_S——电压修正值。

发动机每转一转，计算一次，每次都重新计算喷油脉宽，并利用计算结果控制喷油器工作，通常能实现以下控制内容。

(1) 在冷机启动和启动后的高怠速暖机过程中都实行开环控制，启动时供给足够多的初始喷油量，启动后高怠速暖机期间再随着冷却水温的升高逐渐减油直到进入正常稳定怠速工况时为止。

(2) 在稳定工况(含热机怠速工况和负荷工况)下按要求的空燃比供油。如果汽油机没有配置三效催化转化器，则在所有稳定工况下都实行开环控制，根据当前的转速、负荷及需要的空燃比确定基本喷油脉宽，再根据一些具体条件进行修正。如果汽油机配置了三效催化转化器，则只在划定的大负荷工况区才实行上述开环控制，而在热机怠速工况和部分负荷工况下实行空燃比反馈闭环控制，使空燃比保持在 14.7∶1 附近的一个很窄的范围内。

(3) 加速时在稳定工况基本喷油脉宽的基础上进行加浓修正，修正量与冷却水温、节气门开度变化率等有关，并随时间减少。减速时则进行减稀修正。当发动机由高速突然关闭节气门时，先停止喷油，待转速降到正常怠速范围再恢复供油。

(4) 在发动机超速时停止供油以保安全，有的还在汽车车速超限时停止供油。在点火开关断开或点火开关虽接通但发动机未启动时也断油以防止“淹缸”。

8.3.3　燃油泵控制电路

1. 燃油泵开关控制的燃油泵控制电路

丰田汽车 4S-FE 发动机采用叶片式空气流量计，内部装有油泵开关，其燃油泵控制电

路如图 8-15 所示。其开路继电器内置双线圈，控制燃油泵的工作。

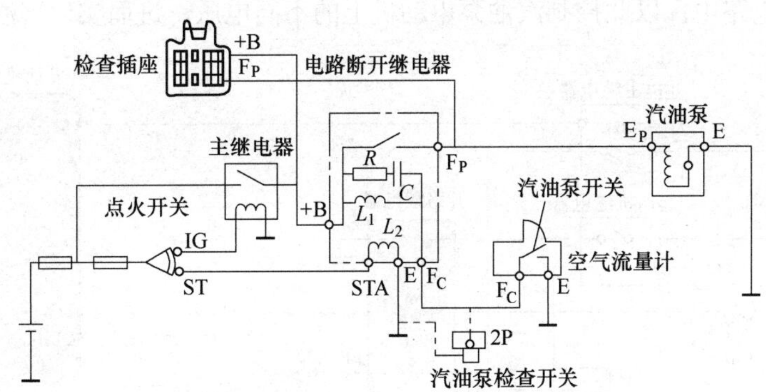

图 8-15 4S-FE 发动机燃油泵控制电路

当发动机起动时，点火开关的 ST 端子向电路断开继电器 L_2 线圈供电，使继电器常开触点闭合，汽油泵工作电路构成回路，汽油泵开始泵油。发动机顺利起动后，叶片式空气流量计内的油泵开关受进气气流的作用而闭合，汽油泵继电器 L_1 线圈供电，使继电器触点继续吸合，汽油泵一直接通，直到关闭发动机为止。

2. ECU 控制的燃油泵控制电路

ECU 控制的燃油泵控制电路如图 8-16 所示。发动机起动时，点火开关的 ST 端子向电路断开继电器 L_2 线圈供电，使继电器常开触点闭合，汽油泵开始工作。当发动机运转时，ECU 接收到发动机转速传感器的电信号，并通过内部的控制电路使晶体管 VT 导通，线圈 L_1 通电而使电路断开继电器触点闭合，汽油泵通电工作。ECU 通过 NE 信号检测发动机运转状态，如果发动机熄火，ECU 内部电路使晶体管 VT 截止，线圈 L_1 断电，电路断开继电器触点断开，汽油泵停止工作。

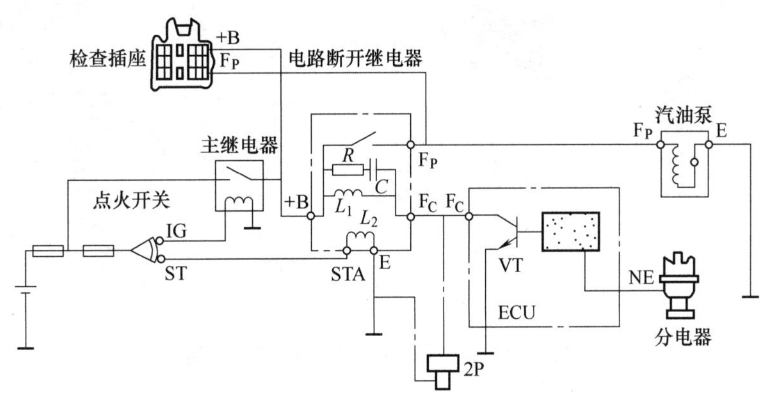

图 8-16 ECU 控制的燃油泵控制电路

3. 具有转速控制的燃油泵控制电路

1) 电阻器式燃油泵转速控制电路

图 8-17 所示为雷克萨斯 LS400 的燃油泵控制电路，它在燃油泵控制电路中增设了一个电阻器和燃油泵控制继电器。电阻器一般为 0.7Ω左右，安装在减振器旁，铝制外壳。发动

机工作时，ECU 根据发动机转速和负荷，对燃油泵继电器进行控制，从而控制电阻器是否串入在汽油泵控制电路中，以此控制汽油泵电动机上的不同电压，进而实现汽油泵转速变化。

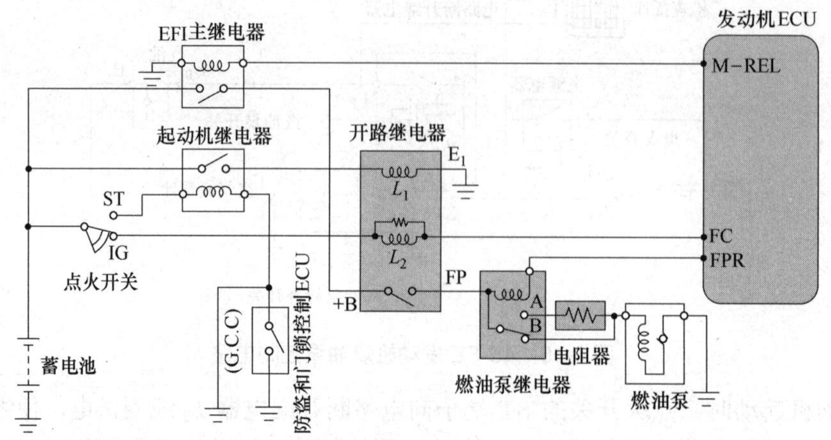

图 8-17　电阻器式燃油泵转速控制电路

发动机高速、大负荷时，FPR 端子高电位，燃油泵继电器触点 B 闭合，此时电阻器被旁路，燃油泵高速运转。发动机低速、小负荷工作时，FPR 端子低电位，燃油泵继电器触点 A 闭合，电阻器串入燃油泵电路，燃油泵低速运转。

2) 专设燃油泵 ECU 控制的转速控制电路

图 8-18 所示为皇冠 3.0 的燃油泵控制电路，为了对燃油泵转速进行控制，专设了一个控制燃油泵工作的燃油泵 ECU。

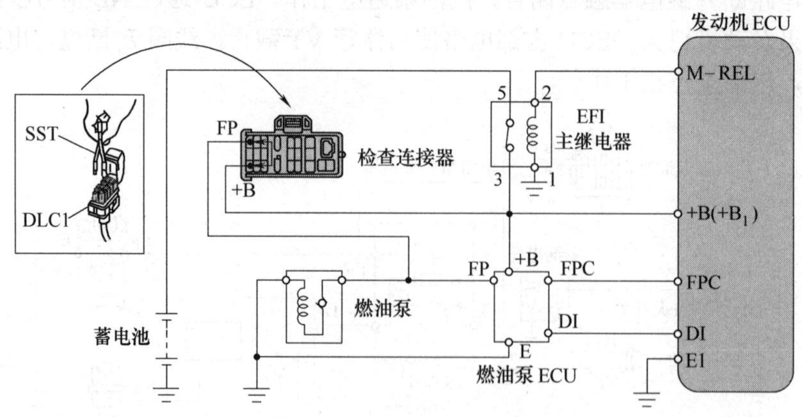

图 8-18　专设燃油泵 ECU 控制的转速控制电路

当发动机中低速工作时，发动机 ECU 向燃油泵 ECU 的 FPC 端子输出较低电平信号，燃油泵 ECU 的 FP 端子输出 9V 左右的直流电，控制汽油泵低速运转。发动机 ECU 根据 CKP、TPS、VSS 等信号综合处理，判定是否需提高功率。当发动机高速、大负荷运转时，发动机 ECU 向燃油泵 ECU 的 FPC 端子输出高电平信号，燃油泵 ECU 的 FP 端子输出电源电压，控制汽油泵高速运转。

现今电动燃油泵已全部由 ECU 控制。比较简单的一种控制只具有在发动机不启动时

断油的功能。当点火开关接通时，ECU 令一个继电器接通输油泵电源开始输油，但倘若过了 2s 还没有收到发动机已启动的信号(转速达 400r/min，超过了启动机拖动发动机的转速)，则 ECU 即令继电器切断输油泵电源而处于等待状态，待以后收到启动信号后再予接通。这样可以防止在发动机启动阶段燃油大量喷入而造成“淹缸”，淹缸会使发动机更难启动。

8.4　发动机辅助控制系统

8.4.1　怠速控制系统

怠速控制(Idle Speed Control，ISC)就是怠速转速的控制，是指根据发动机工作温度和负荷，由 ECU 自动控制怠速工况下的空气供给量，维持发动机以稳定怠速运转。因此，怠速控制的实质就是控制怠速时的空气吸入量。

怠速控制系统的主要作用是实现发动机起动后的快速暖机，以及在空调运行、起步等发动机负荷变化时自动维持发动机怠速稳定运转，即在保证发动机排放要求且运转稳定的前提下，尽量使发动机的怠速转速保持最低，以降低怠速时的燃油消耗量。

1．怠速进气量的控制方式

怠速进气量的控制有两种基本方式：一是控制节气门的旁通空气道的旁通空气式，二是直接控制节气门关闭位置的节气门直动式，如图 8-19 所示。

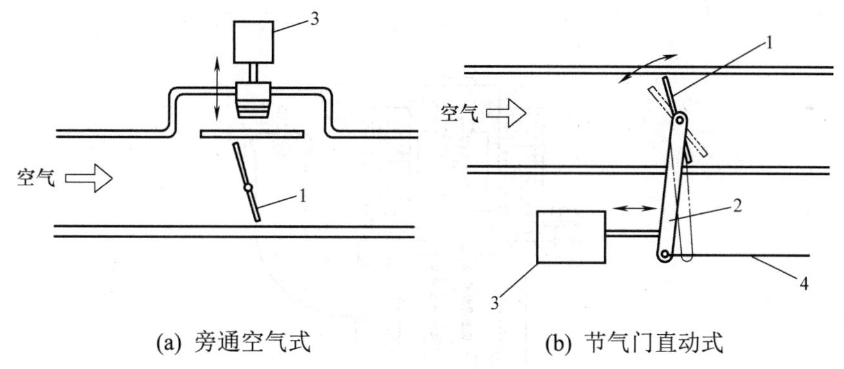

(a) 旁通空气式　　(b) 节气门直动式

图 8-19　怠速进气量的控制方式

1—节气门；2—节气门操纵臂；3—怠速控制执行器；4—加速踏板拉杆

2．怠速控制系统的控制原理

怠速控制系统主要由各传感器、ECU 和怠速执行机构组成，如图 8-20 所示。发动机怠速运行时，ECU 根据节气门位置传感器、车速传感器输出的信号，判断发动机是否处于怠速状态，然后根据冷却液温度、空调开关、挡位开关等传感器输入信号，在存储器中查出该工况下的目标转速(即能稳定运转的怠速转速)，再与发动机转速传感器传来的实际转速进行比较，计算出转速差，最后向怠速执行机构输出控制信号，改变怠速进气量，来提高或降低发动机的转速，使发动机稳定运转。

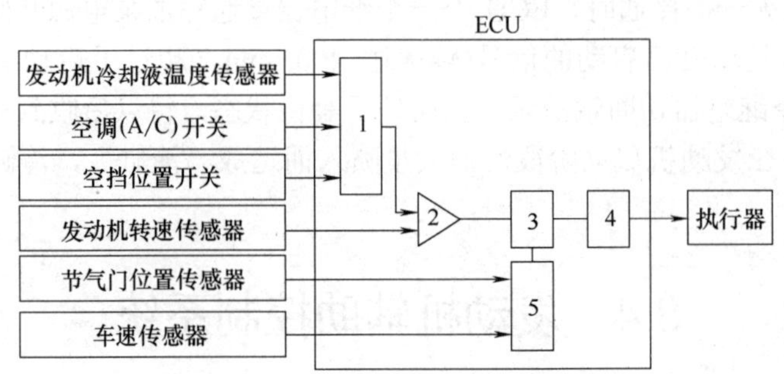

图 8-20　怠速控制系统的组成框图

1—目标转速；2—比较电路；3—控制量计算；4—驱动电路；5—怠速状态判断

3. 怠速控制执行机构

怠速控制执行机构主要有步进电机式、转动电磁阀式和开关电磁阀式三种怠速控制阀。

1) 步进电机式怠速控制阀

步进电机式怠速控制阀广泛应用于旁通空气式和节气门直动式怠速控制机构中。主要由步进电机、螺旋机构、空气阀等组成，如图 8-21 所示。当步进电机的转子转动时，螺母将带动丝杠作轴向运动，使阀芯开大或关小阀门的开度。ECU 通过控制步进电机的转动方向和转动角度来控制丝杆的移动方向和移动距离，从而控制阀门开度，实现怠速进气量控制。

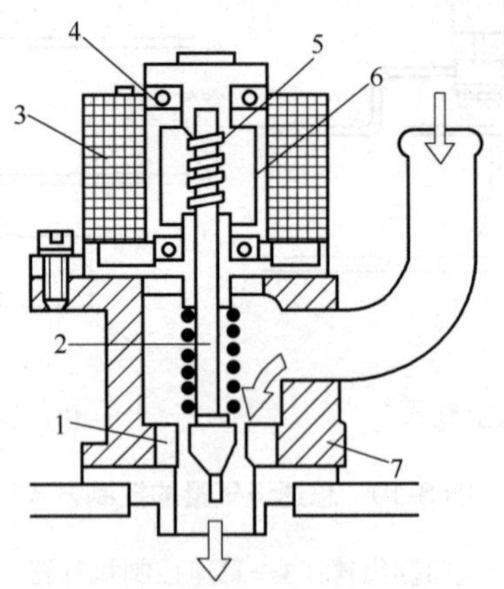

图 8-21　步进电机式怠速控制阀

1—空气阀阀座；2—阀杆；3—定子绕组；4—轴承；5—丝杠；6—转子；7—空气阀阀体

步进电机的控制电路如图 8-22 所示。ECU 判断发动机处于怠速运转时，EFI 主继电器向步进电机的 B_1 和 B_2 端子供给蓄电池电压。微处理器按一定顺序使 VT_1～VT_4 晶体管导通，控制 ISC_1～ISC_4 端子轮流搭铁，分别给步进电机各电磁线圈供电，驱动步进电机调节旁通空气量，使发动机转速达到目标值。当按 $VT_1 \rightarrow VT_2 \rightarrow VT_3 \rightarrow VT_4$ 顺序使晶体管导通

时，带动阀门前伸，减小旁通气道面积；当按 $VT_4 \rightarrow VT_3 \rightarrow VT_2 \rightarrow VT_1$ 顺序使晶体管导通时，带动阀门退回，增加旁通气道面积。

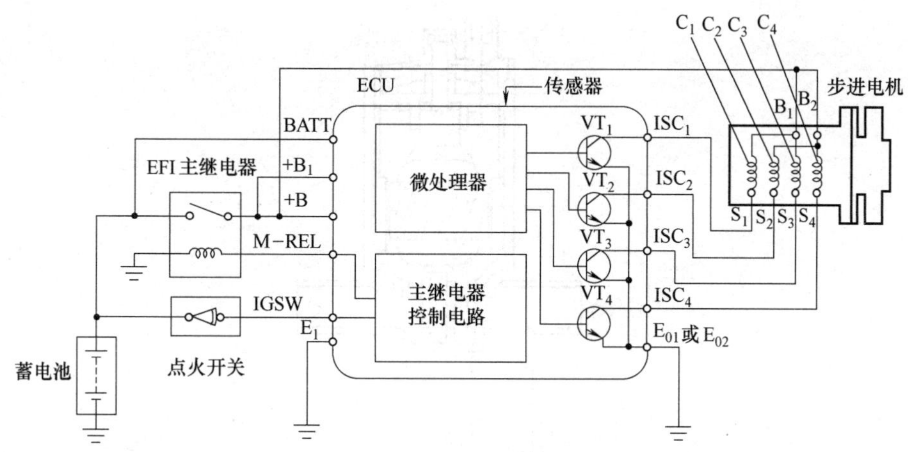

图 8-22　怠速步进电机控制电路

1—主继电器；2—微处理器；3—主继电器控制电路；4—ECU；5—怠速步进电机

为了改善发动机的起动性能，发动机熄火后，ECU 控制 ISC 阀全部开启，在关闭点火开关后，必须继续给 ECU 和 ISC 阀供电。主继电器由 ECU 的 M-REL 端供电，保持接通状态，怠速步进电机运转至 ISC 阀全部开启后才断电。

发动机起动时，由于怠速控制阀预先设为全开，在起动期间经过 ISC 阀的旁通空气量最大，发动机易于起动。当发动机起动后，ECU 根据冷却液温度，控制发动机转速，即低温时使怠速控制阀开启量较大，怠速转速升高，以加速暖机过程。在暖机过程中，ISC 阀随水温上升而逐渐关闭，冷却水温达到 70℃时，暖机控制结束。结束暖机后，进入闭环控制，此时以怠速转速作为反馈信号，根据转速的增减来相应改变 ISC 阀的开度。如果实际转速与 ECU 存储器中存放的目标转速相差超过 20r/min 时，ECU 则控制 ISC 阀增减旁通空气量，使发动机实际转速与目标转速相同。

目标转速值视发动机工况而定，如空挡起动开关是否接通、空调开关是否接通等。当用电设备增多时，由于蓄电池电压降低，可相应地增加旁通空气量，提高发动机的怠速转速。

2) 转动电磁阀式怠速控制阀

转动电磁阀式怠速控制阀有两种形式，一种是转子为永久磁铁，电磁线圈绕在定子上；另一种是定子为永久磁铁，电磁线圈绕在转子上，如图 8-23 所示。发动机工作时，当 ECU 检测到发动机怠速转速低于目标转速时，会自动提高控制信号的占空比，带动旋转阀片改变旁通空气道面积，以改变进气量，进行怠速控制。

转动电磁阀式怠速控制阀的控制电路如图 8-24 所示。当占空比为 50%时，两个三极管的导通时间相等，正、反向旋转力矩抵消，旋转阀片不转动；当占空比小于 50%时，旋转阀片逆时针旋转，旁通气道被关小；当占空比大于 50%时，旋转阀片顺时针旋转，旁通气道被打开。

奥迪 100 型轿车在控制信号的占空比减小到 18%左右时，旋转滑阀完全关闭；占空比增大到 82%左右时，旋转滑阀完全开启。

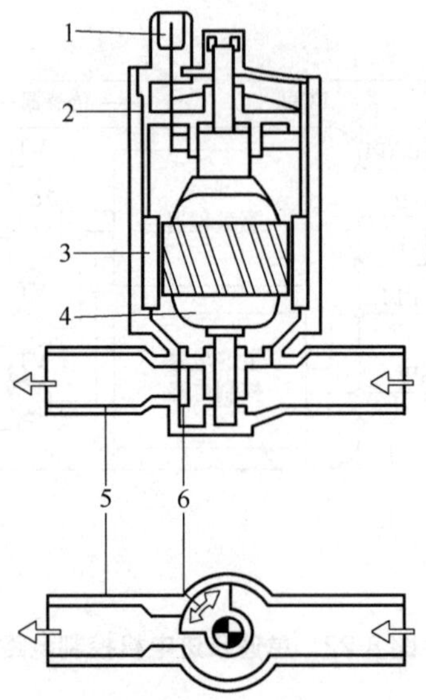

图 8-23　转动电磁阀式怠速控制阀

1—电接头；2—壳体；3—永久磁铁；4—电枢；5—旁通空气道；6—旋转阀片

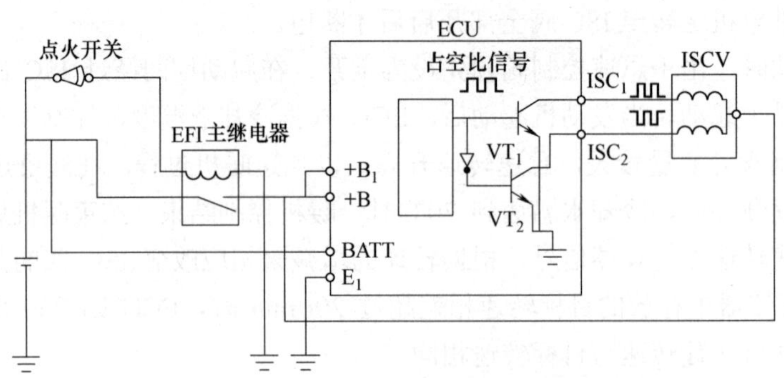

图 8-24　转动电磁阀式怠速控制阀的控制电路

3) 开关电磁阀式怠速控制阀

开关电磁阀式怠速控制阀的结构如图 8-25 所示。发动机怠速运转时，ECU 只对阀内线圈通电或断电两种状态进行控制。电磁线圈通电产生电磁吸力，当电磁吸力超过复位弹簧弹力时，阀轴带动阀芯向上移动，打开旁通气道。当电磁线圈断电时，阀轴及阀芯在弹力作用下复位，将旁通气道关闭。

开关电磁阀式怠速控制阀的控制电路如图 8-26 所示。旁通气道开启与关闭时间由发动机 ECU 发出的占空比信号控制。

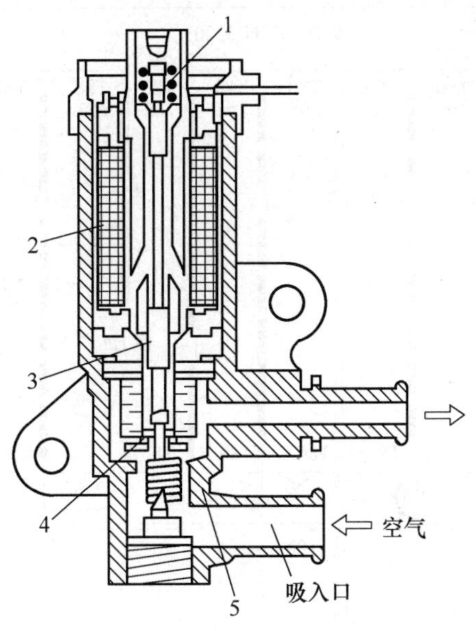

图 8-25 开关电磁阀式怠速控制阀

1—弹簧；2—电磁线圈；3—阀轴；4—阀；5—壳体

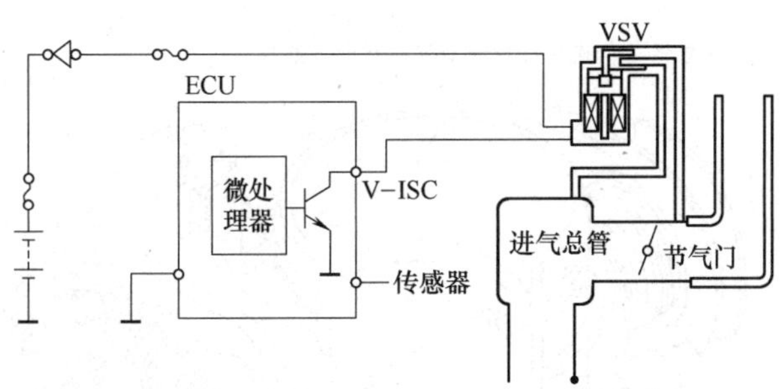

图 8-26 开关电磁阀式怠速控制阀的控制电路

4．节气门体单元

在捷达、时代超人等轿车发动机电控系统中，广泛采用节气门体单元进行发动机怠速控制。

节气门体单元基本电路如图 8-27 所示。怠速时，怠速触点开关 F60 闭合，怠速直流电机 V60 的正反转由电控单元输出电路中的双向驱动电路驱动，并由怠速节气门位置传感器 G88 检测节气门开度。驾驶员踏下加速踏板时，怠速触点开关 F60 断开，怠速直流电机 V60 停转，节气门开度通过节气门位置传感器 G69 检测。节气门体单元的结构如图 8-28 所示。

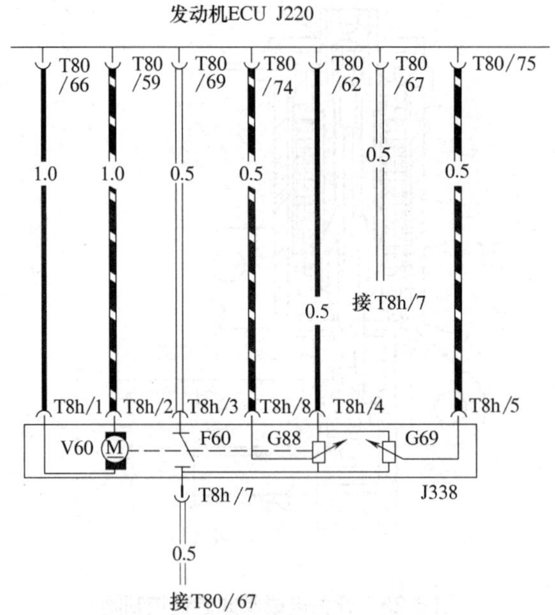

图 8-27　节气门体单元基本电路

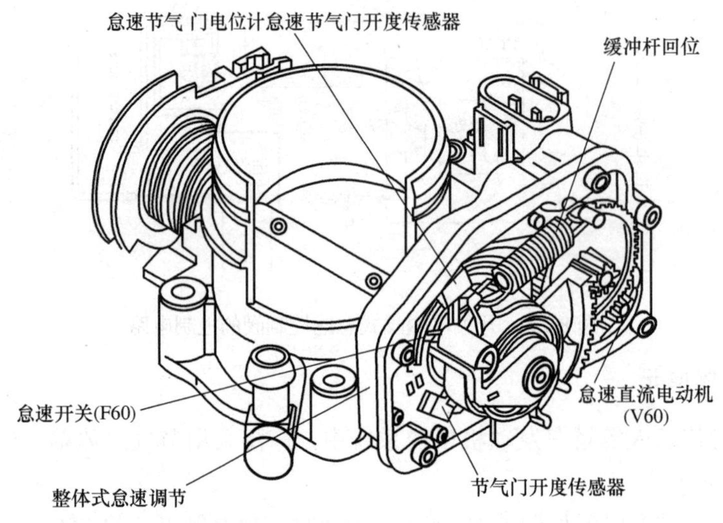

图 8-28　节气门体单元结构

8.4.2　排放控制系统

1．燃油蒸发排放控制系统

1) 燃油蒸发排放控制系统的作用

燃油蒸发排放控制系统(Evaporative Emission Control System，EVAP)又叫汽油蒸气排

放控制系统，是汽车发动机排放控制系统之一。其主要作用是将油箱中的汽油蒸气收集于炭罐中，并在发动机工作时，通过流经的空气将汽油蒸气送入进气管参与燃烧，以免汽油箱中的汽油蒸气直接排放到大气中而造成空气污染。

汽油蒸汽应在发动机处于闭环控制时导入燃烧室燃烧，只有在闭环控制时才能针对因额外蒸汽作用导致混合气变浓的情况调节喷油量。同时，还必须根据发动机工况，控制导入气缸内参加燃烧的汽油蒸汽量。

2) 燃油蒸发排放控制系统的控制原理

燃油蒸发排放控制系统的控制原理框图如图 8-29 所示。

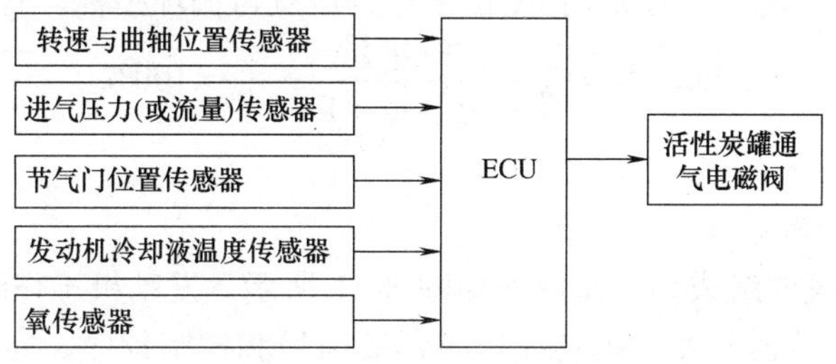

图 8-29　燃油蒸发排放控制系统的控制原理框图

ECU 根据有关传感器的信号判断发动机工况与状态，并输出相应的控制脉冲，通过控制活性炭罐通气电磁阀的开关占空比来调节活性炭罐通气阀的开度，使流经活性炭罐进入进气管的空气流量适应发动机工况、状态变化的需要。

3) 燃油蒸发排放控制系统的结构组成与工作原理

典型的电子控制式炭罐排放控制系统的结构组成如图 8-30 所示。

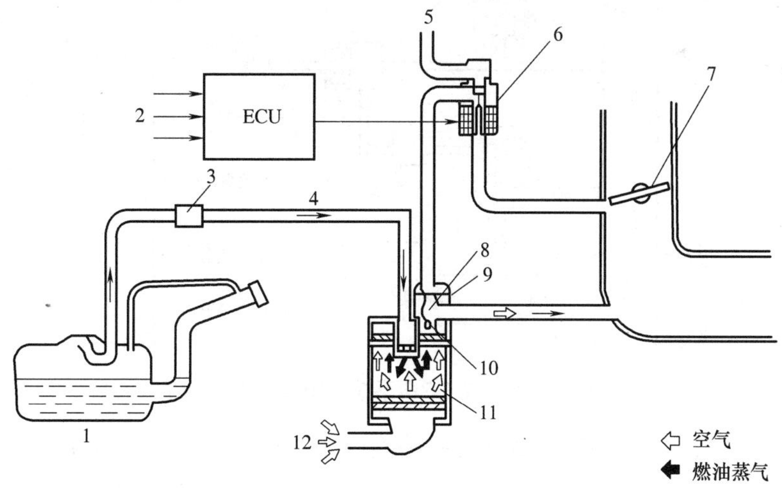

图 8-30　电子控制式炭罐排放控制系统结构组成

1—燃油箱；2—传感器信号；3—单向阀；4—通气管路；5—接进气缓冲器；6—炭罐通气电磁阀；7—节气门；8—主通气口；9—炭罐通气阀；10—定量通气小孔；11—炭罐；12—新鲜空气

燃油箱中的蒸汽通入活性炭罐被活性炭吸附，发动机工作时，ECU 根据传感器信号判断发动机工况，并向电磁阀输出电流信号使电磁阀开启，调整活性炭罐通气阀的开度，使活性炭罐中的燃油蒸汽通过真空管进入发动机进气歧管内，再进入发动机气缸燃烧。

2. 废气再循环控制系统

1) 废气再循环的作用

废气再循环(Exhaust Gas Recirculation，EGR)是指将一定量的废气引入进气管中并与可燃混合气一起吸入气缸，以降低发动机燃烧温度，减少排气中氮氧化物(NO_x)等有害气体的排放。

废气再循环会影响混合气的着火性能，降低发动机功率，故需要选择 NO_x 排出量多的工况进行适量的废气再循环。通常用 EGR 率作为废气再循环指标，有

$$\text{EGR率} = \frac{\text{EGR量}}{\text{吸入空气量} + \text{EGR量}} \times 100\%$$

最大 EGR 率一般不超过 15%～25%。

2) 废气再循环控制系统的工作原理

电子式 EGR 系统的组成和工作原理如图 8-31 所示。发动机工作时，ECU 根据空气流量计、冷却液温度传感器、发动机转速传感器等信号和控制程序，向废气再循环电磁阀输出控制信号，控制电磁阀打开和关闭。当电磁阀打开时，接通废气再循环阀的真空管路，使废气再循环阀开启，部分废气进入进气管，进行废气再循环；当电磁阀关闭时，切断废气再循环阀的真空管路，并将大气压力引入废气再循环阀上方，使废气再循环阀关闭，停止废气再循环。EGR 阀位置传感器向 ECU 反馈 EGR 阀开度信号，ECU 根据此信号修正电磁阀开度，使 EGR 率保持在最佳值。

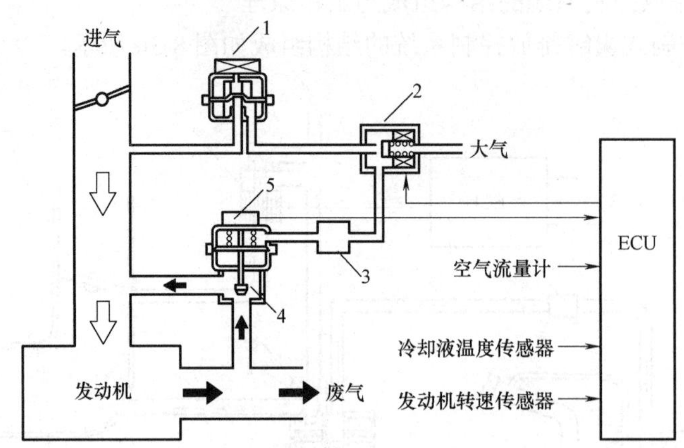

图 8-31　电子式 EGR 系统的组成和工作原理

1—真空控制阀；2—废气再循环电磁阀；3—真空管；4—废气再循环阀；5—EGR 阀位置传感器

3) 废气再循环控制系统的主要部件结构

(1) EGR 阀。

EGR 阀的结构如图 8-32 所示。EGR 电磁阀控制膜片上方真空室的真空度。真空度大，阀的开度增大；反之，阀的开度减小。

EGR 阀位置传感器为电位计式传感器，工作原理与线性可变电阻式节气门位置传感器相同。其作用是向 ECU 反馈 EGR 阀开度信号。

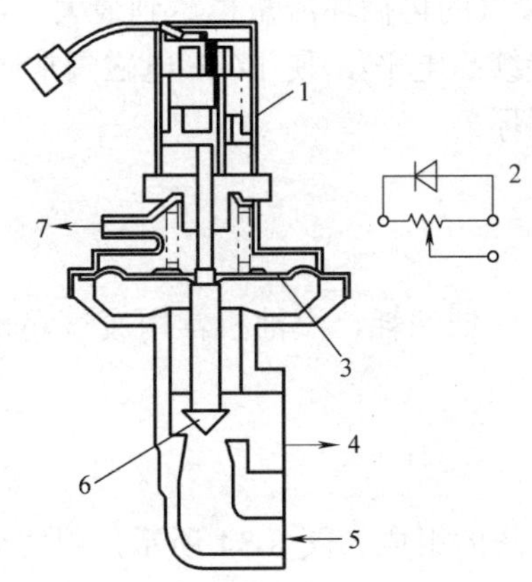

图 8-32　带有 EGR 阀位置传感器的 EGR 阀

1—EGR 阀位置传感器；2—EGR 阀位置传感器电路；3—膜片；4—废气出；5—废气入；6—阀体；7—接 EGR 电磁阀

(2) EGR 电磁阀。

EGR 电磁阀的结构如图 8-33 所示。EGR 电磁阀线圈不通电，通大气口 3 被关闭，4、6 相通，即 EGR 阀膜片上方的真空室有真空；EGR 电磁阀线圈通电，将通进气歧管 6 的真空通道关闭，通大气口 3 打开，3、4 相通，即 EGR 阀膜片上方的真空室与大气相通，没有真空。

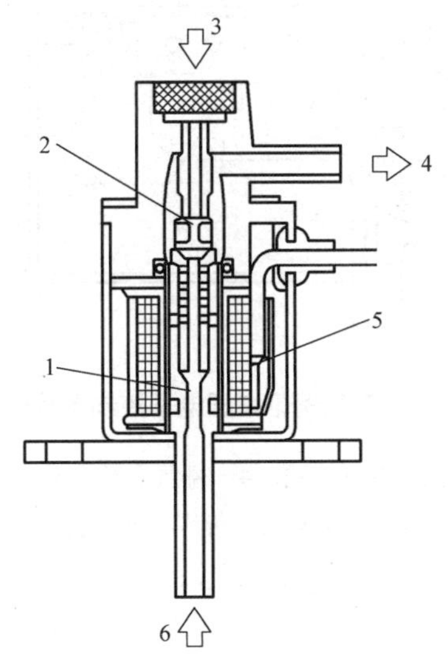

图 8-33　EGR 电磁阀

1—空气通道；2—阀体；3—通大气口；4—去 EGR 阀；5—电磁阀线圈；6—通进气歧管

当需要增大废气再循环流量时，ECU 输出的占空比减小，EGR 电磁阀相对的通电时间减小，EGR 阀真空室通进气歧管的相对时间增大，其真空度增大而使阀开度增大，使废气再循环流量相应增加。当 EUC 输出占空比为 0 的信号(持续低电平)时，EGR 电磁阀断电。这时，EGR 阀真空室与进气歧管持续相通，其真空度达到最大(直接取决于进气歧管的真空度)，阀的开度最大，废气的再循环流量也达到最大。当不需要废气再循环时，ECU输出占空比为 100%的信号(持续高电平)，使 EGR 电磁阀常通电，EGR 阀真空室与大气常通，阀关闭，阻断了废气再循环。

8.4.3 进气增压控制

为提高发动机的动力性，降低油耗，汽油机常用废气涡轮增压和谐波增压等方式进行进气增压。

1. 废气涡轮增压

废气涡轮增压电子控制系统的组成如图 8-34 所示，用发动机排出的高温、高压废气，驱动涡轮增压器的废气涡轮 3 高速旋转，并驱动动力涡轮一起转动，将空气加压后吸入气缸。为保证发动机在不同转速下及工况下都得到最佳增压值，并防止发动机爆燃同时限制热负荷，对涡轮增压系统常采用增压控制与爆燃控制相结合的控制方法。

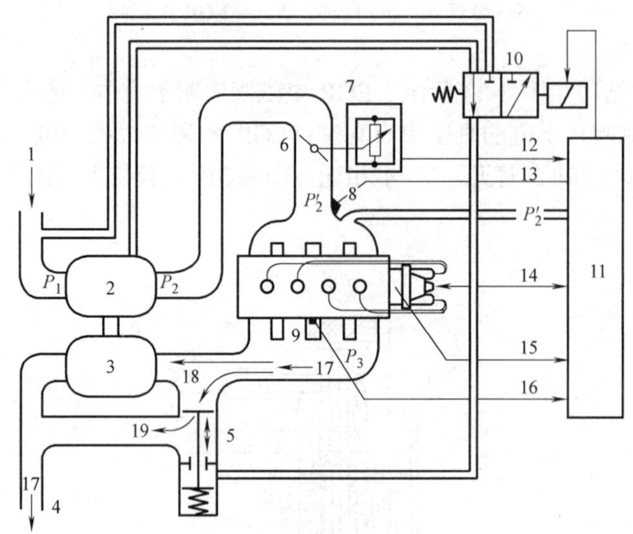

图 8-34 废气涡轮增压电子控制系统的组成

1—进气；2—动力涡轮；3—废气涡轮；4—排气系统；5—废气旁通阀；6—节气门；7—节气门位置传感器；8—冷却液温度传感器；9—爆燃传感器；10—增压压力控制电磁阀；11—ECU；12—节气门位置传感器信号；；13—增压进气温度；14—点火提前角；15—发动机转速信号；16—爆燃传感器信号；17—排气流；18—通过涡轮的气流；19—通过废气旁通阀的气流；P_1—增压之前的进气压力；P_2—增压之后的进气压力；P'_2—进气歧管压力；P_3—排气背压

在 ECU 的存储器中，存储着发动机增压特性的有关数据。发动机工作时，ECU 根据增压压力等传感器输入的信号，可以确定实际进气增压压力，然后将实际进气压力与存储的理论值进行比较。若实际值与理论值不相符合，ECU 则输出控制信号，对增压压力电磁阀进行控制，改变废气旁通阀 5 的压力，使废气旁通阀开度改变。

当发动机出现爆燃时，ECU 根据传感器输入的爆燃信号，减小点火提前角，同时降低增压压力。当爆燃消失时，再增加点火提前角和进气压力。

2. 谐波增压

谐波增压又称 ACIS(Acoustic Control Induction System，声控进气系统)。当气体高速流向进气门时，如果进气门突然关闭，进气门附近的气体流动突然停止，由于惯性进气管仍在进气，于是进气门附近的气体被压缩，进气压力上升。当压力增大到一定值后，被压缩的气体开始膨胀，向着进气气流的相反方向流动，压力下降。膨胀气体的波传到进气管口时又被反射回来，形成压力波。如果在进气门刚要打开时，进气压力波恰好到达进气门附近，这样进气门打开时，就会提高进气效率。

通过改变进气管长度可改变进气压力波波长，使压力波集中于要打开的进气门处，打开进气门时就会形成增压进气。谐波增压的基本工作原理如图 8-35 所示。进气管长度变长时，压力波的波长大，可使中低速转速时的进气压力增大；进气管长度变短时，压力波的波长短，可使高速时的进气压力增大。

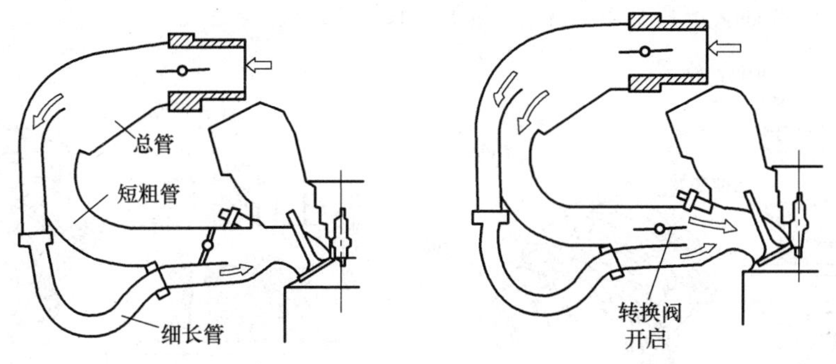

(a) 低速时转换阀关闭进气管长度增大　(b) 高速时转换阀开户进气管长度减小

图 8-35　谐波增压的基本工作原理

谐波增压电子控制系统的组成如图 8-36 所示，ECU 根据发动机转速信号、节气门位置传感器信号控制电磁阀的通断，调节膜片式执行器的真空度，操纵进气转换阀门改变进气管道长度。

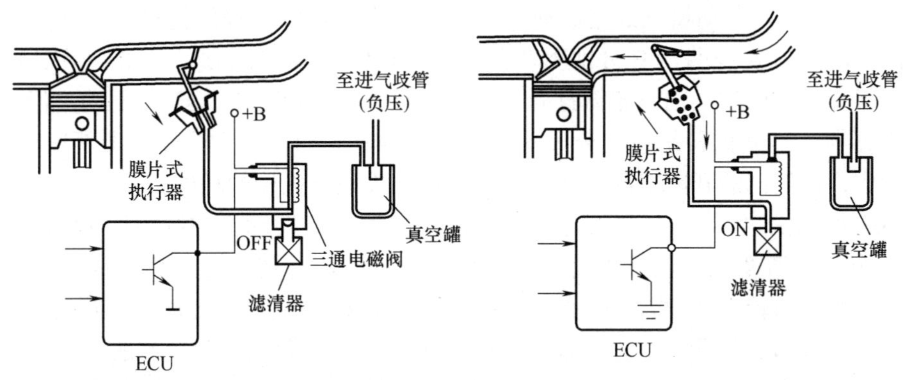

(a) 低速时转短进气管关闭，细长进气管进气　(b) 高速时短进气管打开

图 8-36　谐波增压电子控制系统的组成

8.4.4 可变气门正时与气门升程电子控制

可变气门正时与气门升程电子控制又称 VTEC(Variable Valve Life Timing and Valve Electronic Control)。进气门的正时与升程随转速的不同而改变，使发动机在低速时具有较高的燃烧效率和较低的燃油消耗，而在高速时则可以充分地发挥其强劲的动力，从而改善汽车的动力性和经济性。

1. VTEC 机械机构的工作原理

VTEC 机械机构的工作原理如图 8-37 所示。发动机的凸轮轴除原有驱动两个进气门的主凸轮和辅助凸轮外，还增设中间凸轮，三个凸轮中，中间凸轮升程最大。进气门摇臂也因此分成三个部分，即主摇臂、中间摇臂和辅助摇臂。三根摇臂轴的内部装有液压控制的同步活塞 A 和 B，液压系统则由发动机控制模块根据发动机的转速、负荷、冷却液温度和车速等参数进行控制。VTEC 机械机构的工作过程如下。

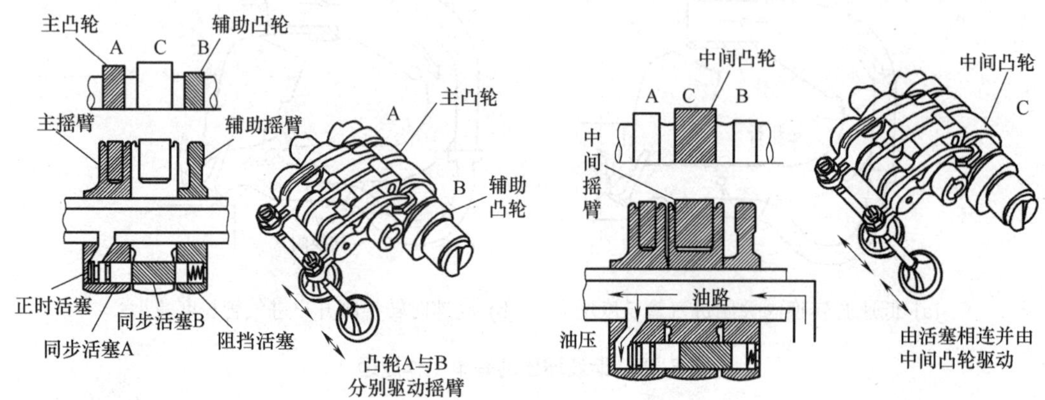

(a) 低速时主凸轮和辅助凸轮分别驱动两个进气门　　(b) 高速时中间凸轮驱动两个进气门

图 8-37　VTEC 机械机构工作原理

(1) 低速状态。发动机低速运转时，主摇臂、中间摇臂和辅助摇臂是彼此分离独立动作的。此时，凸轮 A 与凸轮 B 分别驱动主摇臂和辅助摇臂以控制进气门的开闭。由于凸轮 B 的升程很小，因而进气门只稍微打开。虽然此时中间摇臂已被凸轮 C 驱动，但由于中间摇臂与主摇臂、辅助摇臂是彼此分离的，故不影响进气门的正常开闭。即低速时，VTEC 机构不工作，进气门的开闭情况与普通顶置凸轮轴式配气机构的相同。

(2) 高速状态。当发动机转速达到某一特定转速时，发动机控制模块(ECM)将控制液压系统，由正时活塞推动三根摇臂内的同步活塞移动，并使三根摇臂锁成一体而一起动作。此时，由于凸轮 C 较凸轮 B 高，所以便由凸轮 C 来驱动整个摇臂，并且使进气门开启时间延长，开启的升程增大，从而达到改变进气门正时和进气门升程的目的。当发动机转速降低至某一设定值时，摇臂中的同步活塞端的油压也将由 ECM 控制而降低，同步活塞将回位弹簧推回原位，三根摇臂又将彼此分离独立工作。

2．VTEC 控制系统的工作原理

VTEC 控制系统的工作原理如图 8-38 所示。发动机转速、负荷和冷却液温度等信号输入 ECM 后，经运算处理，ECM 将决定是否对配气机构实行 VTEC 控制。若实行 VTEC 控制，ECM 使 VTEC 电磁阀的电磁绕组通电，使电磁阀在电磁力的作用下吸起，来自油泵的油压便作用在同步活塞上。VTEC 电磁阀开启后，控制系统还可以通过 VTEC 压力开关反馈信号给 ECM，以便监控系统工作。

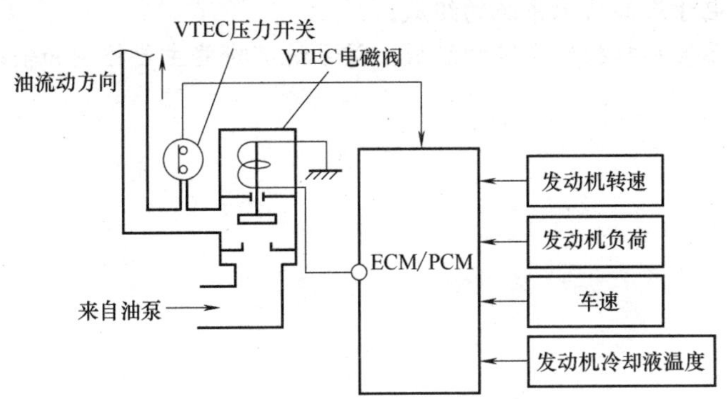

图 8-38　VTEC 控制系统工作原理

8.4.5　故障自诊断系统、故障运行和安全保险

1．故障自诊断系统

故障自诊断系统的功能是让电控单元随时监视电控系统各部件的工作状况，当出现故障时，仪表板上的发动机故障指示灯点亮，以提醒驾驶员，并将故障信息存储在电控单元故障存储器中。检修时，检修人员用测试仪读取故障信息，即可迅速查明故障原因。

2．故障运行和后备系统

故障运行是指当某些传感器出现故障时，电控单元启用存储器中的代用值，控制发动机继续运行。出现故障时具有代用值的传感器有冷却液温度传感器(80℃)、进气温度传感器(25℃)、空气流量传感器、进气压力传感器、节气门位置传感器等。

当电控单元控制程序出现故障时，电控单元启用后备系统对发动机进行简易控制，使车辆维持运行，进入“跛行”状态。后备系统采用专用集成电路，将喷油时间、点火时刻、闭合角等发动机运行基本参数设定为某一固定值。

3．安全保险功能

安全保险是指当电控系统某些重要的部件出现故障时，为确保安全，终止系统运行的功能。例如，当电控单元检测到点火系统不工作时，电控单元即终止燃油喷射；当电控单元接收不到发动机转速信号时，电动燃油泵停止运转，点火系统停止工作；当爆燃传感器出现故障时，电控单元推迟点火提前角并终止爆燃控制程序。

思 考 题

1. 电子燃油喷射系统的基本类型有哪些?
2. 简述LH型电子燃油喷射系统的组成和各部件的作用。
3. 试比较D型电子燃油喷射系统和L型电子燃油喷射系统二者进气系统的差别。
4. 简述单点电子燃油喷射系统的组成。
5. 用框图表示发动机控制系统的组成，该系统有哪些主要控制和辅助控制功能?

第9章 自动变速器

【知识目标】

了解自动变速器的类型、基本组成和工作过程；掌握液力变矩器、行星齿轮机构、换挡元件的结构及工作原理；掌握自动变速器电子控制系统的组成、作用及基本工作原理。掌握自动变速器试验的类型及各种试验的目的。

【技能目标】

结合自动变速器检测试验的数据，能够进行故障分析。

9.1 概　　述

9.1.1 自动变速器的类型

1. 按传动比分类

电控自动变速器按传动比分类，可分为电控有级自动变速器和电控无级自动变速器两大类。电控有级自动变速器又称电控自动变速器(Electronic Control Automatic Transmission，EAT)，采用电控-液压自动换挡且各挡位具有固定的传动比。电控无级自动变速器(Electronic Control Continuously Variable Transmission，ECVT)采用电控-液压自动控制，传动比在一定范围内可连续变化。

2. 按变速控制的方式分类

自动变速器按变速控制方式分类，可分为液压控制自动变速器和电控-液压自动变速器两大类。液压控制自动变速器的变速过程完全由液压装置实现；电控-液压自动变速器由电控单元换挡程序控制换挡时机，由电控单元控制换挡电磁阀改变液压回路，通过液压装置实现换挡。

此外，近几年来，在电控自动变速器的基础上，推出了手动和自动一体的电控自动变速器。在手动变速器的基础上，采用电子控制换挡发展起来的自动机械变速器(AMT)也得到发展。

9.1.2 电控自动变速器的基本组成和工作过程

电控自动变速器是目前广泛应用的一种自动变速器，其基本组成如图 9-1 所示。电控自动变速器由液力变矩器、行星齿轮系统、液压控制系统、电子控制系统和操纵机构五部分组成。发动机输出的扭矩经液力变矩器无级变速后将动力输入行星齿轮变速器，电控单元根据节气门位置传感器信号、车速传感器信号和换挡控制程序控制换挡电磁阀的接通或关断以改变液压装置的液压回路，操纵液压控制装置中的换挡执行机构实现行星齿轮变速器的换挡。液力变矩器的传力介质和行星齿轮变速器采用规定型号的自动变速器油(ATF)，使用时应按规定型号加注。

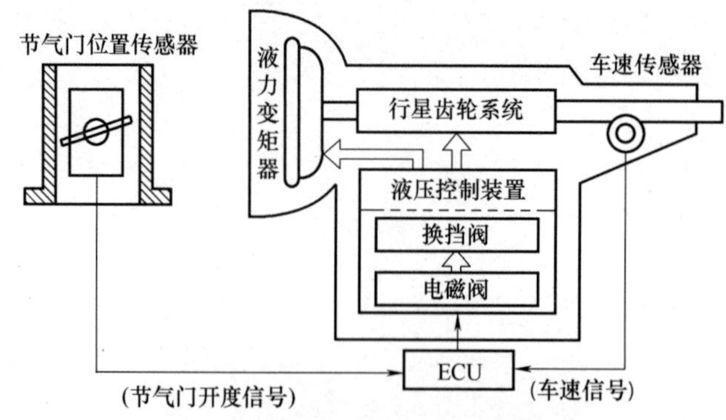

图 9-1　电控自动变速器的基本组成

前轮驱动的电控自动变速器将自动变速器和差速器组成一体。捷达轿车 01N 型电控自动变速器的液力变矩器、行星齿轮变速器、差速器的结构布置如图 9-2 所示。

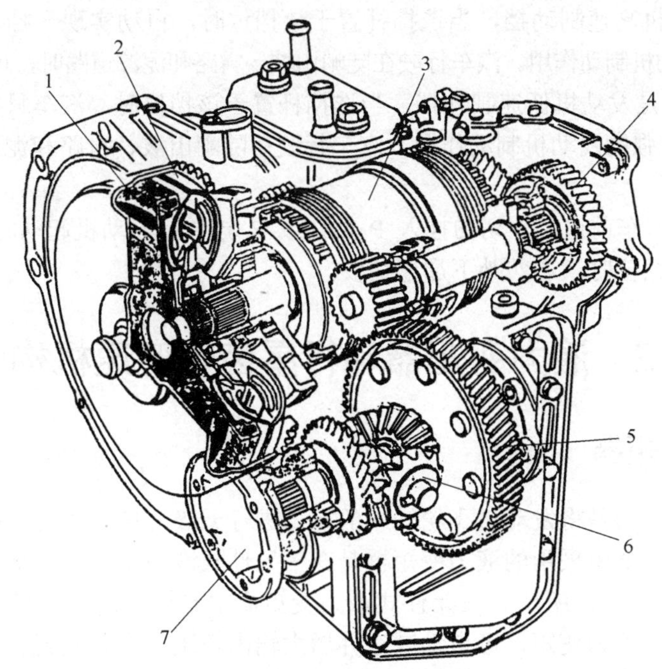

图 9-2　捷达轿车 01N 型电控自动变速器的结构布置

1—锁止离合器；2—变矩器；3—行星齿轮变速器；4—惰轮组合；5—被动齿轮；6—差速器；7—驱动法兰

9.1.3　换挡操纵机构和变速器的基本操作要求

换挡操纵机构主要包括选挡杆、停车挡锁止机构和加速踏板。

选挡杆通过拉索和联杆机构与液压控制装置的手动阀相连，选挡杆的布置有车身地板式和转向柱式两种形式，其中前者较为常用。

不同厂家、不同型号的自动变速器，选挡杆的挡位基本相同，四挡自动变速器的车身地板式选挡杆一般都有 P、R、N、D、3、2、1(L)七个挡位，仪表板上指示所选挡位。

P 挡位是停车挡(PARK)，当汽车完全停车拉紧手刹后，即可挂入该挡位。选挡杆置于该挡位时，机械锁止机构将变速器输出轴锁住，汽车驱动轮不能转动。

R 挡位是倒挡(REVERSE)，当汽车完全停止后可挂入该挡位。当选挡杆置于该挡位时，液压控制装置接通倒挡传动的油路，汽车便倒车行驶。

N 挡位是空挡(NEURTAL)，汽车起动前必须在 N 挡位或 P 挡位。汽车被拖动时，只能用该位置。当选挡杆置于该挡位时，变速器不能输出动力。

D 挡位是前进挡(DRIVE)，汽车正常行驶时选择该挡位。当选挡杆置于该挡位时，电控系统和液压控制装置根据车速和节气门开度信号，自动实现一挡、二挡、三挡、四挡(超速挡)各挡位之间的自动升降。

3 挡位是前进挡，汽车无须四挡行驶时选择该挡位。当选挡杆置于该挡位时，电控系

统和液压控制装置根据车速和节气门开度信号，自动实现一挡、二挡、三挡各挡位之间的自动升降。汽车行驶在丘陵地带、弯曲道路和下坡道路时，可选择该挡位。

2 挡位是发动机高速制动挡，当选挡杆置于该挡位时，自动实现一挡、二挡之间的自动升降，并具有发动机制动作用。汽车行驶在陡峭山坡、雪路和泥泞道路时，可选择该挡位。

1(或 L)前进挡是发动机低速制动挡，当选挡杆置于该挡位时，汽车只能一挡行驶。该挡位具有比 2 挡更强的发动机制动作用，汽车行驶在陡峭山坡、雪路和泥泞道路时，可选择该挡位。

应特别注意：汽车前进时，切勿挂入 P 挡位或 R 挡位；发动机起动时，只能在 N 挡位或 P 挡位；转换挡位时，切勿踏下加速踏板。

9.2 液力变矩器和行星齿轮变速机构

9.2.1 液力变矩器

液力变矩器的作用是将发动机飞轮输入的扭矩进行无级变换，并向行星齿轮系统输出扭矩。电控自动变速器中采用的液力变矩器是在三元件式液力变矩器的基础上增加了锁止离合器，其结构如图 9-3 所示。三元件式液力变矩器由泵轮、涡轮和导轮组成。当车速低、行驶阻力大时，液力变矩器可自动减速并增大输出扭矩；当车速高、行驶阻力小时，液力变矩器相当于一个液力耦合器，只起到传递扭矩的作用。增加锁止离合器可以克服液力传递扭矩传动效率低的缺点，在汽车行驶时由电控单元控制锁止离合器接合或分离。

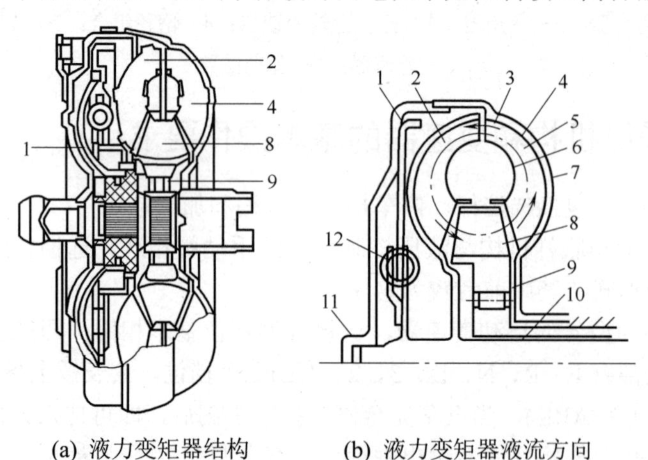

(a) 液力变矩器结构　　(b) 液力变矩器液流方向

图 9-3　带锁止离合器的液力变矩器的组成

1—液力变矩器锁止离合器；2—涡轮；3—液流方向；4—泵轮；5—设计流线；6—内环；7—变矩器壳；8—导轮；9—单向离合器；10—输出轴；11—输入端；12—扭矩缓冲器

液力变矩器的性能用液力变矩器的特性曲线评价。液力变矩器的特性曲线是指当发动机转速和扭矩一定时，即泵轮转速(n_b)和扭矩(M_b)一定时，扭矩比(K)、传动效率(η)和速比(i)之间的关系曲线，如图 9-4 所示。

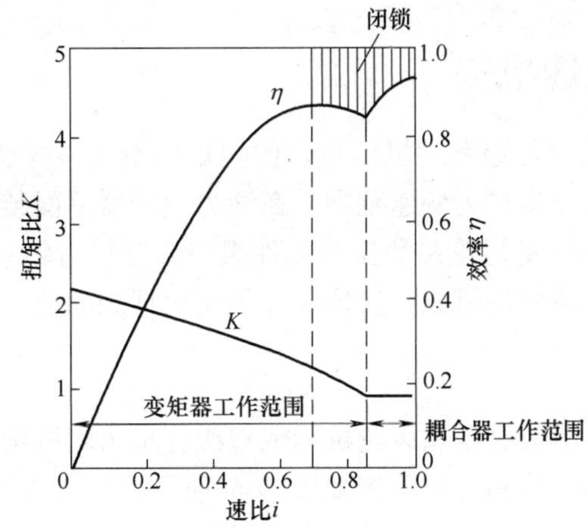

图 9-4　液力变矩器的特性曲线

1．速比 *i*

液力变矩器的速比是指涡轮输出转速 n_W 与泵轮输入转速 n_b 之比，用 i 表示，即

$$i = \frac{n_W}{n_b} \leqslant 1$$

2．扭矩比 *K*

液力变矩器的扭矩比是指输出扭矩M_W与输入扭矩M_b之比，用K表示，即

$$K = \frac{M_W}{M_b} \geqslant 1$$

3．传动效率 *η*

液力变矩器的传动效率是指变矩器输出功率 N_W 与输入功率 N_b 之比，用 η 表示，即

$$\eta = \frac{N_W}{N_b} = \frac{M_W n_W}{M_b n_b} = K \cdot i \leqslant 1$$

4．失速点

失速点是指涡轮不动或速比为 0 时变矩器的工作点，变矩器在此点能获得最大扭矩比，最大扭矩比的范围通常为 1.7～2.5。

由图 9-4 可以看出：在失速点，变矩器扭矩比最大，即输出扭矩最大；在变矩区，扭矩比随速比连续变化，液力变矩器成为一个无级变速器，即变矩器可在一定范围内连续减速以增加扭矩；在耦合区，变矩器没有增扭作用，其扭矩比为 1，即曲轴输入的扭矩与涡轮输出的扭矩相等。在扭矩传递过程中，因变速器油存在摩擦和冲击，会造成部分能量损失，使变速器油升温，且泵轮和涡轮之间至少存在 4%～5%的转速差，所以变矩器的传动效率没有机械式变速器高。

为提高耦合区的传动效率，改善汽车高速行驶时的燃油经济性，电控系统通过控制变矩器离合器锁止电磁阀，以降低变矩器离合器接合侧的液压，使变矩器离合器接合，将泵轮和涡轮连接成为一体，发动机的扭矩以机械方式输出，以实现 100%的动力传递。

9.2.2 行星齿轮变速机构

液力变矩器虽能增大或传递发动机转矩，但扭矩比不大，变速范围有限，不能满足汽车运行工况的要求。为进一步扩大变速范围，在液力变矩器后面装有行星齿轮变速机构。

行星齿轮变速机构由行星齿轮系和换挡元件组成。行星齿轮系通常由 2～3 个单级行星齿轮机构或双级行星齿轮机构组成。换挡元件主要包括制动器、离合器和单向离合器。

1. 行星齿轮机构

行星齿轮机构通常采用单级行星齿轮机构或双级行星齿轮机构两种方式。

单级行星齿轮机构的结构和工作原理如图 9-5 所示，行星齿轮在工作过程中始终保持啮合状态，通过制动器对太阳轮、行星齿轮架和齿圈任意一元件制动，或通过离合器对太阳轮、行星齿轮架和齿圈任意两元件结合，即可获得所需的传动挡位。

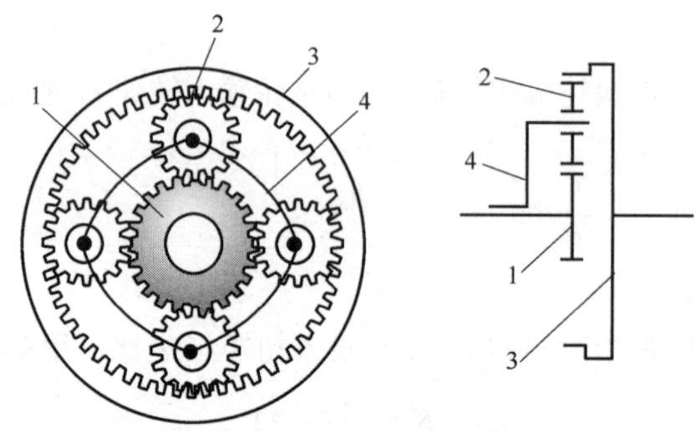

图 9-5 单级行星齿轮机构的基本组成

1—太阳轮；2—行星齿轮；3—齿圈；4—行星齿轮架

双级行星齿轮机构的结构和工作原理如图 9-6 所示。大、小太阳轮采用前后分段式结构，长、短行星齿轮共用一个行星齿轮架。短行星齿轮与小太阳轮和长行星齿轮啮合，长行星齿轮与大太阳轮、短行星齿轮及齿圈啮合。通过制动器对大、小太阳轮及行星齿轮架和齿圈制动，或通过离合器对大、小太阳轮及行星齿轮架和齿圈结合，即可获得所需的传动挡位。

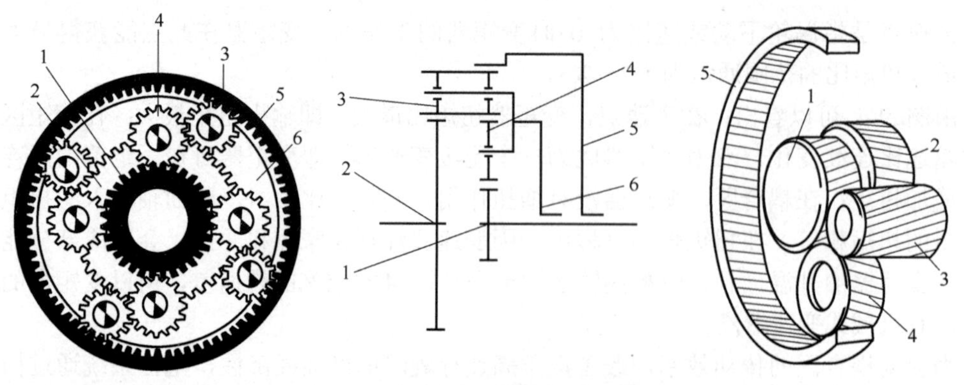

图 9-6 双级行星齿轮机构的基本组成

1—小太阳轮；2—大太阳轮；3—长行星齿轮；4—短行星齿轮；5—齿圈；6—行星齿轮架

2. 行星齿轮变速器

1) 拉维娜行星齿轮系

拉维娜行星齿轮系采用双级行星齿轮机构。捷达轿车 01N 型自动变速器采用拉维娜行星齿轮系，其组成如图 9-7 所示。离合器和制动器以液压方式控制行星齿轮机构接合或制动，单向离合器以机械方式对行星齿轮机构进行锁止。离合器和制动器由滑阀箱通过液压回路控制。离合器 K_1 用于驱动小太阳轮，离合器 K_2 用于驱动大太阳轮，离合器 K_3 用于驱动行星齿轮架，制动器 B_1 用于制动行星齿轮架，制动器 B_2 用于制动大太阳轮。行星齿轮变速器工作原理简图如图 9-8 所示。

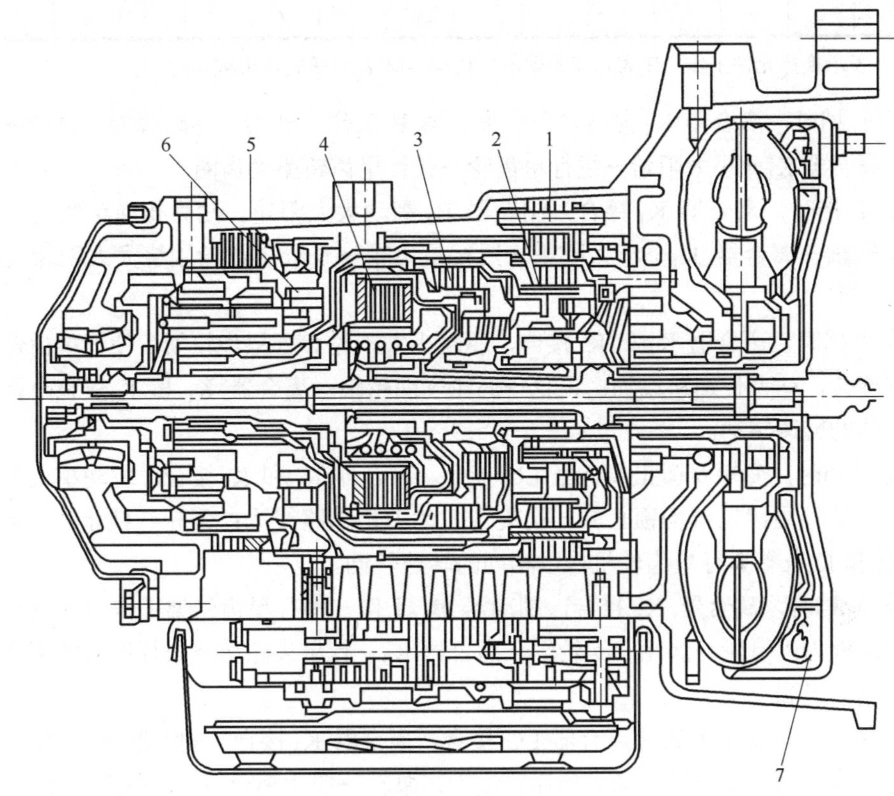

图 9-7 捷达轿车 01N 型自动变速器的组成

1—第 2 挡和第 4 挡制动器(B2)；2—倒挡离合器(K2)；3—第 1 挡、第 2 挡、第 3 挡离合器(K1)；4—第 3 挡和第 4 挡离合器(K3)；5—倒挡制动器(B1)；6—单向离合器(F)；7—液力变矩器锁止离合器(LC)

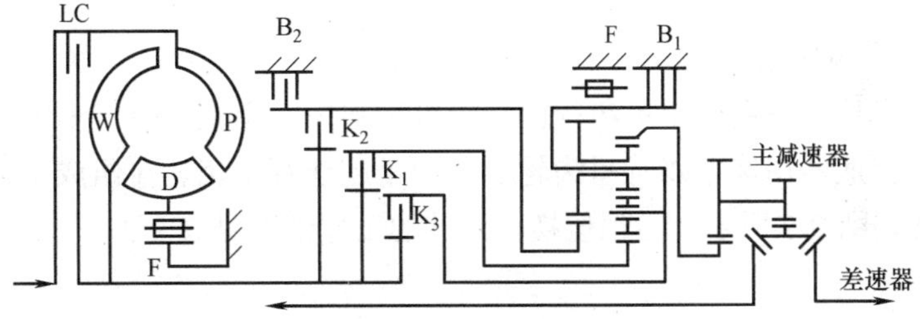

图 9-8 01N 型行星齿轮变速器工作原理简图

01N 型自动变速器各挡位换挡元件的工作情况见表 9-1。自动变速器各挡的动力传递路线如下。

表 9-1　01N 型自动变速器各挡位换挡元件的工作情况

	B_1	B_2	K_1	K_2	K_3	F	LC		B_1	B_2	K_1	K_2	K_3	F	LC
R	√			√				2M		√	√				√
N								3H			√		√		
1H			√			√		3M			√		√		√
1M			√				√	4H		√			√		
2H		√	√					4M		√			√		√

注：√表示换挡元件工作，H 表示变矩器液压传动，M 表示变矩器机械传动。

液压 1 挡时，离合器 K_1 接合，单向离合器 F 工作。动力传递路线为：泵轮→涡轮→涡轮轴→离合器 K_1→小太阳轮→短行星齿轮→长行星齿轮驱动齿圈。

液压 2 挡时，离合器 K_1 接合，制动器 B_2 制动大太阳轮。动力传递路线为：泵轮→涡轮→涡轮轴→离合器 K_1→小太阳轮→短行星齿轮→长行星齿轮围绕大太阳轮转动并驱动齿圈。

液压 3 挡时，离合器 K_1 和 K_3 接合，驱动小太阳轮和行星齿轮架，使行星齿轮机构锁止并一同旋转。动力传递路线为：泵轮→涡轮→涡轮轴→离合器 K_1 和 K_3→整个行星齿轮机构以相同的转速转动。

机械 3 挡时，变矩器锁止离合器 LC 接合，离合器 K_1 和 K_3 接合，驱动小太阳轮和行星齿轮架，使行星齿轮机构锁止并一同旋转。动力传递路线为：泵轮→锁止离合器 LC→离合器 K_1 和 K_3→整个行星齿轮机构以相同的转速转动。

液压 4 挡时，离合器 K_3 接合，制动器 B_2 工作，使行星齿轮架工作，并制动大太阳轮。动力流程为：泵轮→涡轮→涡轮轴→离合器 K_3→行星齿轮架→长行星齿轮围绕大太阳轮转动并驱动齿圈。

机械 4 挡时，变矩器锁止离合器 LC 接合，离合器 K_3 接合，制动器 B_2 工作，使行星齿轮架工作并制动大太阳轮。动力传递路线为：泵轮→锁止离合器 LC→离合器 K_3→行星齿轮架→长行星齿轮围绕大太阳轮转动并驱动齿圈。

选挡杆在 R 位置时，离合器 K_2 接合，驱动大太阳轮；制动器 B_1 工作，使行星齿轮架制动。动力传递路线为：泵轮→涡轮→涡轮轴→离合器 K_2→大太阳轮→长行星齿轮反向驱动齿圈。

2) 辛普森行星齿轮系

辛普森行星齿轮系采用两个单级行星齿轮机构共用一个太阳轮。丰田皇冠 3.0 A340E 型电控四挡自动变速器由辛普森行星齿轮系和一个超速行星齿轮排组成，行星齿轮系统的结构和传动原理如图 9-9 所示，各挡位换挡元件的工作情况见表 9-2。

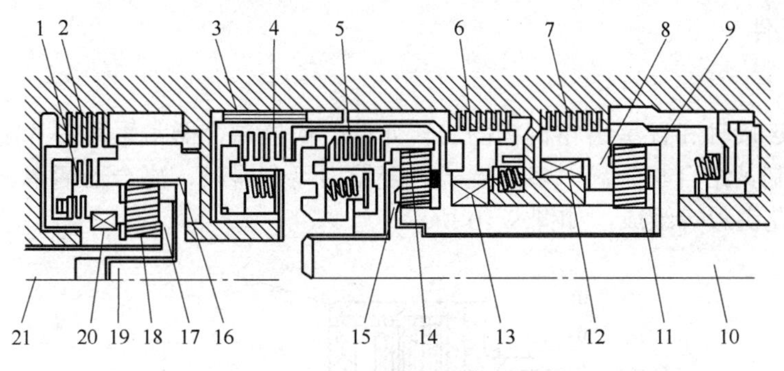

(a) 结构示意图

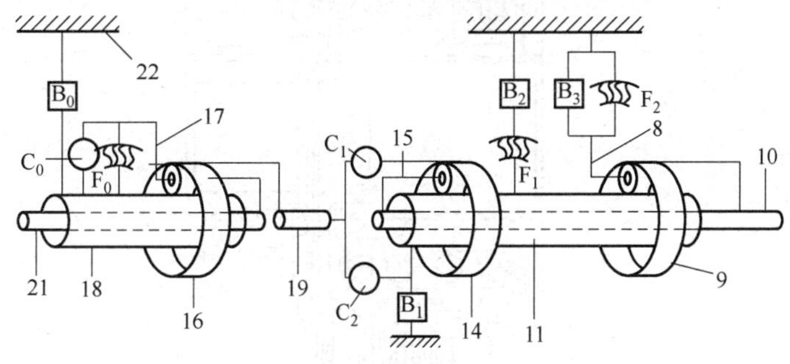

(b) 传动原理

图 9-9　因 A340E 型电控自动变速器行星齿轮系统结构和传动原理

1—超速离合器(C_0)；2—超速制动器(B_0)；3—二挡滑行制动器(B_1)；4—直接挡离合器(C_2)；5—前进离合器(C_1)；6—制动器(B_2)；7—一挡、倒挡制动器(B_1)；8—后行星架；9—后齿圈；10—输出轴；11—太阳轮；12—第二单向离合器(F_2)；13—第一单向离合器(F_1)；14—前齿圈；15—前行星架；16—超速齿圈；17—超速行星架；18—超速太阳轮；19—输入轴；20—超速单向离合器(F_0)；21—超速输入轴；22—壳体

表 9-2　丰田 A340E 型自动变速器各挡位换挡元件的工作情况

选挡杆位置	挡位	C_0	F_0	B_0	C_1	C_2	B_1	B_2	F_1	B_3	F_2
P	驻车	√									
R	倒挡	√	√			√				√	
N	空挡	√									
D	1 挡	√	√		√						√
	2 挡	√	√		√			√	√		
	3 挡	√	√		√	√		√			
	OD 挡			√	√	√		√			
2	1 挡	√	√		√						√
	2 挡	√	√		√		√	√	√		
L	1 挡	√	√		√					√	√

注：√表示换挡元件工作。

3．换挡元件

1) 离合器

离合器是连接轴和行星齿轮机构的旋转元件。换挡离合器常采用多片湿式离合器，由液压回路来控制其结合与分离。多片湿式离合器由离合器毂、离合器活塞、回位弹簧、钢片、摩擦片、花键毂等组成，如图 9-10 所示。

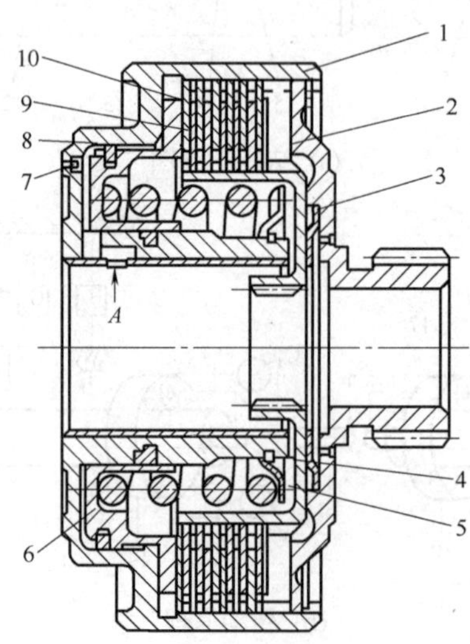

图 9-10　多片湿式离合器的组成

1—离合器毂；2—太阳轮；3—花键毂；4—卡环；5—弹簧支承盖；6—弹簧；7—安全阀；8—环形活塞；9—摩擦片；10—钢片

离合器毂内有一个液压油缸，毂内有内花键齿圈，内圆轴颈上有进油孔与控制油路相通。离合器活塞为环状，内外圆上有密封圈，安装在离合器毂内。钢片和摩擦片交错排列，二者统称为离合器片，均由钢片制成，在摩擦片的两面烧结有铜基粉末冶金的摩擦材料。为保证离合器接合柔和及散热，离合器片浸在油液中工作，因而称为湿式离合器。钢片带有外花键齿，与离合器毂的内花键齿圈连接，并可轴向移动。摩擦片则以内花键齿与花键毂的外花键槽配合，也可做轴向移动。

花键毂和离合器毂分别以一定的方式与变速器输入轴和行星齿轮机构的元件相连接，与输入轴相连的通常为主动件，而另一个则为从动件。当压力油经油道进入活塞左面的液压缸时，液压作用力便克服弹簧力使活塞右移，将离合器片压紧，即实现离合器接合，与离合器主、从动部分相连的输入轴及行星齿轮机构也被连接在一起，以相同的速度旋转。当控制阀将作用在离合器液压缸的油压撤除后，离合器活塞在回位弹簧的作用下复位，并将缸内的变速器油从进油孔排出，离合器主、从动部分分别以不同转速旋转，离合器分离。离合器处于分离状态时，离合器片之间有一定的轴向间隙，以保证钢片和摩擦片之间无轴向压力，这一间隙称为离合器的自由间隙。

2) 制动器

换挡制动器由液压操纵，其作用是将行星齿轮变速器中某一元件(太阳轮、行星齿轮架或齿圈)固定，使其不能转动。换挡制动器通常有多片湿式制动器和带式制动器两种形式。

多片湿式制动器的组成如图 9-11 所示，由制动器活塞、回位弹簧、钢片、摩擦片及制

动毂等组成。钢片通过外花键齿安装在变速器壳体的内花键齿圈上，摩擦片则通过内花键和制动毂上的外花键槽连接，制动毂与行星齿轮机构的元件相连接。当液压缸中没有压力油时，摩擦片与制动毂可以自由旋转。当压力油进入制动器的液压缸后，通过活塞将钢片和摩擦片压紧在一起，摩擦片、制动毂以及与其相连的行星齿轮机构的运转部件被制动。

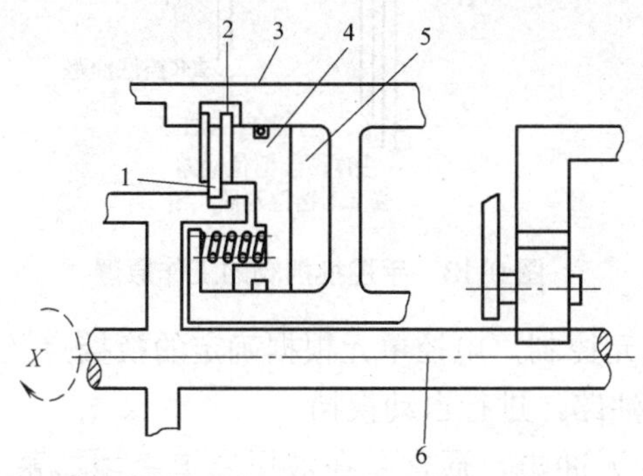

图 9-11 多片湿式制动器的组成

1—制动器摩擦片；2—制动器钢片；3—壳体；4—活塞；5—活塞缸；6—太阳轮轴

3) 单向离合器

行星齿轮变速器中单向离合器的作用是单方向传递动力或单方向制动，确保平顺无冲击换挡。单向离合器的工作原理如图 9-12 所示。单向离合器由内、外座圈以及两者之间的滚柱组成，当元件的受力方向与锁止方向相同时，滚柱进入内、外座圈之间楔槽的窄端，与内、外座圈相连的元件连接为一体；而当受力方向与锁止方向相反时，滚柱进入内、外座圈之间楔槽的宽端，与内、外座圈相连的元件的连接被解除。单向离合器的工作不受液压装置的控制，而完全是依靠自身的单向锁止功能来固定或连接的，转矩的传递是单方向的。

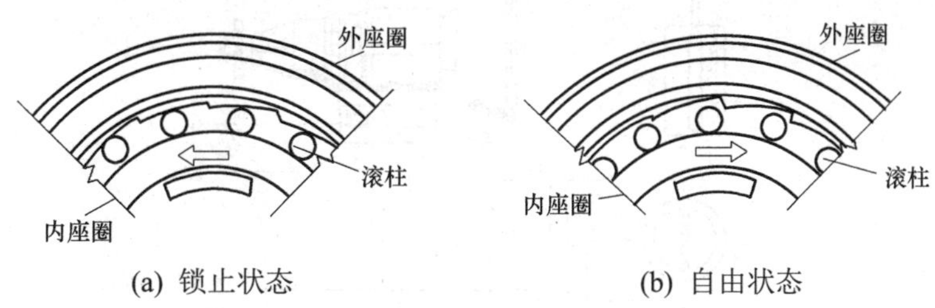

(a) 锁止状态　　(b) 自由状态

图 9-12 单向离合器的工作原理

9.2.3 液压系统

液压系统的作用是控制换挡元件的动作、提供变矩器工作液压并保证变速器的冷却与润滑。液压系统通常由供油装置、换挡控制装置、换挡质量控制装置等部分组成。

供油装置包括供油泵、滤清器、调压阀等。供油泵由变矩器泵轮驱动，为液压系统提供工作压力，经调压阀调压后向整个液压系统提供工作液压。

换挡控制装置包括手控换挡阀和换挡控制电磁阀。手控换挡阀由选挡杆操纵，其作用是利用滑阀的移动，实现控制油路的转换，即根据选挡杆所置排挡位置将液压油转换到“P”、“R”、“N”、“D”、“3”、“2”或“1”的油路。手控换挡阀的工作原理如

图 9-13 所示。

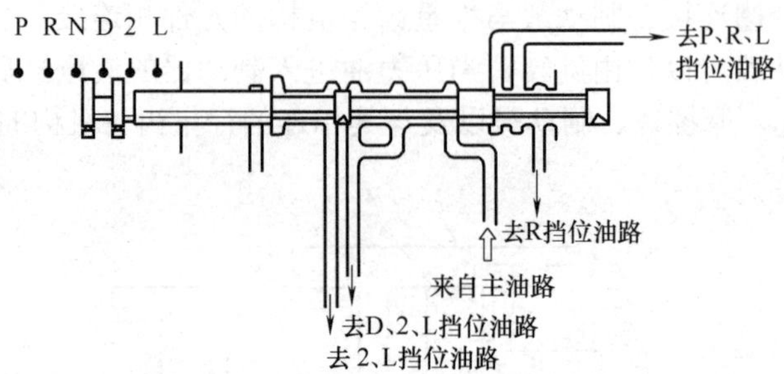

图 9-13　手控换挡阀的工作原理

换挡电磁阀由电控单元控制，电控单元根据确定的换挡点及换挡信号工作，控制相应的电磁阀动作，切换控制油路，进行自动换挡。

为使换挡过程平稳、无冲击，通常是在液压通道上增加蓄能减振器、缓冲阀、定时阀、执行力调节阀等。在滑阀箱内布置着复杂油路和液压系统元件。

9.3　电子控制系统

9.3.1　电子控制系统的组成与作用

1. 电子控制系统的组成与作用

电子控制系统由传感器、电控单元和执行机构等部分组成，如图 9-14 所示。

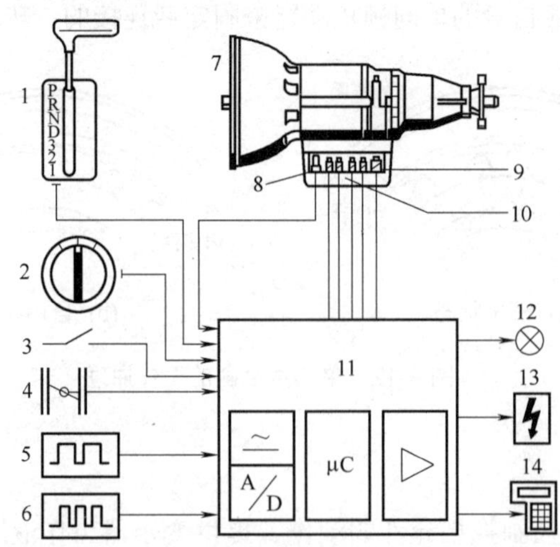

图 9-14　自动变速器的电子控制系统的组成

1—选挡杆；2—换挡模式(运动模式或经济模式)选择开关；3—强制降挡开关；4—节气门位置传感器；5—发动机转矩信号；6—发动机转速信号；7—自动变速器；8—发动机转矩下降由点火调节；9—油压调节电磁阀；10—换挡电磁阀；11—ECU；12—故障指示灯；13—输出转速传感器；14—诊断接口

电子控制系统的基本作用是将车速传感器、节气门开度传感器的检测信号和换挡程序选择开关信号输入给电控单元，电控单元经过计算处理后，根据预先编制的换挡程序，确定挡位与换挡点，输出换挡指令，控制电磁阀线圈电流的通断，自动切换换挡元件的油路，实现自动换挡。此外，系统还具有变矩器锁止控制、油压调节、故障自诊断与故障安全保护等功能。

2．01N 型自动变速器电子控制系统的电路

01N 型自动变速器电子控制系统电路如图 9-15 所示。变速器电控单元 J217 位于后排乘员座椅的下方，插接器上有 68 个端子。节气门位置传感器 G69 与发动机电喷系统共用。变速器转速传感器 G38、车速传感器 G68、发动机转速传感器 G28 与电喷系统共用。挡位多功能开关 F125 检测选挡杆位置，制动灯开关 F 用于检测制动状态，强制低速挡开关 F8 用于检测节气门全开位置，变速器油温度传感器 G93 安装在液压滑阀箱内，用于检测变速器油温度。

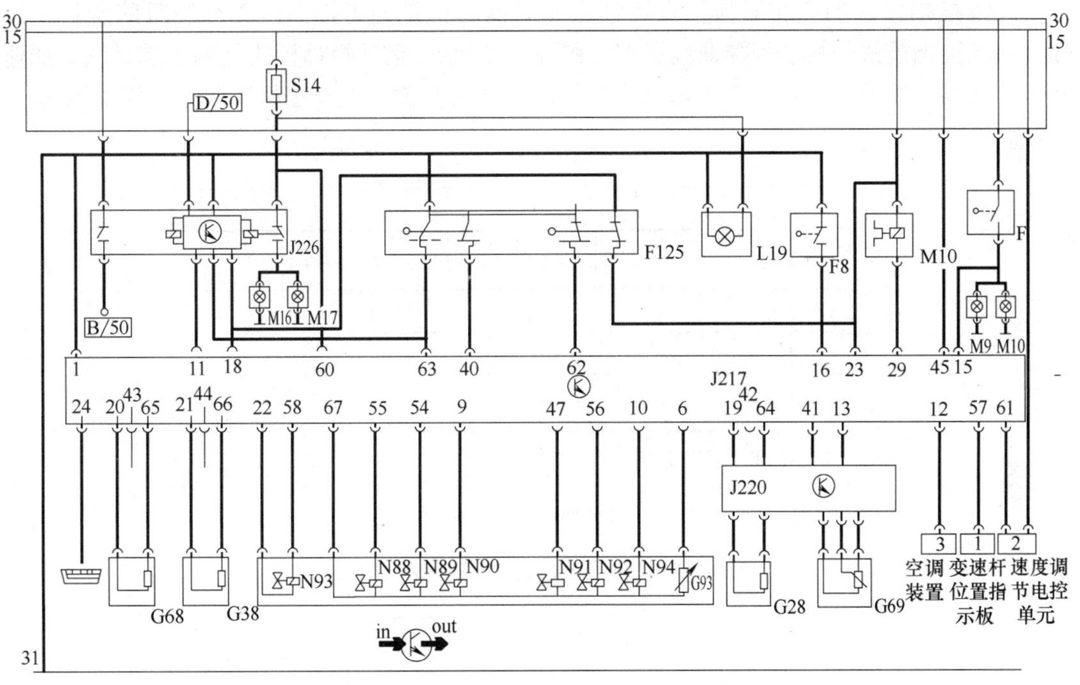

图 9-15　01N 型自动变速器电子控制系统电路

B/50—起动机(接线柱 50)；D/50—点火开关(接线柱 50)；F—制动灯开关；F8—强制低速挡开关；F125—挡位多功能开关；G28—发动机转速传感器；G38—变速器转速传感器；G68—车速传感器；G69—节气门位置传感器；G93—变速器油温度传感器；J226—起动锁止和倒车灯继电器；J217—自动变速器电控单元；J220—发动机电控单元；L19—挡位指示板照明灯；M16/M17—倒车灯；M9/M10—制动灯和尾灯；N88—操纵离合器 K_1 电磁阀；N89—操纵制动器 B_2 电磁阀；N90—操纵离合器 K_3 电磁阀；N91—调节变矩器锁止离合器电磁阀；N92—换挡平顺电磁阀；N93—压力调节电磁阀；N94—换挡平顺电磁阀；N110—选挡杆锁止电磁阀；S14—熔丝

在滑阀箱中布置着换挡控制电磁阀 N88、N89、N90，换挡平顺电磁阀 N92、N94，压

力调节电磁阀 N93 和调节变矩器锁止离合器电磁阀 N91 等执行元件。在选挡杆内部还有选挡杆锁止电磁铁 N110。起动锁止和倒车灯继电器 J226 安装在中央电器盒上。附加信号有发动机电控单元 J220、车速调节电控单元、空调装置等。变速器电控单元从传感器及附加信号接收信号后，经过换挡时刻的计算，向执行元件和附加信号发出执行信号。

9.3.2 电子控制系统手工艺的基本工作原理

1. 换挡控制

电控单元内部存储着变速器换挡程序和变矩器锁止程序。换挡点通常由节气门开度和车速确定，换挡(升挡或降挡)时刻与节气门开度和车速的关系常用换挡规律曲线表示。

为满足汽车动力性或经济性的要求，通常设置经济换挡模式和运动(动力)换挡模式，可通过换挡模式选择开关选择或通过模糊逻辑控制自动选择。

经济换挡模式的变速器换挡点和锁止变矩器时机是为了提高汽车行驶时的燃料经济性。经济换挡模式的换挡规律曲线示例如图 9-16 所示。运动换挡模式是为了满足汽车加速性能的需要，推迟升挡点和变矩器锁止时机。运动换挡模式的换挡规律曲线示例如图 9-17 所示。

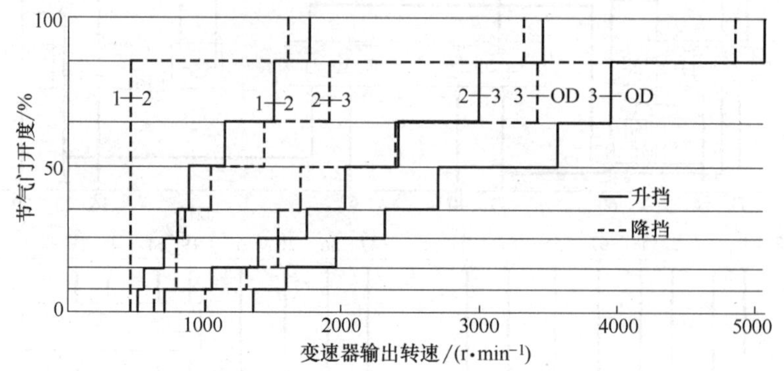

图 9-16 经济换挡模式换挡规律曲线示例

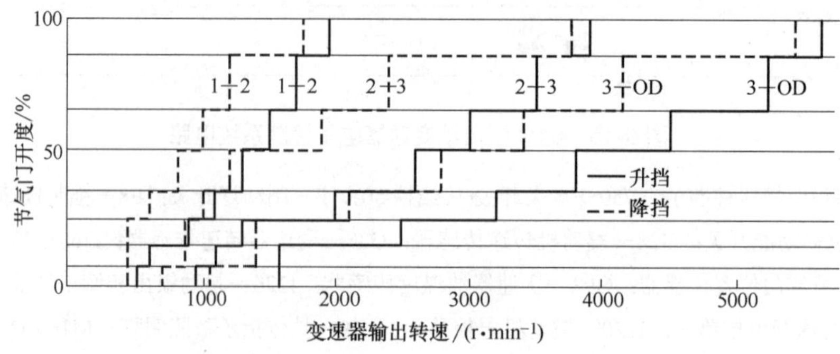

图 9-17 运动换挡模式换挡规律曲线示例

2. 模糊逻辑控制的换挡模式

01N 型自动变速器控制系统采用模糊逻辑控制的换挡模式，由电控单元根据踏加速踏

板的速度进行选择。电控单元有两种换挡控制程序：与司机和行驶状况有关的换挡时刻程序和与行驶阻力有关的换挡时刻程序。与司机和行驶状况有关的换挡时刻程序又称为动态操纵程序(DSP)，用模糊逻辑控制，以满足不同司机的驾驶要求；在与行驶阻力有关的换挡时刻程序中，电控单元按车速、节气门位置、发动机转速、加速情况，计算出行驶阻力，然后确定换挡时刻。

01N 型自动变速器提供了两条换挡曲线，如图 9-18 所示。一条为经济型换挡曲线(ECO)，此曲线在相同的加速踏板位置，可提前一些挂上高挡和稍后一些挂上低挡，因换挡时发动机转速较低，因此油耗较低；另一条为运动型换挡曲线(SPORT)，此曲线在相同的加速踏板位置，在较高的车速下挂上高挡，在较高的车速下挂上低挡，因换挡时发动机转速较高，因此发动机功率大，加速快。在图中可以看出，加速踏板的踏下速度对应一个运动系数，使用模糊逻辑后，可借助于运动系数在经济型换挡曲线和运动型换挡曲线两者之间形成一个滑动的换挡时刻确定线，即在二者之间存在许多随意的换挡时刻，因而对不同的行驶情况反应更灵敏。若加速踏板踏下速度较快，可接近运动型换挡曲线的换挡时刻，若加速踏板踏下速度较慢，可接近经济型换挡曲线的换挡时刻，其中接近的程度由实际的加速踏板踏下速度确定。

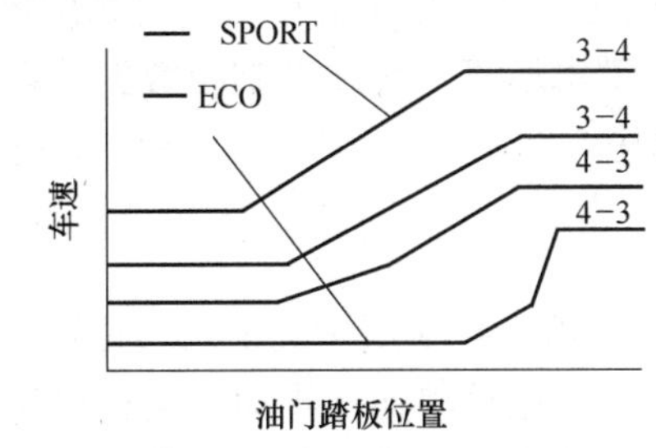

(a) 换挡规律曲线

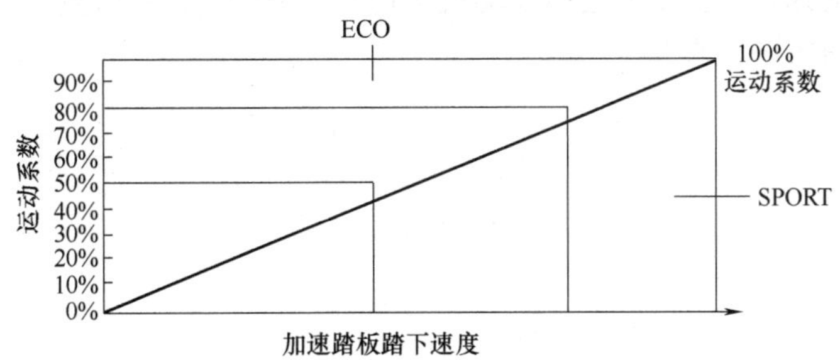

(b) 根据加速踏板的踏下速度确定运动系数和换挡模式

图 9-18　模糊逻辑控制的换挡模式

3. 变矩器锁止控制

电控单元内部存储有变矩器锁止的控制程序，电控单元根据节气门位置传感器和车速传感器的检测信号和选挡杆位置，控制变矩器锁止电磁阀的接通和关断，改变液压变矩器离合器油路的压力，操纵变矩器离合器的接合和分离，实现变矩器锁止控制。

4．主油路液压调节

主油路液压调节通常采用机械调压或电子调压方式。机械调压方式是通过与节气门开度拉锁联动的主油路调压阀调节主油路液压。电子调压方式是通过电控单元输出的调压电磁阀的占空比调节主油路液压。

5．故障运行模式

电控单元设置了故障运行模式，如果电控单元或传感器出现故障，换挡控制进入应急状态控制程序，此时可通过选挡杆操纵手动换挡阀，控制液压回路使汽车按 1 挡行驶、3 挡行驶或倒挡行驶。将选挡杆放在 1 挡位置时，汽车可通过液压装置以 1 挡行驶；将选挡杆放在 D 挡位置时，汽车可通过液压装置以 3 挡行驶。

9.3.3 01N 型自动变速器电子控制系统部件

1．自动变速器 ECU

01N 型自动变速器采用单独的 ECU，由电源电路、输入电路、输出电路、信号转换器和微机等组成。微机是 ECU 的核心部件，主要由中央处理器(CPU)、存储器和输入/输出接口(I/O)等几部分组成。它能进行逻辑运算、程序控制及数据处理，将全部换挡程序和锁止变矩器程序持久地存储于存储器中。

2．节气门位置传感器

节气门位置传感器的工作原理如图 9-19 所示。节气门位置传感器将节气门的位置和加速踏板踏下的速度的信息传给发动机电控单元，再由发动机电控单元将信息传给自动变速器电控单元。此信号用于计算按载荷变化的换挡时刻，并用于调整自动变速器的油压。若信号中断，自动变速器电控单元会用发动机平均负载来确定换挡时刻，自动变速器油压按节气门全开时的油压进行调节。

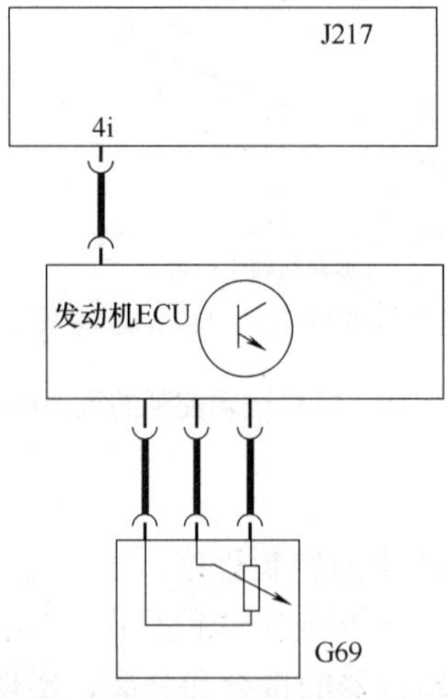

图 9-19　节气门位置传感器的工作原理

3．车速传感器

车速传感器位于行星齿轮变速器壳上，通过输出轴主动齿轮上的脉冲叶轮，用电磁感应方式检测车速信号，此信号用于自动变速器电控单元 J217 换挡控制，并控制变矩器的锁止和控制速度调节装置。此信号中断后，J217 用发动机转速信号作为代用信号，锁止离合器失去锁止功能。车速传感器与变速器转速传感器的安装位置如图 9-20 所示。

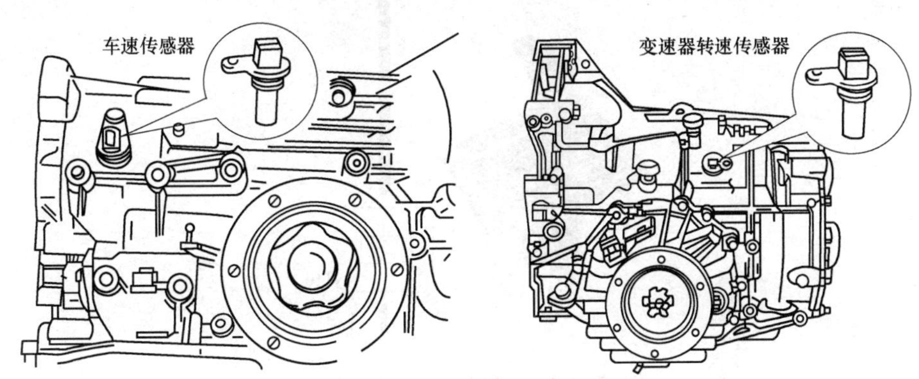

图 9-20　车速传感器与变速器转速传感器的安装位置

4．变速器转速传感器

变速器转速传感器 G38 安装在变速器壳体顶部的左侧，如图 9-20 所示。变速器转速传感器为电磁感应式，用于检测行星齿轮机构中大太阳轮的转速。电控单元根据大太阳轮的转速，准确地判断换挡时刻，控制多片离合器工作。在换挡过程中，通过推迟点火提前角来减小发动机的输出转矩。如果电控单元没有收到变速器转速传感器的信号，电控单元进入应急运行状态。

5．挡位多功能开关与选挡杆锁止电磁阀

挡位多功能开关 F125 的安装位置与电路原理如图 9-21 所示。该开关位于变速器壳内，由选挡杆拉索控制，挡位多功能开关将选挡杆的位置信号传给电控单元后执行下列功能：R 挡位接通倒车灯；挂入行车挡位后，切断起动机电路；接通或断开速度调节装置。当此开关信号中断时，电控单元进入应急状态。

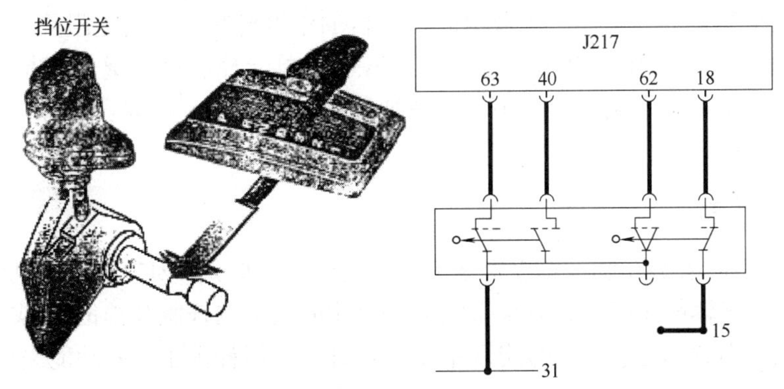

图 9-21　挡位开关的安装位置与电路原理

选挡杆锁止电磁阀 N110 用于锁止选挡杆位置，安装在选挡杆下部，如图 9-22 所示。在 P 和 N 挡位时，该电磁阀与点火系统接通，可防止选挡杆滑到其他挡位。踏下制动踏板，选挡杆锁止电磁阀锁止解除，选挡杆可换入其他挡位。

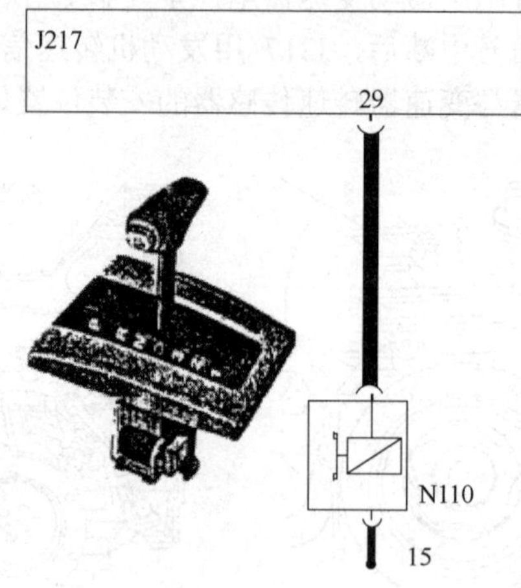

图 9-22　变速杆锁止电磁阀

6．强制低速挡开关

强制低速挡开关 F8 与节气门拉索联动，当加速踏板踏到底，并超过节气门全开位置时，便会压下此开关，变速器提前换入相邻低挡，以降低车速，增大车辆的牵引力。

7．发动机转速传感器

发动机转速传感器经发动机电控单元 J220 传给变速器电控单元 J217。变速器电控单元将发动机转速信号与车速进行比较，按转速差识别出锁止离合器打滑的状况，如果转速差过大，变速器电控单元即增加变矩器锁止离合器的油压，使变矩器离合器锁止。同时发动机转速传感器的信号可作为车速传感器出现故障后信号的替代值。发动机转速信号中断后，变速器电控单元进入应急状态。

8．变速器油温度传感器

变速器油温度传感器 G93 安装在自动变速器内滑阀箱上的管路上，如图 9-23 所示。变速器油温度传感器为一负温度系数电阻，当机油温度升高时，其电阻降低，信号电流变大。当机油温度达到最高值 150℃时，变速器电控单元控制锁止离合器接合，变矩器卸荷，使机油温度下降，若温度仍不下降，变速器电控单元使变速器自动降一挡。若信号中断，无替代信号。

9．制动灯开关

制动灯开关 F 安装在制动踏板支架上，变速器电控单元 J217 通过制动灯开关的信号判断是否制动。车辆静止时，只有踏下制动踏板才能让选挡杆脱开挡位 P 或 N，否则选挡杆便会被锁住。当制动灯开关信号出现中断故障时，选挡杆锁止控制功能失效。

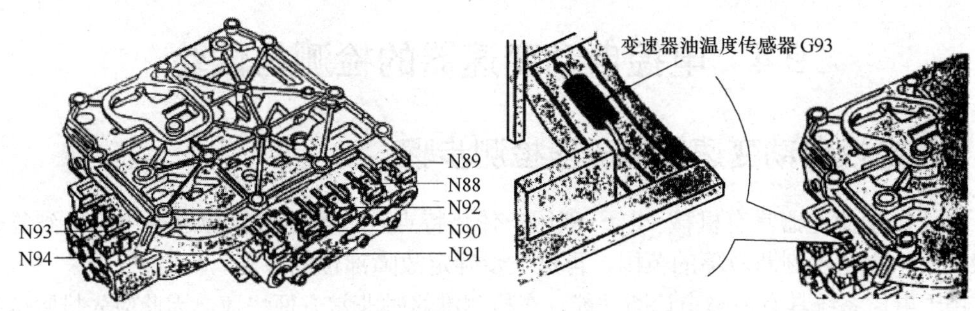

图 9-23　变速器油温度传感器、换挡控制电磁阀、变矩器锁止电磁阀和压力调节电磁阀的安装位置

N88、N89、N90、N92、N94—换挡控制电磁阀；N91—调节变矩器锁止离合器电磁阀；
N93—压力调节电磁阀；G93—变速器油温度传感器

10．换挡控制电磁阀、变矩器锁止电磁阀与压力调节电磁阀

换挡控制电磁阀、变矩器锁止电磁阀与压力调节电磁阀的安装位置如图 9-23 所示。电磁阀 N88、N89、N90、N92、N94 为换挡控制电磁阀，用于控制制动器或离合器的油压，实现换挡控制。在变速器电控单元的控制下，电磁阀 N88 的接通或关断，通过液压回路操纵小太阳轮的前进挡离合器 K_1 接合或分离；电磁阀 N89 的接通或关断，通过液压回路操纵大太阳轮(2、4 挡)制动器 B_2 的制动；电磁阀 N90 的接通或关断，通过液压回路操纵驱动行星齿轮架的直接挡离合器 K_3 的接合或分离。电磁阀 N92 和 N94 的作用是使换挡平顺。驱动大太阳轮的倒挡离合器 K_2 及制动行齿轮支架的倒挡制动器 B_1，由选挡杆操纵手控换挡阀控制。

换挡控制电磁阀的工作原理如图 9-24 所示。电磁阀断电时，由电磁调压阀调压的管路液压卸压，制动器不制动或离合器分离；电磁阀通电时，管路液压作用在制动器或离合器上，操纵制动器制动或离合器接合，以实现换挡控制。电磁阀 N91 调节锁止离合器的压力，变速器电控单元通过控制电磁阀的通断，由液压操纵锁止离合器的接合与分离。电磁阀 N93 为主油路压力调节电磁阀，变速器电控单元控制电磁阀 N93 通、断信号的占空比，调节离合器和制动器的油压。如果电磁阀有故障，变速器电控单元进入应急状态。

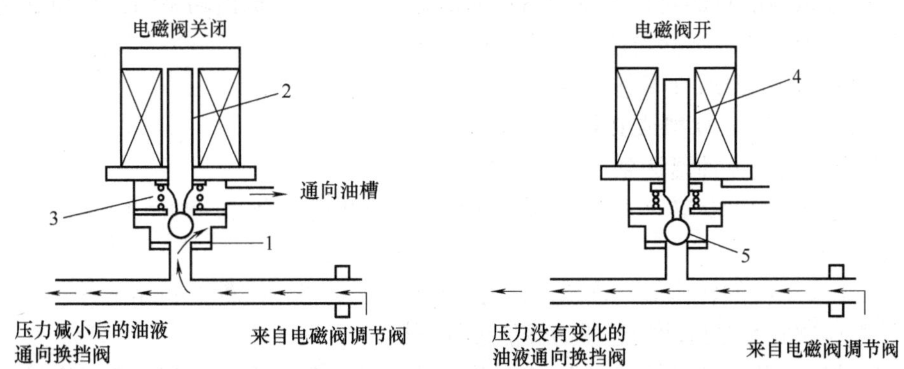

图 9-24　换挡控制电磁阀的工作原理

1—阀座；2—衔铁和阀芯；3—回位弹簧；4—电磁线圈；5—球阀

9.4 电控自动变速器的检测与试验

9.4.1 电控自动变速器的一般检测步骤

电控自动变速器具有机械-电子-液压一体化特点，在检修时，应遵循由简单到复杂、由表及里，先初步判断故障的范围，再进一步确定故障部位的原则。

由于电控系统具有故障自诊断功能，在检测维修时非常方便快捷，因此应先排除电控系统的故障，再进一步排除液压与机械部分的故障。电控自动变速器的一般检测步骤见表 9-3。

表 9-3 电控自动变速器的一般检测步骤

步骤	检测系统	检测内容
1	基本检查	①检查 ATF 液位 ②检查发动机怠速 ③检查外观渗漏 ④检查线路连接 ⑤检查换挡操纵机构等
2	电控系统	①读取故障码 ②读取数据流(数据块) ③清除故障码 ④执行终端测试 ⑤基本设定等
3	变矩器	失速试验
4	液压系统	测量管路压力
5	行星齿轮变速器	①检查制动器、离合器摩擦片的磨损和间隙 ②检查单向离合器的单向锁止 ③检查行星齿轮机构的磨损或损坏
6	道路试验	①检查换挡冲击、噪声 ②检查换挡时机等

9.4.2 电控自动变速器的检测试验

自动变速器检测试验是为了发现故障部位，以确定相应的修理方法。通常进行的检测试验包括失速试验、时滞试验、油压试验和道路试验等。

1. 失速试验

进行失速试验的目的是检查变矩器性能的好坏、发动机输出功率的大小和变速器离合器及制动器是否打滑。进行失速试验的步骤如下。

(1) 用驻车制动器或行车制动器将车轮制动。

(2) 使选挡杆处在 D 挡或 R 挡的位置。

(3) 使自动变速器油温达到正常温度 50～80℃。

(4) 使发动机怠速运转，猛踩一脚加速踏板，使节气门全开，时间不超过 5s，试验次数不超过三次。

(5) 读出发动机的转速值，该转速称为失速转速，一般为 2000r/min 左右。

通过失速试验可对自动变速器的性能进行分析。

(1) 试验时，若发动机转速在 2000r/min 左右，表明自动变速器在正常工作状态。

(2) 若试验时在 D 和 R 挡位的失速转速相同，但均低于规定值，表明发动机功率不足。

(3) 若失速转速高出标准值 500r/min 以上，表明变矩器损坏。

(4) 若试验时在 D 挡位的失速转速高于规定值，表明前进离合器或制动器打滑，可能是离合器片磨损、控制油压偏低、油泵或调压阀有故障；若在 R 挡位的失速转速高于规定值，表明倒挡离合器或制动器打滑，可能是摩擦片磨损或 R 挡油压过低。

2．时滞试验

进行时滞试验的目的是为了进一步判定离合器和制动器的磨损情况和控制油压是否正常。它利用升挡和降挡时的时间差来分析故障，是对失速试验结果的进一步验证。进行时滞试验的步骤如下。

(1) 使选挡杆置于 N 挡位置，拉紧驻车制动器，自动变速器油温应正常。

(2) 使选挡杆分别从 N 挡换入 D 挡和 R 挡，间隔时间 1min，以便使离合器、制动器恢复到工作状态。

(3) 用秒表测量有振动感(换挡冲击)时所经历的时间。

时滞试验的一般标准：N—D 挡，标准值为 1.2s；N—R 挡，标准值为 1.6s。

进行时滞试验时，若时滞时间大于规定值，表明摩擦片间的间隙过大或控制油压过低；若时滞时间小于规定值，表明摩擦片间隙调整不当或控制油压过高。

由于高低挡之间的转换存在着充油和排油问题，应该有一定的“时差”。试验时每次试验间隔为 1min，取三次试验的平均值作为依据。

3．油压试验

油压试验的目的是为了测量管路中的油压，用于判断油泵、调压阀工作性能的好坏。

试验内容包括测量主油路油压、R 挡制动器油压等。自动变速器壳体上设置有进行上述试验的相应测量孔。

主油路油压试验的步骤如下。

(1) 使自动变速器油温正常，拉紧驻车制动器，起动发动机。

(2) 测量 D 挡和 R 挡怠速和失速时的油压数值，并与规定值相比较。若 D 挡和 R 挡的油压均过高，表明主油路调压阀有故障；若 D 挡和 R 挡的油压均过低，表明主油路调压阀或油泵有故障；若仅在 R 挡时油压低，表明 R 挡油路有泄漏。

4．道路试验

进行道路试验的目的是为了进一步检查自动变速器的使用性能。试验中需要对换挡点(升挡、降挡)、换挡冲击、振动、噪声、打滑等方面进行检查。

思　考　题

1. 电控自动变速器主要由哪些部分组成？各部分的作用是什么？
2. 试述电控自动变速器的变速工作过程。
3. 说明液力变矩器的组成和变矩器的特性曲线。
4. 分析捷达轿车 01N 型电控自动变速器行星齿轮变速器的传动路线。
5. 简述捷达轿车 01N 型电控自动变速器电控系统的组成和换挡控制的基本工作原理。
6. 如何进行自动变速器的失速试验、时滞试验和油压试验？

第 10 章

汽车防滑控制系统

【知识目标】

了解汽车防滑控制系统的基本理论；掌握 ABS 及 ASR 的作用、组成、控制技术及工作过程。

10.1 概　　述

10.1.1 汽车防滑控制系统简介

汽车防滑控制系统就是对防抱死制动系统和驱动防滑转系统的统称，是汽车上采用的主动安全装置的一种。防抱死制动系统(Anti-lock Braking System)，简称 ABS。驱动防滑转系统(Acceleration Slip Regulation)，简称 ASR，也被称为驱动力控制系统(Traction Control System，TCS)。

ABS 的作用是在汽车制动过程中防止车轮被制动抱死，避免车轮在路面上进行纯粹的滑移，提高汽车在制动过程中的方向稳定性和转向操纵能力，从而缩短制动距离。而ASR(或 TCS)的作用是在汽车起步、加速过程中防止驱动轮滑转，特别是防止汽车在非对称路面或转弯时驱动轮空转，使汽车在驱动过程中的方向稳定性、转向操纵能力和加速性能都得到提高。

ABS 和 ASR 都是控制车轮“打滑”，但 ABS 是防止制动时车轮抱死在路面上滑移，而 ASR 则是防止驱动时驱动轮在路面上原地不动地滑转，两者控制车轮的滑动方向是相反的，但都是控制滑移率，二者采用了相同的技术，并且共用一些传感器。因此，ABS 和 ASR 通常组合在一起，形成一体化控制。

10.1.2 汽车防滑控制系统的基本理论

汽车在行驶过程中，车轮与路面之间的作用力要受到轮胎与路面之间附着力的限制。汽车制动时，当附着力对车轮产生的转矩不足以克服制动器所产生的制动转矩时，车轮就会发生制动抱死，如果汽车此时仍未完全停车，车轮就会相对于路面发生滑移现象，高速行驶时安全性便得不到保证；汽车在驱动过程中，当驱动力在驱动车轮上产生的驱动力矩大于附着力对驱动车轮产生的转矩时，驱动车轮就会相对于路面发生滑转，不利于汽车起步、加速或转向。

为了使汽车在行驶过程中获得良好的行驶性能，要充分合理地利用轮胎与路面之间的附着力，附着力的大小取决于轮胎与路面之间的垂直载荷和附着系数，即

$$F_{\varphi} = F_{\mathrm{N}}\varphi$$

式中：F_{φ}——轮胎与路面间的附着力(N)；

F_{N}——轮胎与路面间的垂直载荷(N)；

φ——轮胎与路面间的附着系数。

在汽车实际行驶过程中，车轮在路面上的纵向运动状态可以分为纯滚动、纯滑动、既有滚动又有滑动三种形式，车轮相对于路面的滑动可分为滑移和滑转两种形式。

(1) 汽车在制动过程中，车轮可能相对于路面发生滑移，滑移成分在车轮纵向运动中所占的比例可以由滑移率 S_{B} 表征：

$$S_{\mathrm{B}} = \frac{V - r\omega}{V} \times 100\%$$

式中：V——实际车速(m/s)；

r——车轮半径(m)；

ω——车轮角速度(rad/s)。

当车轮在路面上自由纯滚动时，$V=r\omega$，因此，滑移率 $S_B=0$；在制动过程中，当车轮完全抱死时，$\omega=0$，因此，滑移率 $S_B=100\%$；当车轮在路面上一边滚动一边滑移时，$r\omega<V$，因此，$0<S_B<100\%$。车轮滑移所占的比例越大，S_B 的数值就越大。

(2) 汽车在驱动过程中，驱动车轮可能相对于路面发生滑转，滑转成分在车轮纵向运动中所占的比例可以由滑转率 S_A 表征：

$$S_A=\frac{r\omega-V}{r\omega}\times100\%$$

当车轮在路面上自由纯滚动时，$V=r\omega$，因此，滑转率 $S_A=0$；在驱动过程中，当驱动车轮在路面上完全滑转时，$V=0$，因此，滑转率 $S_A=100\%$；当车轮在路面上一边滚动一边滑转时，$r\omega>V$，因此，$0<S_A<100\%$。车轮滑转所占的比例越大，S_A 的数值就越大。

按照上述定义可知，车轮运动特征可由滑动率 S 来表征。

10.1.3　附着系数与滑动率的关系

图 10-1 所示为试验所获得的车轮与地面附着系数随车轮运动状态不同而变化的规律。从图中可以看出，车轮纵向附着系数(又称制动力系数)随车轮滑动成分的增加呈先上升后下降的趋势，附着系数最大值(亦称峰值)一般出现在滑动率 $S=15\%$～25%之间，滑动率 S 达到 100%(车轮抱死)时的附着系数(也称滑动附着系数) φ_s 小于峰值附着系数 φ_p。一般情况下，$\varphi_p-\varphi_s$ 随道路状况的恶化而增大。同时，当 $S=100\%$时，车轮的横向附着系数(又称横向力系数)随车轮滑动率的增加呈下降趋势，随着横向附着系数趋近于 0，车轮无法获得地面横向摩擦力。若这种情况出现在前轮上，通常发生侧滑的程度不甚严重，但是却会因为前轮无法获得地面侧向摩擦力，导致转向能力的丧失；若这种情况出现在后轮上，则会导致后轮抱死，此时，后轴极易产生剧烈的侧滑，使汽车处于危险的失控状态。

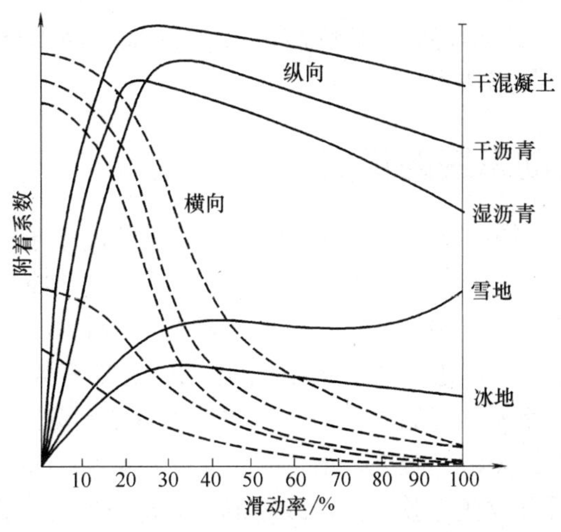

图 10-1　附着系数随滑动率变化的规律

综上所述，当汽车制动时，防抱死制动系统通常将车轮滑移率控制在 20%附近，这样既能使汽车获得较高的制动效能，又能保证它在制动时的方向稳定性；驱动防滑转系统在驱动过程中，通常将车轮滑转率控制在 5%～15%的范围内，最大限度地利用附着系数，获得最佳的驱动效果，得到较好的方向稳定性和转向稳定性。

10.2 汽车防抱死制动系统

10.2.1 防抱死制动系统的发展概况

20 世纪初，原始的防抱死制动系统(ABS)用在铁路机车上，借此来避免机车车轮因制动导致的“平面现象”和钢轨的早期损坏。1936 年，德国博世公司取得了 ABS 专利权。20 世纪 40 年代，ABS 系统被应用于飞机上，以防止飞机着陆时偏离航道及轮胎爆破。

1954 年，美国福特汽车公司首次将法国生产的民航机用 ABS 系统应用在林肯牌高级轿车上，由此拉开了汽车采用 ABS 系统的序幕。1957 年，福特公司与 Kelsey Hayes 公司开始了 ABS 系统的开发合作。1969 年，福特汽车公司推出了后二轮控制方式的防抱死制动系统，并在美国和日本的高级轿车上得到应用。进入 20 世纪 70 年代，随着电子控制技术及精密液压元器件加工制造技术的进步，业界逐步奠定了复杂而精确的控制技术基础，1978 年，德国奔驰汽车公司首次推出了四轮控制式防抱死制动系统。随着电子技术的进步和电器件价格的迅速降低，自 20 世纪 80 年代后期起，ABS 在汽车上的应用得到普及，并逐渐成为现代汽车上的一种标准装备。

从 ABS 出现到今天在汽车上广泛应用，已经经历了一个世纪的发展过程。至今为止，ABS 系统的整体结构已日渐趋于成熟，今后的发展将集中体现在以下几个方面。

(1) 实时跟踪路面特性变化，采用更加有效的控制算法，实现真正意义上的优化控制，以弥补现今汽车上广为采用的逻辑控制的不足。

(2) 提高关键元件的性能指标和可靠性，消除系统控制过程的不平滑、易振动、噪声大的缺陷。

(3) 由单一 ABS 控制目标转向多目标综合控制，全面提高汽车整体动力学水平。

(4) 进一步降低系统装车成本。

10.2.2 防抱死制动系统的优点

ABS 是在普通制动系统的基础上配置了防止车轮抱死的电子控制系统。其作用是在紧急制动或在光滑路面行驶中制动时，为了防止车轮抱死，自动控制各车轮制动器制动力的大小，使车轮保持理想滑移率(10%～15%)，即车轮始终维持在微弱滑移的滚动状态下制动，不使车轮完全抱死。与普通制动系统相比较，ABS 具有如下优点。

(1) 充分利用轮胎与路面之间的附着力，有效地缩短了制动距离。

(2) 消除制动过程中的侧滑、跑偏，增加了汽车制动时的方向稳定性。

(3) 在紧急制动时仍可改变行驶方向，改善汽车制动时的转向操纵能力。

(4) 避免了轮胎与地面间的剧烈摩擦，减少了轮胎的磨损。

(5) 减少了驾驶员的劳动强度(特别是紧张情绪)。

10.2.3　防抱死制动系统的控制通道及布置类型

在 ABS 中，能够独立进行制动压力调节的制动管路称为控制通道。如果车轮的制动压力可以进行单独调节，则称该车轮为独立控制；如果两个(或两个以上)车轮的制动压力是一同进行调节的，则称该两车轮为一同控制。当两个车轮一同控制时，如果以保证附着力较大的车轮不发生制动抱死或驱动滑转为原则进行制动压力调节，这两个车轮就是按高选原则一同控制；如果以保证附着力较小的车轮不发生制动抱死或驱动滑转为原则进行制动压力调节，这两个车轮就是按低选原则一同控制。

ABS 按通道数可分为四通道、三通道、双通道和单通道系统。

1. 四通道 ABS

对应于双制动管路，按前后和对角两种布置形式，四通道 ABS 相应地也有两种结构形式，如图 10-2 所示。在四通道系统中，为了对四个车轮的制动压力进行独立控制，在每个车轮上各安装一个转速传感器，并在通往各制动轮缸的制动管路中各设置一个制动压力调节分装置(通道)。

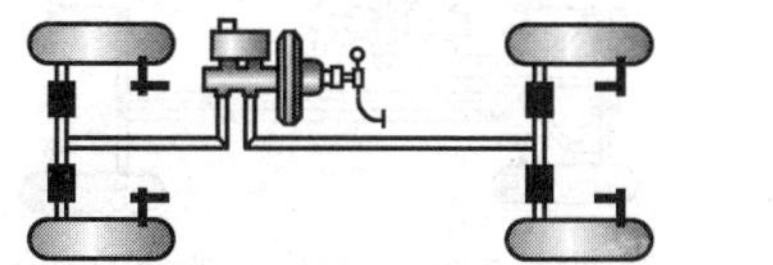

(a) 四通道(双管路前后布置)

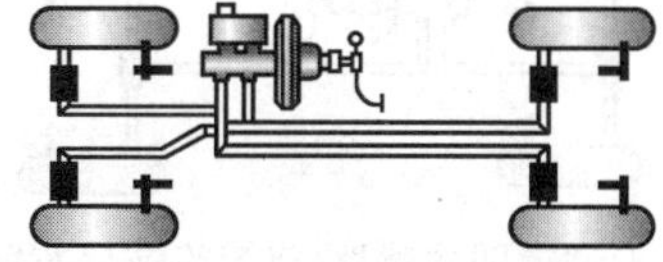

(b) 四通道(双管路对角布置)

图 10-2　四通道 ABS

由于四通道 ABS 可以最大限度地利用每个车轮的附着力进行制动，因此汽车的制动效能最好。但在附着系数分离(两侧车轮的附着系数不相等)的路面上制动时，由于同一轴上的制动力不相等，会使得汽车产生较大的偏转力矩而发生制动跑偏的情况。因此，ABS 通常不对四个车轮进行独立的制动压力调节。

2. 三通道 ABS

四轮 ABS 大多为三通道系统，而三通道 ABS 通常都是对两个前轮进行独立控制，对两个后轮按低选原则进行一同控制。各种三通道 ABS 通常如图 10-3 所示。

图 10-3(a)所示的按对角布置的双管路制动系统中，虽然在通往四个制动轮缸的制动管路中各设置了一个制动压力调节分装置，但两个后制动压力调节分装置却是由电子控制装置一同控制的，实际上仍是三通道 ABS。由于三通道 ABS 对两后轮进行一同控制，对于后轮驱动的汽车来说，可以在变速器或主减速器中只设置一个转速传感器来检测两后轮的平均转速。

汽车紧急制动时，会发生很大的轴荷转移(前轴荷增加，后轴荷减小)，使得前轮的附着力比后轮的附着力大很多(前置前驱动汽车的前轮附着力占汽车总附着力的 70%～80%)。对前轮制动压力进行独立控制，可充分利用两前轮的附着力对汽车进行制动，有利于缩短制动距离，并且汽车的方向稳定性也可以得到很大改善。

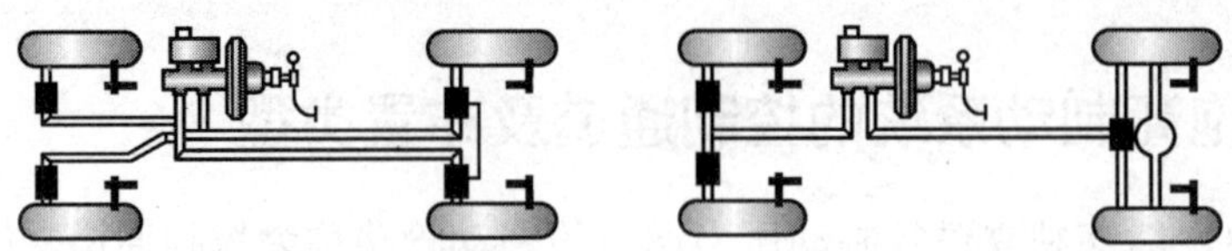
(a) 三通道四传感器(双管路对角布置)　(b) 三通道四传感器(双管路前后布置)

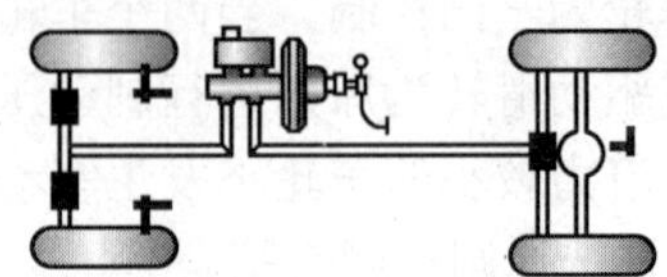
(c) 三通道三传感器

图 10-3　三通道 ABS

3．双通道 ABS

为了减少制动压力调节分装置的数量、降低系统的成本，双通道 ABS 也被采用(如本田 4WALB)。各种可能的双通道 ABS 如图 10-4 所示。

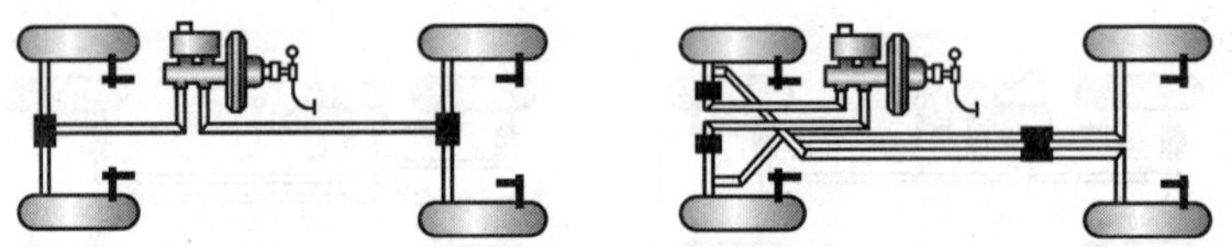
(a) 双通道四传感器(双管路前后布置)　(b) 双通道四传感器(双管路对角布置)

图 10-4　双通道 ABS

图 10-4(a)所示的双通道 ABS 在按前后布置的双管路制动系统的前后制动管路中各设置一个制动压力调节分装置，分别对两前轮和两后轮进行一同控制。两前轮可以根据附着条件进行高选和低选转换，两后轮则按低选原则一同控制。

对于后轮驱动的汽车，可以在两前轮和传动系统中各安装一个转速传感器。当在附着系数分离的路面上进行紧急制动时，两前轮的制动力相差很大，为保持汽车的行驶方向，驾驶员会通过转动转向盘使前轮偏转，以求用转向轮产生的横向力与不平衡的制动力相抗衡，保持汽车行驶方向的稳定性。但是，在两前轮从附着系数分离路面驶入附着系数均匀路面的瞬间，以前处于低附着系数路面而抱死的前轮的制动力会因附着力突然增大而增大，由于驾驶员无法在瞬间将转向轮回正，转向轮上仍然存在的横向力将会使汽车向转向轮偏转方向行驶，这在高速行驶时是一种无法控制的危险状态。

图 10-4(b)所示的双通道 ABS 多用于制动管路对角布置的汽车上，两前轮独立控制，制动液通过比例阀(P 阀)按一定比例减压后传给对角后轮。对于采用此控制方式的前轮驱动汽车，如果在紧急制动时离合器没有及时分离，前轮在制动压力较小时就趋于抱死，而此时后轮的制动力还远未达到其附着力的水平，汽车的制动力会显著减小。而对于采用此控制方式的后轮驱动汽车，如果将比例阀调整到正常制动情况下前轮趋于抱死时，后轮的制动力接近其附着力，则紧急制动时由于离合器往往难以及时分离，会导致后轮抱死，使汽车丧失方向稳定性。

由于双通道 ABS 难以在方向稳定性、转向操纵能力和制动距离等方面得到兼顾，因此目前很少被采用。

4. 单通道ABS

单通道 ABS 是在按前后布置的双管路制动系统的后制动总管路中设置一个制动压力调节分装置，对于后轮驱动的汽车，只需在传动系统中设置一个转速传感器，如图 10-5 所示。

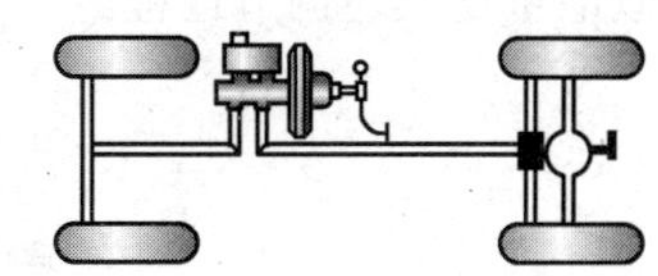

图 10-5　单通道 ABS

单通道 ABS 一般对两后轮按低选原则一同控制，其主要作用是提高汽车制动时的方向稳定性。在附着系数分离的路面上进行制动时，两后轮的制动力都被限制在处于低附着系数路面上的后轮的附着力水平，制动距离会有所增加。由于前制动轮缸的制动压力未被控制，前轮仍然可能发生制动抱死，所以汽车制动时的转向操作能力得不到保障。

但由于单通道 ABS 能够显著地提高汽车制动时的方向稳定性，又具有结构简单、成本低的优点，因此在轻型货车上得到了广泛应用。

10.2.4　防抱死制动系统的控制

1. ABS的控制共性

ABS 的种类不同，其结构形式和工作过程也不完全相同，但都是通过对趋于抱死车轮的制动压力进行自适应循环调节来防止车轮发生制动抱死的。汽车上所采用的 ABS 系统一般均具有以下的控制共性。

(1) 在制动过程中，只有当车轮趋于抱死时，ABS 系统才起作用，此前保持常规制动状态。

(2) ABS 系统只在车速超过一定值时(假定是 10km/h)才起作用。

(3) ABS 系统具有自诊断功能，以确保系统出现故障时，常规制动系统仍能正常工作。

2. ABS的控制过程

在计算机控制过程中，为了提高控制效率和加快控制收敛速度，各国研究人员提出了许多控制方法，如逻辑门限控制法、滑动模态变结构控制法、最优控制法和模糊控制法等。它们在实现控制的系统结构难度上、系统制造成本上、自身控制速度上各有不同，其中以逻辑门限控制方法使用最广泛。其控制过程举例如下(见图 10-6)。

该控制方式以车轮减速度和车轮加速度为控制参数，在 ECU 中预先设定好车轮加、减速度门槛值，并以参考滑动率和参考速度为辅助控制参数，对制动过程实施控制。

在制动开始阶段，轮缸压力快速上升，车轮减速度很快超出门槛值，电磁阀从升压切换到保压状态，同时，以控制起始时刻的车轮角速度作为初始参考速度，计算出制动控制的参考车速，并以该参考车速和车轮角速度为依据，计算出参考滑动率门槛曲线。在保压阶段，轮速继续下降，当轮速降到低于滑动率门槛值时，电磁阀由保压切换到减压状态。在减压过程中，轮速在一段时间以后会开始上升，当车轮减速度减小，逐渐越过减速度门槛值时，系统又进入保压状态。若在规定的保压时间内，车轮加速度不超过加速度门槛值，则判定此时路面属于低附着系数情况，以另外方式实施以后的控制。若超过加速度门槛值，则继续保压。为了适应不同附着系数的路况需要，在加速度门槛值的上方又设定了一道旨在识别大附着系数路面的第二加速度门槛值。当加速度超过了第二门槛值时，则要对轮缸实施增压，直至车轮加速度低于该门槛值后，再行保压措施，直到车轮减速度再次低于第一加速度门槛值。随后的升压过程中，一般采用比初始增压慢得多的上升梯度，电磁阀在增压和保压之间不断切换，直至车轮减速度再次向下穿过减速度门槛值。以后相类似地重复上述调节过程。

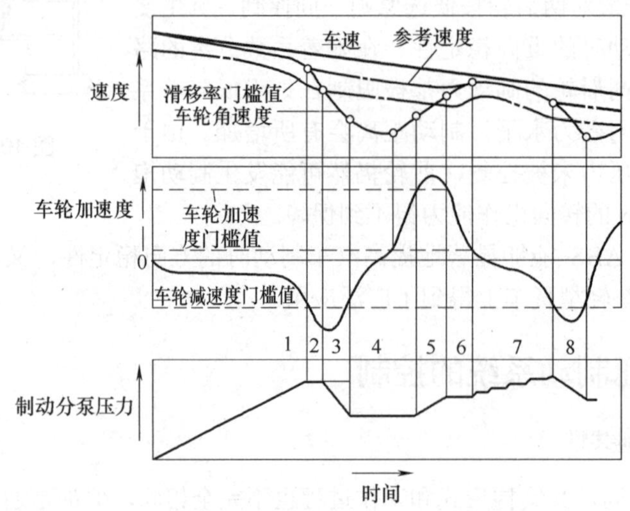

图 10-6　ABS 制动压力调节过程

由此可以看出，ABS 控制过程实际上就是利用制动压力调节系统对制动管路油压高速地进行“增压—保压—减压”的循环调节过程。近年来，随着控制和执行元件技术的日益进步，这种调节循环的工作频率通常可达 15～20 次/秒。

10.2.5　防抱死制动系统的结构及原理

ABS 主要由轮速传感器、ABS ECU、制动压力调节装置及制动控制电路等组成。其基本组成如图 10-7 所示。

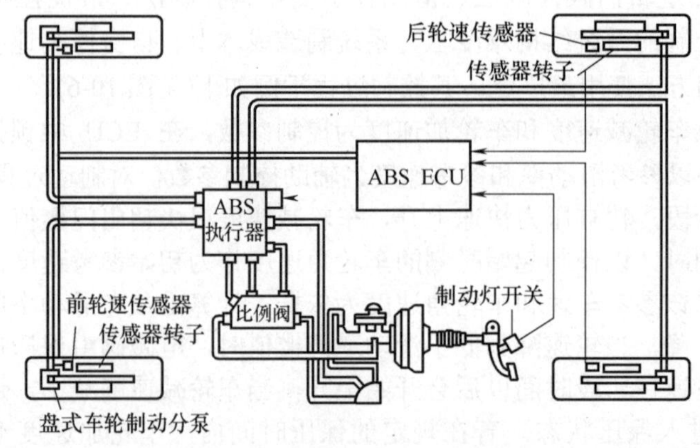

图 10-7　ABS 的基本组成

在该系统中，每一个车轮上都安装一个转速传感器，将关于各车轮转速的信号输入 ECU。ECU 根据各车轮转速传感器输入的信号对各个车轮的运动状态进行监测和判定，并形成相应的控制指令。该指令指使制动压力调节装置对各个制动轮缸的制动压力进行调节，使车轮的滑动率控制在 10%～20%之间。比例阀通过控制前后轮制动轮缸制动液压力的大小，保证汽车在常规制动时前轮先于后轮抱死，以改善制动性能。在 ABS 出现故障时，装在仪表盘上的 ABS 报警灯点亮，提醒驾驶员 ABS 出现了故障。

1. 传感器

ABS 系统的传感器是感受汽车运动参数(车轮转速)的元件，用来感受系统控制所需的基本信号，通常，ABS 系统中所使用的传感器主要包含以变换车轮转速信号为目的的车轮转速传感器和以感受车身加速度为目的的减速度传感器。

1) 车轮转速传感器

车轮转速传感器有电磁感应式与霍尔效应式两大类。目前汽车上使用最广泛的是电磁感应式车轮转速传感器。电磁感应式车轮转速传感器主要由随车轮旋转的齿盘和固定的感应元件组成，它利用电磁感应原理，将车轮的转速转化为电信号，如图 10-8 所示。图 10-9 所示为各种传感器在汽车上的安装位置。此类传感器的不足之处在于，传感器输出信号幅值随转速而变，低速时检测难、频响低，高速时易产生误信号、抗干扰能力差。

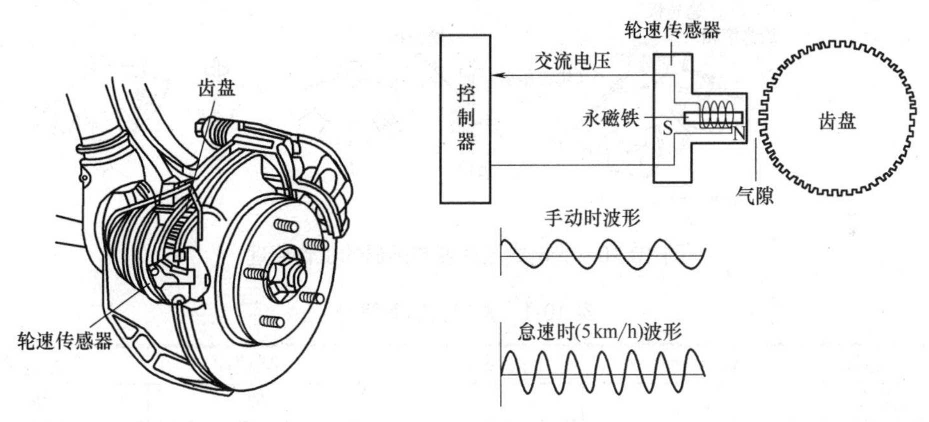

图 10-8　车轮转速传感器

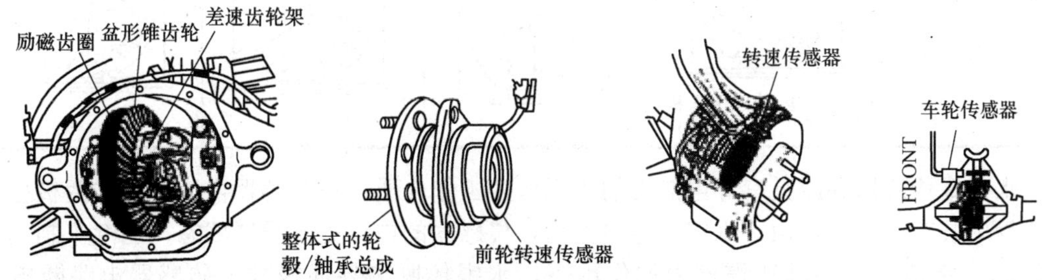

图 10-9　车轮转速传感器安装位置

2) 减速度传感器

减速度传感器在结构上有光电式、水银式和差动式等各种形式。其中光电式传感器利用发光二极管和受光(光电)三极管构成的光电耦合器所具有的光电转换效应，以沿径向开有若干条透光窄槽的偏心圆盘作为遮光板，制成了能够随减速度大小而改变电量的传感器，如图 10-10 所示。遮光板设置在发光二极管和光电三极管之间，由发光二极管发出的光束可以通过板上的窄槽到达光电三极管，光电三极管上便会出现感应电流。当汽车制动时，质量偏心的遮光板在减速惯性力的作用下绕其转动轴偏转，偏转量与制动强度成正比。如果像表 10-1 所示那样，在光电式传感器中设置两对光电耦合器，根据两个三极管上出现电量的不同组合就可以区分出如表中所示的四种减速度界限，因此，它具有感应多级减速度的能力。

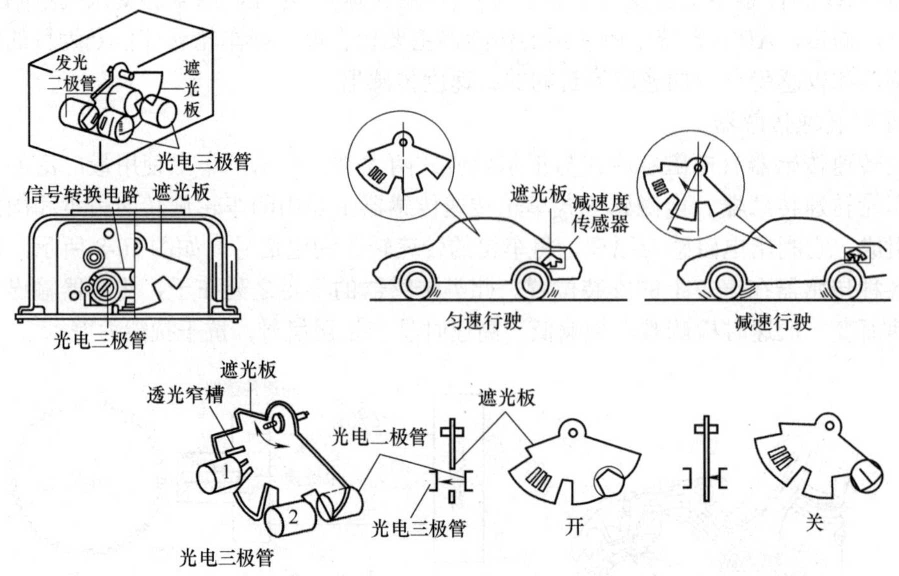

图 10-10 光电式减速度传感器的工作原理

表 10-1 减速度速率等级

减速度速率	低减速率 1	低减速率 2	中减速率	高减速率
光电三极管 1	开	关	关	开
光电三极管 2	开	开	关	关
遮光板位置	光电三极管1(开) 光电三极管2(开)	关 开	关 开	开 关

水银式传感器利用具有导电能力的水银作为工作介质。在传感器内通有导线两极柱的玻璃管中装有水银体，由于水银的导电作用，传感器的电路处于导通状态，当汽车制动强度达到一定值后，在减速惯性力的作用下，水银体脱离导线极柱，传感器电路断电，如图 10-11 所示。这种开关信号可用于指示汽车制动的减速度界限。

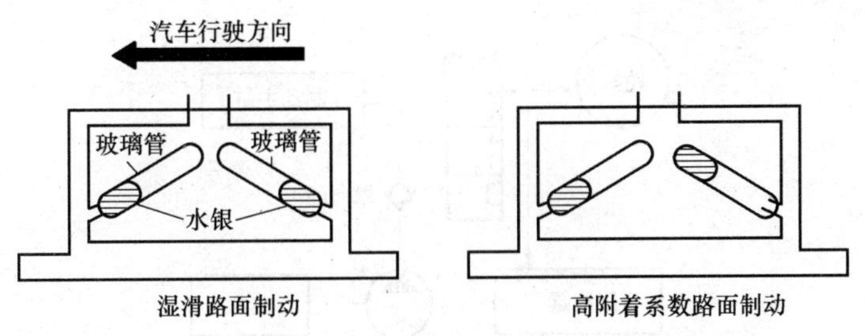

图 10-11　水银式减速度传感器结构原理

2．制动压力调节器

ABS 系统控制车轮滑移率的执行机构是系统压力调节装置，ECU 根据车轮速度传感器发出的信号，由计算机经过判断确定车轮的运动状态，向驱动压力调节装置的电磁阀线圈发出指令，通过电磁阀的动作来实现对制动分泵的保压、减压和增压控制。压力调节装置的电磁阀以很高的频率工作，以确保在短时间内有效地对车轮滑移率实施控制。

液压式制动主要由供能装置(液压泵、储压器等)、电磁阀等组成，如图 10-12 所示。通常，制动压力调节器串联在制动主缸与轮缸之间，通过电磁阀直接或间接地调节轮缸的制动压力。当制动压力调节器直接控制轮缸制动压力时，称为循环流通式调压方式；当制动压力调节器间接控制轮缸制动压力时，称为变容积式调压方式。

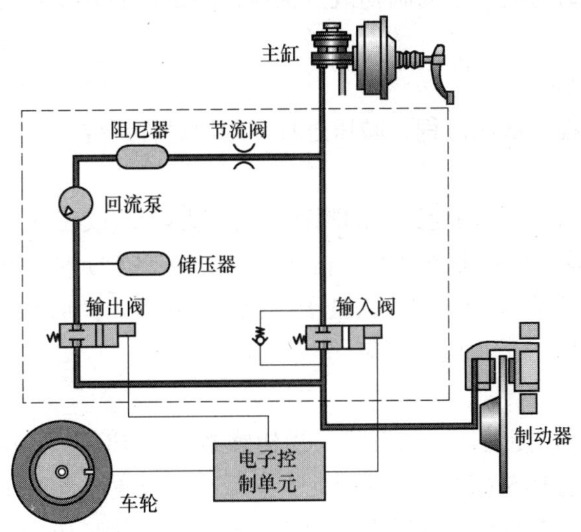

图 10-12　液压调节装置的结构组成

1) 循环流通式制动压力调节器

其工作原理如图 10-13 所示，在调压过程中，系统通过将制动轮缸的压力油释放至压力控制回路以外的低压储油罐实现减压，随后再靠油泵将低压油送回主缸。

这种调压方式的系统无须高压储能器，ABS 依靠油泵的起动实现增压，系统只需借助一个三位三通阀和油泵的起动来完成 ABS 增压、减压、保压三个动作，在 ABS 增压过程中，驾驶员能明显感觉到制动踏板的抖动。

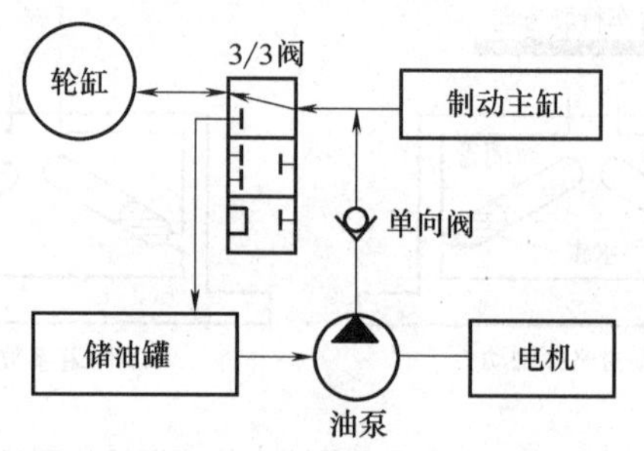

图 10-13　循环流通式制动压力调节器工作原理

ABS 的制动过程分为常规制动和 ABS 调节制动两部分，当 ABS 系统检测认定制动车轮未发生抱死时，汽车制动系统执行常规制动过程，而当系统认定车轮有抱死趋势时，便开始进行制动压力的调节。在图 10-14 所示的 ABS 系统中，两种制动过程的系统元件工作情况如下。

(1) 常规制动。

如图 10-14(a)所示，在常规制动过程中，ABS 系统不工作，电磁线圈中无电流通过，液压泵和电动机总成不工作，各制动轮缸与储液器隔绝，系统处于正常制动状态。此时，三位三通电磁阀柱塞在回位弹簧推动下处在最下端的工作位置，制动主缸与轮缸相通，当踩下制动踏板时，由制动主缸来的制动液直接进入轮缸，各轮缸压力随主缸压力的升高而升高。

(2) ABS 调节制动。

ABS 调节制动过程由保压过程、减压过程和增压过程组成。

① 保压过程。

如图 10-14(b)所示，当制动轮缸中的制动管路压力降低(或在升压过程中压力升高)，使车速达到预定值时，轮速传感器给 ECU 传送相应信号，ECU 向电磁线圈输入一个较小的保持电流(约为最大电流的 1/2)，电磁阀处于“保压”位置。此时制动主缸、制动轮缸和回油孔相互隔离，轮缸中的制动压力保持一定。

② 减压过程。

如图 10-14(c)所示，随着压力的升高，当传感器告知 ECU 车轮抱死趋势，ECU 向电磁线圈输入一个最大电流(5A)时，电磁阀处于“减压”位置。此时电磁阀将轮缸与回油通道或储液器接通，轮缸中的制动液经电磁阀流入储液器，轮缸压力下降。与此同时，电动机起动，带动液压泵工作，将流回储液器的制动液加压后输送到主缸，为下一个制动周期做好准备。

③ 增压过程。

如图 10-14(d)所示，当制动压力下降时，车轮的转速增加，当 ECU 检测到轮速增加太快时，便切断通往电磁阀的电流，使制动主缸与制动轮缸再次相通，制动主缸的高压制动液再次进入制动轮缸，制动力增加。

制动时，上述过程反复进行，直到解除制动为止。

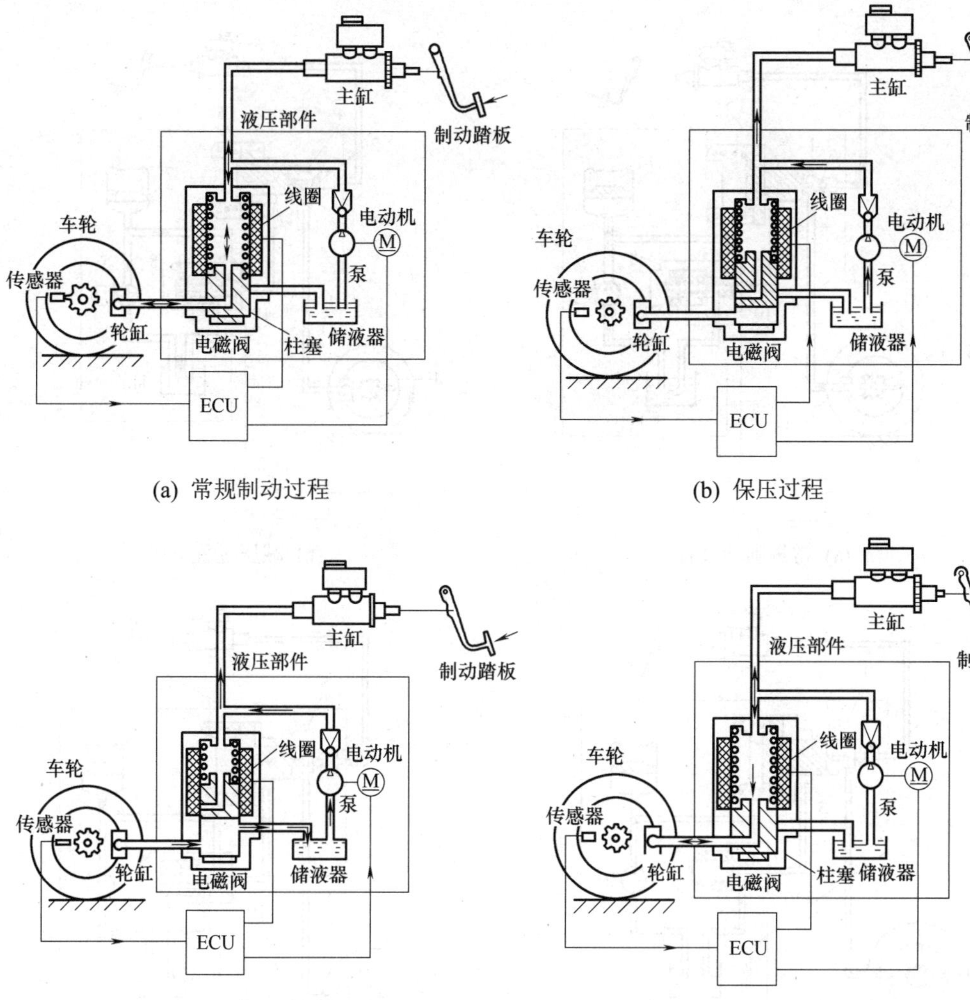

(a) 常规制动过程

(b) 保压过程

(c) 减压过程

(d) 增压过程

图 10-14　循环流通式制动压力调节器工作过程示意图

2) 变容积式制动压力调节器

该方式是在汽车原有制动系统管路上增加一套液压控制装置，它采用压力调节装置将主缸与轮缸隔离，制动液在轮缸和压力调节装置间进行交换，通过机械方式如活塞运动使密闭的轮缸管路容积发生变化，实现加、减压调节。这种调压方式主要用于本田车系、美国 DELCOMORANE ABS VI 和博世部分产品中。

系统基本结构如图 10-15 所示，主要由电磁阀、控制活塞、电动液压泵、储液器等组成。

(1) 常规制动。

如图 10-15(a)所示，常规制动时，电磁阀线圈不通电，电磁阀将控制活塞工作腔与回油管路接通，控制活塞在强力弹簧的作用下移向左端，活塞顶端推杆将单向阀打开，使制动主缸与轮缸的制动管路接通，制动主缸的制动液直接进入轮缸，轮缸压力随主缸压力而变化。

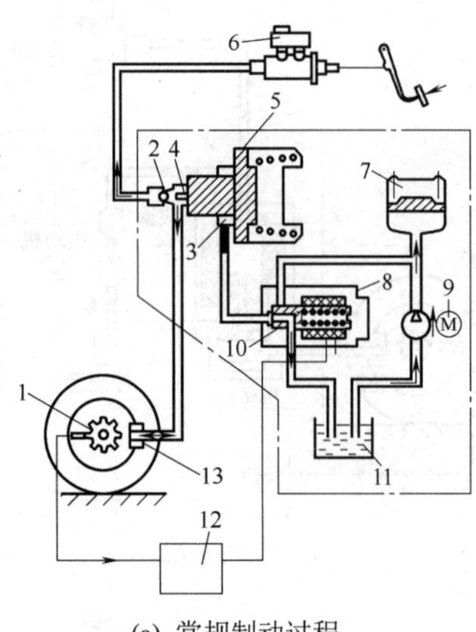

(a) 常规制动过程

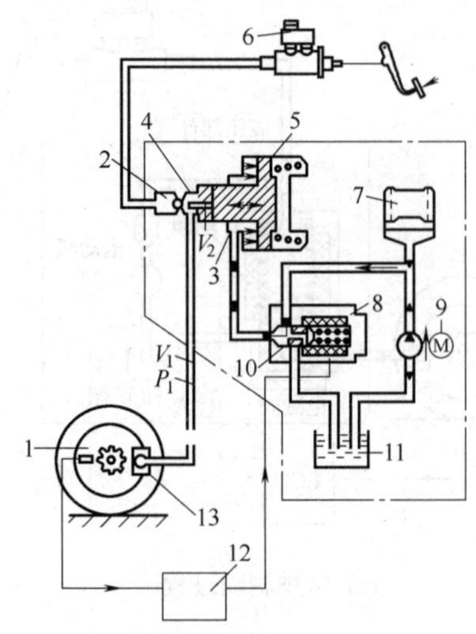

(b) 减压过程

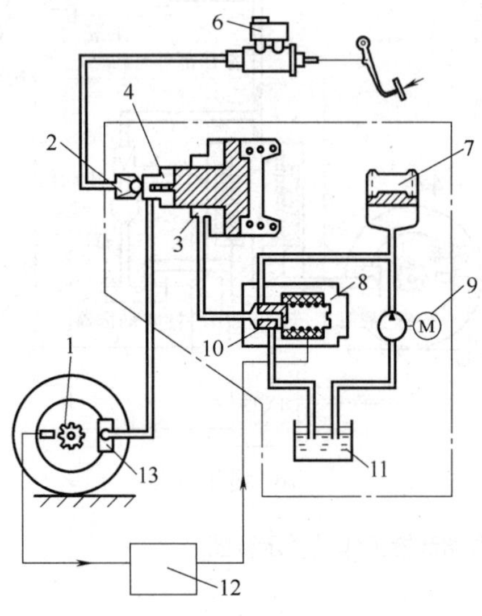

(c) 保压过程

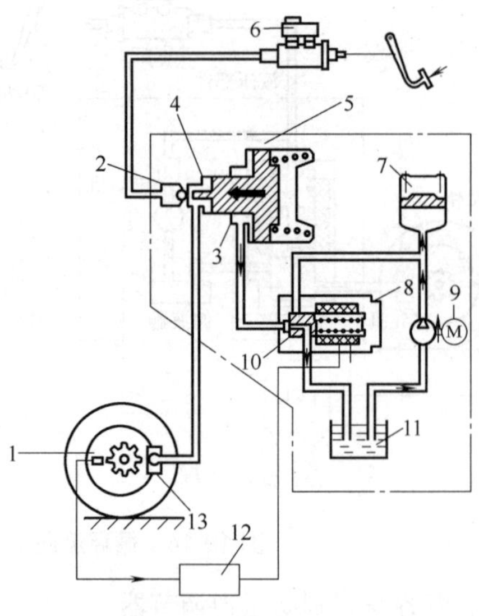

(d) 增压过程

图 10-15　变容积式制动压力调节器工作过程示意图

1—轮速传感器；2—单向阀；3—活塞移动控制油腔；4—控制活塞顶杆；5—控制活塞；6—制动主缸；7—蓄能器；8—电磁阀；9—电动泵；10—柱塞；11—储液器；12—ECU；13—制动轮缸

(2) 减压过程。

如图 10-15(b)所示，减压制动时，ECU 向电磁阀线圈通入大电流，电磁阀内的柱塞在电磁力作用下，克服弹簧力移到右边，将储能器与控制活塞工作腔管路接通，储能器的压力油进入控制活塞工作腔推动活塞右移，单向阀关闭，主缸与轮缸之间的通路被切断，由于控制活塞的右移，轮缸侧容积增大，制动压力减小。

(3) 保压过程。

如图 10-15(c)所示，当 ECU 向电磁阀通入较小电流时，由于电磁阀线圈的电磁力减

小，柱塞在弹簧力作用下左移，将储能器、回油管和控制活塞工作腔管路相互关闭。此时控制活塞左侧的油压保持一定，控制活塞在油压和弹簧的共同作用下保持在一定位置，单向阀仍处于关闭状态，轮缸侧容积也不发生变化，实现保压制动。

(4) 增压过程。

如图 10-15(d)所示，需要增压时，ECU 切断电磁阀线圈中的电流，柱塞回到左端的原始位置，控制活塞工作腔与回油管路接通，控制活塞左侧控制油压解除，控制液流回储液器，弹簧将控制活塞向左推移，轮缸侧容积减小，压力升高，当控制活塞处于最左端时，单向阀被打开，轮缸压力将随主缸压力的增大而增大。

该系统具有以下特征。

(1) ABS 作用时制动踏板无抖动感。

(2) 活塞往复运动可由滚动丝杠或高压储能器推动。

(3) 采用高压储能器作为推动活塞的动力时，储能器中的液体和轮缸的工作液是隔离的，前者仅仅作为改变轮缸容积的控制动力。

(4) 采用滚动丝杠时，由电机驱动活塞，每一通道各设置一个电机。

3) 二位二通电磁阀循环流通式制动压力调节器

该制动压力调节器采用两个二位二通电磁阀，其工作原理如图 10-16 所示。减压时回流泵将轮缸释放的制动液回送到储能器和制动主缸，实现制动压力调节。ABS 工作时，回流泵连续工作。电磁阀与油泵的工作状态如表 10-2 所示。

表 10-2　电磁阀与油泵的工作状态

工作状况	常开阀(增压)	常闭阀(减压)	油　泵
常规制动	断电	断电	不转
ABS 工作：减压	通电	通电	旋转
保压	通电	断电	旋转
增压	断电	断电	旋转

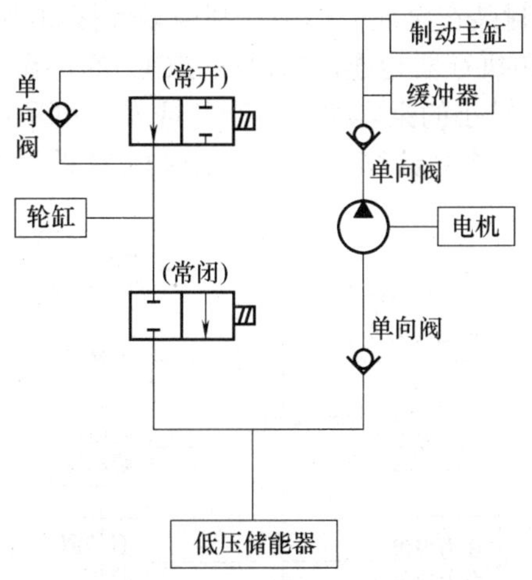

图 10-16　二位二通电磁阀循环流通式制动压力调节器工作原理

该系统具有以下一些特点。

(1) 系统采用两个二位二通电磁阀取代循环调压方式中的一个三位三通电磁阀，实现ABS保压、减压和增压，工作可靠性更高。

(2) 当ABS工作，轮缸处于保压状态时，轮缸的压力和来自主缸的压力在单向阀处平衡。

(3) 主缸和油泵之间串联单向阀，并联缓冲器，减缓了制动踏板的抖动，但仍保留了轻微的感觉。

回流泵式调压方式是ABS调压方式中比较新的技术，目前博世ABS5.3和TEVES MK20(桑塔纳2000时代超人装用)均采用了这种方式。

3. ABS ECU

ABS ECU接收由设于各车轮上的传感器传来的转速信号，经过电路对信号的整形、放大和计算机的比较、分析、判别处理，向ABS执行器发出控制指令。一般来说，ABS电控单元还具有初始检测、故障排除、速度传感器检测和系统失效保护等功能。

图10-17所示为ABS ECU在系统中的基本作用。

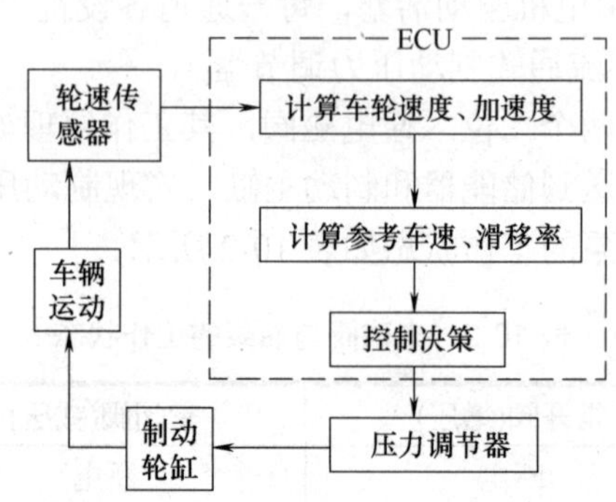

图10-17　ABS ECU在系统中的基本作用

1) 组成

ABS ECU由硬件和软件两部分组成，前者由设置在印制电路板上的一系列电子元器件(微处理器)和线路构成，封装在金属壳体中，利用多针接口(如TEVES MKII采用32针接口)，通过线束与传感器和执行器相连，为保证ECU的可靠工作，一般被安置在尘土和潮气不易侵入、电磁波干扰较小的乘客舱、行李舱或发动机罩内的隔离室中；软件则是存储在只读存储器(ROM)中的一系列计算机程序。ABS ECU的输入和输出如图10-18所示。

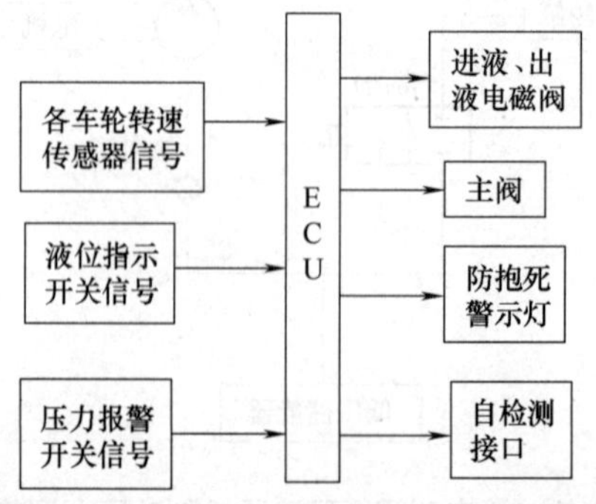

图10-18　ABS ECU的主要输入和输出信号

2) 内部结构

ABS ECU 的内部结构如图 10-19 所示。为确保系统工作的安全可靠性，在许多 ABS ECU 中均采用了两套完全相同的微处理器，一套用于系统控制，另一套则起监测作用，它们以相同的程序执行运算，一旦监测用 ECU 发现其计算结果与控制用 ECU 的计算结果不相符，则 ECU 立即让制动系统退出 ABS 控制，只维持常规制动。这种“冗余”的方法可保证系统更加安全。

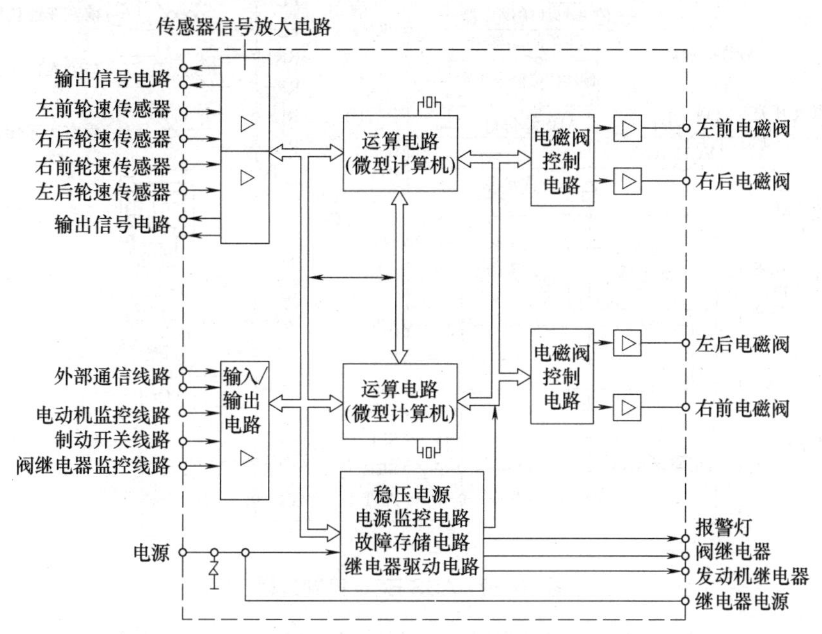

图 10-19　ABS ECU 的内部结构

ECU 的内部电路结构主要包括以下几方面。

(1) 输入级电路。

以完成波形转换整形(低通滤波器)、抑制干扰和放大信号(输入放大器)为目的，将车轮转速传感器输入的正弦波信号转换为脉冲方波，经过整形放大后，传输给运算电路。输入级电路的通道数视 ABS 所设置的传感器数目而定，通常以三通道和四通道为多见。

(2) 运算电路(微型计算机)。

根据输入信号计算电磁阀控制参数。主要根据车轮转速传感器输入信号进行车轮线速度、开始控制的初速度、参考滑动率、加速度和减速度等的计算，调节电磁阀控制参数的计算和监控计算，并将计算出的电磁阀控制参数输送给输出级。

(3) 输出级电路。

利用微机产生的电磁阀控制参数信号，控制大功率三极管向电磁阀线圈提供控制电流。

(4) 安全保护电路。

将汽车 12V 电源电压改变并稳定为 ECU 所需的 5V 标准电压，并监控这种工作电压的稳定性，同时还要监控输入放大电路、ECU 运算电路和输出电路的故障信号。当系统出现故障时，控制继动电动机和继动阀门，使 ABS 停止工作，转入常规制动状态，点亮

ABS 警示灯，将故障以故障码的形式存储在 ECU 内存中。

3) 控制过程

ECU 电路的控制过程如图 10-20 所示。

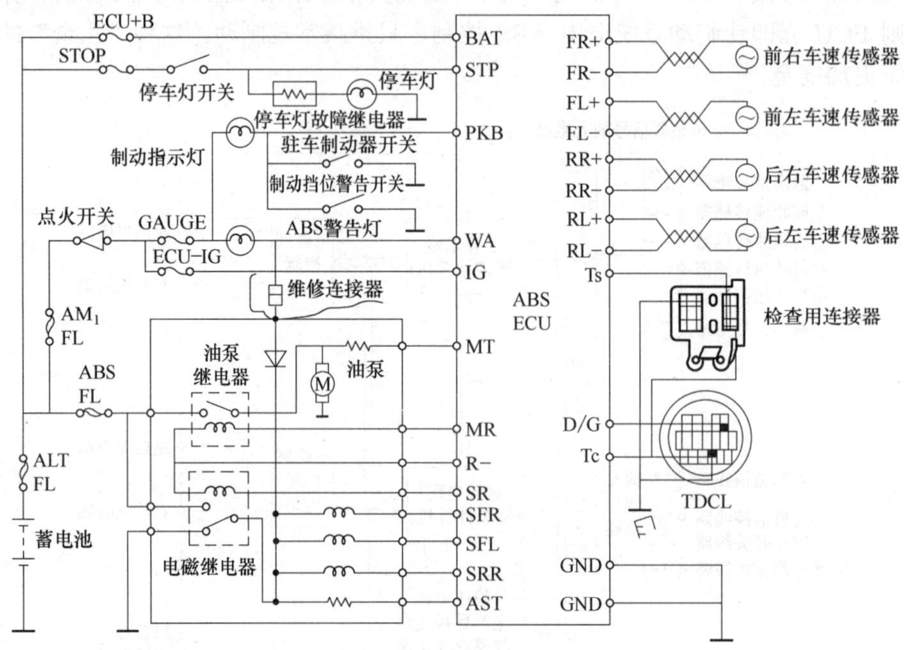

图 10-20　ABS ECU 控制过程

该系统为四传感器三通道(前轮独立控制、后轮低选控制)，传感器输入端为 FR+～RL-。回油泵电机受 ECU 和油泵继电器共同控制，有以下两种工作状态。

(1) 减压时高速运转。ECU 通过 MR 端口向油泵继电器线圈加电，继电器触点闭合，蓄电池直接向电机供电，电机高速运转，迅速将制动液泵回制动主缸。

(2) 其余时间低速运转。ECU 停止向油泵继电器线圈供电，继电器触点断开，ECU 经由 MT 端子通过电阻向油泵电机加较小电流(2A)，油泵低速运转，将储能器中制动液抽空，以备下次减压时储油。

制动压力调节器中三个电磁阀线圈与一个监测电阻并联，共同受 ECU 和电磁间继电器控制。点火开关未接通时，电磁间继电器线圈中无电流，继电器常闭触点使电磁阀继电器线圈搭铁，ABS 不工作。接通点火开关后，在短时间内，ECU 仍不向电磁阀继电器线圈供电，此时，ABS 警示灯经维修连接器、电磁阀继电器常闭触点搭铁而点亮，ECU 对系统自检。如系统无故障，ECU 向电磁阀继电器线圈供电，常闭触点断开，常开触点闭合，电磁阀线圈经常开触点与电源相连。此后，电磁阀的状态完全由 ECU 控制，也即电磁阀线圈可以经过 SFR、SFL、SRR 和 GND 端口由 ECU 加以控制。

监测电阻用来检测电磁阀线圈的故障，当线圈出现故障时，电阻两端的电压发生变化，通过 AST 端子将此故障信息输入 ECU，同时切断调节器电路，ABS 退出工作。

10.3　汽车驱动防滑转系统

10.3.1　概述

1. 汽车驱动防滑转系统的作用

在汽车行驶过程中，时常会出现车轮转动而车身不动，或者汽车的移动速度低于驱动轮轮缘速度的情况，这意味着轮胎接地点与地面之间出现了相对滑动，我们把这种滑动称为驱动轮的“滑转”，以区别于汽车制动时车轮抱死而产生的车轮“滑移”。驱动车轮的滑转，同样会使车轮与地面的纵向附着力下降，从而使得驱动轮上可获得的极限驱动力减小，最终导致汽车的起步、加速性能和在湿滑路面上通过性能的下降。同时，还会由于横向摩擦系数几乎完全丧失，使驱动轮上出现横向滑动，随之产生汽车行驶过程中的方向失控。

驱动防滑转系统(ASR)是继防抱死制动系统(ABS)之后，设置在汽车上专门用来防止驱动轮起步、加速和在湿滑路面行驶时滑转的电子驱动力调节系统。它可以在驱动状态下，通过计算机帮助驾驶员实现对车轮运动方式的控制，以便在汽车的驱动轮上获得尽可能大的驱动力。

ASR 的具体作用体现在以下几点。

(1) 可有效提高汽车在起步、加速和行驶中的驱动力，尤其在附着系数小的路面上，起步、加速性能和爬坡能力的提高较为显著。

(2) 能保持汽车的方向稳定性和前轮驱动汽车的转向操纵能力。

(3) 能减少轮胎磨损，降低发动机油耗。

2. 汽车驱动防滑转系统的控制方式

为达到对汽车驱动轮运动状态的控制，ASR 通常可以通过以下控制方式加以实现。

1) 发动机输出功率控制

当汽车起步、加速时，若加速踏板踩得过猛，时常会因驱动力超出轮胎和地面的附着极限，出现驱动轮短时间的滑转。这时，ASR 电子控制器将根据加速踏板的行程大小发出控制指令，可通过发动机的副节气门驱动装置，适当调节节气门开度，也可以直接控制发动机 ECU，改变点火时刻或燃油喷射量，通过限制发动机功率输出，达到抑制驱动轮滑转的目的。

2) 驱动轮制动控制

在单侧驱动轮打滑时，ASR 电子控制器将发出控制指令，通过制动系统的压力调节器，对产生滑转的车轮施加制动。随着滑转车轮被制动减速，其滑动率会逐渐下降。当滑动率降到预定范围之内以后，ECU 立即发出指令，减少或停止这种制动，其后，若车轮又开始滑转，则继续下一轮的控制，直至将驱动轮的滑动率控制在理想范围内。与此同时，另一侧车轮仍然保持着正常的驱动力。这种作用类似于驱动桥差速器中的差速锁，即当一侧驱动轮陷入泥坑中，部分或完全丧失了驱动能力时，若制动该车轮，另一侧的驱动轮仍能够辨出足够的驱动力，以便维持汽车正常的行驶。当两侧驱动轮均出现滑转，但滑动率不同时，可以通过对两侧驱动轮施加不同的制动力，分别抑制它们的滑转，从而提高汽车在湿滑路面上的起步、加速能力和行驶的方向稳定性。这种方式是防止驱动轮滑转最迅速有效的一种控制方法。但是，出于对舒适性的考虑，一般这种制动力不可太大，因此常常作为第一种方法的补充，以保证控制效果和控制速度的统一。

3) 差速锁止控制

采用由电子控制的可锁止式差速器，可将驱动轮的差速滑动率控制在一定的范围内。

4) 综合控制

为了达到更理想的控制效果，可采用上述各种控制相结合的控制系统。汽车在行驶过程中，路面湿滑程度各不相同，驱动力的状态也随时变化，综合控制系统将根据发动机工况和车轮滑转的实际情况采取相应的控制措施。如在发动机输出大转矩的状态下，车轮滑转的主要原因往往是路面湿滑，采用对滑转车轮施加制动比较有效，而当发动机输出大功率时，抑制车轮滑转则以减小发动机输出功率的方法更为有效。在更复杂的工况下，借助综合控制的方式能够更好地达到控制驱动轮滑转的目的。

10.3.2 汽车驱动防滑转系统的结构与原理

1. ASR 的基本组成与工作过程

典型的 ASR 如图 10-21 所示。它由 ASR 选择开关、车轮转速传感器、ABS 和 ASR ECU、制动主继电器、制动执行装置、制动灯开关、节气门继电器、主节气门位置传感器、副节气门位置传感器、副节气门执行器、液压调节装置、故障报警灯、压力传感器和制动压力调节执行器等部分组成。

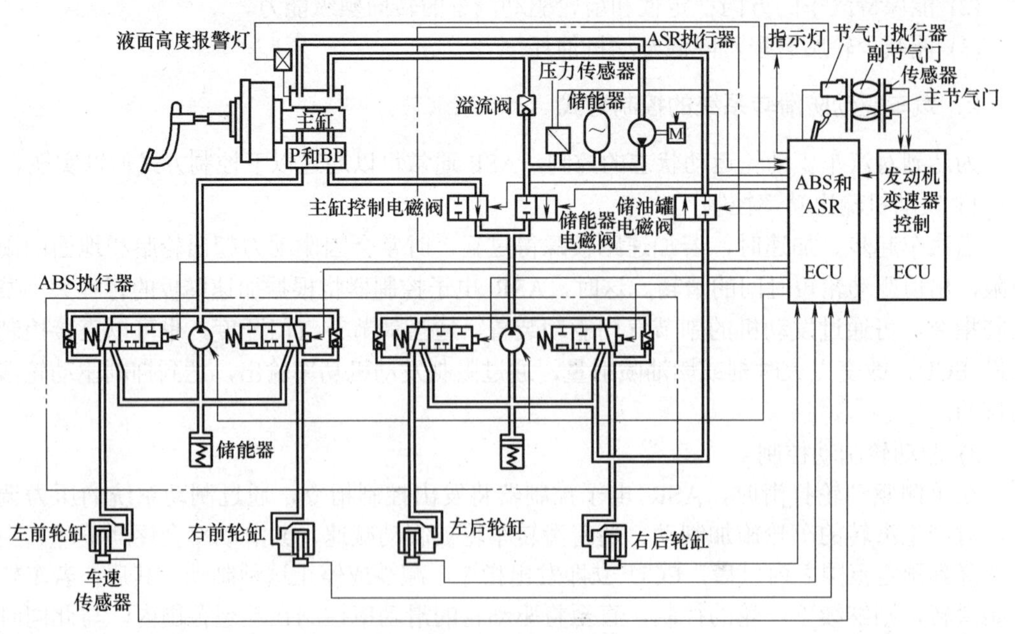

图 10-21 典型的 ASR

其中，车轮转速传感器用来检测各车轮的转速；节气门位置传感器用来检测主、副节气门位置；ECU 根据车轮转速信号、发动机节气门开度信号等判断汽车的行驶状况，向制动执行装置和副节气门执行器发出控制指令，并可在系统出现故障时，记录故障代码，点亮故障报警灯；制动主继电器向制动执行装置和泵电机继电器提供电流；节气门继电器向副节气门执行器提供电流；副节气门执行器接收 ECU 的指令信号，控制副节气门的开启角度；液压调节装置接收 ECU 的指令信号，控制各制动工作缸中的制动压力；故障报警灯指示系统装置是否工作正常，并可闪烁出故障码；空挡起动开关向 ABS 和 ASR ECU 提供变速手柄位置；压力传感器和制动压力调节执行器控制调节系统的油液量和压力。其中许多传感器和执行器可以与 ABS 系统共用。

车轮转速传感器将驱动轮和非驱动轮转速转变为电信号，输入给 ECU，ECU 根据这些信号计算出驱动轮的滑动率，当滑动率超出设定范围时，ECU 便依据节气门开度信号、发动机转速信号、转向盘转向信号等选定控制方式，然后向各执行器发出控制指令，最终将驱动轮的滑动率控制在目标范围内。

汽车上的 ASR 通常和 ABS 结合为一体，平时处于待命状态，不干预常规行驶，只有当驱动车轮滑转出现后才开始工作。当 ASR 出现故障时，以警示灯告知驾驶员，发动机和制动系统正常工作不受影响。

2．ASR 传感器与开关

ASR 系统的传感器主要有车轮转速传感器和节气门开度传感器，车轮转速传感器与 ABS 系统共用，而节气门开度传感器则与发动机电子控制系统共用，其结构不再赘述。

ASR 选择开关是系统的另一个输入装置，如将 ASR 选择开关切断(处于 OFF 位置)，系统可以靠人为因素使系统退出工作状态，以便适应某些特殊的需要。如为了检查汽车传动系统或其他系统故障时，让系统停止工作，可以避免因驱动轮悬空，ASR 对驱动轮施加制动而影响故障检查。

3．ASR ECU

ASR ECU 以微处理器为核心，配以输入、输出电路及电源电路等。为了减少电子元器件的数目，简化和紧凑结构，ASR ECU 通常与 ABS ECU 组合为一体(见图 10-22)，ASR ECU 的输入信号来自 ABS ECU、发动机 ECU 和几个选择控制开关等。根据上述输入信号，ASR ECU 经过计算后向制动器与发动机节气门发出工作指令，并通过指示灯显示当前的工作状态。一旦 ASR ECU 检测到任何故障，则立即停止 ASR 调节，此时，车辆仍可以保持常规方式行驶，同时系统会将检测出的故障信息存入计算机的 RAM，所诊断的故障码输出到多路显示 ECU，并让报警灯闪烁。

4．ASR 的执行器

1) ASR 制动压力调节器

ASR 制动压力调节器执行 ASR 控制器的指令，对滑转车轮施加制动力，并控制制动力的大小，以使驱动轮的滑动率处于目标范围内。高压储能器是 ASR 的制动压力源，而经过制动压力调节电磁阀可以调节驱动轮制动压力的大小。ASR 制动压力调节器有独立式和组合式两种结构形式。

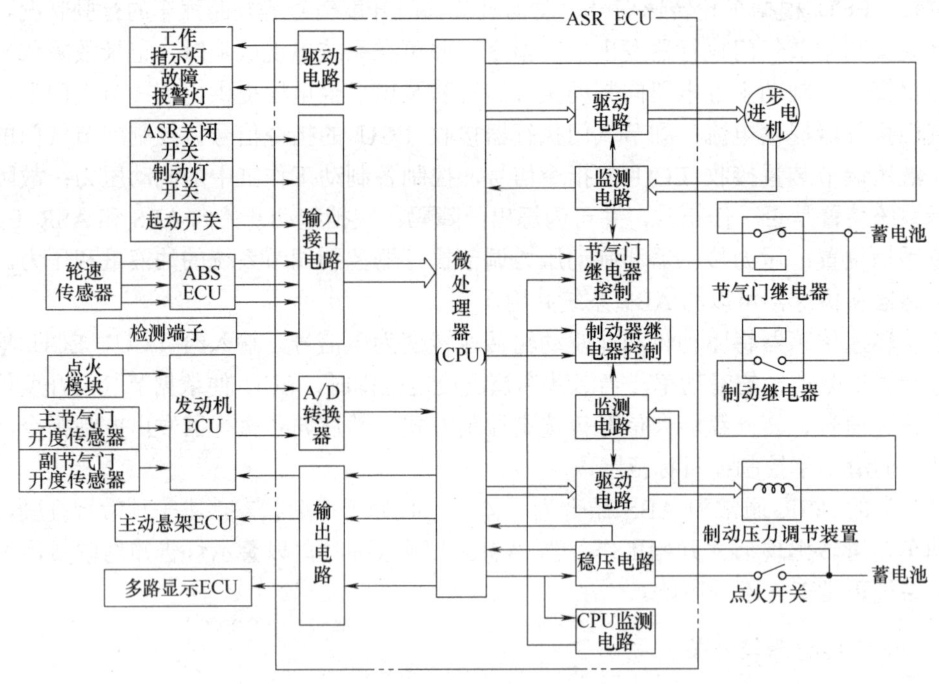

图 10-22　ASR ECU 的组成

(1) 独立式 ASR 制动压力调节器

独立式 ASR 制动压力调节器如图 10-23 所示，ASR 与 ABS 制动压力调节器彼此分立，比较适合将 ASR 作为选装系统的车辆。它布置较灵活，但结构不紧凑，连接点较多，易泄漏。

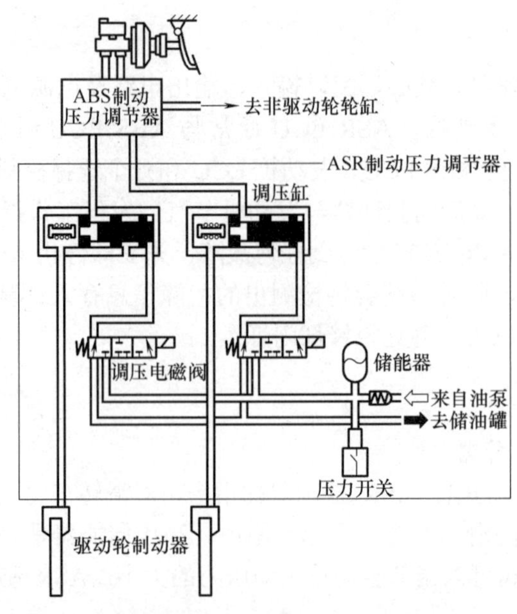

图 10-23　独立式 ASR 制动压力调节器

当三位三通电磁阀处于断电状态而处于左位时，调压缸右腔与储液器相通，压力较低，故缸内活塞在回位弹簧的推力作用下被推至右极限位置，此时，一方面可借助调压缸中部的通液孔将 ABS 制动压力调节器与车轮上制动轮缸导通，使 ASR 不起作用，而保证 ABS 实现正常调压，另一方面也可实现 ASR 对制动轮缸的减压。

若电磁阀通电而处于右位时，调压缸右腔与储液器隔断，但与高压储能器导通，具有一定压力的液体将调压缸活塞推向左端，截断 ABS 制动压力调节器与制动轮缸的联系，调压缸左腔的压力会随活塞的左移而增大，带动制动轮缸压力的上升，便可实现对驱动轮制动压力的增压调节。

当 ECU 使电磁阀半通电而处于中间位置时，调压缸与储液器和高压储能器均相通，调压缸活塞保持不动，驱动轮制动轮缸压力维持不变。

(2) 组合式 ASR 制动压力调节器

组合式 ASR 制动压力调节器将两套压力调节装置合二为一，其特点与独立式相反，如图 10-24 所示。

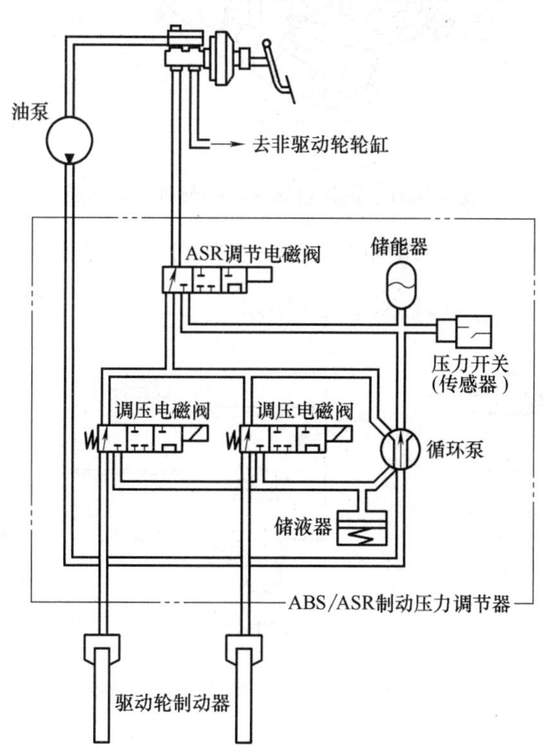

图 10-24 组合式 ASR 制动压力调节器

当 ASR 调节电磁阀断电而处于左位时，ASR 不起作用。通过两调压电磁阀的作用，可实现对两驱动轮制动压力的 ABS 调节。

当 ASR 调节电磁阀通电而处于右位时，若调压电磁阀仍处于断电状态而处于左位，则此时高压储能器的压力油可通入驱动车轮制动轮缸，达到制动增压的目的。

当 ASR 调节电磁阀半通电而处于中间位置时，则切断了高压储能器与制动主缸的联系，驱动轮制动轮缸压力维持不变。

当两调压电磁阀通电而处于右位时，驱动轮制动轮缸与储液器导通，制动压力下降，实现制动减压。

2) 副节气门驱动器

ASR 以副节气门控制发动机输出功率是应用最广的方法，当 ASR 不起作用时，副节气门处于全开的位置，控制副节气门开度，改变发动机进气量，便可实现发动机输出功率的调节。副节气门驱动器一般由步进电机和传动机构组成，安装在节气门体上的位置如图 10-25 所示。步进电机根据 ASR ECU 输出的控制脉冲使副节气门转过规定的角度。

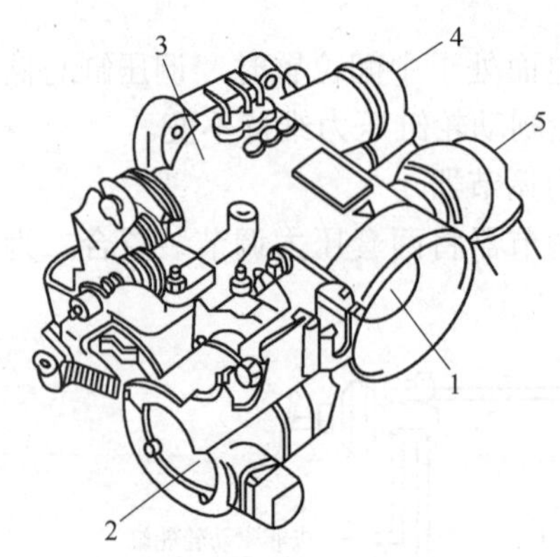

图 10-25　安装副节气门的节气门体总成

1—副节气门；2—步进电机；3—节气门体；4—主节气门位置传感器；5—副节气门位置传感器

副节气门驱动器的工作原理如图 10-26 所示。

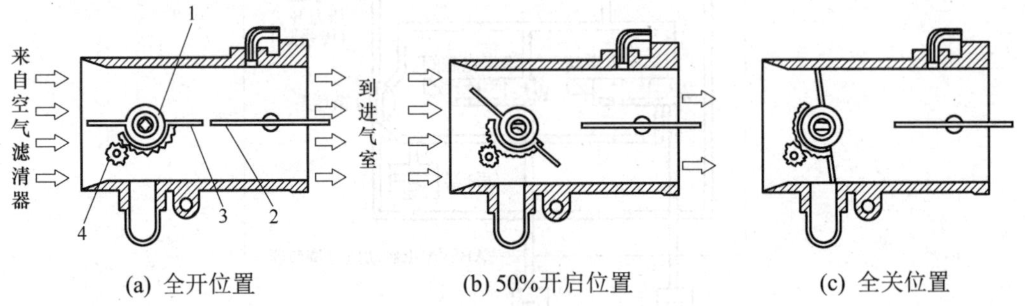

图 10-26　副节气门驱动器工作原理

1—扇形齿轮；2—主节气门；3—副节气门；4—主动齿轮

副节气门与主节气门在节气门体的进气通道中前后布置，当 ASR 不起作用时，副节气门处于全开的位置，驾驶员通过操纵主节气门的开度来调节进气量，以控制发动机的功率。当驱动轮滑转而需要减小发动机输出功率时，ASR ECU 输出控制信号，副节气门驱动电动机随之转动，通过传动机构带动辅助节气门转过相应的角度，以改变发动机进气量，从而达到控制发动机的输出功率、抑制驱动轮滑转的目的。

思　考　题

1. ABS 的作用是什么？
2. ABS 具有哪些优点？
3. ABS 中都有哪些传感器？各起什么作用？
4. 轮速传感器是如何工作的？
5. ASR 的作用是什么？防滑转控制的方式有哪些？
6. ASR 与 ABS 相比有哪些不同？
7. ASR 的基本组成有哪些？各起什么作用？
8. ASR 的工作原理是什么？

第11章

汽车电控悬架系统

【知识目标】

了解汽车电控悬架的类型；掌握半主动悬架系统、主动悬架系统的组成及工作原理。

11.1　悬架控制系统的分类

普通悬架的弹簧刚度和减振器阻尼在悬架结构确定后是固定不变的，称为被动悬架。被动悬架不能适应汽车在不同行驶状态和道路条件下对弹簧刚度和减振器阻尼变化的要求。

电子控制悬架能自动控制车辆悬架的刚度、阻尼系数及车身高度，根据汽车载质量、车速和路面状况的变化改变悬架特性，因而可最大限度地提高汽车行驶的平顺性和操纵稳定性，适应现代汽车对乘坐舒适性、行车安全性更高的要求。

电子控制悬架可分为半主动悬架和主动悬架。

1．半主动悬架

半主动悬架是指悬架元件中的弹簧刚度或减振器阻尼系数之一可以根据需要进行自动调整的悬架。为降低执行元件的功率，一般都采用调节减振器的阻尼系数的方法。

2．主动悬架

主动悬架是指悬架元件中的弹簧刚度和减振器阻尼系数均可根据需要进行自动调整的悬架。主动悬架可根据汽车载质量、路面状况、行驶速度、起动、制动、转向等工况变化，自动调整悬架刚度、减振器阻尼以及车身高度，从而满足汽车行驶平顺性和稳定性等各方面的要求。

主动悬架根据悬架介质的不同，又可分为油气式主动悬架和空气式主动悬架两种形式。

11.2　半主动悬架系统

11.2.1　半主动悬架系统的组成

电动式阻尼控制半主动悬架系统的组成如图 11-1 所示，其主要由 ECU、车速传感器、方向盘转角传感器、加速度传感器、制动开关和超声波道路传感器等组成。ECU 根据各传感器输入的信号优化并确定减振器阻尼，并控制可变阻尼减振器，使减振器的阻尼能够根据汽车的行驶状态和道路条件进行变化。

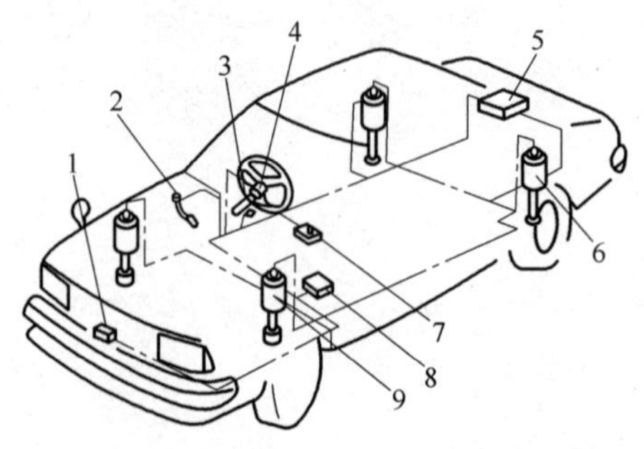

图 11-1　电动式阻尼控制半主动悬架系统的组成

1—超声波道路传感器；2—制动开关；3—车速传感器；4—方向盘转角传感器；
5—ECU；6—可变阻尼传感器；7—选择开关；8—加速度传感器；9—阻尼控制执行器

超声波道路传感器可以对汽车行驶的道路条件进行检测，ECU 可根据从超声波发出到收到的时间差计算出车身的离地高度，并根据车身离地高度的变化对道路条件进行判定。ECU 根据道路条件确定减振器应具有的阻尼状态，并通过安装在减振器顶部的执行器进行阻尼转换。

11.2.2　半主动悬架系统的工作原理

1. 阻尼控制执行器

阻尼控制执行器的结构如图 11-2 所示。ECU 采用脉宽调制信号控制直流电动机转动，带动扇形齿轮驱动调节减振器油液通道截面的转阀转动，使减振器的阻尼状态发生改变。减振器有较软、适中和较硬三种不同的阻尼状态，如图 11-3 所示。当转阀转动到节流孔 A 和 C 都打开的位置时，减振器处于较软状态；当转阀转动到节流孔 B 和 C 都打开的位置时，减振器处于适中状态；当转阀转动到节流孔 A、B 和 C 都关闭的位置时，减振器处于较硬状态。

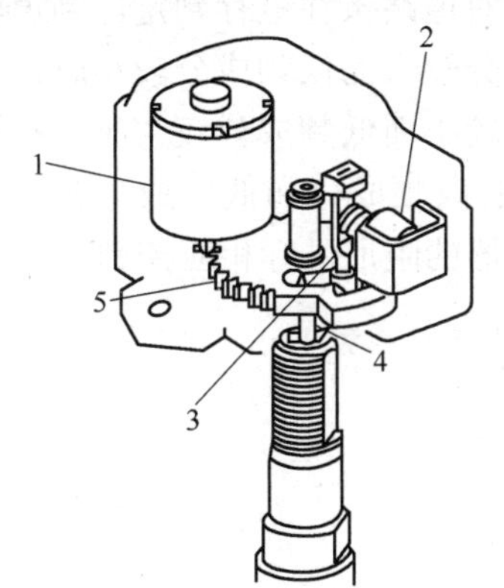

图 11-2　阻尼控制执行器结构

1—电动机；2—电磁铁；3—限制器；
4—转阀控制件；5—扇形齿轮

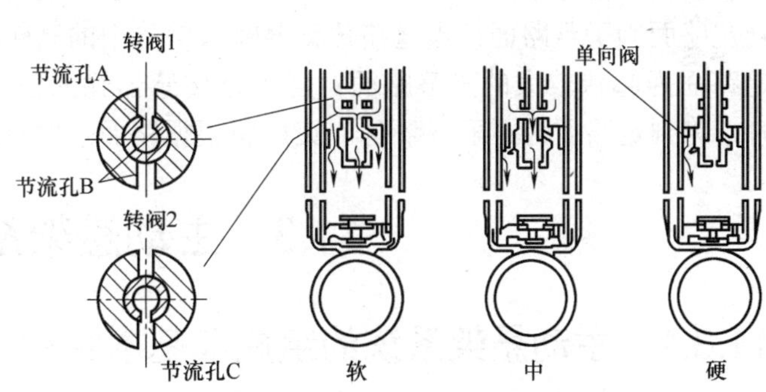

图 11-3　减振器在不同阻尼状态时的转阀位置

2. 半主动悬架系统的控制内容

1) 高速急转弯时的阻尼控制

为减轻汽车在高速急转弯时发生的侧倾现象，ECU 根据车速传感器和方向盘转角传感器输入的信号，对汽车发生侧倾的趋势进行预测。当判定汽车将要发生侧倾时，ECU 控制汽车外侧前后减振器，使其均处于较硬状态。

2) 制动时的阻尼控制

为减轻汽车在制动时发生点头现象，ECU 根据制动灯开关和道路传感器输入的信号，对汽车点头的趋势进行预测。当判定汽车将要发生点头时，ECU 将使前后减振器均转入较硬状态。

3) 加速或减速时的阻尼控制

为减轻汽车在加速或减速时发生俯仰运动，ECU 根据车速传感器和加速度传感器输入的信号，对汽车发生俯仰的趋势进行预测。当判定汽车将会出现俯仰运动时，ECU 将使前后减振器均转入适中状态。

4) 高速行驶时的阻尼控制

为改善汽车高速行驶时的稳定性，ECU 根据车速传感器输入的信号，对汽车的速度区间进行判定。当判定汽车处于高速行驶状态时，ECU 将使前减振器转入适中状态，后减振器转入较软状态。

5) 车身跳动时的阻尼控制

为减轻车身跳动并改善车轮在不平整路面上的附着情况，ECU 根据车速传感器和道路传感器输入的信号，对车身跳动情况进行判定。当判定车身跳动时，ECU 将使前后减振器均转入适中状态。

6) 停车状态时的阻尼控制

为避免乘员上下车时引起车身摇动，ECU 根据车速传感器输入的信号，对汽车是否处于停车状态进行判定。当判定汽车处于停车状态时，ECU 将使前后减振器均转入较硬状态。

在汽车行驶过程中，ECU 除了根据各传感器输入的信号对汽车的运动状态进行判定，并对减振器进行相应控制外，还根据道路传感器输入的信号对道路条件进行判定。当道路传感器输入信号中的高频成分和低频成分都很小，或高频成分较大而低频成分较小时，将判定路面为平整路面；当道路传感器输入信号中的高频成分较小而低频成分较大时，将判定路面为起伏较大的平整路面；当道路传感器输入信号中的高频成分和低频成分都较大时，将判定路面为不平整路面。ECU 将根据路面条件对减振器的阻尼进行相应控制。

11.3 主动悬架系统

11.3.1 主动悬架系统的组成和基本结构

1. 主动悬架系统的组成

主动悬架系统分为以高压液体作为能量的油气悬架系统和以高压气体作为能量的空气悬架系统。

主动空气悬架系统的原理框图如图 11-4 所示，它由传感器、ECU、空气悬架和高度控制器等组成。主动空气悬架系统根据悬架位移(车身高度)、车速、转向和制动等信号，由 ECU 控制电磁式或步进电机执行器，改变悬架的特性，以适应各种复杂的行驶工况对悬架特性的不同要求。

主动悬架系统控制的参数可以是车身高度、弹簧刚度、减振器的阻尼力等。

2. 油气悬架系统的基本工作原理

液控油气悬架系统的基本工作原理如图 11-5 所示，它由一个压力控制阀、液控油缸和一个单作用油气弹簧构成。压力控制阀实际上由一个电控液压比例阀和一个机械式压力伺服滑阀组成，油气弹簧则由气体弹簧和相当于液力减振器的液压缸所组成。该系统工作时，对于低频干扰，可以通过 ECU 对控制阀的线圈加一电流以控制针阀开度，从而在控制阀的出口处产生一个与电流成比例的输出油压，由此来控制油气悬架内的油压，以控制车体的振动；对于中频范围内的干扰，主要由滑阀的机械反馈功能对油气悬架内的油压进行伺服控制，从而进行车体减振；而在高频范围，则利用油气悬架内的油气弹簧吸收振动能量而达到减振的目的。

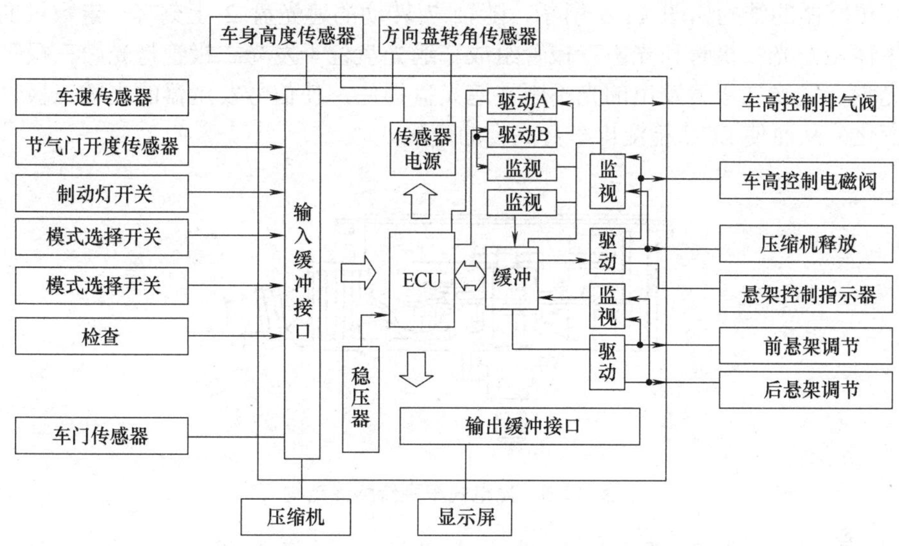

图 11-4　主动空气悬架系统的原理框图

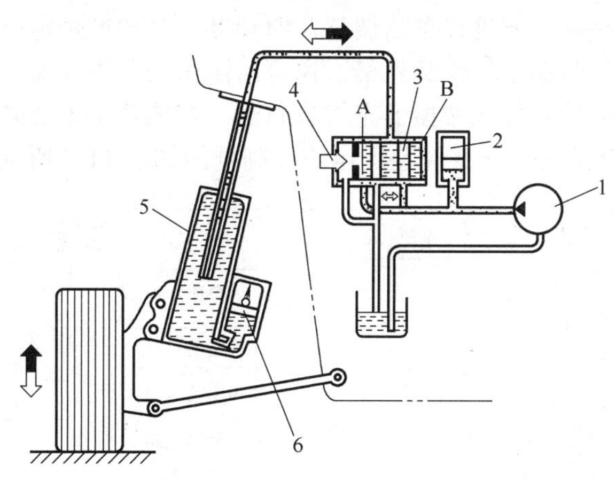

图 11-5　液控油气悬架系统的基本工作原理

1—液压泵；2—储能器；3—机械式压力伺服滑阀；4—电控液压比例阀；5—液控油缸；6—油气弹簧

液控油气悬架系统根据 ECU 的指令信号调节磁化线圈的电流大小，改变液压比例阀的位置，使悬架液控油缸获得与电流成比例的油压。通常在行驶状态，伺服滑阀两侧 A 室的系统油压与 B 室的反馈油压相互平衡，伺服滑阀处于主油路与液控油缸相通的位置，控制车体的振动。当路面凸起而使车辆发生跳动时，悬架液控油缸压力上升，伺服滑阀 B 室的反馈压力超过 A 室压力，推动滑腔向左侧移动，液控油缸与回油通道接通，排出油液，维持压力不变，从而使车轮振动被吸收而衰减。在悬架伸张行程，液控油缸内的压力下降，伺服阀 A 室的压力大于 B 室压力，滑阀右移，主油路与液控油缸接通，来自系统的压力油又进入液控油缸，以保持液控油缸内的压力不变。

3. 车高传感器

车高传感器的作用是将车身高度的变化转变为电信号并输入 ECU。丰田汽车采用的光电式车高传感器的结构如图 11-6 所示，随轴 7 转动的遮光盘 2 上刻有一定数量的窄缝信号，发生器由发光二极管和光敏三极管组成。遮光盘位于发光二极管与光敏三极管之间，转动遮光盘，发光二极管发出的光不断被遮光盘挡住，使信号发生器的光敏三极管输出电压发生变化，从而使 ECU 检测出车身高度的变化。

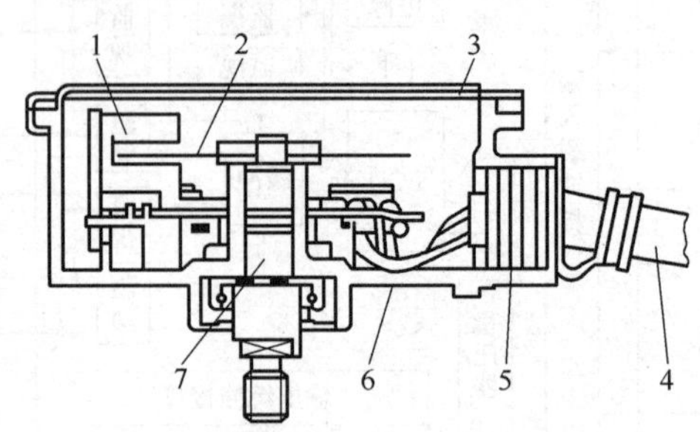

图 11-6　光电式车高传感器结构

1—信号发生器；2—遮光盘；3—导杆；4—电缆；5—金属油封环；6—壳体；7—轴

汽车行驶中，因车身有振动，ECU 可根据一定的时间间隔(10ms)来判定车高在某区间的百分比频度，决定是否需要进行车高调整，即频度一旦超过规定值，则开始进行调整。车高调整可用高压空气驱动空气弹簧悬架，也可用液压油泵驱动油气弹簧悬架。调整时若需将车身提高，可向弹性元件或减振器充气或充油；若需要将车身降低，则放气或放油。通过减振器充气或放气来进行车高调整的电路控制框图如图 11-7 所示。

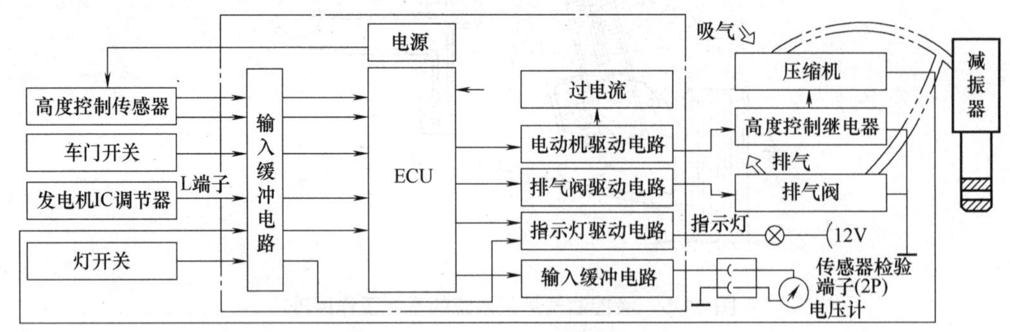

图 11-7　车高调整的电路控制框图

4. 光电式转角传感器

转角传感器装在转向轴管上，其作用是向 ECU 提供转向速率、转角大小及转动方向信息，由 ECU 确定需调节哪些车轮的悬架以及调节量。该传感器主要用于对汽车悬架系统的侧倾刚度进行调节。

光电式转角传感器的安装位置和结构如图 11-8(a)所示，其工作原理如图 11-8(b)所示。在转向轴的圆盘中间，装有带窄缝的遮光盘，遮光盘上等距离均匀排列着窄缝，遮光盘随转向轴转动时，两个信号发生器的输出随之进行通(ON)、断(OFF)变换。由发光二极管和光敏三极管组成的信号发生器以两个为一组，套装在遮光盘上。转角传感器的电路原理如图 11-8(c)所示。ECU 根据两信号发生器输出信号通、断变换的速率，即可检测出转向轴的转动速率；通过计算通、断变换的次数，即可检测出转向轴的转角。

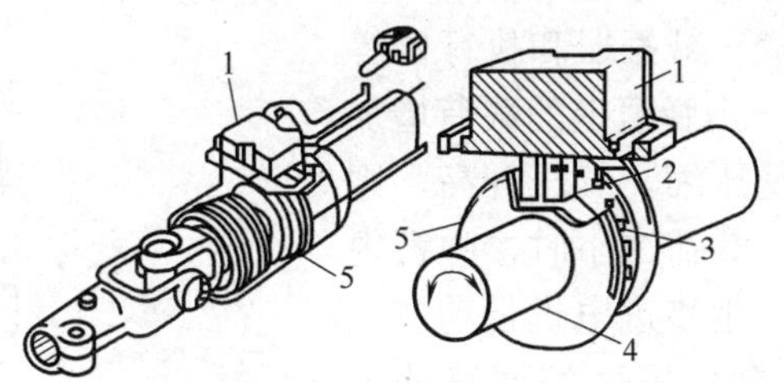

(a) 安装位置和结构

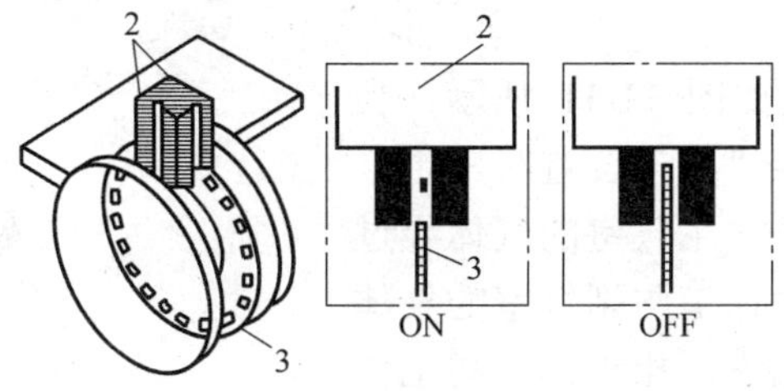

(b) 工作原理

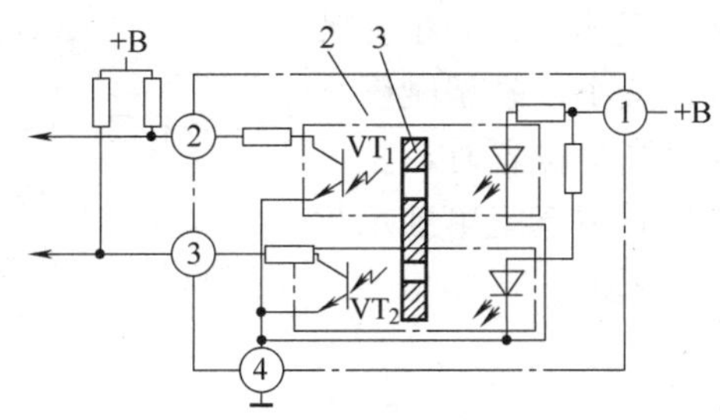

(c) 电路原理

图 11-8　光电式转角传感器

1—转角传感器；2—信号发生器；3—遮光盘；4—转向轴；5—传感器圆盘

为判断左右转向，可将两个信号发生器通、断变换的相位错开 90°，如图 11-9 所示。汽车直线行驶时，信号 A 处于通断状态的中间位置。转向时，根据信号 A 下降沿对应于信号 B 的状态，即可判断出转向的方向。信号 A 由断状态(高电平)变为通状态(低电平)时，如果信号 B 为通状态，则为左转向；如果信号 B 为断状态，则为右转向。

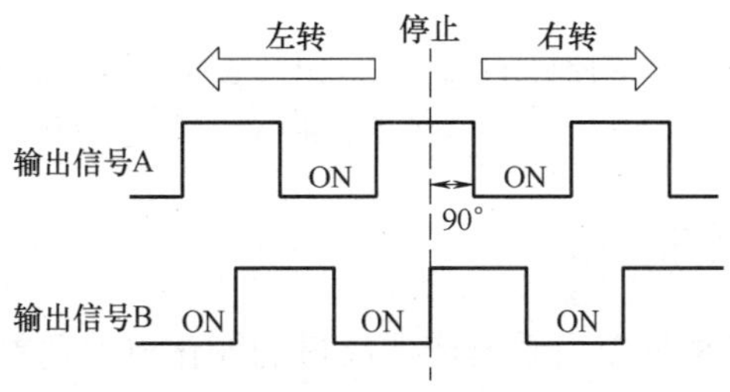

图 11-9　发生器信号输出端的动作状态

11.3.2 空气悬架刚度与阻尼的自动调节

空气悬架由空气弹簧、减振器和执行器等组成，如图 11-10 所示。当弹簧上的载荷增加时，容器内的定量气体受压缩，气压升高，则弹簧的刚度增大；反之，载荷减小时，弹簧内的气压下降，刚度减小。由步进电机带动空气控制阀，通过改变主、副气室之间通路的大小，即可使悬架的刚度在低、中、高三种状态下变化。

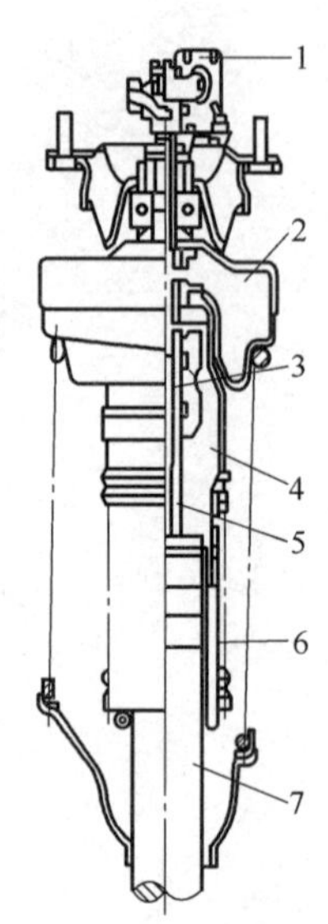

图 11-10 空气悬架的组成

1—执行器；2—副气室；3—减振器阻尼调节杆；4—主气；5—减振器活塞杆；6—滚动膜；7—减振器

悬架刚度的调节原理如图 11-11 所示，当空气阀芯的开口转到对准“低”位置时，主、副气室通路的大孔被打开。主气室的气体经过阀芯的中间孔、阀体侧面通道与副气室的气体相通，两气室间的流量加大，相当于参与工作的气体容积增加，悬架的刚度减弱。当阀芯开口转到对准“中”位置时，气体通路的小孔被打开，主、副气室间的流量变小，悬架刚度增加。当阀芯开口转到对准“高”位置时，主、副气室间的通路被切断，只有主气室单独承担缓冲任务，悬架刚度进一步增强。

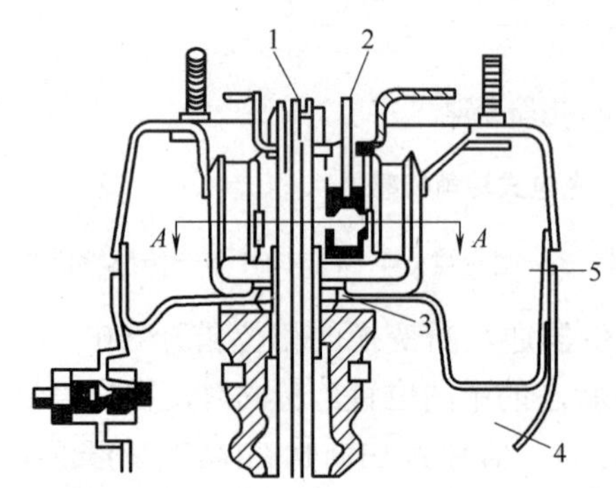

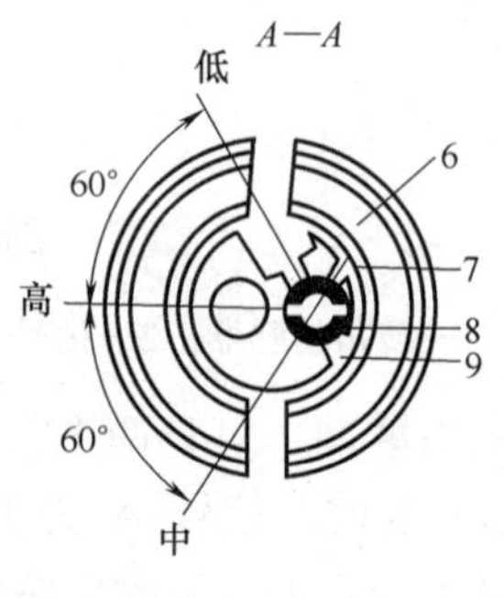

图 11-11 悬架刚度的调节原理

1—阻尼调节杆；2—气阀控制杆；3—主、副气室通路；4—主气室；5—副气室；6—气阀体；7—气体通路小孔；8—阀芯；9—气体通路大孔

11.3.3 车身高度控制

车身高度控制装置可根据车内乘员或载质量的变化自动调整悬架高度。车身高度控制的工作原理如图 11-12 所示，空气压缩机由直流电动机驱动工作，压缩空气经干燥器干燥

后进入储气罐，储气罐的气体压力由调节阀进行调节。

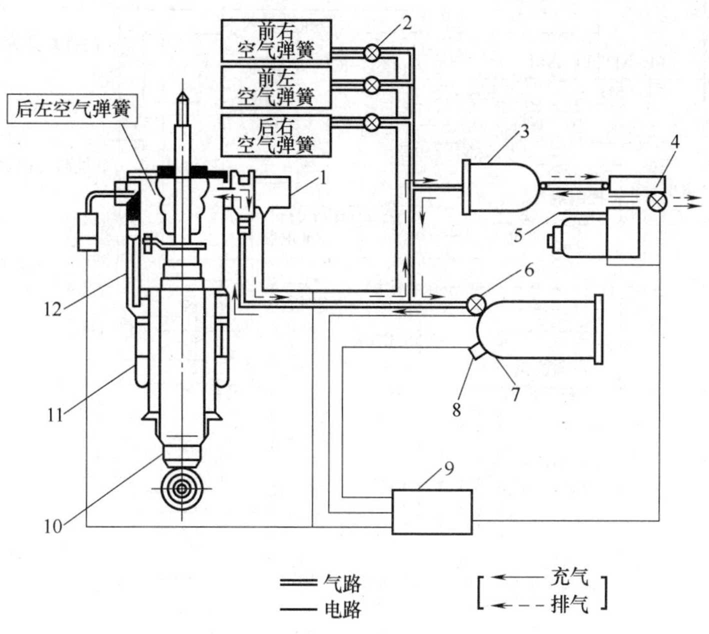

图 11-12　车身高度控制的工作原理

1、2—电磁阀；3—干燥器；4—排气阀；5—空气压缩机；6—进气阀；7—储气罐；
8—调压阀；9—控制单元；10—减振器；11—伸缩膜；12—高度传感器

ECU 根据车身高度传感器、车速传感器及其他传感器输入的信号和司机对车身高度的控制模式进行分析计算。当 ECU 确认车身需要升高时，ECU 控制电磁阀通电打开，压缩空气便进入四个空气弹簧的主气室，使主气室的充气量增加，悬架高度增加，使车身高度增加；当 ECU 确认车身高度符合要求时，ECU 控制电磁阀断电关闭，四个空气弹簧的主气室中的充气量不变，车身高度保持不变；当 ECU 确认车身需要下降时，ECU 控制空气压缩机停止工作，并使电磁阀、排气阀通电打开，四个空气弹簧主气室内的高压气体通过电磁阀、空气管路、干燥器、排气阀排出，使空气弹簧高度下降，直到确认车身高度符合要求时为止。

凌志 LS400 悬架电子控制系统的电路如图 11-13 所示。

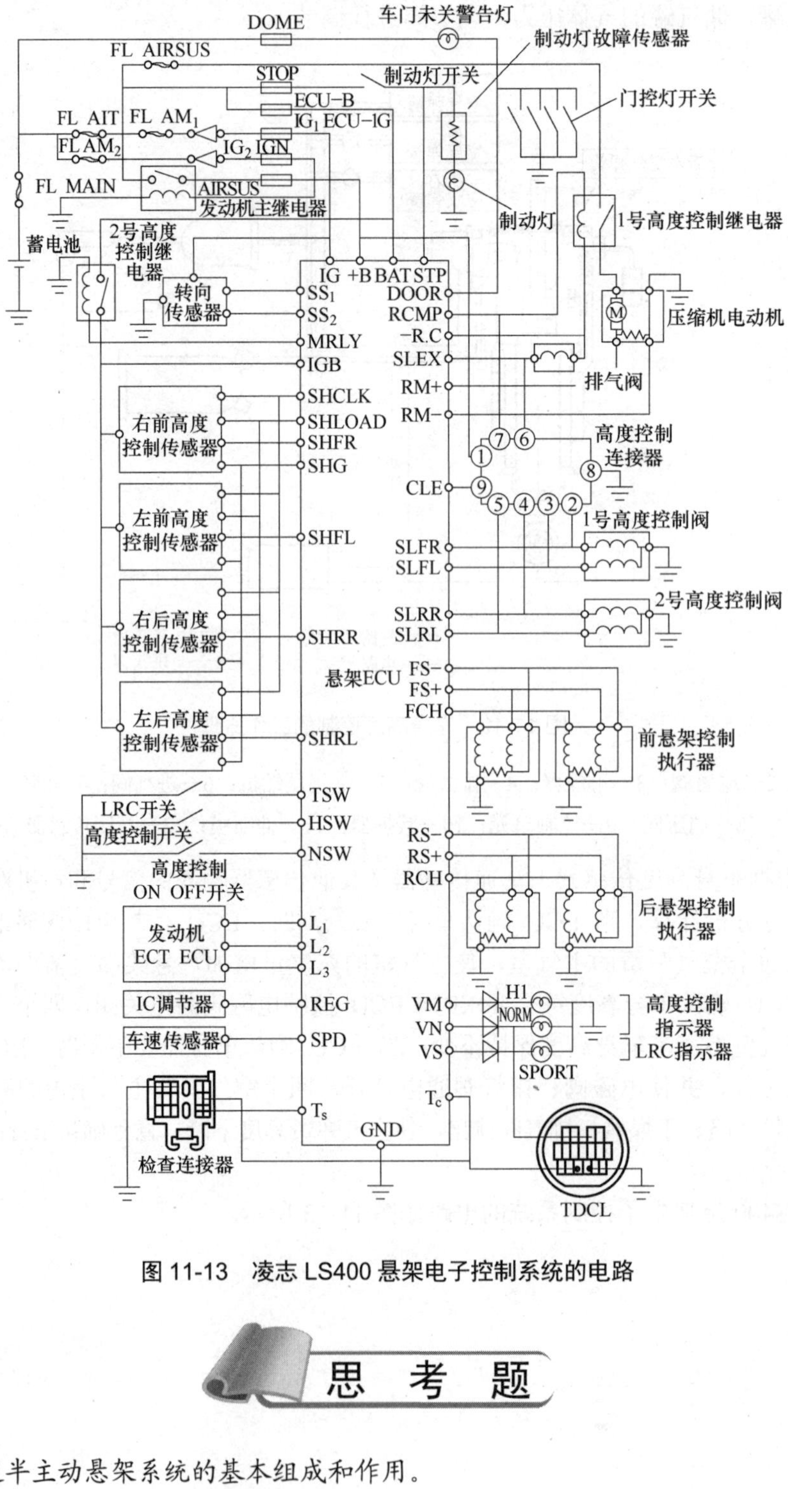

图 11-13　凌志 LS400 悬架电子控制系统的电路

1. 简述半主动悬架系统的基本组成和作用。
2. 简述阻尼控制执行器的工作原理。
3. 简述主动悬架系统的基本组成和作用。
4. 空气悬架系统的基本组成有哪些？简述空气悬架刚度与阻尼自动调节的工作原理。

第 12 章

汽车其他电子控制系统

【知识目标】

了解汽车电动助力转向系统的作用、组成及分类；掌握电子控制动力转向系统的结构及工作原理；掌握安全气囊装置的作用、组成及工作原理；了解汽车巡航控制系统的作用、组成及工作原理。

12.1　汽车电动助力转向系统

12.1.1　概述

1. 动力转向系统的作用

动力转向系统是在驾驶员的控制下，借助于汽车发动机产生的液体压力或电动机驱动力来实现车轮转向的，所以动力转向系统也称为转向动力放大装置。

动力转向系统由于具有使转向操纵灵活、轻便，在设计汽车时对转向器结构形式的选择灵活性增大，能吸收路面对前轮产生的冲击等优点，因此在中型载货汽车，尤其在重型载货汽车上得到了广泛使用。但是，传统的动力转向系统所设定的固定放大倍率不可能同时满足汽车在不同行驶工况下都有最佳助力作用的要求，因此使汽车的转向盘操纵总不能达到令人满意的程度。

2. 电子控制动力转向系统的作用

电子控制动力转向系统(Electronic Control Power Steering，EPS 或 ECPS)可根据车速、转向情况等对转向助力实施控制，使动力转向系统在不同的行驶条件下都有最佳的放大倍率：在低速时有较大的放大倍率，可以减轻转向操纵力，使转向轻便、灵活；在高速时则适当减小放大倍率，以稳定转向手感，提高高速行驶的操纵稳定性。

发动机前置及前轮驱动式轿车前轴负荷的增加使得转向轻便性也成为普遍关注的问题，由于电子控制动力转向系统不仅能很好地解决转向轻便与转向灵活的矛盾，还能提高行驶安全性和舒适性，因此，在轿车上使用电子控制动力转向系统已日渐增多。

12.1.2　电子控制动力转向系统的组成与分类

电子控制动力转向系统主要由机械转向机构、转向助力系统和电子控制系统三大部分组成。目前汽车上使用的电子控制动力转向系统有多种结构形式，按转向助力装置的动力源不同，可分为液压式电子控制动力转向系统和电动式电子控制动力转向系统两大类。

1. 液压式电子控制动力转向系统

液压式 EPS 是在传统的液压动力转向系统的基础上增设了控制液体流量的电磁阀、车速传感器和 ECU 等，ECU 根据检测到的车速信号控制电磁阀，使转向动力放大倍率实现连续可调，从而满足高、低速时的转向助力要求。液压式 EPS 根据其控制方式的不同，又可分为流量控制式、反作用力控制式和阀灵敏度控制式三种形式。

2. 电动式电子控制动力转向系统

电动式 EPS 利用直流电动机作为动力源，ECU 根据转向参数和车速等信号，控制电动机转矩的大小和转动方向。电动机的转矩由电磁离合器通过减速机构减速增矩后，加在汽车的转向机构上，使之得到一个与工况相适应的转向作用力。

电动式 EPS 按照其转向助力机构结构与位置的不同，又可分为转向轴助力式、转向器

小齿轮助力式和齿条助力式三种形式。

(1) 转向轴助力式。如图 12-1 所示，转向助力机构安装在转向轴上，电动机的动力经离合器、电动机齿轮传给转向轴的齿轮，然后经万向节及中间轴传给转向器。

(2) 转向器小齿轮助力式。如图 12-2 所示，转向助力机构安装在转向器小齿轮处。与转向轴助力式相比，这种形式可以提供较大的转向力，适用于中型车。这种助力形式的助力控制特性比较复杂。

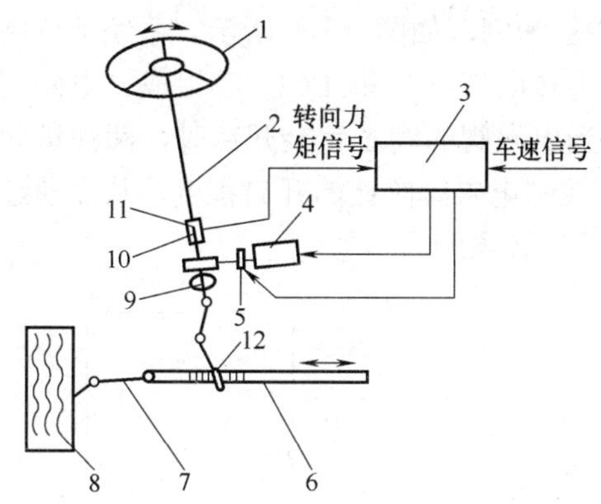

图 12-1　电动式 EPS

1—转向盘；2—转向轴；3—EPS ECU；4—电动机；5—电磁离合器；6—转向齿条；7—横拉杆；8—转向轮；9—输出轴；10—扭力杆；11—转矩传感器；12—转向齿轮

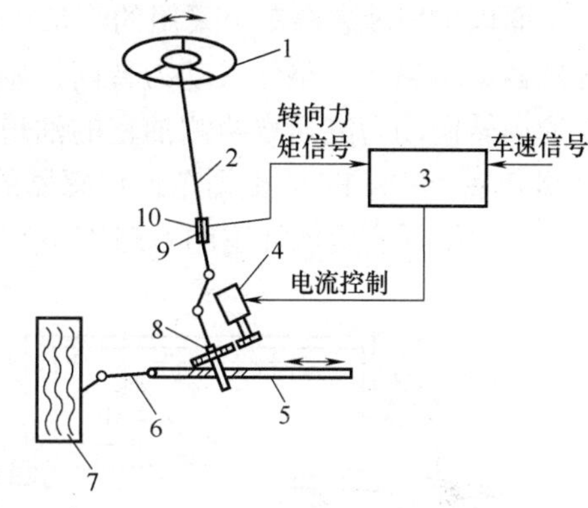

图 12-2　小齿轮助力式转向系统

1—转向盘；2—转向轴；3—EPS ECU；4—电动机；5—齿条；6—拉杆；7—车轮；8—小齿轮；9—扭力杆；10—转向力矩传感器

(3) 齿条助力式。如图 12-3 所示，转向助力机构安装在转向齿条处，电动机通过减速传动机构直接驱动转向齿条。与转向器小齿轮助力式相比，这种形式可以提供更大的转向力，适用于大型车。这种助力形式对原有的转向传动机构有较大改变。

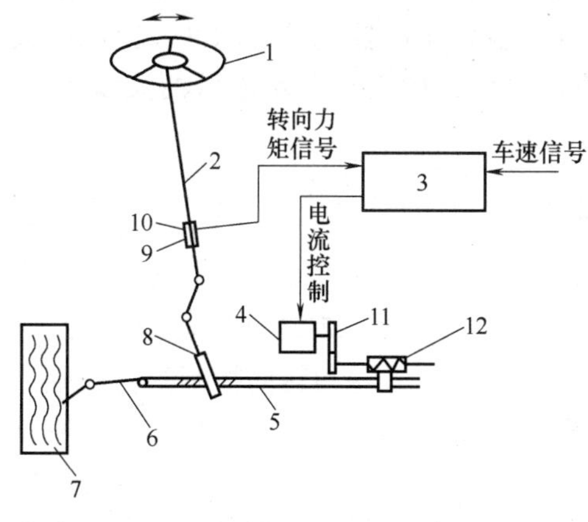

图 12-3　齿条助力式转向系统

1—转向盘；2—转向轴；3—EPS ECU；4—电动机；5—齿条；6—拉杆；7—车轮；8—小齿轮；9—扭力杆；10—转向力矩传感器；11—斜齿轮；12—螺杆螺母

12.2 电子控制动力转向系统的结构与工作原理

12.2.1 液压式电子控制动力转向系统的原理

1. 流量控制式 EPS

下面以丰田凌志汽车上采用的流量控制式 EPS 为例，如图 12-4 所示。系统主要由车速传感器、电磁阀、整体式动力转向控制阀、动力转向液压泵和 ECU 等组成。电磁阀安装在通向转向动力缸活塞两侧油室的油道之间，当电磁阀的阀芯完全开启时，两油道就被电磁阀旁路。EPS ECU 根据车速传感器的信号，控制电磁阀阀针的开启程度，从而通过控制转向动力缸活塞两侧油室的旁路液压油流量来改变转向助力。

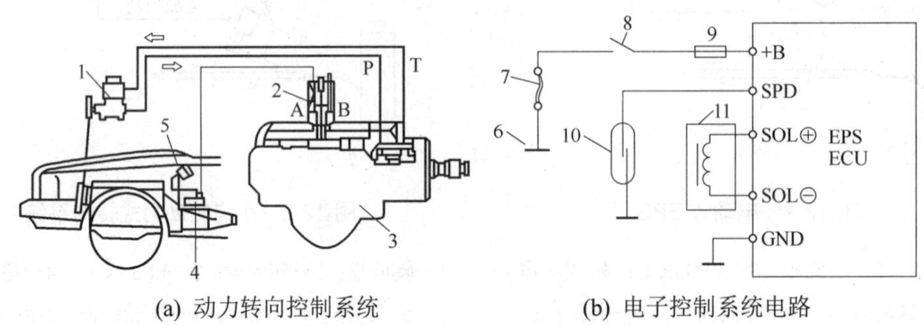

(a) 动力转向控制系统　　(b) 电子控制系统电路

图 12-4　流量控制式 EPS

1—动力转向液压泵；2、11—电磁阀；3—动力转向控制阀；4—ESP ECU；5、10—车速传感器；6—蓄电池；7—易熔线；8—点火开关；9—熔丝(ECU IG)

当车速很低时，控制器输出的控制信号脉冲占空比很小，通过电磁阀线圈的平均电流很小，电磁阀阀芯的开启程度也很小，旁路液压油流量小，液压助力作用大，使转向盘操纵轻便。当车速提高时，控制器输出的控制信号脉冲占空比增大，通过电磁阀线圈的平均电流增大，电磁阀阀芯的开启程度增大，旁路液压油流量增大，从而使液压助力作用减小，以增加转向盘的路感。

2. 反作用力控制式 EPS

反作用力控制式 EPS 主要由转向控制阀、分流阀、电磁阀、转向动力缸、转向液压泵、储油箱、车速传感器及 ECU 等组成，其工作原理如图 12-5 所示。

转向控制阀是在传统的整体转阀式动力转向控制阀的基础上增设了油压反作用力室而构成。扭力杆的上端通过销子与转阀阀杆相连，下端与小齿轮轴用销子连接。小齿轮轴的上端部通过销子与控制阀阀体相连。转向时，转向盘上的转向力通过扭力杆传递给小齿轮轴。当转向力增大，扭力杆发生扭转变形时，控制阀体和转阀阀杆之间将发生相对转动，于是就改变了阀体和阀杆之间油道的通、断关系和工作油液的流动方向，从而实现了转向助力作用。

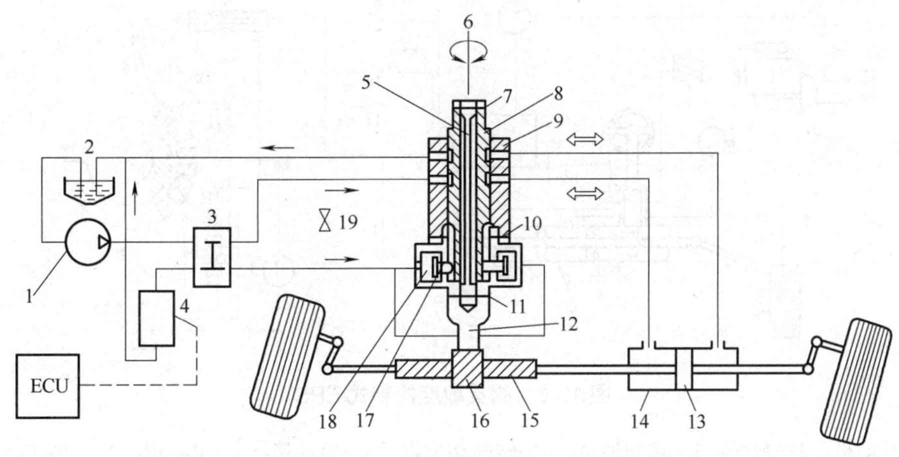

图 12-5　反力控制式动力转向系统

1—液压泵；2—储油箱；3—分流阀；4—电磁阀；5—扭力杆；6—转向盘；7、10、11—销子；
8—转阀阀杆；9—控制阀阀体；12—小齿轮轴；13—活塞；14—转向动力缸；15—齿条；
16—小齿轮；17—柱塞；18—油压反作用力室；19—小孔

分流阀的作用是将来自转向液压泵的油液向控制阀一侧和电磁阀一侧分流，按照车速和转向要求，改变控制阀一侧与电磁阀一侧的油压，确保电磁阀一侧具有稳定的油液流量。固定小孔的作用是把供给转向控制阀的一部分流量分配到油压反作用力室一侧。电磁阀根据需要开启适当的开度，使油压反作用力室一侧的油液流回储油箱。工作时，EPS ECU 根据车速的高低线性控制电磁阀的开口面积。

当车辆停驶或速度较低时，ECU 使电磁阀线圈的通电电流增大，电磁阀开口面积增大，经分流阀分流的油液通过电磁阀重新回流到储油箱中，使作用于柱塞的背压(油压反作用力室压力)降低。于是柱塞推动控制阀转阀阀杆的力(反作用力)较小，因此只需要较小的转向力就可使扭力杆扭转变形，使阀体与阀杆发生相对转动而实现转向助力作用。

当车辆在中高速区域转向时，ECU 使电磁阀线圈的通电电流减小，电磁阀开口面积减小，所以油压反作用力室的油压升高，作用于柱塞的背压增大，于是柱塞推动转阀阀杆的力增大，此时需要较大的转向力才能使阀体与阀杆之间作相对转动而实现转向助力作用，使得在中高速时驾驶员可获得良好的转向手感和转向特性。

3．阀灵敏度控制式 EPS

阀灵敏度控制式 EPS 是根据车速控制电磁阀，通过直接改变动力转向控制阀的油压增益(阀灵敏度)来控制油压的系统。这种转向系统结构简单、部件少、价格便宜，而且具有较大的选择转向力的自由度，可以获得自然的转向手感和良好的转向特性。阀灵敏度控制式 EPS 一例如图 12-6 所示。

转子阀的可变小孔分为低速专用小孔(1R、1L、2R、2L)和高速专用小孔(3R、3L)两种，在高速专用可变孔的下边设有旁通电磁阀回路。该系统的阀部等效液压回路如图 12-7 所示。

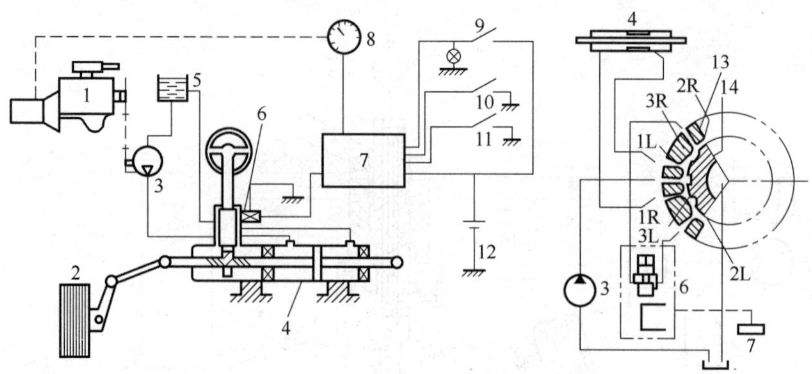

图 12-6　阀灵敏度控制式 EPS

1—发动机；2—前轮；3—转向油泵；4—转向动力缸；5—储油箱；6—电磁阀；7—EPS ECU；8—转速传感器；9—车灯开关；10、11—空挡开关；12—蓄电池；13—外体；14—内体

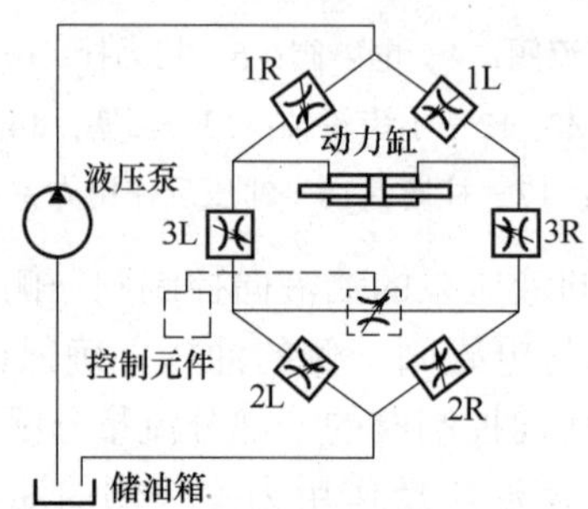

图 12-7　转向控制阀的等效液压回路

当车辆停止时，电磁阀完全关闭，如果此时向右转动转向盘，则高灵敏度低速专用小孔 1R 及 2R 在较小的转向力矩作用下即可关闭，转向油泵的高压油液经 1L 流向转向动力缸右腔室，其左腔室的油液经 3L、2L 流回储油箱。所以此时具有轻便的转向特性。而且施加在转向盘上的转向力矩越大，可变小孔 1L、2L 的开口面积越大，节流作用越小，获得的转向助力也越大。

随着车辆行驶速度的提高，EPS ECU 输出的控制信号使电磁阀的开度线性增加。如果向右转动转向盘，则转向油泵的高压油液经 1L、3R 旁通电磁阀流回储油箱。此时，转向动力缸右腔室的转向助力油压就取决于旁通电磁阀和灵敏度低的高速专用可变孔 3R 的开度。车速高时，电磁阀的开度大，旁路流量大，转向助力作用小；在车速不变的情况下，施加在转向盘上的转向力越小，高速专用小孔 3R 的开度越大，转向助力作用也越小，当转向力增大时，3R 的开度逐渐减小，获得的转向助力也随之增大。

12.2.2　电动式电子控制动力转向系统的原理

1. 电动式 EPS 的组成与原理

电动式 EPS 在机械转向机构的基础上，增加了电动式助力机构及转向助力控制系统。电动式 EPS 一例如图 12-1 所示。电动式 EPS 利用电动机作为助力源，EPS ECU 根据车速、转向力及转向角等参数，计算得到最佳的转向助力转矩，并向转向助力机构输出控制

信号，实现最佳的转向助力控制。

当操纵转向盘时，装在转向盘轴上的转向力矩传感器不断地测出转向轴上的转向力矩信号，该信号与车速信号同时输入到 ECU。ECU 根据这些输入信号，确定助力转矩的大小和方向，即选定电动机的电流大小和方向，调整转向辅助动力的大小。电动机的转矩由电磁离合器通过减速机构减速增矩后，加在汽车的转向机构上，使之得到一个与汽车工况相适应的转向作用力。

2．电动式 EPS 的特点

(1) 能耗低：电动式 EPS 只在汽车转向时才工作，消耗的能量较少，与液压式 EPS 相比，在各种行驶工况下均可节能 80%～90%。

(2) 轻量化显著：电动式 EPS 无液压式 EPS 必须具有的液压缸、油泵、转阀、液压管道等部件，因此其结构紧凑、质量减轻、无油渗漏问题、系统易于布置。

(3) 优化助力控制特性：液压助力的增减有一定的滞后性，反应敏感性较差，随动性不够，电动式 EPS 由于采用电子控制，可以使转向系统的转向性能得到优化，增强随动性。

(4) 系统安全可靠：当电动式 EPS 出现故障时，可立即切断电动机与助力齿轮机构的动力传送，迅速转入人工—机械转向状态。

12.2.3　电子控制动力转向系统的部件结构

1．转向力矩传感器

转向力矩传感器用于测定转向盘与转向器之间的转向力矩，其原理如图 12-8 所示。

在输出轴的极靴上分别绕有 A、B、C、D 四个线圈，连接成一个桥式回路。在线圈的 U、T 两端输入持续的脉冲电压 U_i，当转向杆上的转矩为 0 时，定子与转子的相对转角为 0，这时转子的纵向对称面处于图示定子 AC、BD 的对称平面上，每个极靴上的磁通量均相等，因而由线圈组成的电桥处于平衡状态，在 V、W 两端的电位差 U_o 为 0。转向时，由于扭力杆与输出轴极靴之间发生相对的扭转变形，定子与转子之间产生角位移 θ。这时，极靴 A、D 间的磁阻增大，B、C 间的磁阻减小，各极靴的磁通量产生了差别，使电桥失去平衡。于是，在 V、W 之间就出现电位差 U_o。这个电位差与扭力杆的扭转角和输入电压 U_i 成正比($U_o=k\theta U_i$，k 为比例系数)。由于扭转角与作用于扭力杆上的转向力矩成比例(见图 12-9)，因此，由 U_o 就可获得转向盘的转向力矩。

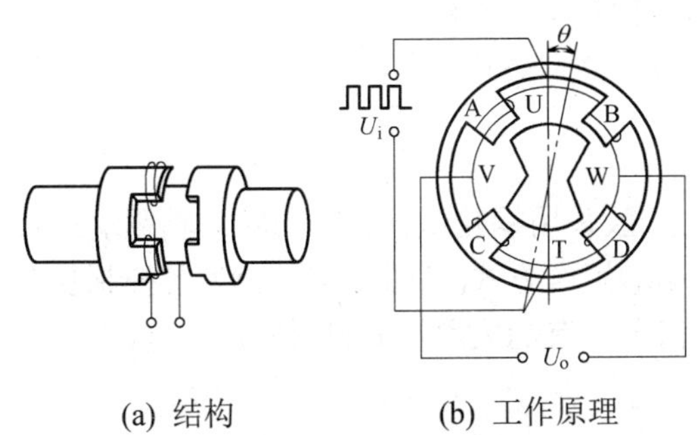

(a) 结构　　(b) 工作原理

图 12-8　转向力矩传感器

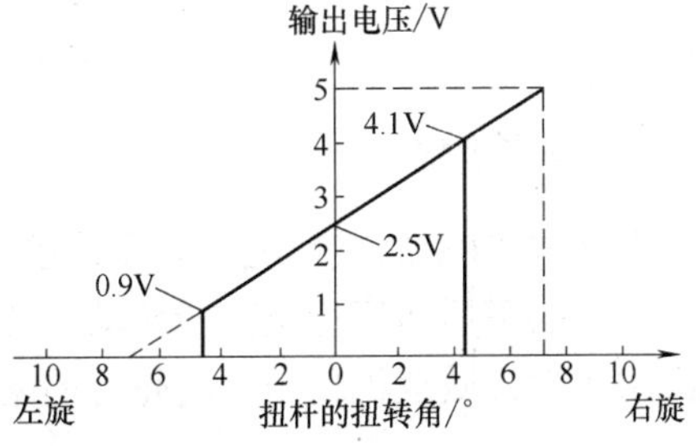

图 12-9　扭矩传感器的输出特性

2．直流电动机

直流电动机的原理与起动机电动机基本相同，通常采用永磁式电动机。电动机的输出转矩控制是通过控制其输入电流来实现，而电动机的正转和反转则是由 ECU 输出的正反转触发脉冲控制。图 12-10 所示为一种比较简单实用的控制电路。

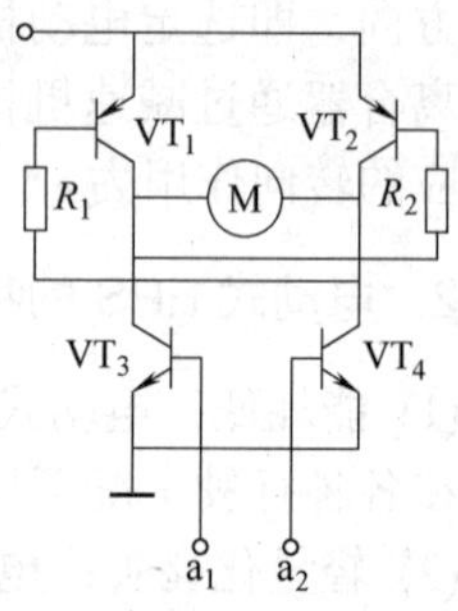

图 12-10　电动机正反转控制电路

a_1、a_2 为电动机正反转信号触发端，当 a_1 端有触发信号输入时，VT_3 导通，VT_2 得到基极电流也导通，电流经 VT_2、电动机 M、VT_3 到搭铁，电动机正转。当 a_2 端有触发信号输入时，VT_4 导通，VT_1 得到基极电流也导通，电流经 VT_1、电动机 M、VT_4 到搭铁，电动机反转。电动机的电流大小可由触发信号电流的大小控制。

3．电磁离合器

EPS 通常采用干式单片式电磁离合器，其原理如图 12-11 所示。装在电动机输出轴上的主动轮内装有电磁线圈，通过滑环引入电流。当离合器通电时，电磁线圈产生的电磁力使压板与主动轮端面压紧。于是，电动机的动力经主动轮、压板、花键、从动轴传递给减速机构。

电动式 EPS 一般都设定一个工作范围。如当车速达到 45km/h 时，就不需要辅助动力转向，这时电动机就停止工作。为了不使电动机和电磁离合器的惯性影响转向系统的工作，离合器应及时分离，以切断辅助动力。

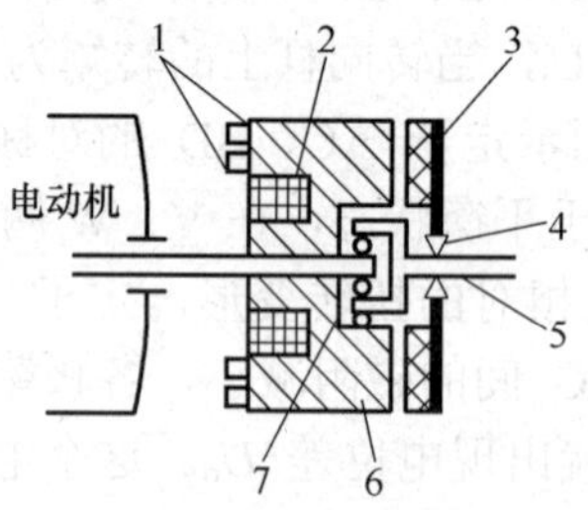

图 12-11　电磁离合器原理

1—滑环；2—线圈；3—压板；4—花键；
5—从动轴；6—主动轴；7—球轴承

4．减速机构

电动式 EPS 的减速机构有多种组合方式，一般采用蜗轮蜗杆传动与转向轴驱动组合方式，也有的采用两级行星齿轮传动与传动齿轮驱动组合方式(见图 12-12)。为了抑制噪声和提高耐久性，减速机构中的齿轮有的采用特殊齿形，有的采用树脂材料制成。

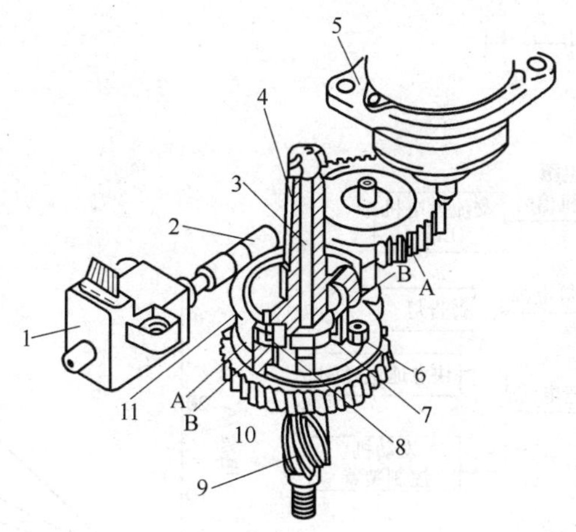

图 12-12　两级行星齿轮减速机构

1—转向力矩传感器；2—转轴；3—扭力杆；4—输入轴；5—电动机与离合器；6—行星小齿轮 A；7—太阳轮；8—行星小齿轮 B；9—驱动小齿轮；10—齿圈；11—齿圈 A

12.2.4　电动式电子控制动力转向系统实例

1. EPS 控制系统的基本组成

三菱微型汽车上使用的电动式 EPS 的电子控制系统组成如图 12-13 所示。该系统在其设定车速以上时，变为常规转向机构(不起助力作用)；当系统发生故障时，系统将切断电动机电流，变为常规转向系统，同时速度表内的 EPS 警告灯亮起，以提醒司机。交流发电机 L 端子的电压信号输送给 EPS ECU，用于判断发动机是否开始转动。直流电机最大的通过电流为 30A，在发动机不工作时，EPS 的工作由蓄电池供电，怠速时由发电机供电。因此，EPS 工作时，EPS ECU 必须控制发动机处于高怠速工作状态。电磁式车速传感器安装在变速器上，提供主、副两个车速信号，提高了信号的可靠性。滑动可变电阻式转向力矩传感器也提供主、副两个信号。

2. EPS 控制系统的工作原理

(1) 点火开关接通时，EPS ECU 即与蓄电池接通，EPS 开始工作。

(2) 在发动机起动后，交流发电机 L 端子的电压输送给 EPS ECU，感知发动机在运转，电动转向控制装置转为工作状态。

(3) 汽车在行驶过程中，EPS ECU 根据车速和转向力矩传感器信号，经过对比运算后，向电动机和电磁离合器发出控制指令(电信号)，使电动机通过相应的电流而转动，电动机由输出轴经减速机构驱动小齿轮，使小齿轮产生转向助力。电动机电流的大小分为 6 种情况，如图 12-14 所示。

当车速在 30km/h 以上时，电控装置将切断离合器和电动机电流，使离合器分离、电动机停止工作，电动转向系统变为常规转向工作模式；当车速在 27km/h 以下时，EPS 控制装置使离合器通电接合、电动机电流接通，变为电动助力转向工作模式。

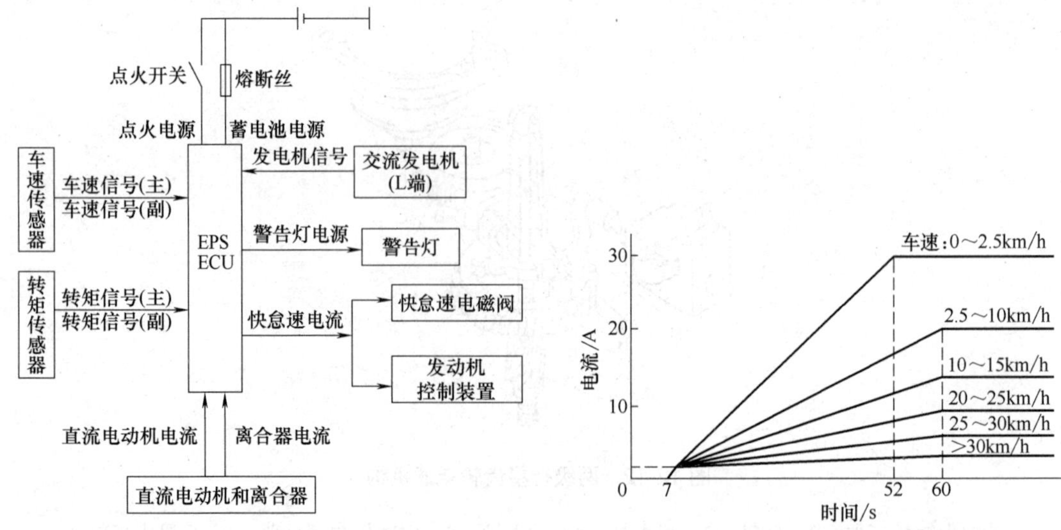

图 12-13　三菱微型汽车电动式 EPS 电子控制系统　　　　图 12-14　电动机电流的控制

12.3　安全气囊装置

12.3.1　安全气囊系统的作用和基本类型

1. 安全气囊系统的作用

安全气囊系统又称 SRS 或 SIR。SRS 是辅助约束系统(Supplement Restrain System)的英文缩写，SIR 是气体发生器式辅助约束系统(Supplement Inflatable Restrain System)的英文缩写。安全带和安全气囊系统是汽车重要的被动约束系统。

当车辆在较高车速范围内(19～32km/h)发生意外碰撞时，若冲击力超过规定限度(1.8～3*g*，*g* 为重力加速度)，位于方向盘内的驾驶员气囊和乘客前侧的乘客气囊引爆张开，缓冲驾驶员和前乘员的碰撞冲击，保护驾驶员和前乘员的安全。

博世公司在奥迪汽车上的实验研究表明：车速为 50km/h 时与正面障壁相撞，其引爆时序如下。

(1) 车辆碰撞 10ms 后，安全气囊引爆器引爆，使充气剂叠氮化钠分解，产生大量的氮气。驾驶员仍保持在座椅上不动。

(2) 20ms 后驾驶员开始移动，但还没有到达气囊。

(3) 40ms 后气囊已经完全张开，驾驶员逐渐向前移动，安全带拉紧，人体的部分冲击能量被安全带吸收。

(4) 60ms 后驾驶员已经开始沉向气囊。

(5) 80ms 后驾驶员的头部和身体上部沉向气囊。气囊的排气口打开，其中的气体在高压下匀速地逸出，以吸收人体与气囊的碰撞能量。

(6) 110ms 后车速已降为 0。

(7) 120ms 后驾驶员向前移动至最大距离，随后身体开始后移，回向座位。大部分气体已从气囊中逸出，前方视野重新恢复清晰。

2．安全气囊系统的基本类型

1) 单安全气囊系统和双安全气囊系统

按照系统中气囊的数量分类，可将安全气囊系统分为单安全气囊系统和双安全气囊系统。单安全气囊系统只在驾驶员方向盘上安装一个安全气囊，双安全气囊系统在驾驶员方向盘和前乘员前仪表台上各安装一个安全气囊。在少数高级轿车上还安装后排乘员安全气囊，组成多安全气囊系统。

2) 正面碰撞安全气囊系统和侧面碰撞安全气囊系统

按照系统的保护作用分类，可将安全气囊系统分为正面碰撞安全气囊系统和侧面碰撞安全气囊系统。正面碰撞安全气囊系统是在车辆发生正面碰撞时(通常为汽车前方 60° 范围内)起安全保护作用，侧面碰撞安全气囊系统是在车辆发生侧面碰撞时起安全保护作用。

3) 机械控制式安全气囊系统和电子控制式安全气囊系统

按照气囊引爆的控制方式分类，可将安全气囊系统分为机械控制式安全气囊系统和电子控制式安全气囊系统两类。机械控制式安全气囊系统采用机械方式检测和引爆气囊，目前已很少使用；电子控制式安全气囊系统采用碰撞传感器和 ECU 检测和控制安全气囊的引爆，是目前广泛采用的控制方式。

4) 智能型安全气囊系统和非智能型安全气囊系统

智能型安全气囊系统将安全气囊系统与安全带相结合，根据座椅上是否有乘员和是否系好安全带来控制安全气囊系统的引爆时机和安全带收紧器；非智能型安全气囊系统中，安全气囊系统和安全带的保护作用相互独立。

12.3.2 安全气囊系统的组成和工作原理

1．安全气囊系统的组成

双安全气囊系统的组成如图 12-15 所示，主要由碰撞传感器(或称碰撞识别传感器)、SRS ECU、安全气囊组件及 SRS(或 AIR BAG)警告灯等组成。根据碰撞传感器数量和安装位置分为单点式和多点式布置方式。单点式碰撞传感器安装在 ECU 内部，具有通用性好、成本低和安装方便等优点。多点式碰撞传感器是将 2～4 个碰撞传感器安装在汽车前部。

2．碰撞传感器

碰撞传感器的作用是检测碰撞强度并向 ECU 输入检测信号。安全气囊系统的碰撞传感器可分为机电式碰撞传感器和电子式碰撞传感器两类。

1) 机电式碰撞传感器

机电式碰撞传感器一般布置在 ECU 外部，其结构与工作原理如图 12-16 所示。在汽车未发生碰撞时，钢球被永久磁铁吸附在滚道的后端，当汽车发生碰撞且碰撞强度达到设定值(1.8～3*g*)时，钢球在惯性力的作用下克服磁力沿轨道向前滑动并使位于轨道前端的片簧电触点开关闭合，从而向 ECU 输入碰撞信号。

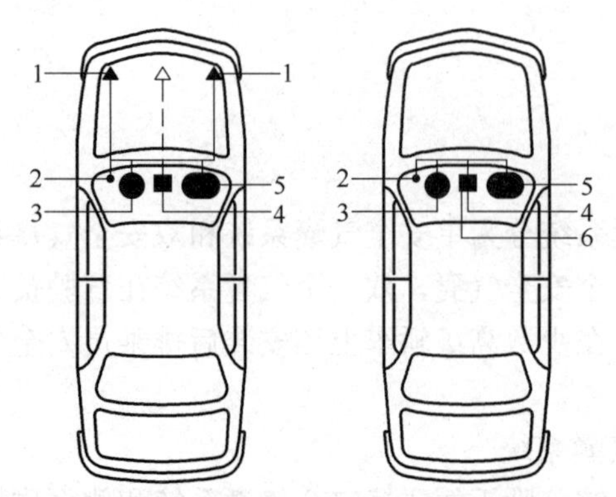

图 12-15 双安全气囊系统的组成

1—机电式传感器；2—警告灯；3—驾驶员气囊；
4—ECU；5—乘员气囊；6—电子式传感器

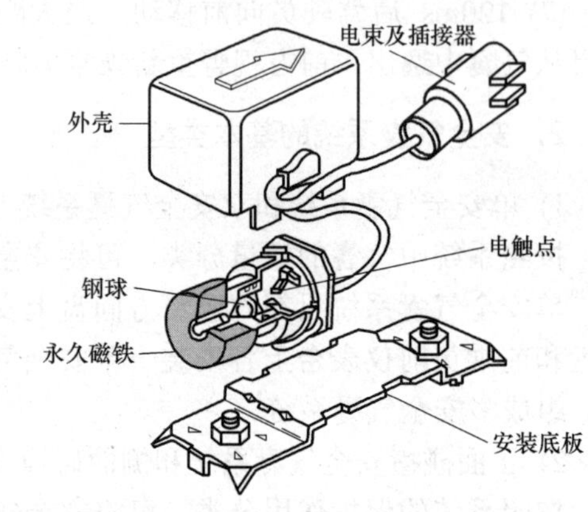

图 12-16 机电式碰撞传感器的结构与工作原理

2) 电子式碰撞传感器

电子式碰撞传感器一般布置在 ECU 内，有压电式加速度传感器和电阻式加速度传感器和智能传感器等形式。压电式加速度传感器如图 12-17 所示。当汽车发生碰撞时，质量块产生的惯性力作用在压电晶体上，在压电晶体上产生电荷并转变为电压信号，根据电压信号，ECU 即可确定碰撞的加速度。

智能传感器是将传感元件、信号适配器和滤波器等集成在一块芯片上，主要有电阻式和电容式两种。电阻式智能加速度传感器的结构如图 12-18 所示，在硅片窗口内装有嵌入式应变片，汽车碰撞时，悬臂梁在惯性力的作用下发生弯曲，使应变片电阻发生变化。应变片电阻的变化经过集成电路处理后输出，即可获得加速度信号。电容式智能加速度传感器则是在硅片中集成一个可变电容器，当传感器受到冲击时，电容器的电容发变化，经过集成电路处理后输出，获得加速度信号。

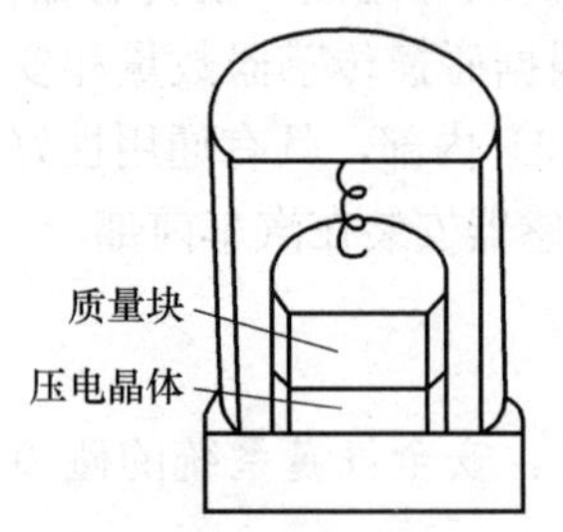

图 12-17 压电式加速度传感器

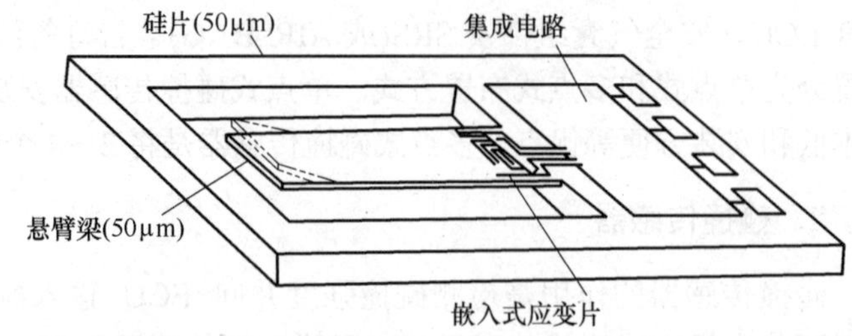

图 12-18 电阻式智能加速度传感器的结构

3．安全气囊组件

安全气囊组件主要由气体发生器、气囊、装饰盖底板等组成。

1) 气体发生器

气体发生器的作用是快速向气囊充入气体，使气囊膨胀打开。电子控制安全气囊采用烟火式气体发生器，按气体发生剂的类型可分为叠氮化钠、非叠氮化钠固态燃料和液态燃料等几种。叠氮化钠(NaN_3)气体发生器的结构如图 12-19 所示，气体发生剂封装在金属壳体中，中间装有点火器，外周装有助燃剂和叠氮化钠。叠氮化钠(NaN_3)和三氧化二铁(Fe_2O_3)制成片状合剂。当点火器接收到 ECU 引爆信号时，点火器引爆，助燃剂迅速燃烧放热，使叠氮化钠与三氧化二铁在高温高压下发生急剧的化学反应，产生大量氮气，反应方程式为

$$6NaN_3+Fe_2O_3=3Na_2O+2Fe+9N_2$$

氮气经过用金属网与陶瓷纤维组成的过滤层，滤去其中的渣粒并经冷却后充入折叠的气囊中，使气囊冲开装饰盖而迅速膨胀开，对人体移动产生缓冲作用，防止或减轻驾驶员和乘员受到损伤。

在点火器的电路连接器中设有短接条，当连接器脱开或未完全接合时，短接条将点火器的引线短接，防止因静电、感应电或误通电导致气囊打开。

2) 驾驶员气囊组件与螺旋电缆

驾驶员气囊组件的结构如图 12-20 所示，主要由气体发生器、气囊和装饰盖等组成。驾驶员气囊组件安装在方向盘转向轴底板上，随方向盘一起转动，点火器导线通过螺旋电缆与 SRS ECU 始终保持接触，气体发生器引爆后，气体向气囊充气，并冲开装饰盖使气囊张开。驾驶员气囊张开的容积通常为 50～60L。气囊由尼龙制成，内表面涂有树脂阻燃层，气囊张开后，通过背面开设的排气圆孔缓冲充气速度和排气。安全气囊组件只能作为一个整体部件更换，不能分解和维修。

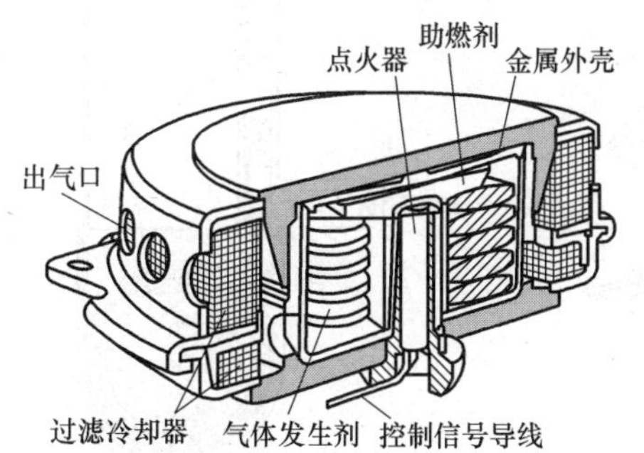

图 12-19　叠氮化钠气体发生器的结构

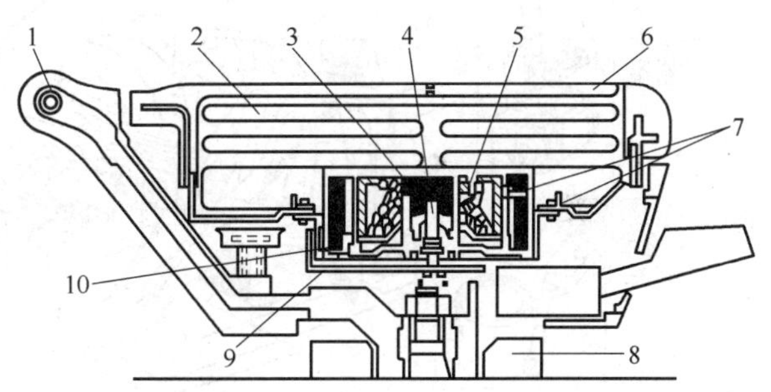

图 12-20　驾驶员气囊组件的结构

1—方向盘；2—气囊；3—助燃剂；4—点火器；
5—气体发生剂；6—饰盖；7—隔板和过滤器；
8—螺旋电缆；9—底盖；10—充气元件

螺旋电缆的作用是动态连接驾驶员气囊点火器与 ECU 控制端导线。螺旋电缆的结构如图 12-21 所示，由转子、电缆线、凸轮和壳体等组成。转子与凸轮之间有连接凸缘和槽，转动方向盘时，两者互相触动，形成一个整体一起旋转。电缆线呈螺旋状缠绕在壳体内，当正反方向转动方向盘时，转子与电缆线保持接触而不会产生导线拖动。

3) 前乘员气囊组件

前乘员安全气囊组件位于仪表板右侧手套箱的上方，其结构和工作原理与驾驶员侧气囊组件相似，其结构如图 12-22 所示。气囊张开的容积通常为 100～140L。

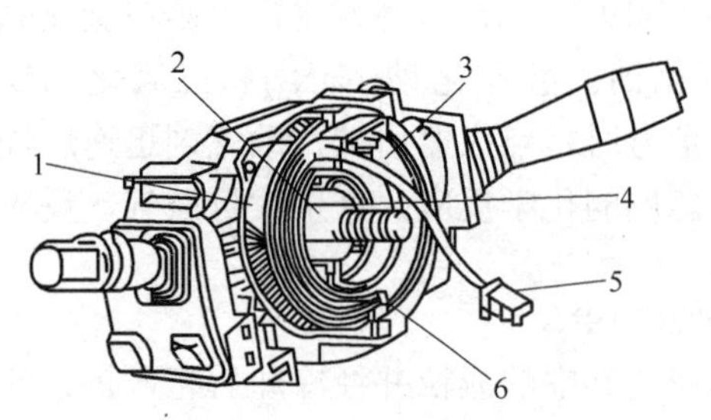

图 12-21　螺旋电缆的结构

1—电缆线；2—方向盘轴；3—转子；4—凸轮；
5—点火器电路插接器；6—壳体

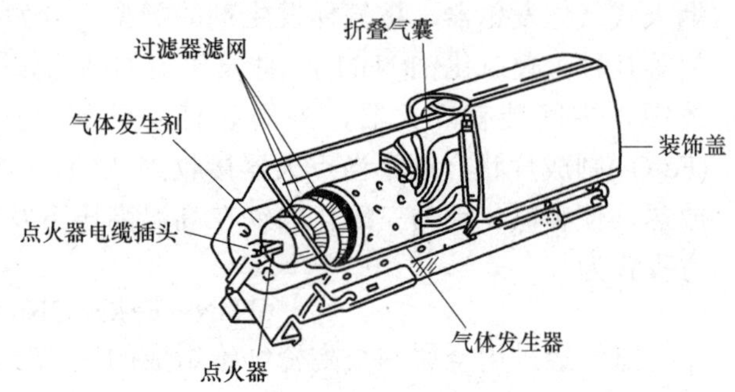

图 12-22　前乘员安全气囊组件的结构

4) 安全带收紧器

带安全带收紧器的安全气囊系统，在引爆安全气囊的同时引爆安全带收紧器气体发生器，其作用是迅速收紧安全带至一定长度。安全带收紧器布置在两前排座椅的外侧，其安装位置和工作原理如图 12-23 所示。在点火器引爆时，气体发生剂在高温作用下迅速分解，推动活塞移动并拉动收紧拉索使安全带转轴转动，从而使安全带收紧。

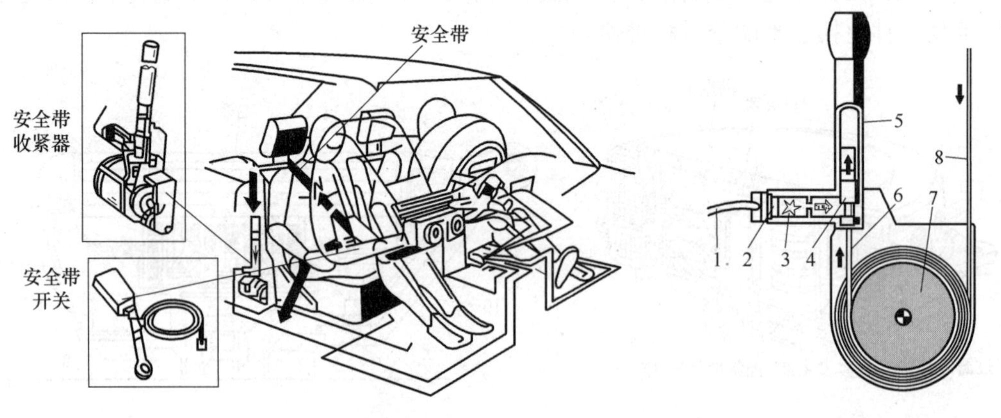

(a) 安全带收紧器的安装位置　　(b) 安全带收紧器的工作原理

图 12-23　安全带收紧器的安装位置和工作原理

1—点火器导线；2—点火器；3—气体发生剂；4—活塞；5—缸筒；
6—收紧拉索；7—安全带转轴；8—安全带

4. ECU

ECU 具有碰撞检测、引爆控制、故障自诊断和通信等功能。ECU 内部电路的组成如图 12-24 所示。

内置的碰撞传感器检测车辆碰撞的减速度的大小，当碰撞强度超过触发门限值时，触发电路控制点火器点火。在碰撞过程中，若蓄电池断电，备用电源可短时间供电，以确保系统工作。变压器电路保证蓄电池电压过低时，将供电电压升至 12V 正常工作电压。ECU

随时检测系统的工作状况，当系统出现故障时，点亮 SRS 报警灯，以提醒驾驶员及时检修车辆，并将故障内容存储在专用存储器中。检修时，通过与诊断座连接的串行通信接口即可读取故障内容。

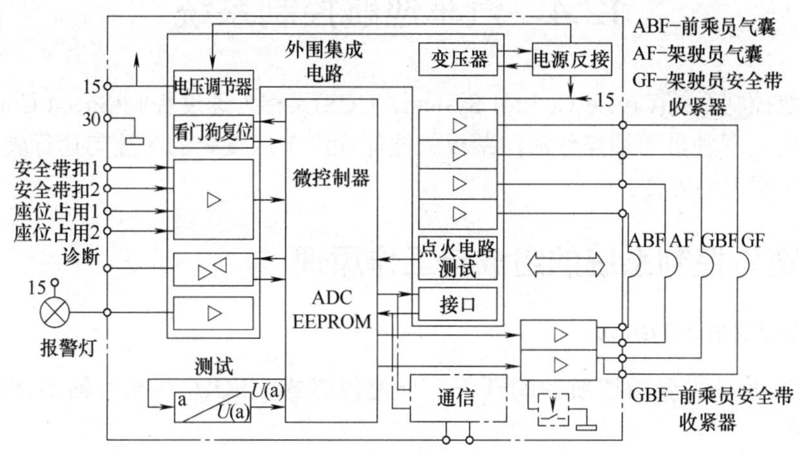

图 12-24　ECU 内部电路的组成

在具有安全带收紧器引爆控制的 ECU 中，ECU 会根据驾乘人员是否系好安全带选择高、低两种触发门限值。若没系安全带，ECU 选择低触发门限值，使安全气囊提前引爆，以最大限度地保护驾乘人员的安全。

具有正面和侧面碰撞保护功能的 ECU 内部电路的组成如图 12-25 所示。

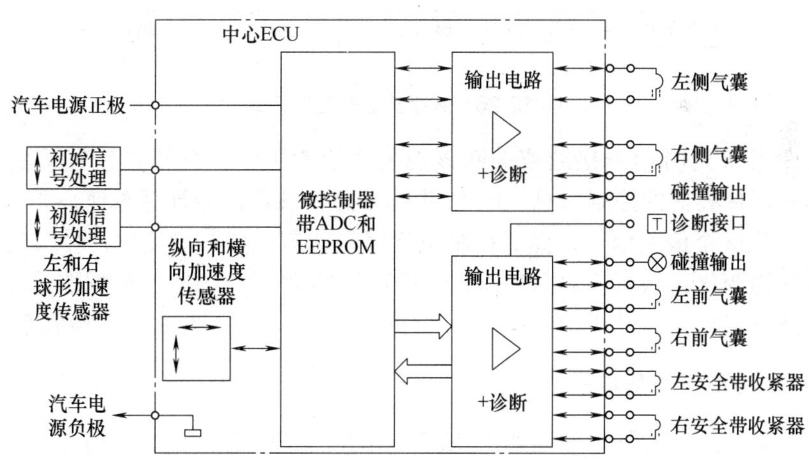

图 12-25　正面/侧面气囊控制装置

5．SRS 指示灯和线束

安全气囊系统具有故障自诊断功能，通过仪表板上的 SRS 指示灯指示安全气囊系统的工作情况。将点火开关置于“ON”位置后，指示灯点亮 6～8s 后熄灭，说明安全气囊系统正常。否则，若指示灯不亮、闪烁或常亮，则说明安全气囊系统有故障。检修时，可用故障测试仪通过诊断座读取故障码或通过诊断座和 SRS 指示灯读取故障码。

安全气囊系统的线束采用了特殊的包扎和黄色色标，以便于检查和安全警示。各电路插接器带锁止装置，以保证电路连接可靠。

12.4 汽车巡航控制系统

汽车巡航控制系统(Cruise Control System，CCS)又称为速度控制(Speed Control)系统，该系统工作时，驾驶员无须操作油门踏板就能保证汽车以设定的车速匀速行驶，从而给汽车驾驶带来了很大的方便。

12.4.1 巡航控制系统的组成与工作原理

1. 巡航控制系统的组成

巡航控制系统主要由巡航控制开关、车速传感器、ECU 和执行器四部分组成，如图 12-26 所示。

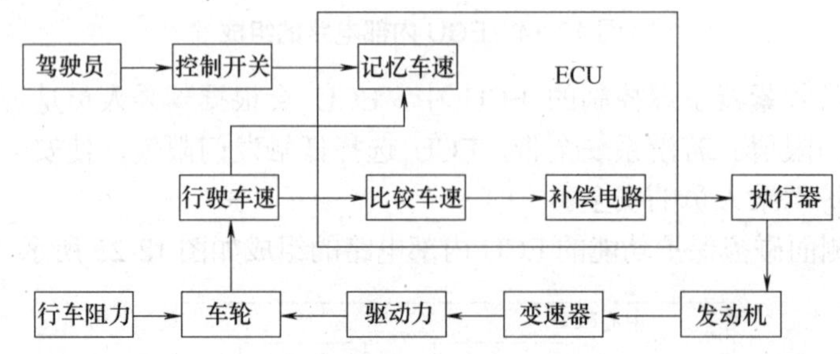

图 12-26 数字式巡航控制系统

巡航控制开关同时用来接通或关断该控制系统的工作，并用来设置所要求的行车速度，同时用来选择其他的控制信息。ECU 根据车速传感器信号计算车速，并与所设置的车速相比较后产生一个偏差信号，然后控制执行器驱动节气门开度变化，使节气门开度随行驶阻力的变化而变化，从而使实际车速与所设置的车速一致。ECU 根据取消控制信号，如制动信号、离合器动作信号或巡航控制开关切断信号等，即可终止巡航控制系统。

2. 巡航控制系统的基本原理

闭环巡航控制系统的基本原理如图 12-27 所示。ECU 有两个输入信号，一个是驾驶员按要求的车速调定的指令车速信号，另一个是实际车速反馈信号。当测出的实际车速高于或低于驾驶员调定的车速时，ECU 将这两种信号进行比较，得出两信号之差，即误差信号，再经放大、处理后成为节气门控制信号，送至节气门执行器，驱动节气门执行器动作，调节发动机节气门开度，以修正两输入车速信号的误差，从而使实际车速很快恢复到驾驶员设定的车速，并保持恒定。

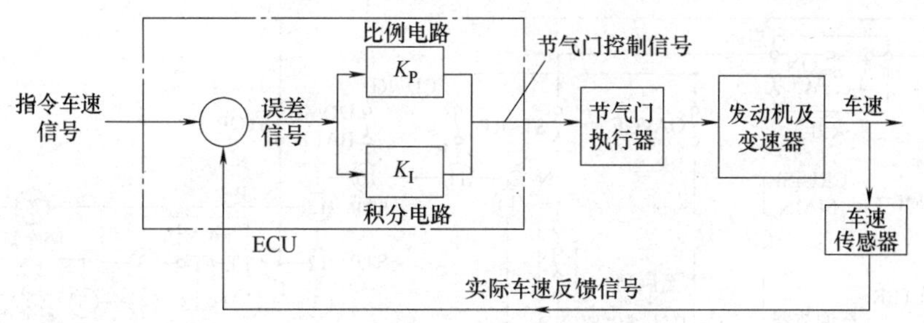

图 12-27　闭环巡航控制系统基本原理

在使用巡航控制时需要注意：如果在车辆行驶中无法安全地以稳定的速度行驶，那么最好不要使用这一系统；在雨雪天气、行车路面很滑的条件下，使用巡航控制系统也会有一定的危险，这是因为各行车路段上汽车轮胎与地面的附着力在雨雪气候下的变化较大，会导致车轮产生不必要的打滑空转，使车辆失去控制。

12.4.2　巡航控制系统的电路与部件结构

1．巡航控制系统的电路

采用微处理控制器的巡航控制系统电路框图如图 12-28 所示。CCS ECU 的作用是接收车速传感器、巡航控制开关、制动开关等作用信号，经计算、记忆、放大及信号转换等处理后，输出控制信号，驱动执行器动作。

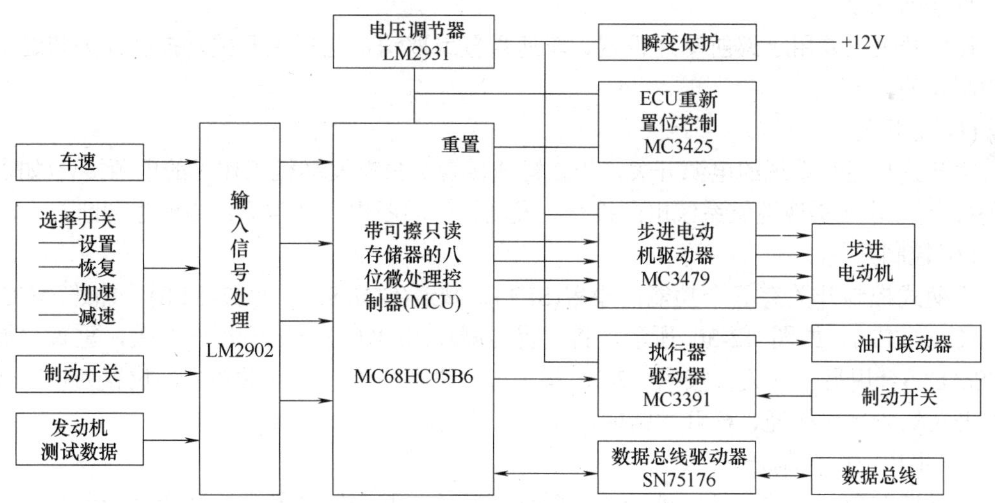

图 12-28　采用微处理控制器的巡航控制系统电路框图

凌志轿车的巡航控制系统电路如图 12-29 所示。

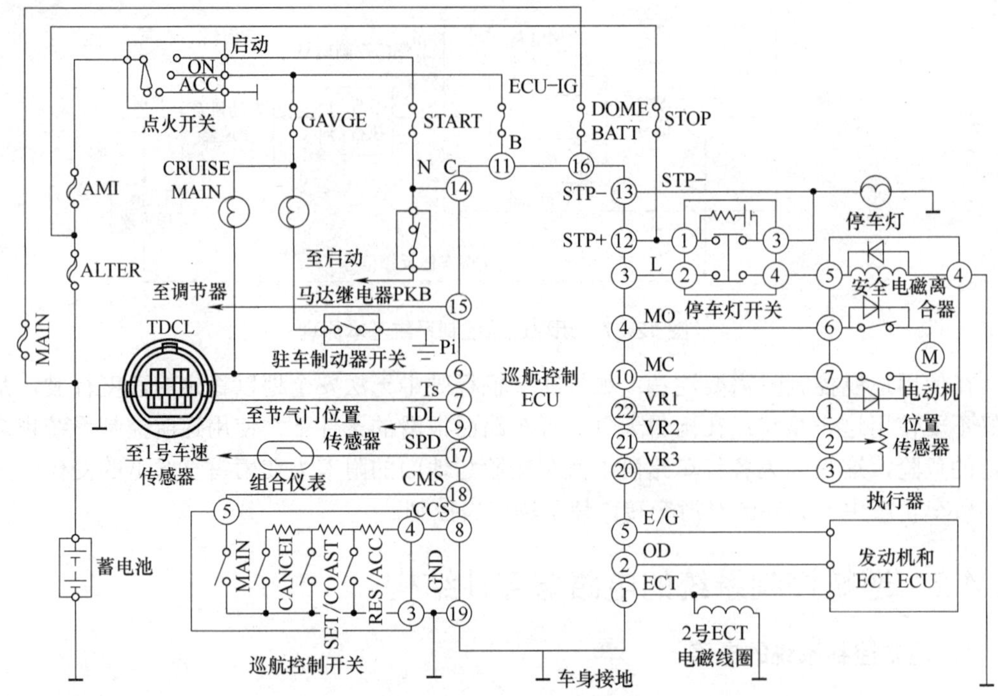

图 12-29　凌志轿车巡航控制系统电路

2. 巡航控制系统的部件结构

1) 操作开关

操作开关主要用于巡航车速设置、车速重置或取消，包括主开关、控制开关和退出巡航控制开关。

(1) 主开关。

主开关是巡航系统的电源开关，用按键式接合，只有发动机工作时的电源接合(如点火开关接合)，才能实现巡航系统电源接合。发动机停转断电，巡航系统电源也切断。

(2) 控制开关。

手柄式控制开关有五个功能：设置(SET)、减速(COAST)、重置(RES)、加速(ACC)和取消(CANCEL)。如图 12-30 所示，将设置与减速(SET/COAST)合用一开关，重置与加速(RES/ACC)合用另一开关，按图 12-30 指示方向进行操作。主开关在中间位置为按键式，每个开关均为操作接通、松开关断的自动回位开关。

(3) 退出巡航控制开关。

退出巡航控制开关包括取消开关、停车灯开关、驻车制动开关、离合器开关和空挡起动开关。任何一开关接通，此巡航控制便自动取消。注意：在巡航控制取消的瞬时，只要当时车速高于 35km/h，此车速会存储到巡航控制的 ECU 中，接通设置(SET)时，就默认已存储到 ECU 中的车速为巡航车速。

2) 执行器

执行器的作用是接收巡航控制 ECU 的控制指令，以电动或气动方式操纵节气门，改变节气门开度，使车辆作加速、减速及定速行驶。

在车辆巡航控制系统中，常采用电机或真空管型执行器来控制节气门的开度。电机型执行器的结构示例如图 12-31 所示。在执行器上装有起安全作用的电磁离合器，当电磁离合器的电磁线圈被接通时，离合板被吸住。随着离合器的吸合，执行器中电机被接通而转动，依次驱动涡轮、蜗杆和终齿轮，并通过一根连杆带动节气门转动。连杆的位置是通过与转动轴相连的位置传感器进行检测的，通过对连杆的实际移动量和控制目标量的比较，ECU 控制执行器中电机电流的方向来调节节气门的开度。在节气门完全关闭和完全打开的相应连杆轴位置上设有开关，当这些开关被触动时，通向电机的电流被切断。当汽车制动或处于空挡位置时，节气门处于全关闭状态。当踩下离合器或制动踏板，或变速箱处于空挡，或手刹车(驻车制动器)起作用时，由离合器开关、制动开关、空挡开关、手刹开关等信号直接控制离合器将其分离，使巡航控制的执行器对节气门控制不起作用。

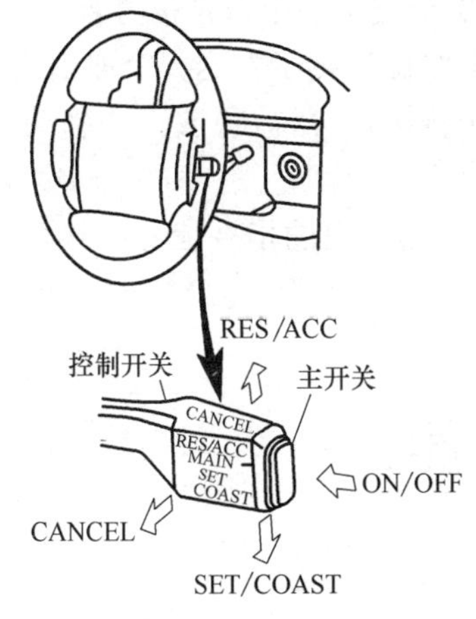

图 12-30　巡航控制开关

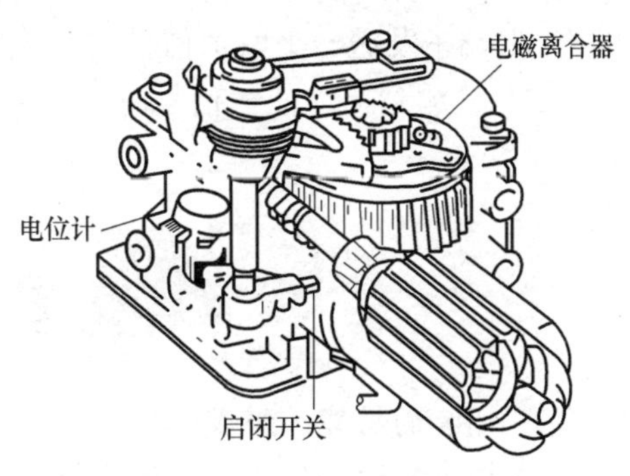

图 12-31　电机型执行器结构

3) 车速传感器

车速传感器将产生的车速信号输入 ECU，作为实际车速反馈信号，以便实现定速行驶功能。

4) 巡航控制系统电路的工作信号

(1) 接通主开关(MAIN)。接通主开关后，电流流向为：ECU 的“CMS”端子→控制开关端子 5→MAIN 开关→控制开关端子 3→搭铁。ECU 处于预备状态，且 CRUISE MAIN 指示灯点亮。

(2) 控制开关接通。当开关转至不同挡位时，电流流向为：ECU 的“CCS”端子→控制开关端子 4→控制开关(SET/COAST 或 RES/ACC 或 CANCEL)→控制开关端子 3→搭铁。ECU 检测控制开关设置的各挡位，并开始控制操作。

当将控制开关按向 SET/COAST 方向，并将其释放后，ECU 检测“设置”挡位并开始实施其控制。

(3) 车速控制过程。控制开关设定车速后，安全电磁离合器电路接通，电流流向为：ECU 的“L”端子→停车灯开关端子 3→开关端子 4→执行器端子 5→安全电磁离合器→执行器端子 4→搭铁。

同时，执行器的位置传感器工作，电流流向为：ECU 的“VR1”端子→执行器端子 1

→位置传感器→执行器端子 3→ECU 的“VR3”端子。此时，位置传感器会将执行器控制臂位置电压信号从执行器端子 2 送到 ECU 的“VR2”端子。

当实际车速下降到低于设置车速时，执行器电机电路接通，电流流向为：ECU 的“MO”端子→执行器端子 6→电动机→执行器端子 7→ECU 的“MC”端子。此时电机转动，使执行器控制臂沿节气门打开方向转动，以提高车速。当控制臂转过某一角度后，ECU 即从“VR2”端子接收到信号，并切断从“MO”端子输出的信号。

当实际车速高于设置车速时，电流由 ECU 的“MC”端子流出，使电机反向转动，以降低车速。

(4) 人工取消巡航控制功能。在下列情况下可取消巡航控制。

① 控制开关置于取消(CANCEL)挡位。

② 当驻车制动开关接通时，向 ECU 的“PKB”端子发送一个取消信号。

③ 当换挡杆位于“N”或“P”位时，向 ECU 的“NC”端子发送一个取消信号。

④ 当踩下制动踏板时，制动灯开关闭合，安全电磁离合器被释放，经制动灯开关向 ECU 的“L”端子发送一个取消信号。

当 ECU 检测到上述任一信号时，它便切断向执行器发出的指令信号并终止巡航控制系统工作。

思 考 题

1. 简述 EPS 的功能、组成和特点。
2. 简述电动式 EPS 的组成、原理与特点。
3. 电子式安全气囊系统主要由哪些部分组成？
4. 简述电子式碰撞传感器的工作原理。
5. 简述安全气囊组件的结构。
6. SRS ECU 主要有哪些功能？
7. 巡航控制系统由哪几部分组成？各组成部分的作用是什么？
8. 简述巡航控制系统的基本工作原理。

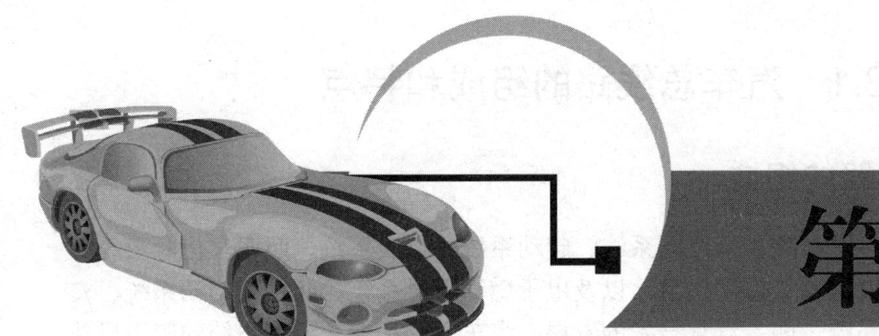

第 13 章

汽车电器与电子系统总线路

【知识目标】

熟悉汽车电气系统的组成及汽车电路的表示方法，掌握汽车电路的特点。

【技能目标】

能够识读典型车型全车电路图。

13.1 汽车总线路的组成和特点

13.1.1 汽车总线路的组成

汽车电器与电子设备总线路包括电源系统、起动系统、点火系统、照明与信号系统、仪表及指示灯系统、辅助电器等电气设备，以及电子燃油喷射系统、防抱死制动系统、安全气囊系统等电子控制系统。随着汽车技术的发展，汽车电器和电子控制系统的应用日益增多。

13.1.2 汽车电路的特点

汽车电气系统由车载电源和各用电设备组成，其具有以下特点。

1．低压

汽车电气系统的额定电压有 12V、24V 两种。现代汽车普遍采用 12V 蓄电池供电，有的重型柴油发动机汽车采用 24V 蓄电池供电。12V 蓄电池采用 14V 运行电压，以供蓄电池充电。

2．直流

汽车电气系统采用直流电是因为需要用蓄电池作为发动机起动的电源，并且向蓄电池充电也必须用直流电源，所以汽车电气系统是直流系统。虽然交流发电机发出的是交流电，但经过整流器整流，变成直流电后才供给汽车用电。

3．单线制

单线制就是利用汽车发动机和底盘、车身等金属机件作为各种用电设备的共用连线(俗称搭铁)，而用电设备到电源只需另设一根导线。任何一个电路中的电流都是从电源的正极出发，经导线流入到用电设备后，通过金属车架流回电源负极而形成回路。

采用单线制的优点是节省材料(铜导线)，简化电路，便于安装和检修，降低故障率。

但在一些不能形成可靠的电气回路或需要精确电子信号的回路中，应采用双线。

4．负极搭铁

采用单线制时，将蓄电池的一个电极用导线连接到发动机或底盘等金属车体上。若蓄电池的负极连接到金属车体上，称为负极搭铁；反之，若蓄电池的正极连接到金属车体上，称为正极搭铁。

我国标准中规定汽车电器必须采用负极搭铁。目前世界各国生产的汽车也大多采用负极搭铁方式。

5．并联连接

汽车上的各种用电设备都采用并联方式与电源连接，每个用电设备都由各自串联在其支路中的专用开关控制，互不产生干扰。并且汽车上的两个电源(蓄电池与发电机)之间也是并联连接。

13.1.3　汽车电路的表示方法

汽车电路的常见表示方法有电路原理图、线路图、接线图、线束图等几种。

1．电路原理图

电路原理图表明电路系统的组成和电路原理。它可以是子系统的电路原理图，也可以是整车电路原理图。电路原理图在分析电路原理及电路故障时较为方便。

2．线路图

线路图是传统汽车电路的表示方法，由于汽车电气设备的实际位置及外形与图中所示方位相符，且较为直观，因此便于循线跟踪地查找导线的分布和节点，适用于载货汽车等较简单的汽车电路。但由于线路图线条密集、纵横交错，所以线路图的可读性较差，进行电路分析也较为复杂。

3．接线图

接线图是一种专门用来标记接线与插接器的实际位置、色码、线型等信息的指示图，用于检修时寻查线束走向、线路故障及线路复原时使用，图中不涉及所连接电器的工作原理及型号。接线图中的导线以接近于线束的形式从相应的连接点引出，便于维修时查找线路故障，但不便于进行电路分析。

4．线束图

为了安装方便及保护导线的绝缘，汽车上全车线路除点火高压线之外，一般将同路的导线用薄聚氯乙烯带缠绕包扎成束，称为线束。一辆汽车可以有多个线束，线束图则用来表示线束的组成和导线分布情况，一般多用于线束的安装。

13.2　汽车电气系统的组成

汽车电气系统主要由电源、用电设备和中间装置组成。图 13-1 所示为广州本田雅阁轿车的点烟器系统电路。

任何电气设备和电控装置要想获得电源供应，中间装置的连接必不可少。常见的中间连接装置有汽车线束、开关装置、保险装置、继电器、插接件等，这些中间装置的选用和装配直接影响到用电设备的运行状况。

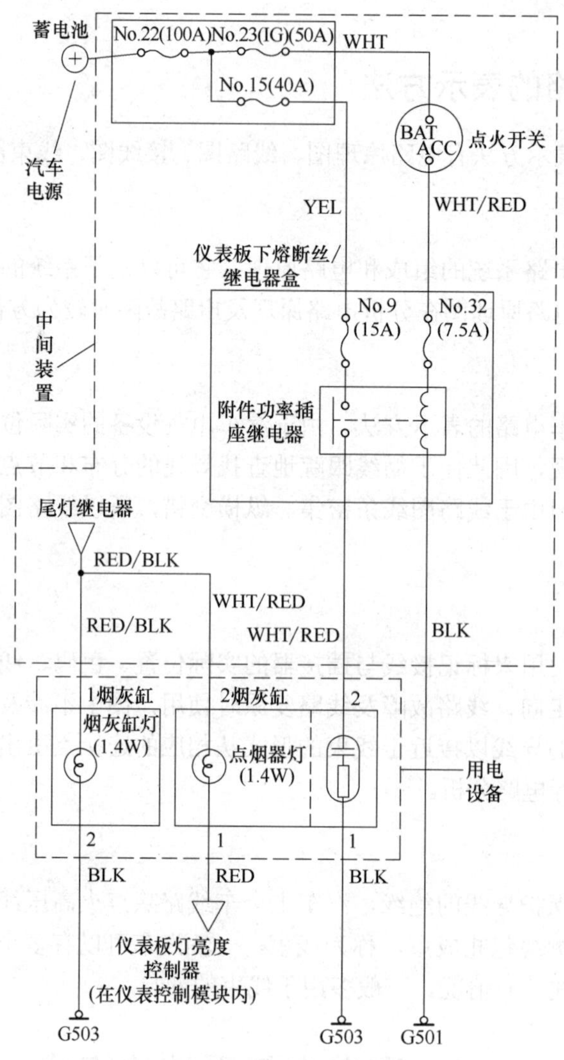

图 13-1　广州本田雅阁轿车点烟器系统电路

13.2.1　汽车线路中的导线、线束和插接件

导线、线束和插接件的作用是将全车电器与电子设备按照工作要求可靠地连接成一个整体。

1. 导线

汽车电路中的导线按照其用途可分为低压导线和高压导线。

1) 低压导线

低压导线根据电路的额定电压、工作电流和绝缘要求等选取导线截面、绝缘层的类型，不同规格或用途的导线可通过导线的颜色加以区分。

常见的导线由多股细铜丝绞制而成，外层为绝缘层。绝缘层一般采用聚氯乙烯绝缘包层或聚氯乙烯-丁腈复合绝缘包层。导线标称截面是经过换算的线芯截面面积，而不是实际

几何面积。

起动电缆用于连接蓄电池与起动机开关的主接线柱，导线截面大，允许通过的电流达 500～1000A，电缆每通过 100A 电流，电压降不得超过 0.1～0.15V。蓄电池的搭铁电缆通常采用由铜丝制成的扁形软铜线，应搭铁可靠，以满足大电流起动的要求。

汽车各电路系统的导线规格见表 13-1。

表 13-1　汽车各电路系统的导线规格

各电路系统	标称截面/mm^2	各电路系统	标称截面/mm^2
仪表灯、指示灯、后灯、顶灯、牌照灯、燃油表、刮水器、电子电路等	0.5	5A 以上的电路	1.3～4.0
转向灯、制动灯、停车灯、分电器等	0.8	电源电路	4～25
前照灯、3A 以下的电喇叭等	1.0	起动电路	16～95
3A 以上的电喇叭	1.5	柴油机电热塞电路	4～6

在电路图中，进口汽车导线的颜色常用英文字母表示，国产汽车常用汉字表示。导线的颜色可以是单色或双色。采用双色导线时，一种颜色为主色，另一种颜色为辅色。

在电路图中，一般将导线标称截面和颜色同时标出。例如，1.5Y 表示标称截面面积为 1.5mm^2 的黄色导线。又如，1.0GY 表示标称截面面积为 1.0mm^2，主色为绿色，辅色为黄色的双色导线。国产和部分进口汽车的导线颜色代号见表 13-2 和表 13-3。

表 13-2　国产汽车各电路系统规定的导线颜色(色码)

电气系统	主　色	代　号	电气系统	主　色	代　号
充电系统	红	R	仪表、报警信号、电喇叭线路	棕	N
起动和点火系统	白	W	收音机等辅助电器线路	紫	P
外部照明线路	蓝	U	辅助电动机及电器控制线路	灰	S
转向指示灯及灯光线路	绿	G	搭铁线	黑	B
防空灯和车内照明线路	黄	Y			

表 13-3　部分进口导线颜色代号

颜色	德国	日本	美国	法国	颜色	德国	日本	美国	法国
黑	Sw	B	B	N	紫	li	V	V	Vi
白	Ws	W	W	B	橙	—	O	O	Or
红	Ro	R	—	R	粉	—	P	—	Ro
绿	Gn	G	G	V	浅蓝	hb	L	—	—
黄	Ge	Y	Y	J	浅绿	—	Lg	—	—
棕	Br	B	B	M	透明	—	—	—	Lo
蓝	Be	—	BL	Bl	深紫	—	—	—	Mv
灰	Gr	Gr	Gr	G					

2) 高压导线

高压导线用于传送高电压，如点火系统的高压线，由于工作电压一般为 15kV 以上，电流小，因此高压导线绝缘包层厚、耐压性能好、线芯截面较小。国产汽车用高压导线有铜芯线和阻尼线两种。高压阻尼线的线芯采用聚氯乙烯树脂、葵二酸二辛酯等有机材料配制而成，又称半导体塑芯高压线。线芯具有一定阻值，具有低电磁辐射的特点，可减小点火系统的电磁波辐射。

2. 线束

为使汽车全车线路排列整齐，便于安装、拆卸和绝缘保护，避免振动和牵拉而引起导线损坏，一般都将汽车各电器之间的导线按最短路径排列，并用绝缘带把同一路径的若干导线包扎成束，称为线束。线束总成由多路导线、端子、插接器和护套组成。

3. 插接器

为便于拆装，各线束之间或线束与电气设备之间采用插接器连接。插接器的结构和符号如图 13-2 所示。连接插接器时，应先对准插头与插座的导向槽后稍用力插入到位，再通过闭锁装置固定插头与插座。拆开插接器时，应先压下闭锁装置，再用力分开插头与插座，注意不可拉动导线，以免损坏导线和插接器。

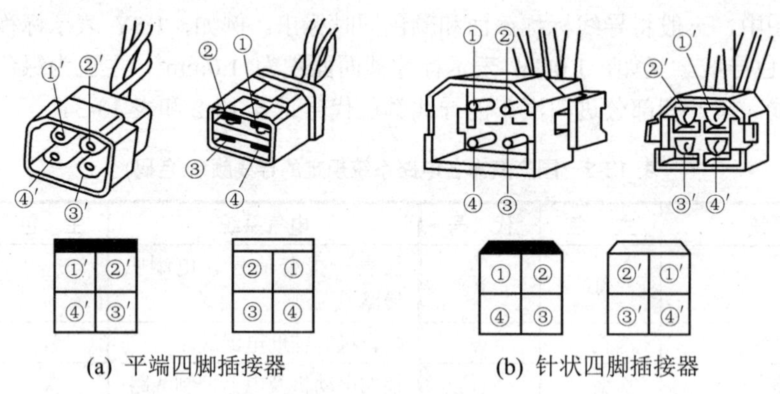

图 13-2　插接器的结构和符号

13.2.2　开关、继电器和熔断丝

1. 开关

1) 点火开关

点火开关控制点火、起动、辅助电器等电路，一般有关断或锁止(OFF 或 LOCK 或 0)、辅助电器(ACC 或Ⅲ)、点火(ON 或Ⅰ)和起动(ST 或Ⅱ)四个挡位。将点火开关置于关断(OFF 或 0)位置时，电路关断并将方向盘锁止；将点火开关置于辅助电器(ACC 或Ⅲ)位置时，只接通音响、点烟器等辅助电器电源；将点火开关置于点火(ON 或Ⅰ)位置时，接通点火、仪表等电路；将点火开关置于起动(ST 或Ⅱ)位置时，接通起动电路和点火电路。

2) 组合开关

组合开关常用于控制灯光、转向/报警、刮水/清洗等汽车电器。

2．继电器

起动机电磁线圈、前照灯、空调和电动燃油泵等汽车电器的工作电流较大，通常采用开关或电控单元控制继电器动作，再通过继电器控制电器工作。

3．熔断丝

熔断丝连接在电源与用电设备之间，当电器或电路发生短路或过载时，切断电路，保证电器及电路的安全。熔断丝在额定电流下能长期工作，在过载 25%的情况下，约在 3min 内熔断，而在过载一倍的情况下，则在 1s 内熔断。当熔断丝熔断后，应首先查明电路故障的原因，排除故障后再换用相同规格的熔断丝。

各种电器的熔断丝通常集中安装在熔断丝盒或中央电器盒内，并在盒盖上用中文或英文表明熔断丝的名称。

13.3　捷达系列轿车全车电路图及识读方法

13.3.1　捷达系列轿车电路图中符号的含义

捷达系列轿车电路图中符号的含义如图 13-3 所示，全车电路图采用“纵向排列式”画法，电路图绘制规则和表示方法如下。

1．全车电路图采用纵向排列

同一系统的电路归纳到一起。总线路包括电源系统、起动系统、点火系统、照明及信号系统、仪表和报警系统、空调系统、刮水器及洗涤器系统、空调系统、收音机电路系统和发动机电子控制系统、自动变速器电路、ABS 电路等。各系统电路从左到右依次排列。

2．用断线代号和坐标代号避免电路图中导线的相互交叉

为避免电路图中导线相互交叉，将不同系统相互连接的导线采用断开绘图法，并在断开处画上一个小方框，方框内用数字表明断开连接处在电路图中坐标的位置。例如，在电源系统电路中，交流发电机 D+接线端子接中央线路板的 U2/12 端子，再经线束导线接仪表报警电路 T28/16 端子至充电指示灯。于是，在电源系统电路中 U2/12 端子导线断开处画一小方框，框内标有 55，表示断点下一连接处的坐标位置为 55；在仪表报警电路中 T28/16 端子的导线断开处画一小方框，框内标有 4，表示断点下一连接处的坐标位置为 4。

3．在电路图中用规定的字母和数字表示部件的类型、序号

例如，E2 中的 E 表示开关类，E2 代表转向灯开关；G2 中的 G 表示传感器类，G2 代表冷却液温度表传感器；J2 中的 J 表示继电器类，J2 代表转向灯与危险报警灯继电器；K2 中的 K 表示指示灯类，K2 代表充电指示灯；L1 中的 L 表示照明灯类，L1 代表左前照灯远光、近光双灯丝；S1 中的 S 表示熔断丝类，S1 代表左前照灯近光熔断丝。

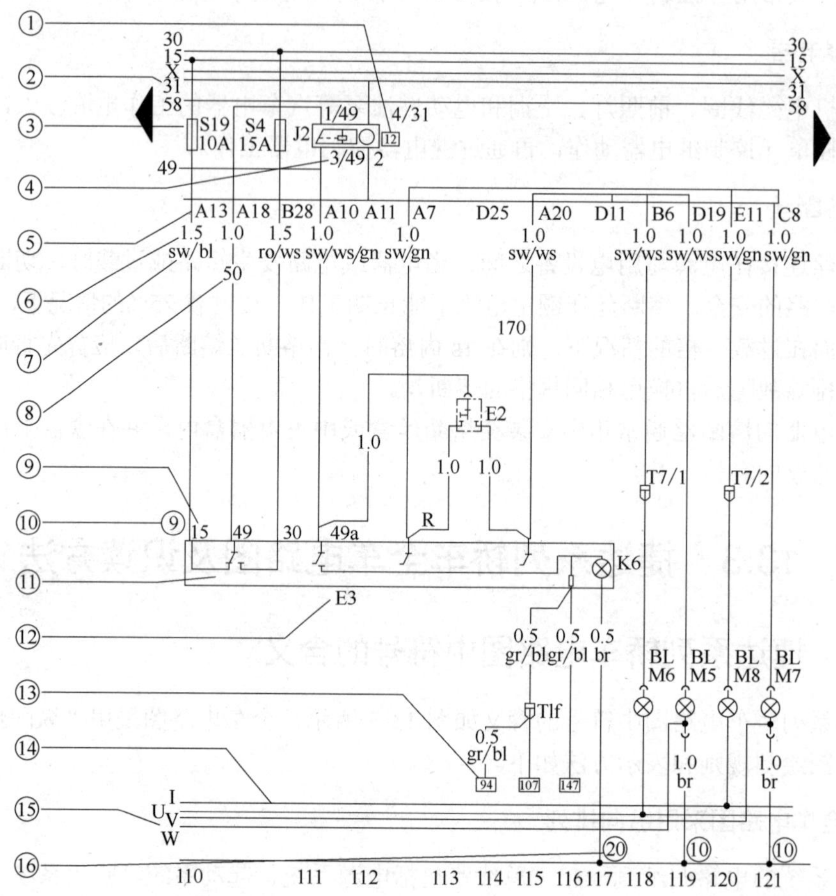

图 13-3　捷达系列轿车电路图中符号的含义

E2—转向开关；E3—报警闪光灯开关；J2—闪光灯继电器；K6—报警闪光灯；M5—左前转向灯；M6—左右转向灯；M7—右前转向灯；M8—右后转向灯；T7—七孔连接插座(在继电器盒上)；①继电器位置号；②继电器盒上的继电器或控制器符号；③熔断器符号；④继电器盒上的插接件符号；⑤继电器盒上的连接件符号；⑥导线截面面积；⑦导线颜色；⑧白色线上印刷的标记号；⑨接线柱符号；⑩故障诊断用的检测点；⑪线路标记；⑫零件符号；⑬导线连接端；⑭内部连线；⑮内部连接线符号；⑯接地点标记符号

4．用电路符号表示电器的结构特征和功能

用国际电工委员会(IEC)规定的电路符号表示电器的结构特征和功能。

5．用规定的数字或字母表示具有特定功能的导线端子

按德国有关工业标准(DIN)规定的数字或字母表示具有特定功能的导线端子。例如，“30”表示常火线，与蓄电池正极连接；“15”表示接小容量电器的火线，当点火开关接通时，由点火开关直接接通电源；“50”表示起动机控制电路火线，当点火开关在起动位

置时，接通起动机控制电路电源；“31”表示搭铁线；“X”表示接大容量电器的火线，在点火开关处于点火位置时，控制中间继电器接通大容量电器的电源；“①、②、…”表示搭铁线及搭铁位置，“①”表示蓄电池搭铁线，“②”表示变速器搭铁线等。

6. 用分数或数字代号表示电器部件插接器的插脚数量和作用

例如，双音喇叭继电器 J17 的各插脚代号为 1/86、2/87、3/30、4/85，分子中的 1、2、3、4 表示共有 4 个插脚的各个插脚，分母中的 86、87、30、85 表明该插脚的功能。

7. 采用统一的字母或用彩色图表示导线颜色

不同功能的导线采用规定的颜色，用数字表示导线的标称面积，用统一的字母或用彩色图表示导线的颜色。

8. 整车电路采用中央线路板

整车电路采用中央线路板，将大部分继电器和熔断丝安装在中央线路板正面。从中央线路板背面插接各线束，中央线路板上标有线束和导线插接位置代号和接点数字号。主要线束的插接件代号有 A1、A2、B、C、D、…、X、Y、Z 等，同一插接件的不同端子用端子代号加数字表示，如 A1/4 表示 A1 插接件第 4 号端子，J/2 表示 J 插接件第 2 号端子。检修电路时，可根据电路图中的导线号码，确定导线所在的插接件和线束位置。

13.3.2　识读汽车电路图的一般要领

1. 认真读几遍图注

图注说明了该汽车所有电气设备的名称及其数码代号，通过读图注可以初步了解该汽车都装配了哪些电气设备，然后通过电气设备的数码代号在电路图中找出该电气设备，再进一步找出相互连线、控制关系。

2. 牢记电气图形符号

汽车电路图是利用电气图形符号来表示其构成和工作原理的，因此，必须牢记电路图形符号的含义，才能看懂电路原理图。

3. 熟记电路标记符号

为了便于绘制和识读汽车电路图，有些电器装置或其接线柱上面都被赋予了不同的标志代号。

4. 牢记汽车电路特点

如单线制、负极搭铁、用电设备并联等。

5. 牢记回路原则

任何一个完整的电路都是由电源、熔断器、开关、控制装置、用电设备、导线等组成。电流流向必须从电源正极出发，经过熔断器、开关、控制装置、导线等到达用电设备，再经过导线(或搭铁)回到电源负极，才能构成回路。因此，电路读图时有三种思路。

思路一：沿着电路中电流的流向，由电源正极出发，顺藤摸瓜查到用电设备、开关、控制装置等，回到电源负极。

思路二：逆着电路中电流的方向，由电源负极(搭铁)开始，经过用电设备、开关、控制装置等回到电源正极。

思路三：从用电设备开始，依次查找其控制开关、连线、控制单元，到达电源正极和搭铁(或电源负极)。

实际应用时，可视具体电路选择不同思路，但有一点值得注意：随着电子控制技术在汽车上的广泛应用，大多数电气设备电路同时具有主回路和控制回路，读图时要兼顾两种回路。

6．浏览全图，分割各个单元系统

要读懂汽车电路图，首先必须掌握组成电路的各个电气元件的基本功能和电气特性。在大概掌握全图基本原理的基础上，再把一个个单元系统电路分割开来，这样就容易抓住每一部分的主要功能及特性。

在框划各个系统时，一定要遵守回路原则，注意既不能漏掉各个系统中的组件，也不能多框划其他系统的组件。一般规律是：各电气系统只有电源和总开关是公共的，其他任何一个系统都应是一个完整的独立的电气回路，即包括电源、开关(保险)、电器(或电子线路)、导线等。从电源的正极经导线、开关、保险丝至电器后搭铁，最后回到电源负极。

7．熟记各局部电路之间的内在联系和相互关系

从整车电路来讲，各局部电路除电源电路公用外，其他单元电路都是相对独立的，但它们之间也存在着内在联系(如信号共享)。因此，识图时不但要熟悉各局部电路的组成、特点、工作过程和电流流经的路径，还要了解各局部电路之间的联系和相互影响。这是迅速找出故障部位、排除故障的必要条件。

8．掌握各种开关在电路中的作用

对多层多挡接线柱的开关，要按层、按挡位、按接线柱逐级分析其各层各挡的功能。有的用电设备受两个以上单挡开关(或继电器)的控制，有的受两个以上多挡开关的控制，其工作状态比较复杂。当开关接线柱较多时，可首先抓住从电源来的一两个接线柱，再逐个分析与其他各接线柱相连的用电设备处于何种挡位，从而找出控制关系。

对于组合开关，其实际线路在一起，而在电路图中又按其功能画在各自的局部电路中，遇到这种情况必须仔细研究识读。

9．全面分析开关、继电器的初始状态和工作状态

在电路图中，各种开关、继电器都是按初始状态画出的，即按钮未按下，开关未接通，继电器线圈未通电，其触点未闭合(指常开触点)。在识图时，不能完全按初始状态分析，否则很难理解电路的工作原理，因为大多数用电设备都是通过开关、按钮、继电器触点的变化而改变回路，进而实现不同电路功能的。所以，必须进行工作状态的分析。

10．掌握电气装置在电路图中的位置

大量电气装置是机电合一的，在电路图上表示时，厂家为了使画法既简单(便于画图)

又便于识图，多根据实际情况采用集中或分开表示法。

集中表示法是把一个电气装置的各组成部分在图上集中绘制的表示方法。此法仅适用于较简单的电路。

分开表示法，如把继电器的线圈、触点分别画在不同的电路中，用同一文字符号或数字符号将分开部分联系起来。

11. 先易后难

有些汽车电路图的某些局部电路可能比较复杂，一时难以看懂，可以暂时将其放一放，待其他局部电路都看懂后，结合其他图中与该电路有联系的相关信息，再来进一步识读这部分电路。

12. 注意搜集资料和经验积累

对于看不懂的电路要善于请教有关人员，同时还要善于查找收集相关资料；注意深入研究典型汽车电路，做到触类旁通；特别要注意实际工作经验的积累，新技术、新工艺的应用和创新。此外，汽车电子控制系统越来越多，读图时除了可以应用以上所述要领外，以下方法与步骤对汽车电子控制系统的读图也很有帮助。

(1) 要以电控系统的 ECU 为中心，因为这是整个系统的控制中心，所有电气部件都必然会与这里发生关系。

(2) 对 ECU 的各个接脚有大致印象，弄清楚分为几个区域以及各区接脚排列的规律。

(3) 找出该系统给 ECU 供电的电源线有哪些(注意：一般 ECU 都不止一根电源线)，弄清楚各电源线的供电状态(如常火线或开关控制)。

(4) 找出该系统的搭铁线有哪些，注意分清哪些是在 ECU 内部搭铁，哪些是在车架上搭铁，哪些是在各总成机体上搭铁。

(5) 找出哪些是系统的信号输入传感器，各传感器是否需要电源，并找出相应的电源线，该传感器哪里搭铁。

(6) 找出系统的执行器有哪些，弄清电源供给和搭铁情况，以及 ECU 控制执行器的方式(控制搭铁端或电源端)。

思　考　题

1. 汽车电气系统的特点有哪些？
2. 汽车电路的常见表示方法有哪几种？

参考文献

[1]麻友良．汽车电器与电子控制系统[M]．北京：机械工业出版社，2014.

[2]司景萍，高志鹰．汽车电器及电子控制技术[M]．北京：北京大学出版社，2012.

[3]史立伟，张少洪，张学义．汽车电器[M]．北京：国防工业出版社，2011.

[4]冯渊．汽车电子控制技术[M]．北京：机械工业出版社，2012.

[5]孙仁云，付百学．汽车电器与电子技术[M]．北京：机械工业出版社，2011.

[6]徐向阳．汽车电器与电子控制技术[M]．北京：机械工业出版社，2010.

[7]舒华，姚国平．汽车电子控制技术[M]．北京：人民交通出版社，2008.

[8]张传慧，梁强，张贺隆．汽车发动机电控系统检修[M]．北京：北京理工大学出版社，2010.

[9]于万海．汽车电气设备原理与检修[M]．北京：电子工业出版社，2011.

[10]关志伟，徐胜云．汽车电器与电子设备[M]．北京：人民交通出版社，2010.

[11]唐文初，张春花．汽车电器与电子设备[M]．北京：北京大学出版社，2015.

[12]赵福堂．汽车电器与电子设备[M]．北京：北京理工大学出版社，2009.

[13]杨志红，廖兵．汽车电器[M]．北京：机械工业出版社，2015.

[14]曲金玉，崔振民．汽车电器与电子控制技术[M]．北京：北京大学出版社，2012.

[15]赵学斌，王凤军．汽车电器与电子控制技术[M]．北京：机械工业出版社，2010.

[16]周云山，张军．汽车电子控制技术[M]．北京：人民交通出版社，2014.

[17]于京诺．汽车电子控制技术[M]．北京：机械工业出版社，2014.

[18]何勇灵．汽车电子控制技术[M]．北京：北京航空航天大学出版社，2013.

[19]周云山，钟勇．汽车电子控制技术[M]．北京：机械工业出版社，2009.

[20]冯渊．汽车电器与电子控制技术[M]．北京：高等教育出版社，2009.

[21]姚胜华．汽车电器与电子控制技术[M]．广东：华南理工大学出版社，2010.

[22]吕红明，吴钟鸣．汽车电器与电子技术[M]．北京：国防工业出版社，2012.

[23] Dorries E H，Dickrill K. 汽车发动机电子控制技术[M]．北京：北京理工大学出版社，2010.